| www.dongyangbooks.com |

새로운 도서, 다양한 자료
동양북스 홈페이지에서 만나보세요!

홈페이지 활용하여 외국어 실력 두 배 늘리기!

홈페이지 이렇게 활용해보세요!

1 도서 자료실에서 학습자료 및 MP3 무료 다운로드!

❶ 도서 자료실 클릭
❷ 검색어 입력
❸ MP3, 정답과 해설, 부가자료 등 첨부파일 다운로드

* 원하는 자료가 없는 경우 '요청하기' 클릭!

2 동영상 강의를 어디서나 쉽게! 외국어부터 바둑까지!

500만 독자가 선택한

가장 쉬운
독학 일본어 첫걸음
14,000원

가장 쉬운
독학 중국어 첫걸음
14,000원

가장 쉬운
독학 베트남어 첫걸음
15,000원

가장 쉬운
독학 스페인어 첫걸음
15,000원

가장 쉬운
독학 프랑스어 첫걸음
16,500원

가장 쉬운
독학 태국어 첫걸음
16,500원

가장 쉬운
프랑스어 첫걸음의 모든 것
17,000원

가장 쉬운
독일어 첫걸음의 모든 것
18,000원

가장 쉬운
스페인어 첫걸음의 모든 것
14,500원

첫걸음 베스트 1위!

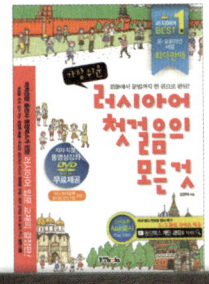

가장 쉬운 러시아어
첫걸음의 모든 것
16,000원

가장 쉬운 이탈리아어
첫걸음의 모든 것
17,500원

가장 쉬운 포르투갈어
첫걸음의 모든 것
18,000원

동양북스
www.dongyangbooks.com
m.dongyangbooks.com

버전업! 가장 쉬운
베트남어 첫걸음
16,000원

가장 쉬운 터키어
첫걸음의 모든 것
16,500원

버전업! 가장 쉬운
아랍어 첫걸음
18,500원

가장 쉬운 인도네시아어
첫걸음의 모든 것
18,500원

버전업! 가장 쉬운
태국어 첫걸음
16,800원

가장 쉬운 영어
첫걸음의 모든 것
16,500원

버전업! 굿모닝
독학 일본어 첫걸음
14,500원

가장 쉬운 중국어
첫걸음의 모든 것
14,500원

6급 고득점 공략 비법서!

新 HSK 한 권이면 끝

장석민·진현·강민경 지음

6급 독해 제1, 2부분
어법

초판 4쇄 | 2019년 9월 5일

지은이 | 장석민 · 진현 · 강민경
발행인 | 김태웅
편집장 | 강석기
편 집 | 정지선, 김다정
디자인 | 방혜자, 김효정, 서진희, 강은비
마케팅 | 나재승
제 작 | 현대순

발행처 | 동양북스
등록 | 제 10-806호(1993년 4월 3일)
주소 | 서울시 마포구 동교로22길 14(04030)
구입 문의 | 전화 (02)337-1737   팩스 (02)334-6624
내용 문의 | 전화 (02)337-1762   dybooks2@gmail.com

ISBN 978-89-8300-855-8 13720

▶ 본 책은 저작권법에 의해 보호를 받는 저작물이므로 무단 전재와 복제를 금합니다.
▶ 잘못된 책은 구입처에서 교환해드립니다.
▶ 도서출판 동양북스에서는 소중한 원고, 새로운 기획을 기다리고 있습니다.

http://www.dongyangbooks.com

6급 고득점 공략 비법서!

新HSK
한 권이면 끝

장석민·진현·강민경 지음

6급
독해 제1, 2부분
어법

동양북스

이 책을 내면서

오랫동안 구)HSK와 新HSK 강의를 하면서 학생들의 수준을 직접 가늠하고, 학습 방법에 대한 문제점들을 구체적으로 파악할 수 있었습니다. 대다수 학생이 新HSK 6급에서 독해 제1부분과 제2부분 문제에 대해 어려움을 느끼지만, 수업을 들은 학생 대부분은 짧은 시간 내에 놀라울 정도로 실력을 향상시킬 수 있었습니다. 도대체 그 이유가 무엇일까요?

독해 제1부분은 비교적 간단한 문제가 출제되며 정해진 문제 유형이 있습니다. 新HSK 독해 제1부분은 구)고등 HSK 종합 제1부분을 확장 변형시킨 문제로, 네 개의 긴 문장이 보기로 주어지고, 그 보기 중 어법적 오류가 있는 것을 답으로 선택해야 합니다.
문장이 짧지 않아 보기를 읽는 것만으로도 시간이 꽤 걸리기 때문에, 대다수 학생이 문제 푸는 시간이 부족합니다.
즉, 다른 모든 부분은 난이도가 좀 낮아진 것에 비해 독해 제1부분은 오히려 더 높아진 느낌입니다. 하지만 정해진 문제 유형을 숙지하고 있다면 생각보다 쉽고 간단하게 문장을 파악하여 답을 빨리 찾을 수 있습니다.

독해 제2부분은 구)고등 HSK 종합 제2부분 문제로, 기존 시험에 비해 제시된 어휘의 차이점을 구별하는 게 쉬워져 난이도가 낮아졌고, 제1부분과 마찬가지로 정해진 문제 유형이 있습니다. 이 부분 역시 수험생들이 독해 제3, 4부분보다 힘들어하지만, 독해 제1부분과 마찬가지로 정해진 문제 유형을 파악하면 답을 쉽게 찾을 수 있어 단기간에 고득점을 올릴 수 있는 부분입니다.

이러한 새로운 출제 유형에 대한 학생들의 독해영역 고민을 해결하기 위해 최근에 치러진 新HSK 6급 문제 유형을 철저하게 분석하고 나눠, 독해 제1부분과 제2부분만을 따로 모아 책으로 만들게 되었습니다.

제1부분은 그동안 출제 빈도가 많았던 어법 이론 12가지를 선정하여 가장 많이 출제되는 순서대로 구성했으며, 제2부분은 보기에 제시되는 어휘를 분석하여 최근 자주 출제 된 문제 유형을 6가지로 나누었습니다.
정리된 어법 이론과 어휘를 섭렵하면 최단 기간 내에 가장 힘들어하는 두 영역에서 해방되어 新HSK 6급 시험에서 고득점을 얻을 수 있습니다.

HSK 시험이 새롭게 바뀌면서 구) HSK 고등에 해당하는 新HSK 6급을 예전에 비해 쉽게 합격할 수 있게 되었습니다. 그러나 新HSK에서 급수보다 중요한 것은 점수입니다. 같은 6급이더라도 누군가는 중국어 실력이 낮을 수도, 누군가는 중국어 실력이 높을 수도 있다는 것입니다. 그러므로 진정한 중국어 실력자로 인정받고자 한다면 착실히 실력을 쌓아 고득점에 도전해야 합니다.

고득점, 결코 다른 사람의 이야기가 아닙니다. 2~3주 정도의 시간을 투자하여 이 책을 독파한다면 여러분은 웃으면서 시험장을 나오게 될 것입니다.
필자 또한 여러분의 그런 모습을 보게 되길 진심으로 고대합니다.

저자 장석민

학생들의 입소문 들어보기

중국어 어법의 대가가 정리한 新HSK 6급 독해 1, 2부분 문제 풀이 비결,
이 책으로 시험 전에 어법 마스터하세요!

고급 중국어 어법 최고의 명강사 장석민 선생님께서 어법 책을 발간하신다는 소식을 들었을 때 그동안 선생님의 강의를 접했던 저로서는 '무조건 봐야지!' 하고 생각했습니다.
그동안 수많은 강의와 어법 교재들을 전전했지만 늘 몇 장을 채 넘기지 못하곤 했었는데, 선생님의 강의를 접하고 나서 어법의 감을 잡기 시작했기 때문이죠.
또한 다른 책들에서는 의지박약한 인간의 모습을 보이고 말았지만, 선생님 교재만큼은 그렇지 않았습니다.
이 책의 매력은 독해 1부분과 2부분을 풀 때 시간이 관건인 만큼 문장을 보고 거의 반사적으로 반응할 수 있도록 문제 접근 및 풀이 능력을 훈련할 수 있는 비법을 책에도 그대로 공개하셨다는 것입니다. 독해 1부분을 포기하셨던 분들, 포기하지 마시고 시험 전에 이 책을 꼭 한 번 공부해보세요.
시험 볼 때 독해 1부분의 함정들이 눈에 환하게 보일 거예요.

신송이

그저 문제만 많이 풀어본다고 훈련이 될까요?
문제 풀이와 핵심 키워드로 문장을 보는 눈을 기르세요!

新HSK 시험을 준비하는 사람뿐만 아니라 언어를 공부하는 모든 이들에게 어법은 재미없고 지루하고 어렵고…… 조금만 공부하면 포기하고 싶어지는 상대입니다.
그런데, 이런 어법을 참고 공부할 수 있도록 활력을 주신 장석민 선생님! 진심으로 감사합니다. ^^
이 책은 수년간 분석한 구)HSK와 약 2년간의 新HSK 출제 유형 자료를 바탕으로 선별한 구문별 문제 유형을 먼저 익히고, 실전 문제를 풀어봄으로써 다시 한 번 문제 유형을 정리할 수 있어 좋았습니다.
그냥 답만 보고 넘어가는 게 아니라 문제마다 문장의 구조가 어떤 형태인지 분석하다 보니 시험을 볼 때 독해 1부분이나 2부분에서 모르는 단어가 나오더라도 당황하지 않고 어떤 부분이 틀렸는지, 빈칸에 어떤 품사 또는 어떤 성분의 어휘가 필요한지 생각할 수 있었습니다.
장석민 선생님 덕분에 이젠 어법이 지루하고 어려운 게 아니라 고득점의 지름길이 되었습니다.

박선자

**독해 1부분만 보면 가슴이 답답한가요?
어법의 고수가 여러분의 답답한 마음을 풀어 드릴 겁니다!**

장석민 선생님의 수업 시작 전, 장석민 선생님의 교재를 펼치기 전에는 늘 신뢰와 기대로 가득 차 마음이 편안하고 머리가 가벼워집니다.
간단하면서도 내용상의 깊이가 있고 명쾌한 예문과 설명이 가득하기 때문입니다.
중국어 어법은 공부해도 실제 문제를 풀 때 전혀 적용하지 못하는 경우가 허다한데, 장석민 선생님의 책을 보면 문제에 어떤 어법 이론을 적용해서 풀어야 하는지 이해하게 됩니다.
그러다 보면 재미가 솔솔 나고, 중국어만의 독특한 어법의 매력에 푹 빠지게 되죠.
모든 외국어의 가장 기본은 바로 어법이 아닐까요?
기본적인 어법 지식 없이 무작정 중국어를 공부하면 많은 한계에 부딪힐 테지만, 장석민 선생님의 《新HSK 한 권이면 끝 6급 어법》은 이런 한계와 갈증을 모두 해결해 주는 답안이 될 것이라고 확신합니다.

고우리

**중국어 어법에 자신이 없다고 시험을 포기하지 말자.
장석민 선생님의 풀이를 보면 어법 문외한도 이해할 수 있습니다!**

新HSK에서는 어법 파트가 독해로 편입되었다는 소식에 평소 어법을 두려워하고, 기피하던 저로서는 장석민 선생님의 강의를 다시 들을 수밖에 없었습니다. 물론 처음에 문제 유형도 바뀌고 모든 파트에 어법이 필요하여 역시나 힘들었는데 선생님의 수업을 2달 남짓 듣고 나니 이젠 시험을 볼 때 어법만큼은 자신감이 생겼습니다.
이 책 역시 선생님께서 강의 때 설명하시는 것처럼 이해되지 않던 부분이 속 시원하게 정리가 잘 되어 있더군요. 예제를 먼저 풀어본 뒤 선생님의 쉽고 간단한 문제 풀이를 확인했더니 그야말로 머리에 쏙쏙 들어왔습니다.
강의 시간에는 중간 중간에 선생님의 위트 덕분에 지루함 없었던 것 같은데, 책에서는 그게 없어서 좀 아쉽네요. 아무쪼록 이 책이 빨리 출간되었으면 하는 바람입니다. ^^;;

박형규

책에 관하여 알아보기

고급 중국어 어법의 지존 장석민 선생님의
新HSK 6급 고득점 공략 비법 대공개

이미 오랜 시간 동안 고급 중국어의 최고봉으로 손꼽히는 장석민 선생님은 그간 강의에서만 공개했던 新HSK 6급 고득점 공략 비법을 일반 독자들을 위해 이 책에 모두 쏟아부었습니다. 장석민 선생님은 학습자들이 스스로 문제에 접근하고 풀이할 수 있는 능력을 키우는 데 중점을 두고 이 책의 내용과 구성에 심혈을 기울였습니다. 일반적인 독학자들도 이 책을 공부하고 나면 장석민 선생님의 강의를 듣는 것처럼, 문제가 요구하는 것을 쉽게 파악하고 가장 빠른 시간 안에 문제를 해결할 수 있는 능력을 양성할 수 있습니다. 장석민 선생님의 고득점 공략 비법으로 여러분의 新HSK 6급 점수를 한껏 끌어올려 보세요.

新HSK 6급 독해 고득점 획득의 핵심,
독해 제1부분과 제2부분 핵심 어법 집중 공략

新HSK 6급은 총점 180점 이상을 획득하면 취득할 수 있는데, 같은 6급이라도 점수 차이로 그 실력을 상세히 평가할 수 있습니다. 6급 독해에서 고득점을 획득할 수 있는 가장 중요한 요소는 바로 중국어 어법입니다. 新HSK로 바뀌면서 어법 파트가 없어졌지만, 어법이 완전히 사라진 것이 아니라 독해 제1부분과 제2부분에서 다뤄지고 있습니다. 시험을 본 수험생들은 거의 독해 제1, 2부분에 대해 어려움을 호소하는데, 제한된 시간 안에 문장의 옳고 그름, 적당한 어휘의 운용을 판단하기가 쉽지 않기 때문입니다. 이 책에서는 新HSK 6급 독해 제1부분에서 주로 다뤄지는 주요 어법 12가지와 제2부분에서의 주요 문제 유형 6가지를 정리해 어법을 총정리할 수 있습니다.

실전감각을 살려주는
新HSK 독해 기출문제를 활용한 예문과 실전문제

일반적인 문장과 시험에 나오는 문장은 느낌이 상당히 다릅니다. 즉, 시험에 나오는 문장은 시험만의 특징이 담겨 있습니다. 장석민 선생님은 그동안 직접 모으고 선별한 新HSK 6급 독해 기출 문제들을 이 책에서 문제 유형별과 자주 출제되는 어법 이론별로 구성하였고, 기출 문제를 활용한 예문으로 실전 감각을 키울 수 있게 하였습니다. 이 책을 공부하는 학생들은 문제를 풀고, 풀이를 읽으면서 예문을 공부하다 보면 자연스럽게 新HSK의 문장과 출제 유형에 익숙해져서 실전에 가서도 당황하지 않을 수 있습니다.

책의 구성 미리 엿보기

기본 지식 TEST와 핵심 체크 POINT

기본 지식을 테스트할 수 있는 예제를 푼 뒤 자신의 문제 접근 방법을 자기의견 메모하기에 적어 보고, 핵심 콕콕 문제 풀이를 확인하면서 체크해보는 코너입니다. 핵심콕콕 문제 풀이를 통해 장석민 선생님만의 문제 유형 파악하는 방법을 알 수 있으며, 핵심 체크 포인트를 읽으면서 문제에 접근하는 방법을 익힐 수 있습니다.

제1부분 기본 지식 TEST와 핵심 체크 POINT

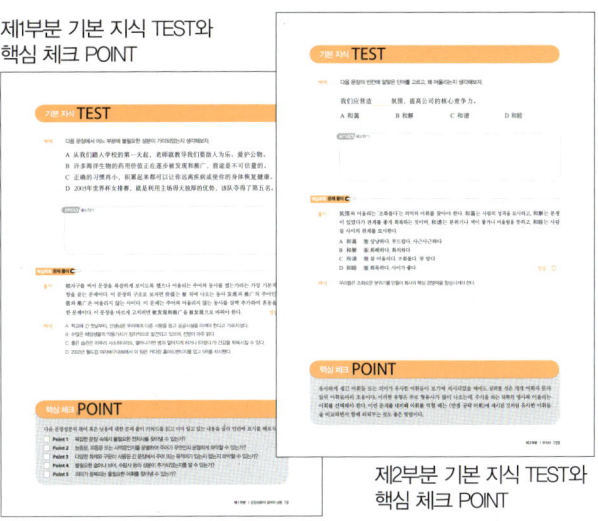

제2부분 기본 지식 TEST와 핵심 체크 POINT

문제 해결 POINT

新HSK 독해 부분에서 가장 많이 다뤄지는 어법 이론과 문제 접근 방법을 자세히 분석한 코너입니다. 제1부분에서는 장마다 핵심이 되는 어법 이론을 자세하게 짚어본 다음 바로 확인 EXERCISE를 풀어보면서 내용을 한 번 더 복습할 수 있으며, 제2부분에서는 핵심이 되는 문제 접근 방법과 예제로 문제 유형을 익힐 수 있는 훈련을 할 수 있습니다.

제1부분 문제 해결 POINT

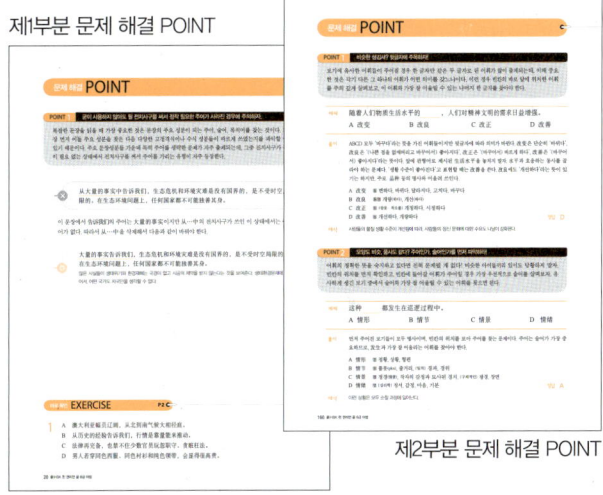

제2부분 문제 해결 POINT

만점 공략 어휘-제2부분

빈칸에 문맥상 적합한 어휘를 선택하는 유형인 제2부분에만 제공되는 어휘 팁입니다. 문제 유형별로 반드시 알아두어야 할 어휘들을 한눈에 살펴볼 수 있도록 모았습니다. 또한 시험 전 짧은 시간 안에 훑어 볼 수 있도록 구성하여 시험장에서 학습 효율을 최고로 올릴 수 있습니다.

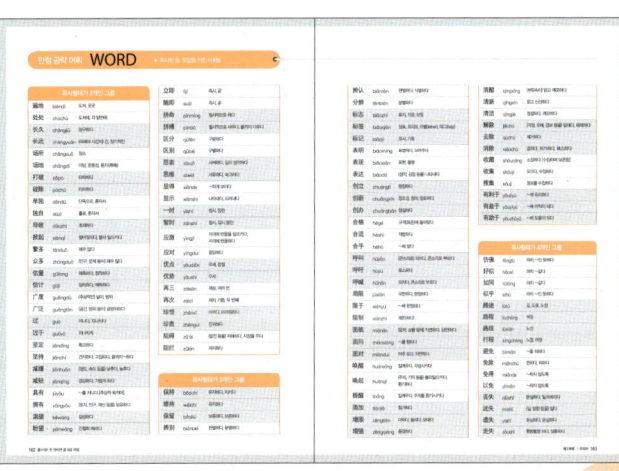

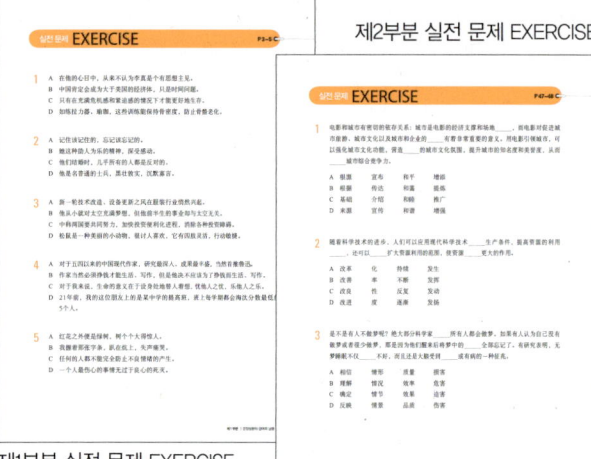

제2부분 실전 문제 EXERCISE

제1부분 실전 문제 EXERCISE

실전 문제 EXERCISE

각 장의 마지막에 출제 유형을 토대로 구성된 실전 문제가 제공됩니다. 그간의 新HSK 독해 기출 문제를 모아 장석민 선생님께서 직접 재구성한 문제로, 앞에서 학습한 내용에 대한 전반적인 문제인 만큼 실전 감각을 키우는 데 많은 도움이 되는 부분입니다.

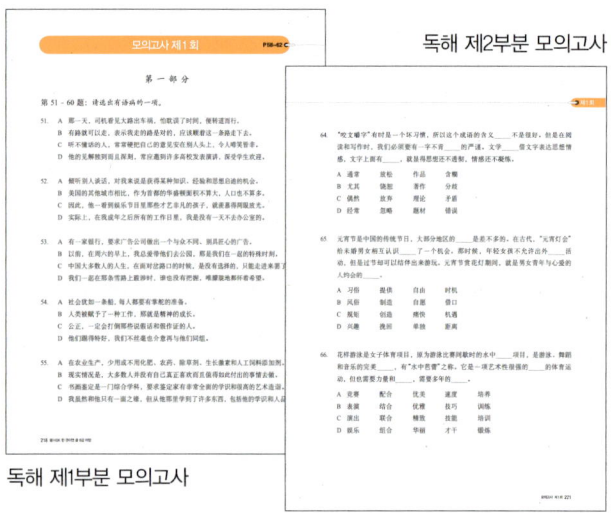

독해 제2부분 모의고사

독해 제1부분 모의고사

모의고사

독해 제1부분과 제2부분 문제를 다룬 모의고사가 총 5회 제공됩니다. 독해 제1, 2부분이 부담스러웠을 학습자들이 집중적으로 연습할 수 있도록 해당 부분을 시험 문제 형식 그대로 제공합니다.

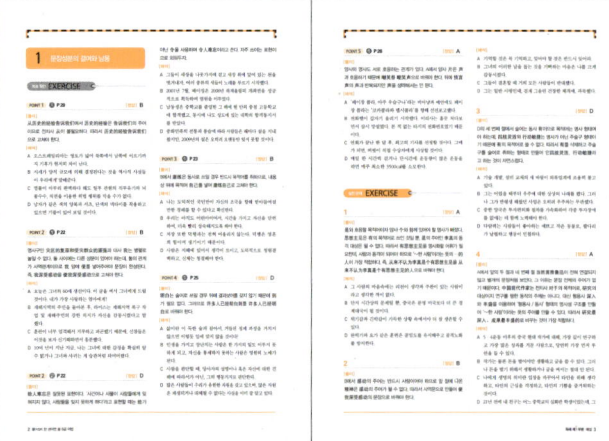

해설집

바로 확인 EXERCISE, 실전 문제 EXERCISE, 모의고사 문제에 대한 문제 풀이 및 정답, 그리고 해석이 담겨 있습니다. 각 문제에 대한 장석민 선생님만의 비법이 담긴 풀이를 읽고 공부하다 보면 빠른 문제 파악으로 고득점을 향해 한발 더 다가갈 수 있게 됩니다.

新HSK 6급 알아보기

新HSK 6급은 응시자의 중국어 응용능력을 평가하는 시험으로, 구)고등 HSK 9~11급에 해당하는 고급 중국어 평가 단계다. 이 시험의 수준은 《국제중국어능력기준》 5급과, 《유럽공통언어참조프레임(CEF)》 C2급에 해당한다. 新HSK 6급에 합격한 응시자는 중국어 정보를 듣고 읽는 데 능통하며, 중국어로 구두 상 또는 서면 상의 형식으로 자신의 견해를 유창하고 적절하게 전달할 수 있다고 평가를 받는다. 新HSK 6급은 5,000개 또는 5,000개 이상의 상용어휘를 습득하고, 관련 어법 지식을 마스터한 학습자를 대상으로 한다.

新HSK 6급 시험 구성

- 新HSK 6급은 총 101문제로 듣기 / 독해 / 쓰기 세 영역으로 나뉘며, 총 시험시간은 약 140분이다.
  (응시자 개인정보 작성시간 5분 포함)
- 新HSK 6급 성적표에는 듣기 / 독해 / 쓰기 세 영역의 점수와 총점이 기재된다.
- 각 영역별 만점은 100점 만점이며, 총점은 300점 만점으로 180점 이상이면 합격이다.
  (HSK성적은 시험일로부터 2년간 유효하다.)

시험 내용		문항 수		시간
듣기	제1부분	15	50	약 35분
	제2부분	15		
	제3부분	20		
듣기 답안지 작성 시간				5분
독해	제1부분	10	50	50분
	제2부분	10		
	제3부분	10		
	제4부분	20		
쓰기	작문	1		45분
합계		101		약 135분

新HSK 6급 고득점 공략하기

新HSK 6급 독해 고득점의 관문! 독해 제1, 2부분

新HSK에서 순수하게 어법 문제가 차지하는 부분은 사실 얼마 안 된다. 어법 문제는 엄격히 말해 독해 제1부분의 총 10문제뿐이니, 각 문항당 2점씩 계산해도 총점은 20점이다. 언뜻 생각하면 300점 만점에 20점을 맞으려고 어법을 따로 공부해야 하나 하는 생각이 들지도 모르지만, 실제로 新HSK의 독해 문제에 어법이 숨어 있다는 사실을 생각하지 못하고 어법을 따로 공부하지 않은 사람은 낭패를 보기 쉽다. 특히 독해 제2부분을 단순하게 어휘로만 생각했다면 큰 오산이다. 어법을 잘 숙지한 사람은 독해 제2부분도 훨씬 쉽게 풀 수 있다. 따라서 新HSK에서 가장 확실하게 준비하고 점수를 올릴 수 있는 방법은 바로 어법이다. 생각해보라! 듣기, 독해, 작문을 어떻게 확실하게 한꺼번에 준비할 수 있겠는가? 그저 많이 듣고 많이 읽고 많이 써보는 막연한 방법 외에는 달리 대비책이 없다. 하지만 어법은 유형별로 정리하고 기억만 확실히 해놓으면 절대로 당신을 배반하는 일이 없다.

新HSK 6급 어법 학습에 대한 진단과 해결

진단1 유형 파악 능력 부족

新HSK 독해 제1, 2부분에 대한 어법 유형은 문장성분의 결여와 남용, 혼동하기 쉬운 전치사 구별하기, 접속사의 혼용과 위치 등으로 분류된다. 하지만 수험생들이 문제를 풀 때 당황하는 이유는 해당 문제가 도대체 어느 유형에 속하는지 구분하기 힘들기 때문이다. 이를 위해서는 평소에 종합적인 사고를 하는 훈련이 필요한데, 먼저 이 책에 나오는 어법 유형을 완전히 익힌 후 문제를 통해 구체적으로 활용하는 연습을 해야 한다.

진단2 문제 해석 능력 부족

일부는 어법 유형 파악 때문이 아니라 문장 자체를 이해하지 못해 시험에서 당황하는 경우가 있다.

예 这种古老的木屋分上下两层, 它多久失修, 加之整体构成甚严密, 举目望去总有东倒西歪质感。

위 문장에서는 多久失修에 문제가 있다. 多久失修는 잘못된 어휘 호응이므로 年久失修나 经久失修로 바꿔야 하는데 이걸 판단하지 못하고 어법적 구조에만 집중한다. 하지만 이 문제는 어법 문제라기보다 어휘 문제에 가깝다. 따라서 평소에 다양한 어휘와 문장 학습으로, 중국어 문장의 전체를 보는 안목을 키워놓아야 실전에서 응용할 수 있다.

📑 해결 1 어법을 다른 영역과 같이 공부하기

수험생들은 新HSK를 준비하면서 어법 따로 타 영역 따로 공부하지만, 어법을 문제와 연결해서 공부하는 방법도 큰 도움이 된다. 예를 들어 문제에 中欧将本着对话精神来解决纺织品争端。과 같은 문장을 보았을 때, 本着…精神 이라는 어휘 호응을 발견할 수 있는 것처럼 평소 어법에 관련된 사항은 따로 정리해두는 습관을 길러야 한다.

📑 해결 2 나만의 어법 노트 만들기

무엇이든 본인에게 가장 잘 맞는 건 자기 자신이 가장 잘 안다. 따라서 자신만의 어법 노트를 만들어 보는 것도 좋은 방법 중 하나다. 먼저 십여 가지 핵심을 제목으로 정하고 공부하다가 영역별 어법적인 요소가 나오면 제목 아래 정리한 후 시험 전에 재확인한다.

📑 해결 3 중국어 문장 많이 접하기

수업하면서, 중국 유학 중에 잠시 한국으로 돌아와 공부하는 학생들에게 그 문제가 틀린 이유를 물어보면, 잘 모르겠지만 그냥 그 부분이 이상한 것 같다고 대답하는 경우가 있다. 정확히는 몰라도 평소에 많이 듣고, 말하고, 읽고, 써봤기 때문에 비문을 구분할 수 있는 것이다. 이 또한 어법 공부의 중요한 방법이라고 할 수 있다.

📑 해결 4 초중등 어법 확실하게 끝내기

때로는 초중등 어법에 대한 지식이 너무 부족하여 어법을 공부할수록 혼란만 가중되는 경우도 있다. 그러므로 新HSK 6급을 준비하기 전 초중등 어법 책을 한 권이라도 제대로 섭렵하는 것이 탄탄한 기초와 함께 더욱 완벽한 실력을 갖추는 지름길이라고 할 수 있다.

📑 해결 5 스터디 메이트를 찾아 어법 지식 공유하기

마지막으로 이 책을 섭렵한 후 직접 모의고사 10세트 정도를 만들어 친한 파트너와 교환해서 풀어보는 것을 권한다. 이는 실제 시험 출제 유형 파악에 도움이 되고 자신의 실력을 냉정하게 판단할 수 있으므로 더는 어법 때문에 고생하지 않을 것이다.

목 차

이 책을 내면서 • 4
학생들의 입소문 들어보기 • 6
책에 관하여 알아보기 • 8
책의 구성 미리 엿보기 • 9
新 HSK 6급 알아보기 • 11
新 HSK 6급 고득점 공략하기 • 12

新 HSK 6급 독해 제1부분 키워드

1 문장성분의 결여와 남용 18	2 부적절한 어휘 호응 29
바로 확인 EXERCISE 실전 문제 EXERCISE	바로 확인 EXERCISE 실전 문제 EXERCISE

3 혼동하기 쉬운 전치사 구별하기 38	4 접속사의 혼용과 위치 51
바로 확인 EXERCISE 실전 문제 EXERCISE	바로 확인 EXERCISE 실전 문제 EXERCISE

5 부적절한 어휘의 배열 65	6 술어 是와 是…的 구문 76
바로 확인 EXERCISE 실전 문제 EXERCISE	바로 확인 EXERCISE 실전 문제 EXERCISE

7 단어의 중첩 85	8 在 전치사구의 다양한 용법 96
바로 확인 EXERCISE 실전 문제 EXERCISE	바로 확인 EXERCISE 실전 문제 EXERCISE

9 품사의 오용 107	10 把자구 122
바로 확인 EXERCISE 실전 문제 EXERCISE	바로 확인 EXERCISE 실전 문제 EXERCISE

11 비교문 134	12 被자구 147
바로 확인 EXERCISE 실전 문제 EXERCISE	바로 확인 EXERCISE 실전 문제 EXERCISE

新 HSK 6급 독해 제2부분 키워드

1 유의어 158
  만점 공략 어휘
  실전 문제 EXERCISE

2 어휘 호응 167
  만점 공략 어휘
  실전 문제 EXERCISE

3 성어 成语 178
  만점 공략 어휘
  실전 문제 EXERCISE

4 접속사 连词 188
  만점 공략 어휘
  실전 문제 EXERCISE

5 품사 196
  만점 공략 어휘
  실전 문제 EXERCISE

6 어의 语义 206
  만점 공략 어휘
  실전 문제 EXERCISE

新 HSK 6급 독해 모의고사

모의고사(독해) 제1회 218
모의고사(독해) 제2회 224
모의고사(독해) 제3회 230
모의고사(독해) 제4회 236
모의고사(독해) 제5회 242

新 HSK
6급 독해
제1부분
키워드

Keyword

틀린 문장을 어떻게 빨리 찾을 수 있을까?

6급 독해 제1부분은 네 개의 보기 문장 가운데 틀린 부분이 있는 틀린 문장을 찾는 문제이다. 구)HSK에도 틀린 부분 찾는 문제가 있었지만 한 문장 안에서 찾는 것이었기 때문에 조금만 집중하면 어렵지 않게 풀 수 있었다. 그러나 新HSK에서는 네 개의 긴 문장이 보기로 제시되어 보기를 모두 읽고, 옳고 그름을 파악해야 하기 때문에 결국 정확한 중국어 어법에 대한 지식이 가장 큰 관건이 된다. 즉, 중국어 어법을 꼼꼼하게 익히지 않으면 아무리 읽어도 문장이 이상한 것을 느끼지 못해 빠른 시간 안에 문제를 읽고 풀기가 불가능하다.

이 파트에서는 6급 독해 제1부분에서 주로 출제되는 12가지의 핵심 어법을 4~5가지의 포인트 중심으로 학습하고 문제를 풀어보면서, 보다 빠르게 문제에 접근하고 풀 수 있도록 학습자들에게 팁을 주고자 했다. 모든 어법을 정확하고 꼼꼼하게 공부해야 하는 것이 정석이지만, 비교적 짧은 시간 안에 문제 적응력을 높이는 훈련도 필요하기 때문에, 출제 빈도가 높은 어법을 순서대로 학습하고, 연습문제를 풀어보면서 문장을 분석하는 습관을 만들 수 있도록 구성했다.

6급 독해 제1부분에서 가장 중요한 것은 물론 정확한 어법 구사다. 문제를 한 번 읽고서 바로 문장의 어느 부분이 잘못되었는지를 파악하는 것은 사실 쉬운 일이 아니다. 결국 제1부분의 득점력을 올리기 위해서는 어법적으로 완벽한 문장을 많이 읽어봐야 한다. 평소 문장을 많이 읽고, 문장 속에 사용된 어법을 하나하나 살펴보는 습관을 들이도록 하자.

문장성분의 결여와 남용

문장이 길어지면 가장 먼저 확인해야 하는 것이
주어와 술어, 그리고 목적어 등의 기본 성분이다.
주로 전치사구를 남용하여 주어를 불분명하게 만들거나
술어나 목적어를 생략하는 문제가 출제된다.

기본 지식 TEST

예제   다음 문장에서 어느 부분에 불필요한 성분이 가미되었는지 생각해보자.

     A   从我们踏入学校的第一天起，老师就教导我们要助人为乐、爱护公物。
     B   许多海洋生物的药用价值正在逐步被发现和推广，前途是不可估量的。
     C   正确的习惯再小，积累起来都可以让你远离疾病或使你的身体恢复健康。
     D   2003年世界杯女排赛，就是利用主场得天独厚的优势，该队夺得了第五名。

자기의견 메모하기

핵심콕콕 문제 풀이

풀이   被자구를 써서 문장을 복잡하게 보이도록 했으나 어울리는 주어와 동사를 썼는가라는 가장 기본적인 사항을 묻는 문제이다. 이 문장의 구조로 보자면 价值는 被 뒤에 나오는 동사 发现과 推广의 주어인데, 价值와 推广은 어울리지 않는 사이다. 이 문제는 주어와 어울리지 않는 동사를 살짝 추가하여 혼동을 유발한 문제이다. 이 문장을 바르게 고치려면 被发现和推广을 被发现으로 바꿔야 한다.   **정답 B**

해석   A   학교에 간 첫날부터, 선생님은 우리에게 다른 사람을 돕고 공공시설을 아껴야 한다고 가르치셨다.
         B   수많은 해양생물의 약용가치가 점차적으로 발견되고 있으며, 전망이 아주 밝다.
         C   좋은 습관은 아무리 사소하더라도, 쌓아나가면 병과 멀어지게 하거나 (아팠다가) 건강을 회복시킬 수 있다.
         D   2003년 월드컵 여자배구대회에서 이 팀은 커다란 홈어드벤티지를 업고 5위를 차지했다.

핵심 체크 POINT

다음 문장성분의 결여 혹은 남용에 대한 문제 풀이 키워드를 읽고 이미 알고 있는 내용을 골라 빈칸에 표시를 해보자.

- [ ] **Point 1**   복잡한 문장 속에서 불필요한 전치사를 찾아낼 수 있는가?
- [ ] **Point 2**   능동문, 피동문 또는 사역문인지를 분별하여 주어가 무엇인지 분명하게 파악할 수 있는가?
- [ ] **Point 3**   다양한 화제와 구문이 사용된 긴 문장에서 주어 또는 목적어가 있는지 없는지 파악할 수 있는가?
- [ ] **Point 4**   불필요한 술어나 보어, 수량사 등의 성분이 추가되었는지를 알 수 있는가?
- [ ] **Point 5**   의미가 중복되는 불필요한 어휘를 찾아낼 수 있는가?

문제 해결 POINT

POINT 1 굳이 사용하지 않아도 될 전치사구를 써서 정작 필요한 주어가 사라진 경우에 주의하자.

복잡한 문장을 읽을 때 가장 중요한 것은 문장의 주요 성분이 되는 주어, 술어, 목적어를 찾는 것이다. 가장 먼저 이들 주요 성분을 찾은 다음 다양한 고정격식이나 수식 성분들이 바르게 쓰였는지를 파악할 수 있기 때문이다. 주요 문장성분들 가운데 특히 주어를 생략한 문제가 자주 출제되는데, 그중 전치사구가 굳이 필요 없는 상태에서 전치사구를 써서 주어를 가리는 유형이 자주 등장한다.

从大量的事实中告诉我们，生态危机和环境灾难是没有国界的，是不受时空局限的。在生态环境问题上，任何国家都不可能独善其身。

이 문장에서 告诉我们의 주어는 大量的事实이지만 从…中의 전치사구가 쓰인 이 상태에서는 주어가 없다. 따라서 从…中을 삭제해서 다음과 같이 바꿔야 한다.

大量的事实告诉我们，生态危机和环境灾难是没有国界的，是不受时空局限的。在生态环境问题上，任何国家都不可能独善其身。
많은 사실들이 생태위기와 환경재해는 국경이 없고 시공의 제약을 받지 않는다는 것을 보여준다. 생태환경문제에 있어서, 어떤 국가도 자국만을 생각할 수 없다.

바로 확인 EXERCISE　P2

1. A　澳大利亚幅员辽阔，从北到南气候大相径庭。
　　B　从历史的经验告诉我们，行情是靠量能来推动。
　　C　法律再完备，也禁不住少数官员玩忽职守、贪赃枉法。
　　D　男人若穿同色西服、同色衬衫和纯色领带，会显得很高贵。

POINT 2   능동문과 피동문 또는 사역문 가운데 어떤 문장인지를 파악하여 주어를 찾아야 한다.

사역이나 피동을 표시하는 전치사가 필요 없는 문장인데 주어 앞에서 주어가 무엇인지를 혼동하게 하는 경우가 있다. 따라서 사역 또는 피동을 표시하는 전치사가 있을 경우 그 문장에 필요한 것인지를 먼저 판단해보는 것이 중요하다.

1. 능동문과 사역문의 혼동

听了他的话，使大家本已经暂时忘了的事又回到脑子里，像作什么决定一样，迅速用眼神交换了一下意见，并不约而同的点头示意。

이 문장에서 听了他的话와 迅速用眼神交换了一下意见，并不约而同的点头示意는 주술구이다. 그러나 전치사 使를 끼워넣어 주어가 他的话인지 大家인지 불분명해졌다. 따라서 使를 삭제해야 한다.

听了他的话，大家本已经暂时忘了的事又回到脑子里，像作什么决定一样，迅速用眼神交换了一下意见，并不约而同地点头表示。
그의 말을 듣고, 모두 원래 잠시 잊고 있었던 일을 다시 떠올렸고, 무슨 결정을 한 것처럼 눈빛으로 빠르게 의견을 교환한데다가 약속이나 한 듯이 고개를 끄덕여 뜻을 표했다.

예로 한 문장을 더 보자.

近年来，在国家的大力支持下，让青海民航事业得到了长足发展。

이 문장에서 주어는 青海民航事业이고 동사와 목적어는 得到了长足发展이다. 그러므로 青海民航事业 앞에 전치사 让은 삭제해야 한다.

近年来，在国家的大力支持下，青海民航事业得到了长足发展。
최근 들어 국가의 대대적인 지원 아래, 칭하이 민간항공 사업이 장족의 발전을 거두었다.

2. 피동문과 사역문의 혼동

据统计，通过所有参战人员的共同努力，共计清除工程渣土、砖头瓦块及杂草100余吨，给这里人行便道的环境面貌有了明显改善。

앞에서부터 …100余吨까지의 부분과 给…面貌의 관계에 주의해야 하는데, 이 둘은 피동이 아니라 사역이 어울린다. 즉, 给…的环境面貌를 使…的环境面貌로 고쳐야 한다.

据统计，通过所有参战人员的共同努力，共计清除工程渣土、砖头瓦块及杂草100余吨，使这里人行便道的环境面貌有了明显改善。
통계에 따르면, 모든 참전 인원들이 힘을 합쳐 노력하여 폐기물이 섞인 흙, 벽돌 조각 및 잡풀 총 100여 톤을 깨끗이 치워서, 이곳의 인도 환경이 눈에 띄게 개선되었다고 한다.

바로 확인 EXERCISE P2

1
A 今天是她的六十大寿，写下这篇文章，送给她，我最爱的妈妈!
B 在探望灾区群众后，赖斯说，灾区的复原和受灾群众的顽强我深受感动。
C 由于训练极其严格，既枯燥又疲劳，新兵们看到这些自然既好奇又兴奋。
D 十几年之后的今天，我已经分不清对她的感情，或者她也成了我的习惯。

2
A 他们把鸟笼子往树杈上一挂，揭下罩在鸟笼上的布帘，于是各种鸟雀唱起歌来。
B 2001年7月，北京成功取得2008年夏季奥林匹克运动会的主办权，为它完成心愿。
C 弟弟中学毕业那年，考上了县里的重点高中，同时我也接到了省城大学的录取通知书。
D 虽然按照中华民族的传统和习俗，人们年年都要过春节，但2009年的春节却给人难忘。

| POINT 3 | 다양한 화제와 구문을 사용하여 주어나 목적어를 혼동하게 만드는 문제 유형에 주의한다. |

주어와 목적어는 문장의 화제, 주제와 직결되는 주요 문장성분으로, 주어는 주로 동작을 하는 주체이고, 목적어는 동작을 당하는 대상이 된다. 그런데 新HSK 독해 제1부분에서는 다양한 화제나 구문을 사용하여 주어와 목적어를 혼동하게 하거나 술어와 어울리지 않는 목적어를 사용하여 틀린 문장을 출제하기도 한다.

1. 화제를 바꿔버리는 경우

警察带着迷路的小孩儿，挨家挨户地打听，最后终于找到了孩子的父母，一见到父母，就破涕为笑了。

이 문장에서 앞의 세 절은 화제가 경찰이지만 뒤의 두 절은 경찰이 아닌 어린아이다. 따라서 一见到父母 앞에 주어 孩子를 보충해 다음과 같이 바꿔야 한다.

警察带着迷路的小孩儿，挨家挨户地打听，最后终于找到了孩子的父母，孩子一见到父母，就破涕为笑了。
경찰은 길을 잃은 아이를 데리고, 집집마다 물어보아 결국 아이의 부모를 찾았다. 아이는 부모를 보자마자 울음을 그치고 웃었다.

2. 잘못된 목적어를 쓰거나 목적어가 빠진 경우

培养孩子坚韧的性格，就让孩子养成各种良好，只有良好的习惯才能培养孩子走向成功。

두 번째 절에서 养成 뒤에 명사 목적어가 빠져 있다. 养成과 자주 쓰이는 목적어는 习惯이며, 문맥상으로도 어울리므로, 이 부분을 养成各种良好的习惯으로 고쳐야 한다.

培养孩子坚韧的性格，就让孩子养成各种良好的习惯，只有良好的习惯才能培养孩子走向成功。
아이에게 강인한 성격을 길러주면, 아이는 여러 좋은 습관을 기르게 된다. 좋은 습관만이 아이를 성공으로 이끌 수 있다.

바로 확인 EXERCISE   P2

1
A 我深信只有有道德的公民才能向自己的祖国致以可被接受的敬礼。
B 我们真的还只是一个孩子，还要靠时间来磨练，使自己尽快成熟。
C 装饰对于德行也同样是格格不入的，因为德行是灵魂的力量和生气。
D 人在智慧上应当是明豁的，道德上应该是清白的，身体上应该是清洁的。

| POINT 4 | 불필요한 술어나 보어, 수량사 등의 성분이 추가되는 경우에 주의한다. |

문장 속에 굳이 쓰지 않아도 되는 동사나 형용사, 또는 동사 뒤에 각종 보어를 붙여 문제를 출제하기도 한다. 특히 동사 是에 주의해야 한다.

1. 是가 잘못 들어간 문장

是의 가장 큰 역할은 '~이다'라는 뜻의 동사다. 그런데 동사가 필요 없는데도 是를 넣어 문장을 틀리게 만들어 출제하는 경우가 있다.

 创业板成功的关键<u>是在于</u>相信市场的力量。

关键在于…는 '관건은 ~에 있다'라는 뜻의 고정격식이다. 이 표현에서는 在가 동사 역할을 하기 때문에 동사 是를 따로 넣을 필요가 없다.

 创业板成功的<u>关键在于</u>相信市场的力量。
Second-board Market에서 성공하기 위한 관건은 시장의 능력을 믿는 데 있다.

한 문장 더 살펴보자.

 不管你是生熟手，只要你的加入，<u>我们都是很欢迎</u>！

이 문장에서는 很欢迎이 술어로 쓰였기 때문에 동사 是가 불필요하다. 만약 是를 넣는다면 是…的 용법을 사용하여 我们都是很欢迎的라고 표현하면 된다.

 不管你是生熟手，只要你的加入，<u>我们都很欢迎</u>！
네가 신참이든 베테랑이든, 네가 가입만 한다면 우린 모두 매우 환영한다!

2. 보어가 잘못 들어간 문장

주로 동사와 어울리지 않는 방향보어를 쓰거나 가능보어의 부정형을 잘못 쓴 문장을 출제한다.

 清洁能源是很有必要<u>发展下去出来</u>的。

어떤 상태가 이미 존재하거나 계속 발전해나가는 것을 표현할 때는 방향보어 下去를 사용한다. '발전해나가다'라는 지속적인 의미를 나타내는 표현은 发展下去이다.

清洁能源是很有必要发展下去的。
청정 에너지는 반드시 발전시켜야 할 필요가 있다.

한 문장을 더 살펴보자.

 我差一点儿都认不上来了。

사물이 없었던 상태에서 생기거나 보이게 된 것을 나타낼 때는 보어 出来를 사용한다. 따라서 '~을 알아보다'라는 표현은 认不上来가 아니라 认不出来라고 해야 맞다.

 我差一点儿都认不出来了。
나는 하마터면 못 알아볼 뻔했다.

3. 양사가 잘못 들어간 문장

양사는 명사와의 호응이 중요한데, 명사와 어울리지 않는 양사를 써서 출제하기도 한다.

 惟有一双眼镜却是那样清晰地烙在我的心中。
유독 안경만이 그렇게 뚜렷이 내 마음속에 새겨졌다.

안경을 세는 양사는 双이 아니라 副다. 그러므로 一双眼镜이 아닌 一副眼镜이 맞다.

 1958年我国第一扇黑白电视机诞生，中国电子工业正好走过她不平凡的50年。
1958년 우리나라의 첫 번째 흑백 TV가 탄생했고, 중국 전자공업은 평범하지 않은 50년 역사를 걸어왔다.

TV 등의 전자제품의 수를 세는 양사는 台다. 따라서 第一台黑白电视机라고 고쳐야 한다.

바로 확인 EXERCISE   P2

1
A 生活真像这杯浓酒，不经三番五次的提炼，就不会这样可口！
B 谁要是游戏人生，他就一事无成；谁不能主宰自己，永远是一个奴隶。
C 判断一个人，不是根据他自己的表白或对自己的看法，而是根据他的行动。
D 许多人已经明白到，我们只有有限的资源，许多资源是不可以更新或替代的。

> **POINT 5** 불필요하게 의미가 중복되거나 생략할 수 없는 어휘의 생략에 주의한다.
>
> 한 문장 안에 강조 표현이 아닌데도 같은 의미의 다른 표현을 중복해서 넣어놓는다든가, 반대로 반복되더라도 생략할 수 없는 표현을 생략하여 출제하기도 하고, 사자성어의 형태를 변형시킨 문장도 출제한다.

从法律上看，解决这个问题所在关键在于查清病因何在，根源在哪里，过敏可能只是一方面。

밑줄 친 부분에서 在于 자체가 소재를 나타내는 동사구이므로 앞에 같은 의미를 나타내는 명사 所在는 불필요하다. 问题所在关键在于를 问题关键在于로 바꿔야 한다.

从法律上看，解决这个问题关键在于查清病因何在，根源在哪里，过敏可能只是一方面。
　법률적으로 보면, 이 문제를 해결하는 관건은 병의 원인과 근원이 어디에 있는지를 확실히 밝히는 것이다. 알레르기는 아마도 다만 일부일 뿐이다.

한 문장을 더 살펴보자.

校领导在会上讲话说，我们要注意团结跟自己合不来、看不惯的同志。只有这样才能把学校的各项工作做好，使教学质量上一个新台阶。

밑줄 친 부분에서 看不惯하는 사람이 누구인지, 즉 누구의 마음에 안 드는지 주어를 분명하게 해야 한다. 앞에서 自己合不来라고 했으므로 여기서도 自己를 써서 自己看不惯的同志로 바꿔야 한다. 自己가 반복되지만 이 문장에서는 반드시 생략하지 말고 써야 한다.

校领导在会上讲话说，我们要注意团结跟自己合不来、自己看不惯的同志。只有这样才能把学校的各项工作做好，使教学质量上一个新台阶。
　학교장은 자신과 마음이 맞지 않고 자신의 마음에 들지 않는 사람들과 잘 지내야 한다고 회의 연설에서 말했다. 이렇게 해야 학교의 업무를 잘 할 수 있고, 교육의 질을 한 단계 더 높일 수 있다.

바로 확인 EXERCISE   P3

1
A 在一片"非常可乐，非常可笑"的嘲笑和预言声中，非常可乐向"二乐"宣战。
B 电话铃声突然响起。伊丽莎看了一眼，有些迟疑，是一个没有见过的外地号码。
C 餐会结束一个月后，将评出一篇最佳报道。届时，巴菲特将亲自为获胜者颁奖。
D 每天步行一小时或在短时间内做大运动量的锻炼，每周至少消耗3500卡的热量。

실전 문제 EXERCISE

P3~5

1. A 在他的心目中，从来不认为李真是个有思想主见。
   B 中国肯定会成为大于美国的经济体，只是时间问题。
   C 只有在充满危机感和紧迫感的情况下才能更好地生存。
   D 如练拉力器、瑜珈，这些训练能保持骨密度，防止骨骼老化。

2. A 记住该记住的，忘记该忘记的。
   B 她这种助人为乐的精神，深受感动。
   C 他们结婚时，几乎所有的人都是反对的。
   D 他是名普通的士兵，黑壮敦实，沉默寡言。

3. A 新一轮技术改造、设备更新之风在服装行业悄然兴起。
   B 他从小就对太空充满梦想，但他前半生的事业却与太空无关。
   C 中韩两国要共同努力，加快投资便利化进程，消除各种投资障碍。
   D 松鼠是一种美丽的小动物，很讨人喜欢，它有四肢灵活，行动敏捷。

4. A 对于五四以来的中国现代作家，研究最深入、成果最丰盛，当然首推鲁迅。
   B 作家当然必须挣钱才能生活、写作，但是他决不应该为了挣钱而生活、写作。
   C 对于我来说，生命的意义在于设身处地替人着想，忧他人之忧，乐他人之乐。
   D 21年前，我的这位朋友上的是某中学的提高班，班上每学期都会淘汰分数最低的5个人。

5. A 红花之外便是绿树，树个个大得惊人。
   B 我握着那张字条，趴在炕上，失声痛哭。
   C 任何的人都不能完全防止不良情绪的产生。
   D 一个人最伤心的事情无过于良心的死灭。

실전 문제

6
- A 一位老人把一支熊熊燃烧的火炬传递到总统。
- B 他怀里抱着孩子，在镇卫生院门前走来走去。
- C 天快亮的时候，她在我母亲的小区门口等到了我。
- D 她伸出手，想拉我，却又空空地收回去，转身回家。

7
- A 不是为了曝光而曝光，而是为了使被曝光受到教育，使有类似问题的人受到威胁。
- B 随着影院建设的发展和观众观影习惯的逐渐形成，电影观众的需求增长越来越强烈。
- C 树欲静而风不止，子欲养而亲不待。——这是很多人的痛苦，也是很多人一辈子的遗憾。
- D 学习并不是人生的全部。但既然连人生的一部分——学习也无法征服，还能做什么呢？

8
- A 她喜欢的东西，再贵他也舍得买。
- B 最不容易变的，也许只有某种记忆。
- C 在他的帮助和鼓励下，增强了我的信心。
- D 未经你的同意，任何人都不能够使你感到不适。

9
- A 把孩子的发展当成自己唯一的指望，是一种丧失自我的表现。
- B 就因为炸药没有爆炸，运钞车安然无恙，而他们却被警方抓获了。
- C 地铁有时候很闷热，有时候很拥挤，没有座位时往往路途特别漫长。
- D 他既不喜欢体育运动，也不喜欢娱乐活动。谁也不知道他究竟感兴趣什么。

10
- A 很多人赞成把位置排第一，认为只要有了一定的位置，就会有身份，有了身份就会有身份感。
- B 每个故事后面附教育提示，从专家的角度指导家长通过讲故事来完成培养孩子好品德的目的。
- C 无论是IT业内人士、还是企业决策者，快速领会这个新概念的含义及深远影响，都显得非常必要。
- D 学校要给学生们以正确的引导，要使他们懂得人与人相处，都要互相尊敬别人，互相帮助别人。

❷ 부적절한 어휘 호응

어휘 호응이란 문장성분 및 의미의 호응을 의미한다.
예를 들어 주어와 목적어, 서술어와 목적어,
관형어와 중심어, 부사어와 중심어의 조화이다.
문장을 만들 때 성분 사이의 호응에 유념하지 않으면
조화의 부적절로 인한 오류가 생길 수 있다.
문장성분 및 어휘의 호응은 시험에 매번 등장하는 유형이다.
이 유형에 대비하기 위해서는 학습서, 잡지, 신문, 인터넷 등
수많은 경로를 통해 자신의 중국어 어휘 능력을 키우고,
다양한 문제 유형을 접하여 문제 풀이 능력을 키워야 한다.

기본 지식 TEST

예제 다음 문장에서 틀린 부분을 찾아보고 왜 틀렸는지를 생각해보자.

A 一个民族，没有振奋的精神和高尚的风格，不可能自立于世界民族之林。
B 中国那些热衷于拍摄"大制作"影片的明星导演们忘记了一个简单的道理。
C 加强上市公司质量，是强化上市公司竞争优势，实现可持续发展的内在要求。
D 当您不了解一个人的时候，您看到的不一定是真的，您心里所想的也不一定是对的。

자기의견 메모하기

핵심콕콕 문제 풀이

풀이 加强과 质量은 호응이 맞지 않는 동사와 목적어다. '품질을 높이다'라는 의미의 고정표현은 提高…质量이므로, 加强上市公司质量을 提高上市公司质量으로 고쳐야 한다.   **정답 C**

해석
A 어느 한 민족이 분발하려는 정신자세와 고상한 풍격이 없으면 스스로 세계 민족의 대열에 낄 수 없다.
B 중국에서 '대작' 영화의 촬영에 열중하는 스타와 감독들은 한 가지 단순한 이치를 잊었다.
C 상장사의 수준을 높이는 것은 기업의 경쟁우위를 강화하고, 지속 가능한 발전을 이루는 내재적 요구를 실현하는 것이다.
D 당신이 한 사람을 이해하지 못할 때 당신이 본 것은 사실이 아닐 수도 있고, 당신이 마음속으로 생각하는 것이 옳지 않을 수도 있다.

핵심 체크 POINT

다음 어휘 호응에 대한 문제 풀이 키워드를 읽고 이미 알고 있는 내용을 골라 빈칸에 표시를 해보자.

☐ **Point 1** 특정한 동사에만 호응하는 목적어를 알고 있는가?
☐ **Point 2** 유의어나 반의어가 적절하게 쓰였는지 알 수 있는가?
☐ **Point 3** 문장 속에 쓰인 접속사나 부사가 문맥과 어울리는지 판단할 수 있는가?
☐ **Point 4** 고정격식은 아니더라도 습관적으로 특정 어휘와 호응하는 관계들을 알고 있는가?
☐ **Point 5** 사자성어가 문맥이나 용법에 맞게 쓰였는지 알 수 있는가?

문제 해결 POINT

POINT 1 동사와 목적어의 어휘 호응이 적절한지를 확인한다.

동사와 목적어의 관계가 어려울 게 뭐가 있을까 싶지만, 일부 동사는 특정한 명사만을 목적어로 갖기도 하고, 반대로 일부 목적어는 특정 동사에만 호응하는 경우가 있으므로 주의해야 한다. 또 어떤 동사는 목적어를 두 개 가지는 경우가 있는데, 이때는 사물 목적어가 먼저 오는지 사람 목적어가 먼저 오는지를 주의해서 알아두어야 한다. 다음은 고정적인 호응을 이루는 대표적인 표현들이다.

1. 提高…水平 수준을 높이다

   大家取长补短，共同提高窗口行业的服务水平，迎接世博会的到来。
   모두가 함께 상호보완하고, 창구업무 서비스 수준을 높여 엑스포를 맞이합시다.

2. 加强…合作 협력을 강화하다

   江主席此行达到了增进了解、加强合作的预期目的，取得了圆满成功。
   장 의장의 이번 방문은 이해 증진 및 협력 강화라는 초기의 목표를 달성하여, 매우 성공적이었다.

3. 给予 + 사람 + 사물

   동사 给予는 사물과 사람 목적어를 동시에 취할 경우, 사람이 먼저 오고 사물이 뒤에 온다.

   我父母常常给予我鼓励和支持。　　　우리 부모님은 항상 나에게 격려와 지지를 해준다.
   他给予那些学生们物质帮助。　　　　그는 그 학생들에게 물질적인 도움을 준다.

바로 확인 EXERCISE   P5

1
A 这是世界上第一次对地震的成功预报，被世界科技界称为"地震科学史上的奇迹"。
B 美国再次呼吁朝鲜重返六方会谈，认为现在的条件已经很理想，没有理由避开会谈。
C 通过塑造产业致富典型，以典型带动产业发展，引领广大农民走上了脱贫致富的道路。
D 体育可以产生积极的社会意义，但是却绝对不应该把体育的振奋和国家的强盛画上等号。

POINT 2 유의어나 반의어가 적절하게 쓰였는지를 확인한다.

유의어와 반의어에 관한 문제도 결국 어휘의 용법을 제대로 알고 있는가가 중요하다. 의미는 같으나 용법이 다른 어휘를 문장 속에 혼용하여 사용하는 문제들을 출제하기 때문이다.

1. 유의어를 혼용한 경우

毕业以后，这几年在社会上学到了很多东西，我们变化了从前的想法。
졸업 후 몇 년 동안 사회에서 많은 것을 배웠고, 우리는 지금까지의 생각들을 많이 바꿨다.

이 문장에서 变化 뒤에는 목적어가 올 수 없기 때문에 비슷한 의미를 갖고 있는 改变으로 바꿔야 한다.

生态环境的改善，美化了市容，调节了气候，使莫斯科摘掉了"沙漠城市"的帽子，成为全世界嫉妒的绿色首都。
생태환경의 개선, 도시의 미화, 기후의 조절은 모스크바가 '사막도시'라는 오명을 벗어버리게 했으며, 전 세계가 부러워하는 녹색도시가 되었다.

얼핏보면 전혀 어색하지 않지만 이 문장에서는 문맥상 嫉妒를 羡慕로 바꿔야 한다. 도시간의 선의의 경쟁을 펼칠 때는 '질투'보다는 '부러움'이 더 어울리기 때문이다.

바로 확인 EXERCISE   P5

1
A 今后不能再去那里开会了，因为开会地点已经受到了监督。
B 城里寄来第一张汇款单时，他就决定把所有的钱都送回去。
C 我听到她一声声喊我的名字，看到她着急地从小区里跑出去。
D 她本来脑子就不太好使，又过去七年时间，难免会记不得我。

POINT 3   문맥과 어울리는 부사나 접속사가 쓰였는지 확인한다.

단순히 동사와 목적어의 관계에 집착하면 전체적인 문맥을 파악하지 못하고 결정적인 실수를 할 수도 있다. 긴 문장을 읽다보면 문장이 주는 전반적인 느낌을 잃기 쉬운데, 이때 가장 함정에 빠지기 쉬운 것이 바로 부사나 접속사이다. 특히 어기부사와 접속사는 문장이 말하고자 하는 숨은 뜻, 어감을 전달하기도 하므로 매우 신경써서 읽어야 하는 부분이다.

1. 잘못된 부사의 사용

从开始参加工作到现在，他向来勤勤恳恳，赢得了同事的一致好评，连续几年被评为优秀工作者。
처음 업무에 참가했을 때부터 지금까지 그는 줄곧 근면성실하여서 동료들의 호평을 얻었으며, 연속으로 몇 년 동안 우수 근무자로 평가 받았다.

여기에서 부사 向来를 一向으로 바꿔야 한다. 문장 앞부분에 从开始参加工作到现在가 있어 시간을 구체적으로 제한하고 있기 때문에 '(일정 기간 동안) 줄곧'이란 의미를 나타내는 一向을 써야 한다. 向来는 '원래 그렇다'는 뜻이 강하다.

2. 부사의 결핍

昨天晚上除了我之外，谁没睡好，老人也起来两三次，为了能听动静。
어젯밤에는 나 외에, 아무도 잠을 못 잤다. 노인도 인기척을 잘 듣기 위해 두세 번 일어났다.

谁没睡好를 谁都没睡好로 바꿔야 한다. 谁가 나왔기 때문에 '나 외에 모든 사람들이'라는 뜻임을 짐작해야 한다. 따라서 '모두'를 뜻하는 都를 써야 옳은 문장이 된다. 이 문제처럼 앞에서 '전체'를 뜻하는 문장인데 都를 생략하는 경우가 종종 있으므로 주의해야 한다.

바로 확인 EXERCISE   P5

1
A 我们做饭给大家，大家都一样，都没有吃饭，现在很难嘛。
B 湖北省嘉鱼县排洲湾二十五日水位超危险水位近一米，并将在上涨。
C 农民们从传统的、单一的小农经济中跳了出来，变得敢说、敢穿、敢做。
D 她指着他的鼻子喊，要么你在哪里捡的还送回哪里去，要么你就别回来了。

POINT 4　습관적인 어휘 호응이 적절한지를 확인한다.

여기서 말하는 '습관적인 어휘 호응'이란 고정격식이라 할 수는 없지만 고정적으로 함께 쓰이는 어휘들의 조합을 지칭하기로 한다. 예를 들면 어떤 명사에는 어떤 관형어가 쓰이고, 어떤 목적어는 특정한 동사만을 취한다는 등의 조합이다.

1. 형용사 多와 大의 호응

 从风水学上说，楼梯对住宅中的人的生活有很多影响。

이 문장을 우리말로 옮겨보면 '풍수학적으로 계단은 건물에 사는 사람의 생활에 많은 영향을 끼친다.'로 해석되어 아주 말짱한 문장으로 보인다. 그러나 중국어에서 影响을 수식할 때는 多를 쓰지 않고 大를 쓰기 때문에 틀린 문장이다. 즉 很多影响을 很大影响으로 바꿔야 한다.

2. 자주 출제되는 어휘 호응

이처럼 형용사와 명사와의 관계가 다뤄지기도 하지만, 대부분은 동사와 목적어의 관계가 많이 출제된다. 다음은 新HSK에 자주 출제되는 어휘 호응들이다.

揭开面纱 베일을 벗다	鼓起掌声 박수를 치다	辜负信任 신임을 저버리다
丰富知识 지식을 늘리다	扮演角色 역할을 맡다	受到埋怨 원망을 듣다
受到委托 위탁받다	受到表扬 칭찬받다	受到欢迎 환영받다
接受采访 인터뷰를 하다	提高水平 수준을 향상시키다	做出贡献 공헌을 하다
增加出口 수출을 늘리다	减轻负担 부담을 줄이다	发出笑声 웃다
发出呼声 호소하다	发表见解 견해를 발표하다	发挥作用 기능을 발휘하다
耽误青春 젊음을 낭비하다	布置兵力 병력을 배치하다	掀起热潮 붐이 일다
数量增加 수량이 늘어나다	清除思想 사상을 타파하다	爱惜粮食 식량을 아끼다
缩小差距 차이를 줄이다	节省时间 시간을 절약하다	质量提高 품질이 향상되다
减慢速度 속도를 줄이다	加大力度 강도를 높이다	加快速度 속도를 높이다

바로 확인 EXERCISE　　P5

1
- A　我们的情绪完全掌控在自己手中的话，可以避免多少与陌生人无谓的争吵。
- B　一出机场，迎面就是几株叫不上名的大树，满树不是绿叶，全是火红的花朵。
- C　爱是夫妻永葆恩爱的基本前提，但除此之外，还有很多需要注意的技巧和细节。
- D　非典的无情袭击改变了广州市民的消费观念与习惯，非典过后也发出了健身的热潮。

| POINT 5 | 사자성어나 속어 등의 쓰임이 적절한지를 확인한다. |

사자성어나 속어는 겉으로 드러나는 뜻으로는 성어가 지닌 의미를 제대로 파악하기 힘들기 때문에 정확한 의미와 함께 갖고 있는 어기도 잘 파악하고 있어야 한다. 문제에서는 성어 가운데 한 글자를 변형한다거나 속어의 앞이나 뒷부분을 다른 표현으로 바꾸어 출제한다.

1. 사자성어의 호응

 俗话说，人在江湖，随心所欲。事实上，人在闲时，也会身不由己。

이 문장은 속담을 다루고 있다. 人在江湖는 '세상살이 하면서 자기 뜻대로만 할 수 없다'는 속담의 앞부분으로, 뒤에 따라와야 하는 표현은 身不由己이다. 随心欲所는 '하고 싶은 대로 다 하다'라는 뜻으로 반의어다. 그러므로 人在江湖, 随心所欲를 人在江湖, 身不由己로 바꿔야 한다.

 俗话说，人在江湖，身不由己。事实上，人在闲时，也会身不由己。
중국 속담에 '세상살이 하면서 자기 뜻대로만 할 수 없다'는 말이 있다. 사실 우리는 한가로울 때에도 자기 뜻대로 할 수 없다.

바로 확인 EXERCISE   P5~6

1
A 对大多数人来说，一个极受欢迎的礼物就是帮忙做家务活。
B 王林同学一年来管理班会费没差错一分钱，受到全体同学的称赞。
C 夫妻关系的相处同样也适用，当然没有阴毒和勾心斗角的成份在里面。
D 英国一家协会的一项调查称，人花钱是节省还是斤斤计较很大程度上来自遗传。

2
A 他慌乱地把那个黑乎乎的手绢挂在一个不常用的闸把上。
B 在父亲的言传身教下，他和6个哥哥一样，书都读得很好。
C 成立基金会并不难，难的是坚持下去。帮助别人，我们以为豪。
D 过节时他们也会去看一场电影，也由她指定喜欢的片子和时间。

실전 문제 EXERCISE

1. A 如果离开了人性和高贵的品德，就跟禽兽毫无区别。
   B 吃过晚饭后，我赶忙把他叫我保管的东西送到他家里。
   C 张教授潜心研究了十余年，终于解决了这个前人没有能解。
   D 保护野生动物，维持生态平衡，已成为一件从容不迫的事。

2. A 电影的发明，让人们第一次可以真实地实现活动的生活场景。
   B 德国工商总会预计是，今年德国商品出口额将降至约8150亿欧元。
   C 作为老板，如果不能提高员工待遇，那么按时发放工资也是一种善良。
   D 专家证实，女性28岁以后，身体中的钙每年以0.1%～0.5%的速度减少。

3. A 小孩用乐观的眼光看待所有大人，大人用悲观的眼光看待所有孩子。
   B 一切只顾个人不顾社会，只顾浪费不顾生产的观点都是应该反对的。
   C 好电影不等于奢华的场面和视觉的盛宴，更不是暴力和性的简单相加。
   D 每次你从帽子里变出兔子时，之前你肯定花了很多工夫把兔子塞进帽子。

4. A 没有什么比在视线内有个对手更能让人精神抖擞的了。
   B 成功的人生一开始是观众，接着是演员，最后是后台老板。
   C 多看书不但可以丰富知识和写作水平，而且可以陶冶情操。
   D 令人筋疲力尽的不是事情本身，而是事前事后患得患失的心态。

5. A 随着三环，四环的建成，城乡之间的距离已经从时间上大大缩小。
   B 人们以前对这世界仅是一知半解，然而那时的生活倒过得异常安宁。
   C 别说别人可怜，自己更可怜，自己修行又如何？自己又懂得人生多少？
   D 福报不够的人，就会常常听到是非；福报够的人，从来就没听到过是非。

6 A 他的见解独到而且深刻,常应邀到许多高校发表演讲,深受学生欢迎。
  B 当你劝告别人时,若不顾及别人的自尊心,那么再好的言语都没有用的。
  C 请你用慈悲心和温和的态度,把你的不满与委屈说出来,别人就容易接受。
  D 多少人要离开这个世间时,都会说出同一句话,这世界真是无奈与凄凉啊!

7 A 这种古老的木屋分上下两层,它多久失修,举目望去总有东倒西歪之感。
  B 内心充满忌妒,心中不坦白,言语不正的人,不能算是一位五官端正的人。
  C 同样的瓶子,你为什么要装毒药呢?同样的心理,你为什么要充满着烦恼呢?
  D 忌妒别人,不会给自己增加任何的好处。忌妒别人,也不可能减少别人的成就。

8 A 长虹集团总裁倪润峰先生做了精彩的演讲,并回答了同学们的采访。
  B 仇恨永远不能化解仇恨,只有宽容才能化解仇恨,这是永恒的至理。
  C 人不是坏的,只是习气坏罢了,每个人都有习气,只是深浅不同罢了。
  D 逆境是成长必经的过程,能勇于接受逆境的人,生命就会日渐地茁壮。

9 A 用伤害别人的手段来掩饰自己缺点的人,是可耻的。
  B 随缘不是得过且过,因循苟且,而是尽人事、听天命。
  C 当你对自己诚实的时候,世界上没有人能够欺骗得了你。
  D 改革开放以来,中国造林步伐加快,数量和质量逐年增加。

10 A 诚实地面对你内心的矛盾和污点,不要欺骗你自己。
  B 在抗洪抢险工作结束后的总结会上,不少人挨了表扬。
  C 大多数的人一辈子只做了三件事;自欺、欺人、被人欺。
  D 来是偶然的,走是必然的。所以你必须,随缘不变,不变随缘。

3

혼동하기 쉬운 전치사 구별하기

비슷한 의미를 갖고 있지만 다른 용법으로 쓰이는
전치사들의 차이를 이용한 문제가 자주 출제되기 때문에
전치사는 각각의 용법과 의미를 잘 알아두어야 한다.
또한 고정격식을 이루는 전치사구가 많으므로
자주 나오는 전치사구를 반드시 기억해야 한다.

기본 지식 TEST

예제 다음 문장에서 전치사가 쓰인 부분이 왜 틀렸는지를 생각해보자.

A 对于中国，高科技发展最大的障碍，是缺乏大规模的资本支持。
B 非洲55个国家中，属于粮食不足、严重缺粮和极端缺粮的多达15个。
C 伯诺德夫人的任务是把收到的绝密情报藏好，等盟军派人前来取走。
D 今天的青年担负着下个世纪把我国建成现代化的社会主义强国的任务。

자기의견 메모하기

핵심콕콕 문제 풀이

풀이 对于는 '~에 대하여'라는 뜻으로, 동작이 행해지는 대상을 이끌어 내는 역할을 하고, 对于…来说는 '~에 대해 말하자면'이라는 뜻의 전치사구로, 중간에 지시하는 대상을 넣어서, '그 지시 대상의 입장'을 설명할 때 자주 사용하는 고정격식이다. 이 문장에서 中国은 동작을 행하게 될 대상이 아니라 입장을 설명해야 하므로 对于中国를 对于中国来说로 고쳐야 한다.

정답 A

해석
A 중국으로 말하자면, 첨단과학기술 발전의 가장 큰 장애는 대규모 자금 지원이 부족한 것이다.
B 아프리카의 55개국 가운데 식량이 부족하거나, 심각하게 부족하거나, 극단적으로 부족한 나라가 15개국에 달한다.
C 브로도 부인의 임무는 받은 기밀 정보를 잘 보관했다가 연합군이 보낸 사람이 가져가도록 하는 것이다.
D 오늘날의 젊은이들은 다음 세기에 우리나라를 현대화된 사회주의 강국으로 건설해야 하는 임무를 맡고 있다.

핵심 체크 POINT

다음 전치사에 대한 문제 풀이 키워드를 읽고 이미 알고 있는 내용을 골라 빈칸에 표시를 해보자.

☐ Point 1 전치사구의 기본적이고 일반적인 특징을 잘 이해하고 있는가?
☐ Point 2 在 / 于 / 离 / 从과 向 / 朝 / 往의 차이점을 설명할 수 있는가?
☐ Point 3 보어로만 쓰이거나 보어로 쓰일 수 없는 전치사는 어떤 것이 있는가?
☐ Point 4 전치사들의 고정격식을 알고 있는가?

문제 해결 POINT

POINT 1 여러 가지 전치사의 공통되면서 일반적인 특징을 반드시 기억해두어야 한다.

기본적으로 알아두어야 할 특징은 다음과 같다.

1. 전치사의 특징

1) 단독으로 사용할 수 없고, 뒤에 반드시 명사성 어구가 와서 '전치사 + 명사 / 대사' 형태가 되어야 한다.

   他比我更了解这里的情况。　　　　그는 나보다 이곳의 상황을 훨씬 잘 이해하고 있다.
   明天我们要早点从学校出发。　　　우리는 내일 일찍 학교에서 출발해야 한다.

2) 중첩할 수 없으며, 뒤에 了 / 着 / 过를 붙일 수 없다.

   他在着房间里睡觉。(✕)

3) 동사로도 쓰이는 전치사들에 주의한다.

   为(了), 沿(着), 朝(着), 向(着), 随(着), 除(了) 등에 쓰인 了와 着는 동태조사로 쓰인 것이 아니라 전치사의 구성 성분 자체이다. 일부 전치사는 동사로도 쓰이는데 문장 속에 다른 술어가 있으면 전치사, 없으면 동사다.

   为(了)
   전 为了孩子，家长可以做一切。　　　아이를 위해서 부모는 뭐든지 할 수 있다.
   동 父母为孩子的第一任教师。　　　　부모는 아이의 첫 번째 선생님이다.

   沿(着)
   전 我喜欢沿着江走。　　　　　　　　나는 강을 따라 걷는 것을 좋아한다.

   除(了)
   전 除了读书外，我还挺喜欢打羽毛球。　나는 독서 외에 배드민턴 치는 것을 좋아한다.

   随(着)
   전 随着时代的发展，受教育的人口数量已有了很大的提高。
   　　시대가 발전함에 따라 교육을 받는 사람의 수가 크게 증가했다.

2. 전치사구의 용법

전치사구는 '전치사 + 명사(성 어구)'로 이루어진 것을 가리키며, 전치사에 따라 장소, 동작의 대상, 동작의 목적, 동작의 방향 등을 이끌어낸다. 문장 속에서 주로 부사어로 사용되며, 관형어로 사용될 경우 '전치사 + 명사 + 的'의 형태를 띤다. 전치사에 따라 동사 뒤에서 보어로 쓰이기도 한다.

1) 부사어 ⇒ 주어 + [전치사 + 명사 / 대사] + 술어

   다른 부사어들과 함께 쓰일 경우 전치사구는 동사의 바로 앞에 위치한다.

   我的一个老同学从上海来了。→ 장소
   나의 옛 동창이 상하이에서 왔다.

   他对我们的研究有关心。→ 대상
   그는 우리의 연구에 관심이 많다.

   将来比现在更美好。→ 비교 대상
   미래는 현재보다 더 아름다울 것이다.

   随着社会的发展，人们的生活水平也提高了。→ 뒤따르는 동작 혹은 사물
   사회가 발전함에 따라 사람들의 생활 수준도 향상되었다.

   为了幸福的明天，人们都在努力地工作。→ 목적
   행복한 내일을 위해 사람들은 열심히 일을 하고 있다.

2) 관형어 ⇒ [전치사 + 명사 / 대사] + 的 + 중심어(명사)

   전치사구가 관형어로 쓰일 경우에는 전치사구 뒤에 的를 쓴다.

   人们对宇宙的研究，以后还会不停地继续下去。
   사람들의 우주에 대한 연구는 앞으로도 계속될 것이다.

   古时候流传不少关于这位诗人的故事。
   예로부터 이 시인에 대한 많은 이야기가 전해진다.

3) 보어 ⇒ 동사 + 在 / 于 / 自 / 向 + 목적어(명사)

   보어로 쓰이는 전치사는 제한적이므로 외워두는 것이 좋다.

   鲁迅生于1881年。→ 시간 혹은 장소
   루쉰은 1881년에 태어났다.

   他来自北京。→ 장소와 시간의 출발점
   그는 베이징에서 왔다.

   为了实现目标，我将要一直奔向前方。→ 방향
   목표를 실현하기 위해 나는 계속 앞으로 나아갈 것이다.

바로 확인 EXERCISE   P8

1
A 她以自己的节奏行事，而不是按照对方的脚步，目的是要防止受他摆布。
B 我们确实活得艰难，一要承受种种外部的压力，更要面对自己内心的困惑。
C 从大量观测事实中告诉我们，要掌握天气的连续变化，最好每小时都进行观测。
D 在大众化报纸上，必定有一个叫做"环境"的版面，推广先进的环保理念和技术。

POINT 2 | 在 / 于 / 从 / 离 / 向 / 朝 / 往은 각각의 의미와 용법을 정확히 알아두어야 한다.

서로 용법이 매우 비슷한 단어들이므로 정확하게 이해하고 있지 않으면 新HSK에 출제되었을 때 구별하기 힘들다.

1. 在 / 于 / 从 / 离

   시간, 공간적 의미의 출발점 또는 양자간의 거리를 표시하는 전치사들로, 의미와 용법이 비슷하여 新HSK에서 서로 혼용하여 출제된다.

   1) 在 / 于 + 시간 / 장소

   在와 于는 坐落于 / 坐落在처럼 같은 의미로 쓰이기도 하지만, 归功于 / 归咎于 / 归罪于 / 来源于 / 起源于 / 有损于 / 无损于 / 有利于 / 有害于 / 无利于 / 落后于 / 不亚于 / 迷恋于 / 执著于 / 逊于 / 便于 등의 于는 在로 바꿔 쓸 수 없다.

   这趟火车每天在七点钟通过这座桥。 이 열차는 매일 7시에 이 다리를 통과한다.
   你不舒服，先在这儿休息一会儿吧! 몸이 안 좋으면 우선 여기서 좀 쉬어!
   晚上喝牛奶有利于长高。 저녁에 우유를 마시면 키 크는 데 좋다.

   2) 从 + 시작점, 출발점(출발 장소나 출발 시간)

   从은 행위의 동작 시간 혹은 장소의 기점을 나타낸다.

   从今天起，我就要学习汉语。
   오늘부터 나는 중국어를 공부할 것이다.

   奥运会举行的时候从世界各国来的人会很多。
   올림픽 기간 동안 세계 각국에서 오는 사람들은 많을 것이다.

   3) 离 + 기준점(공간이나 시간의 간격, 격차)

   离는 양자간의 거리를 나타내며 통상적으로 'A离B + 술어'로 표현한다. 新HSK에서는 주로 从과 혼용하여 출제한다.

   补习班离我家很近。 우리 집에서 학원은 매우 가깝다.
   离上课时间还有十分钟。(还早呢) 수업시간까지 아직 10분 남았다. (아직 이르다)
   这儿从浙江大学不远。(✕)
   → 这儿离浙江大学不远。(○) 저장대학은 여기서 가깝다.

2. 向 / 朝 / 往

   모두 동작이 향하는 방향을 표시하는 전치사들이다.

   1) 向(着)

① ~을 향해 어떤 동작을 하다 [행위, 동작의 방향]

向前看。 앞을 봐.
朋友们向我说生日快乐。 친구들이 나에게 생일을 축하한다고 말했다.

② 向 + 人 + 추상동사 / 구체적인 동사 – '~에게 말하다'라는 의미를 가진 동사와 함께 쓰이는 경우가 많다.

借此机会，我向朋友们拜年。 이 기회를 빌려 나는 친구들에게 새해 인사를 했다.
我向大家表示感谢。 나는 모두에게 감사를 표했다.
过几天，丈夫来娘家向我道歉。 며칠 지나고 남편이 친정에 와서 나에게 사과했다.
我向他学习。(介绍 / 请教) 나는 그에게 배운다. (소개한다 / 가르침을 구한다)

③ 동사 + 向 – 走 / 奔 / 飞 / 驶 / 流 / 飘 등의 동사 뒤에서 보어 역할을 한다.
→ 走向社会 / 飞向东南 / 奔向前方 / 流向大海

大学生应充分做好走向社会的心理准备。 대학생은 사회에 진출하는 마음의 준비를 충분히 해야 한다.
人类已经实现了飞向月球的梦想。 인류는 달을 향해 날아가는 꿈을 이루었다.

2) 朝(cháo)

'사람이나 사물이 어떤 방향을 향하다'라는 뜻을 나타낸다. 주로 구체적인 동작을 나타내는 동사와 함께 쓰이며, 추상동사와는 쓰이지 않는다. 朝의 목적어로 방위사나 사람이 올 수 있으며, 일반적으로 朝를 쓸 수 있는 곳에는 모두 向을 쓸 수 있다.

① 朝는 방위사 또는 사람을 목적어로 취할 수 있다.
→ 朝 + 방위사 + 동사 [신체 동작이나 몸짓 등의 구체적인 동작]
→ 朝 + 사람 + 동사 [신체 동작이나 몸짓 등의 구체적인 동작]

朝(向)前看。 앞을 봐라.
她转身朝我微笑。 그녀는 몸을 돌려 나를 향해 미소 지었다.
他朝(向)我挥手。 그는 나를 향해 손을 흔들었다.
他朝(向)我点头。 그는 나에게 고개를 끄덕였다.
那天，我偷着看你，你朝(向)我笑了笑。 그날 나는 너를 훔쳐보았고, 너는 나를 향해 웃었다.

② 向과 朝를 바꿔 쓸 수 없는 경우
일반적으로 朝를 쓸 수 있는 곳에는 모두 向을 쓸 수 있으나, 동사 뒤에서 보어로 쓰인 경우나 동사가 추상동사일 때는 向만 쓸 수 있고 朝는 쓸 수 없다.

▶ 동사 + 朝 + 명사 (✗) → 동사 + 向 + 명사 (○)

我飞朝东南。(✗)
→ 我飞向东南。(○)
나는 동남쪽으로 날아간다.

只有扼住命运的咽喉，人生才能走向成功。
운명의 급소를 잡아야만 인생이 성공을 향해 나아갈 수 있다.

▶ 추상동사 + 朝 + 명사 (×) → 추상동사 + 向 + 명사 (○)

我朝她负责。(×)
→ 我向她负责。(○)　　　　　　나는 그녀를 책임진다.

我朝老师借了一本书。(×)
→ 我向老师借了一本书。(○)　　나는 선생님께 책을 한 권 빌렸다.

3) 往

① 往 + 방위사 + 동사 – 이동하는 방향을 표시한다.
동사가 움직임이 없이 '~를 향해서'라는 방향만을 나타낼 때는 往 대신 朝를 써야 한다.

这辆公车是往北京郊外开的。　　이 버스는 베이징 교외 방면으로 운행한다.
(开는 '운행하다, 운전하다'라는 동작을 표시)

教室里的窗户朝南开着。　　　　교실 창문은 남쪽으로 열려 있다.
(开着는 열린 상태를 표시)

② 동사 + 往 – 开 / 通 / 迁 / 送 / 寄 / 派 / 飞 / 逃 등의 동사 뒤에서 보어로 쓴다.
火车开往上海。　　　　　　　　기차는 상하이로 간다.
他逃往西边。　　　　　　　　　그는 서쪽으로 도망갔다.

바로 확인 EXERCISE　P8

1　A　长江发源在青藏高原海拔6621米的唐古拉山脉主峰西南侧的雪山。
　　B　所谓大片一般是离不开暴力和血腥的，美国的好莱坞大片也是如此。
　　C　我们一定要抓住这个百年不遇、千载难逢的机遇，绝不能吃后悔药。
　　D　针对老年糖尿病的治疗，应重点掌握其特点，才能收到较好的疗效。

2　A　偏见使人的思维变得狭隘，愚昧又让人难以面对现实。
　　B　小泉依然一意孤行，为中日关系的正常发展制造了严重障碍。
　　C　从一定范围、一定客观对象来说，真理就是真理，谬误就是谬误。
　　D　制定销售价格方面，既要兼顾市场需求，又要充分考虑生产成本。

| POINT 3 | 유사한 의미와 용법을 가진 전치사들의 용법에 주의해야 한다. |

POINT 2에서 나온 전치사들 외에도 서로 유사한 의미를 가진 전치사들이 있다. 이 전치사들은 함께 쓰이는 명사의 성격이나 전치사구가 동사의 뒤에 오는지 앞에 오는지, 즉 보어로 쓰이는지 부사어로 쓰이는지에 대해 파악해야 한다.

1. 为了 / 为

为了는 동작의 목적만을 이끌며 동작의 대상은 이끌어 내지 못한다. 为는 동작의 목적을 이끌어 내고 동작의 대상 또한 이끌어낸다.

爸爸为了自己的孩子感到骄傲。(×)
→ 爸爸为自己的孩子感到骄傲。(○)   아버지는 자녀들을 자랑스러워한다.

2. 向 / 到

向은 동작의 방향, 到는 동작의 목적지, 즉 사물이 다다르는 장소를 의미한다.

他到博物馆走去。(×)
→ 他向博物馆走去。(○)   그는 박물관 쪽으로 간다.

3. 对 / 对于 / 关于 / 至于

사람이 사람을 대상으로 할 때는 对만 쓴다. 对는 조동사·부사의 앞뒤, 주어의 앞에 쓸 수 있으나, 对于는 조동사·부사의 뒤에는 쓸 수 없다. 对于가 이끄는 것은 행위 동작의 대상이며, 关于가 이끄는 것은 행위 동작이 관련된 범위이다. 至于는 주로 '~으로 말하면', '~에 관해서는'의 뜻으로 쓰인다.

他喜欢阅读对于韩国历史的书籍。(×)
→ 他喜欢阅读关于韩国历史的书籍。(○)   그는 한국 역사에 관한 책을 읽는 것을 좋아한다.

他也会对于我有成见。(×)
→ 他也会对我有成见。(○)   그도 나에 대해 편견이 있을 수 있다.

大家对于我都很热情。(×)
→ 大家对我都很热情。(○)   사람들은 모두 나에게 친절하다.

大家都对于这个问题很感兴趣。(×)
→ 对于这个问题大家都很感兴趣。(○)   이 문제에 대해 사람들은 모두 흥미를 갖고 있다.

关于说效果如何，我也不知道。(×)
→ 至于说效果如何，我也不知道。(○)   효과가 어떠한가에 대해서는 나도 모르겠다.

4. 给 / 为(＝替)

给와 为는 같은 뜻으로 쓰이는 경우도 있고, 같이 쓸 수 없는 경우도 있다. 替는 '~을(를) 위하여, ~때문에'라는 뜻이다. [행위의 대상을 나타냄]

1) ~에 / ~을 위해서 (~을 하다)

→ 给 / 为 + 이익을 받는 사람 + 동사

我给他讲课。＝ 我为他讲课。
나는 그를 위해 강의를 한다.

我认为一个基本原则是替他人着想。
나는 다른 사람의 입장에서 생각하는 것을 기본 원칙으로 여긴다.

2) ~에게 (불이익을 주다)

→ 给 + 불이익을 받는 사람 + 동사 (○)
→ 为 + 불이익을 받는 사람 + 동사 (×)

我为他找麻烦。(×)
→ 我给他找麻烦。(○)   나는 그를 귀찮게 한다.

3) 给만 '~에게 ~하다'라는 뜻의 보어로 쓰일 수 있다.

→ 동사 + 给 (○)
→ 동사 + 为 (×)

我送为他东西。(×)
→ 我送给他东西。(○)   나는 그에게 물건을 보냈다.

바로 확인 EXERCISE P8~9

1
A 对此，发展中国家立场一致、态度鲜明地表示反对。这确实与发达国家的态度形成鲜明对比。
B 畏首畏尾、缺乏独立性、过分依恋亲人、在生人面前不敢说话等是性格软弱孩子最突出的表现。
C 大学生虽然接受了良好的知识训练，但涉世未深，阅历尚浅，思想单纯，缺乏社会经验，容易上当受骗。
D 一个地点串联四件事，将四个人对于她的不同态度纳入另一个与中心事件并无必然联系的故事，形成了一部的电影。

2
A 自觉心是进步之母，自贱心是堕落之源，故自觉心不可无，自贱心不可有。
B 害羞是畏惧或害怕羞辱的情绪，这种情绪可以阻止人不去犯某些卑鄙的行为。
C 没有伟大的品格，就没有伟大的人，甚至也没有伟大的艺术家，伟大的行动者。
D 污染、能源、交通拥堵甚至交通事故，这些都是发展过程中为生活带来的变化。

> **POINT 4**   다양한 형태의 전치사로 이루어진 고정격식을 외워야 한다.
>
> 전치사구는 특히 고정격식이 많은데, 이 고정격식에 쓰인 전치사와 유사한 전치사들을 혼용하여 출제한다. 따라서 자주 출제되는 고정격식을 잘 외워두어야 한다.

1. 由…组成

특히 자주 출제되는 전치사구이다. 由 대신 다른 전치사들을 써서 혼동을 준다.

骨骼的成分由30%的有机质和70%无机质所组成。
골격은 30%의 유기질과 70%의 무기질로 구성되어 있다.

2. 전치사 + 来说

来说는 전치사에 따라 화자 또는 생각의 주체를 표시하거나 화제를 표시한다.

1) 就…来说 : 어떤 입장에서 설명할 때(주로 다른 사람과 상대적인 입장일 때)

   就国家来说，青少年是个希望。
   국가에게 청소년은 희망이다.

   就我来说，再走二十里也行，可是体弱的人该休息一会儿了。
   나는 20리를 더 가도 괜찮지만, 체력이 약한 사람은 잠시 쉬어야 한다.

2) 对 + 어떤 사람(人) / 일(事) + 来说 : 사람이나 일에 대한 화자의 의견을 표시한다.

   这个问题对他来说并不难。
   그에게 이 문제는 어려운 것이 아니다.

   听和说对学外语来说很重要。
   듣기와 말하기는 외국어를 배우는 데 매우 중요하다.

3) 拿 + 명사 / 명사성 어구 + 来说 : 어떤 방면에서 어떤 화제를 제시한다.

   拿学习成绩来说，他最近进步很大。
   학습 성적에 대해 말하자면, 그는 요즘 크게 향상했다.

   拿他的口语来说，他的表现能力还较差。
   회화를 보면, 그는 아직 표현능력이 부족하다.

4) 유사한 在…看来와 依…来看을 혼용하여 출제한다.

   过去，移动着打电话在人们看来真是不可思议。
   과거에는 이동하면서 전화하는 것은 사람들이 보기에 정말 불가사의한 일이었다.

   依我的经验来看，失败并不都是坏事。
   내 경험에 비추어보면 실패가 꼭 안 좋은 일은 아니다.

3. 기타 전치사구

앞에서 살펴본 전치사구 외에도 就…而言 / 到…为止 / 就拿…来说 / 从…角度来看 등의 전치사구들도 新HSK에 자주 등장한다.

就动画而言，健康的娱乐是永远不可缺少的。
애니메이션에 대해 말한다면, 건전한 오락은 영원히 필수불가결한 것이다.

到目前为止，全球已有四个迪斯尼乐园。
지금까지 전 세계적으로 이미 디즈니랜드가 네 개 있다.

就拿学习来说，学习成绩不断提高。
공부에 대해 이야기하자면 성적은 계속 오르고 있다.

从这个角度来看，这些问题不是简单的。
이 관점에서 보면 이 문제들은 간단하지 않다.

바로 확인 EXERCISE P9

1
- A 德行的实现是由行为，不是由文字。
- B 阴谋陷害别人的人，自己会首先遭到不幸。
- C 让自己完全受财富支配的人是永不能合乎公正的。
- D 对我来说，法律面前人人平等，不是弯腰弯出来的。

2
- A 一个人的价值，应当看他贡献什么，而不应当看他取得什么。
- B 有些人因为贪婪，想得更多的东西，却把现在所有的也失掉了。
- C 世界上有两种人，一种人，虚度年华；另一种人，过着有意义的生活。
- D 我母亲是法国一位有名的油画家，年轻的时候就感兴趣中国的水墨画。

3
- A 作为家长，最大的愿望就是希望孩子未来的人生幸福美满。
- B 其实如同阳光普照每一个角落，生活也一视同仁对待每一个人。
- C 拿企业而言，节约的重要性更加突出，因为节约与生产成本密切相关。
- D 把猪和企鹅放入冰箱里，第二天猪没事，企鹅却死掉了，这是为什么?

실전 문제 EXERCISE   P9~11

1
- A 家长应该让孩子在不同的环境中知道什么是应该的，什么是正确的。
- B 想知道时间，现在许多人的习惯是摸出手机看一下，而不再是看手表。
- C 因超市报警系统出现故障，一个购物者在众目睽睽下被超市方带走检查。
- D 他吩咐秘书派车送我回去，我家从公司很远，我毫不容气地坐上车走了。

2
- A 最好的睡眠是每天都有规律地睡7~8个小时。
- B 我们的收入只是保持快乐心态的一个条件而已。
- C 留学广义来说是扩大你灵魂承受力最大的试金石。
- D 种子里最主要的部分是胚，胚是从胚根和子叶组成的。

3
- A 从本世纪的初期到中叶，无论是农民、产业工人还是知识分子，都对于自己的饭碗满怀忧虑。
- B 艺术风格是艺术家鲜明独特的创作个性的体现，统一于艺术作品的内容与形式、思想与艺术之中。
- C 人生就是一万米长跑，如果有人非议你，那你就要跑得快一点，这样，那些声音就会在你的身后。
- D 我都是拿着父母的钱在经营着自己的小天地，从来都不去考虑明天如果没有了钱我会是一种什么状态。

4
- A 他们边说边往远处走去，直到我听不见他们的任何声音。
- B 他就坐在这张桌子旁，背对着门口，眼睛闲闲地看着窗外。
- C 从这个人类想象力衰竭前最丰富的阶段，我们尽可以满怀希望地歌之舞之。
- D 在人们的头脑里，都暗暗地藏着一句话，绝对不能忘记，更不能告诉别人。

5
- A 拿即将结婚的人来说，婚前财产公证这种形式让人望而生畏。
- B 住进病房之后，小刘并没有安卧病床，他拿起电话，开始拨号。
- C 今天晚上她的情绪非常低落，是由于不值得的小事，他们吵嘴了。
- D 接下来，他先后拨出了11个国际长途，与11个国家的元首一一通话。

실전 문제

6
- A 现在的年轻人想买大房子、开好车、娶漂亮老婆，这是欲望不是理想。
- B 在目前投入北京的外资流向上看，以第三产业和高新技术产业为主要方向。
- C 我不能等，我一刻也不能等，因为我毕业了，还有很多事等着我去做呢!
- D 与我们人口数量有一拼的印度，实行火车票实名制一百多年，好处显而易见。

7
- A 在全国而言，北京一直享有得天独厚的人才优势。
- B 他像个做了错事的孩子一样，满脸羞愧地迎上去。
- C 韩先生工作起来不比任何人差，他思维敏捷、口才极佳。
- D 62岁那年，他被原先的学校返聘，主要做一些内务管理工作。

8
- A 他无意于将来成为一个作家，只是什么书都看。
- B 从他的话说，成家立业的人了，胖点儿倒富态。
- C 兰州大学作为一所重点大学，屹立在祖国的西部。
- D 我赚得了人生的第一桶金，也颇受业内人士的称赞。

9
- A 中国最大的博士群体并不在高校，而是在官场。
- B 生活不必处处带把别人送你的尺子，时时丈量自己。
- C 阅读能使我们自我完善，更关切他人的感受，更好地表达自我。
- D 以我个人的名义，向贵代表团的来访表示热烈欢迎和亲切问候。

10
- A 培养人才，不能仅看毕业的时候有用，毕业后40年、50年都有用，才叫有用。
- B 现在我毕业了，这就意味着我要脱离学校，远离父母的呵护，正式开始打拼了。
- C 在地震时，纵波和横波以同等速度从所有方向外传，交替地挤压和拉张它们穿过的岩石。
- D 不要认为我们可以逃避，我们的每一步都决定着最后的结局，我们的脚正在走向我们自己选定的终点。

접속사의 혼용과 위치

접속사는 복문에서 문장 사이의 병렬, 선택, 점진,
가설, 조건, 인과, 전환 등의 관계를 표시한다.
각각의 접속사의 의미와 용법도 알아두어야 하며,
유사 형태의 접속사들을 구별해야 한다.
발음과 글자 형태가 유사한 접속사를
혼용하여 문제를 출제하기 때문이다.
또 일부 접속사는 위치에도 주의해야 한다.

기본 지식 TEST

예제 다음 문장에서 접속사가 쓰인 부분이 왜 틀렸는지를 생각해보자.

A 他说,"除非走到山穷水尽,就我永远不会放弃。"
B 大多数人想要改造这个世界,但却罕有人想改造自己。
C 没有一种不通过蔑视、忍受和奋斗就可以征服的命运。
D 行动是治愈恐惧的良药,而犹豫、拖延将不断滋养恐惧。

자기의견 / 메모하기

핵심콕콕 문제 풀이

풀이 除非…就…는 잘못된 접속사 호응이다. '~하지 않고서는 ~하지 않다', '반드시 ~해야 한다'는 뜻의 접속사는 除非…否则…이다. 따라서 이 문장은 除非走到山穷水尽, 否则我永远不会放弃로 고쳐야 한다.

정답 A

해석 A 그는 "끝까지 가지 않고서는 영원히 포기하지 않을 것이다."라고 말했다.
B 대다수의 사람들이 세상을 바꾸려고 하지만, 자신을 바꾸려고 하는 사람은 드물다.
C 멸시, 인내와 고통을 통과하지 않고 운명을 정복할 수는 없다.
D 행동은 두려움을 치유하는 좋은 약이지만, 머뭇거림과 미룸은 끊임없이 두려움을 만들 것이다.

핵심 체크 POINT

다음 접속사에 대한 문제 풀이 키워드를 읽고 이미 알고 있는 내용을 골라 빈칸에 표시를 해보자.

- [ ] **Point 1** 접속사의 성질에 따른 분류를 알고 있는가?
- [ ] **Point 2** 以致와 以至의 차이점과 而且 / 况且 / 何况의 용법을 비교 설명할 수 있는가?
- [ ] **Point 3** 두 개 이상의 절로 구성된 문장에서 접속사의 위치는 어디인가?
- [ ] **Point 4** 접속사와 호응하는 부사를 알고 있는가?
- [ ] **Point 5** 접속사의 자리에 다른 품사가 온 것을 알아챌 수 있는가?

문제 해결 POINT

POINT 1 　11가지 접속사 종류의 성격과 용법, 의미 등을 외워두어야 한다.

접속사는 앞 절과 뒤 절을 자연스럽게 연결해주는 역할을 하는 품사로, 의미와 역할에 따라 다음과 같이 분류할 수 있다. 新HSK에서는 종종 다른 종류의 접속사를 혼용하여 출제한다. 또한 접속사들은 일정한 문형을 갖고서 특정 어휘와 호응하는 경우가 있으므로 '공식'에 신경을 써야 한다.

	공식	설명	예문
병렬	一边 / 一面 A, 一边 / 一面 B	A하면서 B하다 두 개의 동작이 동시에 진행된다.	一边看书一边听音乐。 책을 보면서 음악을 듣다. 一面吃饭，一面看电视。 식사를 하면서 TV를 본다.
	又 / 既 A, 又 B	A하기도 하고 B하기도 하다 두 가지 상태가 동시에 존재함을 표현한다.	又唱又跳、既美观又经济。 노래를 부르면서 춤을 추는 것은 보기에도 좋고 경제적이다.
연속	先 A, 然后 B 一 A, 就 B 先 A, 再 B 先 A, 又 B A 于是 B	A한 뒤 B하다 동작 혹은 사태 전후의 순서로, B가 A 다음에 발생함을 표현하는 데, 일반적으로 再는 미완성, 又는 완성을 나타낸다.	每天先学生词再学课文。 매일 먼저 단어를 배우고 본문을 배운다. 昨天我先给小王打了电话，然后又通知了李霞飞。 어제 나는 샤오 왕에게 먼저 전화를 한 뒤, 리샤페이에게 다시 알렸다.
점층	A 不但 / 不仅 / 不光 / 不只, 而且 / 并且 / 甚至 (也 / 还) B	A일 뿐만 아니라 B하다 뒤 절이 앞 절보다 진일보 발전된 동작, 상황임을 설명한다. 주어가 한 개인 상황이며, 부사의 위치에 주의해야 한다.	他不但聪明，而且还很勤奋。 그는 총명할 뿐만 아니라 근면하기도 하다. 公平不光要讲结果公平，还要讲起点公平。 공정함은 결과의 공정함 뿐만 아니라, 기점의 공평함도 중시해야 한다.
	不但 / 不仅 / 不光 / 不只 A, 而且 / 并且 / 甚至 B (也)	A일 뿐만 아니라 B도 ~이다 주어가 두 개인 상황.	不但孩子不明白，而且妈妈也不明白。 아이뿐만 아니라 어머니도 이해하지 못한다.
선택	是 A, 还是 B	A인가 B인가 선택의문문.	他是湖南人还是河南人？ 그는 후난 사람이니, 허난 사람이니?
	要么 A, 要么 B 不是 A, 就是 B	A하거나 B하거나 A가 아니면 B다 두 가지 가능성을 제공한다.	弟弟星期天不是在学校看书，就是去找朋友玩。 남동생은 일요일에 학교에서 책을 보지 않으면 친구들과 논다.
	与其 A (还) 不如 B 宁愿 / 宁可 / 宁肯 B, 也不 A	A하느니 차라리 B하겠다 차라리 B할지언정 A하지 않다 두 가지 좋지 않은 선택사항 A, B 중 비교적 좋은 B를 선택한다.	与其在这里塞车，还不如走着去。 차가 막히는데 여기 있느니 걸어가는 것이 낫겠다. 我宁可走着去，也不想在这里塞车。 나는 차라리 걸어갈지언정 차가 막히는 여기에 있고 싶지 않다.

전환	尽管 / 虽然 / 虽说 / 固然 A, 但是 / 可是 / 然而 / 不过 / 还是 / 却 B A 是 A, 可是 B	비록 A하지만 B하다 A는 통상적으로 이미 출현했던 사실이다. 부사와 접속사의 위치가 다른 것에 주의해야 한다.	这孩子虽然年纪不大，可是懂的东西却不少。 이 아이는 나이는 많지 않지만 많은 것을 이해한다. 这个办法好是好，可是不可行。 이 방법이 좋긴 하지만 할 수 없다.
양보	就是 / 即使 / 哪怕 / 纵然 A, 也 / 还是 B	설령 A라 할지라도 B하다 A는 통상적으로 출현하지 않았던 가설이다.	即使明天下雨，足球赛也要照常进行。 내일 비가 온다 해도 축구 경기는 원래대로 진행될 것이다.
인과	因为 / 由于 A, 所以 / 因此 / 因而 / 于是 B	A이기 때문에 그래서 B하다 因为는 所以하고만 호응한다는 점에 유의해야 한다.	因为下雨，所以足球赛取消了。 비가 와서 축구 경기가 취소되었다.
	既然 A, 就 B	A된 바에야 (A된 이상) B하다 이미 출현한 사실과 결론을 나타낸다.	既然车票难买，就坐飞机去吧。 차표를 구하기 힘드니 비행기를 타고 가자.
목적	为了 A, B	A하기 위해서 B하다 A는 목적, B는 행위를 나타낸다.	为了提高工作效率，他们改革了人事制度。 작업 효율을 높이기 위해 그들은 인사제도를 개혁했다.
	B, 以便 A	A하도록 B하다 B는 행위, A는 목적을 나타낸다.	出发前大家详细阅读了相关材料，以便尽快熟悉当地的情况。 출발 전에 모두 관련 자료를 상세히 읽어 현지 상황을 빨리 이해하도록 하자.
	B, 以免 / 免得 / 省得 A	A를 피하기 위해 B하다 B는 행위, A는 바라지 않은 결과를 가리킨다.	你要再三叮嘱一下，以免出现问题。 문제가 발생하는 것을 막기 위해 재삼 당부해야 한다.
조건	只要 A, 就 B	A하기만 하면 B하다 충분조건문으로 결과를 강조한다.	只要有酒，他就开心了。 그는 술만 있으면 기분이 좋아진다.
	只有 A, 才 B	A해야만 B하다 필요조건문으로 A가 반드시 있어야만 B가 있을 수 있다.	只有亲眼看见，我才会相信。 나는 직접 봐야지 믿는다.

조건	凡是 A, 都 B	무릇 A한 것은 모두 B하다 예외가 없음을 나타낸다.	凡是一年级的新生都要住校。 1학년 신입생이면 모두 학교에서 살아야 한다.	
	不管 / 无论 A, 都 / 也 B	A를 막론하고 모두 B하다 A는 보통 선택의문문이거나 의문대사를 가진 의문문이다.	不管同意不同意，都要给我们来个电话。 동의하든지 말든지 우리에게 전화를 해야 한다.	
가정	要是 / 如果 / 假如 / 倘若 / 若 A, 就 / 则 B	만약 A라면 B하다 A는 나타나지 않은 사실을 가리킨다.	如果明天下雨，我们就不去长城了。 내일 비가 오면 우리는 만리장성에 가지 않는다.	
	要不是 / 幸亏 A, 否则 / 不然 B	A여서 다행이지, 그렇지 않다면 B했을 것이다 B는 나타나지 않은 사실을 가리킨다.	幸亏带了雨伞，不然就淋湿了。 우산을 가져와서 다행이지, 아니었으면 비에 젖을 뻔 했다.	

바로 확인 EXERCISE   P12

1
- A 昨晚多几分钟的准备，今天少几小时的麻烦。
- B 让我们将事前的忧虑，换为事前的思考和计划吧!
- C 世界上那些最容易的事情中，拖延时间最不费力。
- D 他们既然婚前恋爱一向自由，但是结婚仍由父母包办。

2
- A 一个人最大的破产是绝望，最大的资产是希望。
- B 什么叫快乐？就是掩饰自己的悲伤对每个人微笑。
- C 一个有信念者所开发出的力量，大于99个只有兴趣者。
- D 家庭既然增添人生的温暖，又给人以排忧解难的希望与力量。

> **POINT 2** 유사한 접속사들을 혼용한 문제에 주의해야 한다.
>
> 접속사는 그 종류가 많기도 하지만 유사하게 생겨서 의미를 혼동하게 하거나, 같은 분류에 속하기는 해도 의미가 완전히 다른 단어들이 많다. 따라서 유사 접속사들의 차이를 잘 기억해두어야 한다.

1. 反而과 可是, 但是의 차이

反而은 전환 관계이다. 可是 / 但是 등 기타 전환을 나타내는 단어와는 완전히 다르다. 反而 앞의 구문은 예상된 상황을 설명하며, 反而 뒤의 문장은 예상했지만 상반된 상황이 나타났음을 설명한다. 따라서 전환관계의 복문이라고 해서 무조건 反而을 사용해서는 결코 안 된다.

已经是春天了, 天气反而冷起来了。
봄이 왔는데도 날씨는 오히려 추워졌다.

我为什么有了大笔钱, 反而不太快乐呢？
큰 돈이 생겼는데, 오히려 그다지 즐겁지 않은 건 왜일까?

这段时间他一直努力学习, 大家都觉得这次考试他应该有很大的进步, 可是没想到不但没进步, 反而退步了。
최근에 그가 열심히 공부해서 모두들 이번 시험에서 그의 성적이 크게 향상될 것이라고 생각했지만, 생각지 못하게 나아지지 않았을 뿐만 아니라 오히려 떨어졌다.

2. 以致와 以至의 차이

以致와 以至는 그 독음이 같고 글자 형태가 유사하다. 이 때문에 각자가 나타내는 관계가 서로 다르지만 종종 오류를 범한다. 以致(于)는 인과 관계를 표시하는 복문에서 결과를 이끌어내는 구문으로, 화자가 바라지 않거나 나쁜 결과를 나타낸다. 以至(于)는 점진 관계를 나타내는 복문에 쓰인다.

他病了很久, 一直也没去医院看, 以致成了不治之症。
그는 오랫동안 병을 앓았는데 계속 병원을 가지 않아서 결국 불치병이 되었다.

我跟他太过熟悉了, 以致(于)不敢表白我对他的心。
나는 그와 너무 친해져서, 그를 향한 마음도 감히 표현하지 못하게 되었다.

这些问题确实很难解决, 以至专家都迷惑不解。
이 문제들은 전문가들조차 헷갈릴 정도로 확실히 해결하기 어렵다.

他变得骄傲了, 以至(于)连好朋友的话也听不进去了。
그는 친한 친구의 말도 듣지 않을 정도로 교만해졌다.

3. 而且 / 况且 / 何况의 용법

而且 / 况且 / 何况은 모두 점진 관계이지만 의미와 용법이 다르다. 而且는 일반적인 점진 관계, 况且는 진일보된 점진 관계이다. 何况은 况且로 바꿔 쓸 수 있으며, 이유를 더 설명할 때 사용한다.

他喜欢历史，而且特别喜欢唐代的历史。
그는 역사 중에서도 특히 당나라 시대의 역사를 좋아한다.

时间太晚了，况且外面又下大雪，他今天不会来的。
시간이 너무 늦었고 더구나 밖에 눈이 많이 내리니까, 그는 오늘 오지 않을 거야.

这样的问题大人都无从回答，何况孩子呢！
이러한 문제는 어른도 답할 수 없는데, 하물며 어린아이는 어떻겠는가!

他从小就对音乐感兴趣，况且(何况)他的父母都搞音乐的，当然在音乐方面发展容易成功了。
그는 어렸을 때부터 음악에 흥미가 있었고, 게다가 그의 부모도 음악을 해서 음악 분야에서 쉽게 성공할 수 있었다.

바로 확인 EXERCISE P12

1
A 当你快乐时，你要想，这快乐不是永恒的。当你痛苦时你要想这痛苦也不是永恒的。
B 她多么希望就这样与他厮守到终老啊，然而她却不知，他的心无时不系挂着他的祖国。
C 我们要把在全民中普及创造教育尽快提到有关国策的议事日程上来，从而提高全民素质。
D 从中央到地方，各个地区、部门以致企业、乡村、街道、学校等基层单位，都要认真抓好精神文明建设。

2
A 要了解一个人，只需要看他的出发点与目的地是否相同，就可以知道他是否真心的。
B 如果你能像看别人缺点一样，如此准确般的发现自己的缺点，那么你的生命将会不平凡。
C 问题在于它不但不以损害民族传统文化为代价，因而以纯正文化价值赢得世人对本民族文化的尊重和珍惜。
D 夸奖我们，赞叹我们的，这都不是名师。会讲我们，指示我们的，这才是良师，有了他们我们才会进步。

> **POINT 3** 두 개 이상의 절에서 주어에 따른 접속사의 어순에 주의해야 한다.
>
> 접속사는 뜻이 매우 중요하지만 그 위치 또한 매우 중요하다. 어떤 경우에는 주어가 접속사의 앞에 위치하고 어떤 경우에는 접속사의 뒤에 위치하는지 잘 기억해두어야 한다.

1. 앞뒤 절의 주어가 같을 때

각 절의 주어가 같을 때와 다를 때 접속사의 위치가 바뀐다. 두 개 혹은 두 개 이상의 절에서 만약 절의 주어가 같다면 如果 / 因为 / 虽然 / 不但…을 주어 뒤에 놓고, 만약 절의 주어가 다르면 如果 / 因为 / 虽然 / 不但…을 주어의 앞에 놓는다.

他不但喜欢唱歌，而且还喜欢跳舞。
그는 노래 부르기를 좋아할 뿐만 아니라 춤추기도 좋아한다.

不但他喜欢唱歌，而且他妹妹也喜欢。
그뿐만 아니라 그의 여동생도 노래 부르는 것을 좋아한다.

我因为爱你，所以不愿意看到你不快乐。
너를 사랑하기 때문에, 너의 불행한 모습을 보고 싶지 않다.

他虽然很有钱，但没有那么幸福。
그는 돈은 있으나, 그렇게 행복하지는 않다.

虽然他屡次受挫，但家人都支持和鼓励他。
그는 몇 차례 실패했으나, 가족들은 그를 지지하고 응원한다.

因为他去了做个报告，所以我不知道小李竟然来了。
그가 보고하러 갔기 때문에, 나는 샤오 리가 뜻밖에 올 줄 몰랐다.

2. 주어의 위치

연결사가 접속사인가 부사인가에 따라 주어의 위치가 바뀐다. 而且 / 但是 / 可是 / 所以 / 那么 / 不然 / 否则 등의 접속사가 두 번째 구문과 연결됐을 때 만약 주어가 있으면 반드시 주어 앞에 놓아야 하고, 就 / 也 / 才 등의 부사가 두 개의 구문과 연결될 때 주어가 있다면 반드시 주어 뒤에 놓아야 한다.

除非他同意，不然我不能去。
그가 동의하지 않으면 나는 갈 수 없다.

只有他同意，我才能去。
그가 동의해야만 내가 갈 수 있다.

既然你来了，我就不用找你了。
기왕 네가 왔으니, 내가 너를 찾을 필요가 없구나.

바로 확인 EXERCISE P 13

1
A 他的心早已变换了季节，而你还站在他许下诺言的那一天。
B 再长的路，一步步也能走完，再短的路，不迈开双脚也无法到达。
C 不但黄河以"地上悬河"闻名世界，而且还是输沙量最大的河流。
D 成功不是将来才有的，而是从决定去做的那一刻起，持续累积而成。

POINT 4 　접속사와 부사의 호응관계를 잘 알아두어야 한다.

접속사는 특히 부사와의 호응관계에 주의해야 한다. 新HSK에서는 호응관계의 접속사나 부사 둘 중에 하나를 다른 것으로 혼용하여 문제를 출제한다. 어느 쪽을 바꿔야 하는가는 전체적인 문맥에 따라 결정되므로, 제일 중요한 것은 문장의 의도를 파악하는 일이다. 다음 예문들을 보자.

 该公司负责人表示，将追究油轮所有者的责任，油轮漏泄原油事件不仅影响了当地渔民的生计，然而危及附近海域海龟的生存环境。

不仅은 不但과 같은 뜻으로 而且와 호응하기 때문에, 然而危及를 而且危及로 바꿔야 한다.

 既然纳指已从最高点大幅下跌，但截至本月4日，该指数今年内仍有一定升幅，而道指则下跌了2.9%。

但은 既然과 호응하지 않으며 문맥상 전환의 어기가 필요하므로, 既然을 虽然으로 바꿔야 한다. 既然은 就 / 也 / 还 / 那么 등이 뒤에서 호응한다.

 如同电话机本身并不能发出声音，如果它符合邮电入网标准、并且由电信局分配了号码才能使用一样，机顶盒要发挥作用，必须有赖于有线电视网络传输体制的支持。

如果는 才와 호응하지 않으며, 문맥상 앞에서 범위를 제시하고 있으므로 如果를 범위를 제한하는 只有로 바꿔야 한다. 只有는 '(제한된 범위 내에서)해야만 ~하다'라는 뜻으로 부사 才와 호응하며, 如果는 조건 · 가정을 나타내고 주로 就와 호응하며, '만일 (어떤 조건)이라면 ~하다'라는 뜻이다.

바로 확인 EXERCISE 　P 13

1
A 脸上的快乐，别人看得到。心里的痛又有谁能感觉到。
B 最好的与最坏的创造了历史，平庸之辈则繁衍了种族。
C 最小的种子是斑叶兰的种子，轻如尘埃，只有在显微镜下就能看清。
D 我真的爱你，闭上眼，以为我能忘记，但流下的眼泪，却没有骗到自己。

| POINT 5 | 유사한 의미의 다른 품사를 이용해 혼동시키는 문제에 주의한다. |

유사한 의미를 가진 다른 품사 또는 다른 어휘와의 혼용을 이용한 문제를 자주 출제하는데, 주로 혼용하는 어휘는 因为、原因 / 凡事、不管、无论 / 哪怕、无论、不管 / 只有、只要 / 即、既然 / 为了、因为 / 甚至、还 등이다.

1. 为了 VS 因为

唐朝的皇帝只知道吃喝玩乐，为了喜欢踢球，就把一个流氓提拔为殿帅太尉。最终导致在全国各地爆发了大规模的农民起义。

为了는 '~을 위하여, ~하기 위하여'라는 뜻의 목적을 표시하는 전치사다. 여기에서는 문맥상 이유가 필요하다. '단지 공차기를 좋아한다는 이유로 건달을 금군을 호령하는 무관으로 뽑았다'라는 얘기를 하고 있기 때문이다. 따라서 为了를 因为로 바꿔야 한다.

2. 只要 VS 只有

现代的市场经济不同情弱者，更不相信眼泪。只要靠自己转变观念，充分发挥为了自己的主观性和创造性，才能立于不败之地。

只要는 '단지 ~하기만 하면'이라는 뜻의 접속사인데, 뒤에 주로 就나 便 등이 호응한다. 只有는 '오직 ~해야만'이라는 뜻으로 才와 호응을 한다. 그런데 이 문장은 양쪽 다 말이 되는 것처럼 보이지만, 문맥을 자세히 짚어보면 只要를 只有로 바꿔야 함을 알 수 있다. 문장의 뜻은 '현대의 시장경제는 약자를 동정하지 않으며, 더욱이 눈물을 믿지 않는다. 오로지 자신만을 의지해서 생각을 바꾸고, 자신의 주관과 창조적인 능력을 충분히 발휘해야만 비로소 실패하지 않을 수 있다.'이다.

3. 因此 VS 那么

如果说"沙尘暴"的引发，是自然界的生态环境问题，因此人才的流失，则是社会性的"生态环境"问题。

因此와 那么는 크게 헷갈릴 것 같지 않지만, 문장을 죽 읽다보면 크게 잘못된 것 같지 않은 느낌을 받기 때문에 주의해야 한다. 이 문장은 인과 관계를 나타내는 것이 아니라 병렬로 연결된 앞뒤 문장이 대비되는 형태이므로, 앞 문장이 예시가 되어 '만일 "황사"를 일으킨 것이 자연계의 생태환경문제라고 한다면 (그렇다면) 인재의 유실은 곧 사회적인 "생태환경" 문제라고 할 수 있다'라는 뜻이 되어야 문맥이 더 자연스럽다. 따라서 因此人才的流失를 那么人才的流失로 바꿔야 한다.

4. 접속사 고정격식의 생략 또는 불필요한 어휘 첨가

 大陆人到台湾，总是感到非常亲切，<u>无论如何是</u>语言文字、饮食习惯，还是风土人情，几乎没有什么陌生和隔阂。

无论如何는 '어쨌든'이라는 뜻의 사자성어로 뒤에는 모종의 결과가 나와야 하는데, 이 문장에서는 뒤에 오히려 조건이 나오고 있으므로 여기에서는 '~에도 불구하고, ~에 관계없이'라는 뜻의 无论을 써야 한다. 따라서 无论如何是语言文字를 无论是语言文字로 바꿔야 한다.

바로 확인 EXERCISE   P 13~14

1
- A 胆怯的人在危险前被吓住了；懦弱的人在危险中被吓住了；勇敢的人在危险过后被吓住了。
- B 看一个人的心术，看他的眼神；看一个人的身价，看他的对手；看一个人的底牌，看他的朋友。
- C 在一些可能为了全球化的推进而遭受冲击的行业，一些可能受到影响的利益集团又奋力反对。
- D 幸运之神的降临，往往只是因为你多看了一眼，多想了一下，多走了一步。失败发生在彻底的放弃之后。

2
- A 只有日本一天不反省战争，不承担责任，就一天不能得到受害者的原谅。
- B 做父母是个专业性很强的职业，可大部分的父母未经任何培训就上岗了。
- C 你若不想做，会找一个或无数个借口；你若想做，会想一个或无数个办法。
- D 做生意的过程就是一个不断怂恿别人放松警惕，而自己保持高度警惕的过程。

3
- A 两种人无药可救：一是不服从命令的人，二是惟命是从的人。
- B 加班加点，废寝忘食有时很可能是不具备效率和工作能力的表现。
- C 学校将考试成绩公布在网上，以免家长及时了解子女的学习情况。
- D 聪明人能洞察事物未来的发展趋势。他们在发洪水之前养鸭，而不是养鸡。

실전 문제 EXERCISE

1
- A 一套两居室的房间，虽说面积显得小点儿，反而收拾得一尘不染，井井有条。
- B 说话不要有攻击性，不要有杀伤力，不夸已能，不扬人恶，自然能化敌为友。
- C 良心是每一个人最公正的审判官，你骗得了别人，却永远骗不了你自己的良心。
- D 你接受比抱怨还要好，对于不可改变的事实，你除了接受以外，没有更好的办法了。

2
- A 伟人之所以伟大，是因为他与别人共处逆境时，别人失去了信心，他却下决心实现自己的目标。
- B 拍卖既然能让他一圆收藏名人字画的梦想，所以苏绣、剪纸一类的民间工艺品是否也能走进拍卖场呢？
- C 近年来，韩国政府大力推行"韩餐世界化"运动，希望韩餐能够成为世界食品，为全世界人民所喜爱。
- D 如果寒暄只是打个招呼就了事的话，那与猴子的呼叫声有什么不同呢？事实上，正确的寒暄必须在短短一句话中明显地表露出你对他的关怀。

3
- A 每一个单独的个体将不仅仅是时尚潮流的追随者，而是个性时尚的创造者。
- B 站在山顶和站在山脚下的两人，虽然地位不同，但在对方眼里，同样的渺小。
- C 所谓大难不死，就是有了灾祸之后，得到的不是同情，而是莫名其妙的祝贺。
- D 鲑鱼用自己所剩不多的气力，拼命拍打水底的沙石，以便挖出一块供自己产卵的地方。

4
- A 凡是谁遇到什么困难，她都主动去帮助。
- B 出口毕竟不但要养活劳动力，还是要赚钱。
- C 她的幽默可以让对方感受到她的独立思考。
- D 她就这样在他的疼爱和呵护里，幸福地走过了15年。

5 A 研究人员认为，干细胞有望用于帮助病人修复出现问题的心脏血管。
B 有些人在走路或跑步时，腹侧会突然剧烈疼痛。不过，只要稍微休息，疼痛会停止。
C 相当一部分青年有不同程度的羞怯导致的心理障碍，从而影响了与他人的沟通交流。
D 西班牙民族善于学习和借鉴，将其他民族的特点和优势转化为引以为荣的西班牙文化。

6 A 这种既缺乏爱护动物的意识又不尊重生命的现象，最终会影响到人与人之间的关系。
B 这一周以来，我发现"没有不合格的学生，只有不合格的老师"这个观点是正确的。
C 89岁的前国际奥委会主席萨马兰奇是于20日中午因心脏病在西班牙巴塞罗那市住院的。
D 很多事情过不了多长时间就想不起来了，反而有些新鲜有趣的事却是一辈子也忘不掉的。

7 A 作家采用一个或多个笔名，因为是显而易见的，笔名能够避免因使用本名而可能引起的种种麻烦。
B 朝夕相处，谁也不能发生矛盾，但一发生矛盾，就各执己见，争吵不休，互不通融，这其实是一种最愚蠢的见解。
C 该集团的资金大都是外界筹措，利息之高令人难以想象，然而高额利息使该集团在资金运转上所承受的压力越来越大。
D 大气污染是指空气中污染物的浓度达到有害程度，以致破坏生态系统和人类正常生存的条件，对人和生物造成危害的现象。

8 A 科帝公司的经营业务包括图书和报刊杂志、电台、电视台、娱乐节目。
B 那年冬天，他用自己的棉衣把那个女娃裹回家里时，遭到了史无前例的怒骂。
C 每本杂志都有自己的气质和内涵，它的影响是潜移默化的，读得久了就能显现出来。
D 目前，我国各个事业单位机构庞大、人浮于事、效率低下、服务质量差等问题依然存在。

실전 문제

9
- A 他的公司建成了世界上第一条汽车流水装备线,不但此举实现了汽车的大批量生产,而且大幅度降低了成本。
- B 如果真的爱孩子,就请给孩子的假期一片自由的天空,一个色彩斑斓的童年,别让孩子失去童年的记忆,失去童年的梦想。
- C 人一生的机遇并不多,有一些事情你可能不在意,但你要意识到:眼前你所碰到的可能正是一个难得的机遇,要紧紧地抓住它。
- D 个体之间的情绪互相交流,互相感染,造成心理上的共鸣,情绪上的共鸣,个体的情绪趋向一致,从而形成某个时刻的集体心理气氛。

10
- A 在招聘新人时,不但要考虑他的专业知识和技能,也用人单位要参考他过去的工作简历。
- B 你目前所拥有的都将随着你的死亡而成为他人的,那为何不现在就乐施给真正需要的人呢?
- C 任何演讲离不开谈理论、讲观点。但谈理论讲观点决不可以盲目进行。听众接受、形成共鸣,才能成功。
- D 从调查的结果来看,该校学生的课余活动主要有班级野炊、年级文体比赛、校际取联欢会等,内容丰富,形式多样。

5 부적절한 어휘의 배열

보통 어순이라고 하는 어휘의 배열은
문장성분의 관계 및 품사와 관련이 깊다.
각 어휘들의 특성과 품사의 용법,
문장성분의 역할을 잘 기억해두어야 한다.
新HSK에는 주로 관형어와 부사어가
복잡하게 들어간 형태를 출제한다.

기본 지식 TEST

예제 다음 문장에서 틀린 부분을 찾아보고 왜 틀렸는지를 생각해보자.

A 谁要想创造奇迹，仅仅做到尽力而为还不够，必须竭尽全力才行。
B 大多数人在追求快乐时急切得上气不接下气，以至于和快乐擦肩而过。
C 19世纪末前后，英国城市人口急剧膨胀，造成住房短缺，贫民窟比比皆是。
D 老王得知西山村某居民楼煤气管冻裂，整座楼做饭没法，忙找市煤气公司反映。

자기의견 메모하기

핵심콕콕 문제 풀이

풀이 D에서 没法는 '방법이 없다'는 뜻으로 술어 앞에 위치한다. 따라서 整座楼做饭没法를 整座楼没法做饭으로 바꿔야 한다.

정답 D

해석
A 기적을 낳고 싶다면 애쓰는 것만으로는 부족하며, 반드시 전력을 다해야만 가능하다.
B 대다수 사람들은 즐거움을 추구할 때 숨이 차도록 서둘러서 즐거움이 스쳐 지나가 버리고 만다.
C 19세기 말을 전후하여, 영국의 도시 인구가 급증하여 주택이 부족하게 되었으며, 빈민굴이 매우 많았다.
D 라오 왕은 시산 마을에서 어떤 주택의 가스관이 동파되어 모든 건물에서 밥도 못해 먹는 것을 알고서, 도시가스회사를 급히 찾아왔다.

핵심 체크 POINT

다음 부적절한 어휘 배열에 대한 문제 풀이 키워드를 읽고 이미 알고 있는 내용을 골라 빈칸에 표시를 해보자.

☐ **Point 1** 관형어의 기본적인 역할은 무엇인가?
☐ **Point 2** 제한성 관형어와 묘사성 관형어가 나란히 나올 때 순서는 어떻게 되는가?
☐ **Point 3** 부사어의 기본적인 역할과 특징은 무엇인가?
☐ **Point 4** 差不多는 수량사의 앞에 쓰는가 뒤에 쓰는가?

문제 해결 POINT

POINT 1 관형어와 중심어를 정확히 파악한다.

명사성 성분을 수식하는 말을 '관형어'라고 부르는데, 문장 속에서 주어와 목적어를 수식한다. 新HSK 시험에서는 관형어의 용법에 관한 문제가 자주 등장한다.

1. 일반적인 관형어의 특징

관형어는 주어나 목적어로 쓰인 명사성 어휘 앞에서 수식하고 제한하는 역할을 하는 문장성분이다.

我们的校园里充满了春天的气息。 우리 캠퍼스는 봄기운으로 가득 찼다.
才六岁的孩子就懂得这样的道理。 겨우 여섯 살밖에 안 된 아이가 벌써 이런 이치를 이해한다.

2. 관형어의 분류

관형어의 주 역할은 중심어를 제한하거나 묘사하는 것이다. 그래서 크게 제한성 관형어와 묘사성 관형어 둘로 나누어진다. 관형어의 성격을 분명히 파악해야만 정확한 순서를 바로잡는 데 도움이 된다.

1) 제한성 관형어: 수량, 시간, 장소, 귀속, 범위 등으로 중심어를 설명한다.
  주로 수량사, 시간·장소명사, 명사, 대사 등이 그 역할을 한다.

  一班的同学每人得到一份奖品。 → 주어의 범위·수량
  1반 학생들은 모두 상품을 하나씩 받았다.

  今年的销售量比去年高多了。 → 시간
  올해 판매량은 작년에 비해 훨씬 많다.

  学校里的学生们都去春游了。 → 장소
  학교 안의 학생들은 모두 봄 소풍을 갔다.

  我们一定会满足乘客们的要求。 → 귀속
  우리는 반드시 승객들의 요구를 만족시킬 것이다.

  全国的中小学生都放假了。 → 범위
  전국의 초·중·고 학생들은 모두 방학했다.

  你昨天说的那个故事太有意思了。 → 주어의 범위
  네가 어제 얘기해준 그 이야기는 정말 재미있었어.

2) 묘사성 관형어: 성질, 상태, 특징, 용도, 원료, 직업 등의 측면에서 중심어를 묘사한다.
주로 명사, 형용사, 동사 등이 그 역할을 한다.

重要文件必须好好保存。→ 성질
중요한 문서는 반드시 잘 보관해야 한다.

突然，一位美丽的姑娘出现在我面前。→ 상태
갑자기 한 아름다운 아가씨가 내 앞에 나타났다.

苏老师买了一个十二斤的西瓜。→ 특징
쑤 선생님은 12근짜리 수박 하나를 샀다.

他是个最值得尊敬的人。→ 성격, 특징
그는 가장 존경받을 만한 사람이다.

我要买一张学习用的书桌。→ 용도
나는 학습용 책상을 하나 사고 싶다.

陈红穿着一件蓝色的上衣。→ 색깔
천홍은 남색 상의를 입고 있다.

那条黄真丝裙子真漂亮。→ 원료
그 노란 명주 치마는 정말 예쁘다.

他妈妈是一位眼科大夫。→ 직업
그의 어머니는 안과 의사다.

바로 확인 EXERCISE　P16

1
A　在安全的距离之内声称勇敢是件易事。
B　地球是人类生存基地的，人类只有一个地球。
C　什么是成功的人？就是今天比昨天更有智慧的人。
D　由于中心区房价过高，有的人不得不到郊区买房。

2
A　如果没有机遇，能力只能算做两个小钱。
B　一个房间没有书籍就像一具肉体没有灵魂。
C　故宫博物院最近展出了两千多年前新出土的文物。
D　走出困境的最好的办法不是退缩回来，而是穿越困境。

| POINT 2 | 관형어의 배열에서 제한성 관형어는 묘사성 관형어 앞에 위치한다. |

新HSK에는 관형어의 순서를 묻는 문제가 자주 출제된다. 한 문장에서 주어와 목적어 앞에는 여러 개의 관형어가 쓰일 수 있다. 따라서 관형어가 겹칠 경우에는 일반적으로 다음과 같은 차례를 따른다.

1. 관형어의 일반적인 배열 순서

① 귀속을 나타내는 명사, 대사나 혹은 그 조합
② 시간과 장소를 나타내는 어휘
③ 지시대사 혹은 수량사
④ 동사 혹은 각종 술어 조합
⑤ 형용사성 어휘
⑥ 的를 사용하지 않는 형용사나 성질을 나타내는 명사

他是我国一位最有威望的艺术家。 → 장소 – 수량사 – 술어 조합
그는 우리나라에서 가장 명망이 높은 예술가다.

她是我大学时代一位最要好的朋友。 → 귀속 – 시간 – 수량사 – 형용사성 어휘
그녀는 대학시절 가장 좋은 친구이다.

她穿了一件薄而透的真丝上衣。 → 수량사 – 형용사성 어휘 – 성질 명사
그녀는 얇고 투명한 실크 블라우스를 착용했다.

2. 병렬 관계의 관형어 순서 바로 잡기

병렬 관계의 관형어의 순서는 비교적 자유롭다. 그러나 습관, 인식, 규율 등 요소의 영향을 받으면 그 순서가 고정될 수 있다.

李明、赵伟(赵伟、李明)的成绩最好。 → 순서 상관 없음
리밍과 자오웨이의 성적이 가장 좋다.

在制定经济政策时,必须考虑国家、集体和个人的利益。 → 큰 것에서 작은 것 순서로
경제정책을 세울 때, 반드시 국가, 집단, 개인의 이익을 고려해야 한다.

这就是我们公司发展壮大的历史。 → 일의 발생 순서로
이것이 바로 우리 회사가 크게 발전해온 역사다.

3. 제한성 관형어와 묘사성 관형어의 배열 순서

제한성 관형어는 묘사성 관형어 앞에 위치한다.

他买了 <u>一件</u> <u>很精致的</u> 礼物。
　　　　제한성　　묘사성

这本书是 <u>一位在中国留学的</u> <u>好</u> 朋友送给我的。
　　　　　제한성　　　　　　묘사성

4. 新HSK 시험에 자주 등장하는 유형

수량사, 명사 등 제한성 관형어와 형용사성 어휘, 술어 조합 등 묘사성 어휘의 위치를 바꾼 형태를 자주 출제한다. 다음 문장을 살펴보자.

 大年三十晚上吃团圆饭一直是大多数家庭的<u>不成文的一个规矩</u>。

이 문장은 规矩를 수식하는 관형어 一个가 관형격 的 뒤에 있으므로 틀렸다. 그렇다면 一个를 어디로 옮겨야 옳은 문장이 되는가? 이 문장에서 주목해야 할 것은 명사 앞에 的가 두 번 나왔다는 점이다. 앞의 的는 소유격, 즉 귀속을 나타내는 的이고, 뒤의 的는 '~의'라는 뜻의 한정하는 的이므로, 귀속의 的는 수량사의 앞에, 한정하는 的는 수량사 뒤쪽에 와야 한다. 따라서 이 문장은 一个를 不成文的의 앞에 놓아서 다음과 같이 고쳐야 한다.

 大年三十晚上吃团圆饭一直是大多数家庭的<u>一个不成文的规矩</u>。
음력 섣달 그믐날 저녁에 온 가족이 모여 같이 식사를 하는 것은 줄곧 대다수 가정에서 불문율처럼 되어버린 규칙이다.

바로 확인 EXERCISE P 16~17

1
- A 高超的技巧加上坚定的信心，就是一支不可战胜的军队。
- B 无数的人向往不朽，但不知道在下雨的星期天下午该做什么。
- C 这不是可以贪享安乐和舒适的时代，这个时代呼唤勇气和忍耐。
- D 家里是贫穷的，她穿的是去年姐姐穿过的红色的那件中式棉袍。

2
- A 如今向中国商品设置贸易壁垒的已不仅限于发达国家，发展中国家也频频对中国商品设置障碍。
- B 由于他的手经常暴露在你的视线之内，因此令你总是感到已死去的一个人时刻在跟你一起生活、饮食、工作。
- C 当人类砍倒天然林中第一棵大树的时候，文明就宣告开始了；当人类砍倒最后一棵大树的时候，文明便宣告结束了！
- D 我一直深信，并没有一样东西是永远属于我们的。生命就好比旅行，也许在旅程中我们会拥有某些东西，但是终究不能带走它。

| POINT 3 | 부사어는 술어 앞에 위치해야 한다. |

부사어는 술어 앞에서 술어를 수식하거나 제한하는 역할을 하는 문장성분이다. 부사뿐만 아니라 명사, 형용사, 동사, 전치사구 등 다양한 어휘들이 부사어로 쓰일 수 있다.

1. 地와 부사어

어휘에 따라 조사 地가 쓰이기도 하고 쓰이지 않기도 한다.

1) 地를 쓰는 경우

　① 정도부사 + 단음절 형용사 + 地 + 술어
　② 이음절 형용사 / 중첩 형용사 + 地 + 술어
　③ 수량사구 + 地 + 술어
　④ 동사 / 동사구 / 주술구 + 地 + 술어

　专家客观地分析了国际形势。
　전문가는 국제 형세를 객관적으로 분석했다.

　他总是认真地对待我，我很快地喜欢上他了。
　그가 늘 진지하게 대해주어서, 나는 금방 그를 좋아하게 되었다.

2) 地를 쓰지 않는 경우

　① 부사 + 술어
　② 전치사구 + 술어
　③ 단음절 형용사 + 술어
　④ 시간명사 / 장소명사 / 의문대사 / 방법 표시 대사 + 술어

　他刚回教室里去了，四十五分后才会下课的。您要给他留话吗?
　그는 방금 교실로 돌아갔으니, 45분 후에나 수업이 끝납니다. 그에게 메시지 남기시겠어요?

　你们不可以这样做下去，学习汉语应该多听多写多练习!
　너희는 계속 이렇게 해나가서는 안 돼. 중국어를 공부하려면 많이 듣고 많이 쓰고 많이 연습해야 해!

2. 부사어의 어순

한 문장 안에 다양한 종류의 부사어가 쓰일 경우 배열 순서에 주의한다.

| ① 시간 | ② 장소 | ③ 어기, 범위, 정도 표시 | ④ 동작자 묘사 |
| ⑤ 목적, 근거, 관계 표시 | ⑥ 방향, 대상 표시 | ⑦ 행위, 동작의 묘사 | |

12月第一个星期六，我门在校园里只是十分简单地用汉语谈了谈那个问题。
12월 첫 번째 토요일에 우리는 학교에서 그 문제에 대해 중국어로 간단하게 이야기했다.

3. 전치사구의 부사어 용법과 보어 용법

전치사구는 주로 술어의 앞에서 부사어로 쓰이지만 술어의 뒤에서 보어로 쓰이기도 하는데, 보어로 써야 할 표현을 부사어로 혼용하여 출제하기도 하므로 잘 구별해두어야 한다. 보어로 쓰이는 전치사구로는 在于 / 向 / 自 등이 있는데 자주 사용하는 동사들과 함께 한 단어처럼 외워두는 것이 좋다.

我对棒球很感兴趣。→ 부사어
나는 야구에 흥미가 많다.

他在教室里看书呢。→ 부사어
그는 교실에서 책을 보고 있다.

那件车祸发生在北大正门。→ 보어
그 교통사고는 베이징대학교 정문에서 발생했다.

他毕业于清华大学。→ 보어
그는 칭화대학교를 졸업했다.

我走向未来。→ 보어
나는 미래를 향해 나아간다.

바로 확인 EXERCISE   P17

1
- A 从他脸上的神气看，他没有发现一点儿也我在偷看他，我很惬意。
- B 人生并不十分紧张而短暂，因而人们有足够的时间可以注意讲究礼貌。
- C 女人是用耳朵恋爱的，而男人如果会产生爱情的话，却是用眼睛来恋爱。
- D 每个画家都将画笔在自己的灵魂里饱蘸了颜料，并将他的天性绘入画中。

2
- A 在这个世界上成功只有两种方法：靠自己的努力，或靠别人的缺点。
- B 日本在上个世纪50~60年代工业化高速发展时，城市的环境问题就很突出。
- C 现在很多大学在办学时并不面向社会面向市场，他们只给学生教专业知识。
- D 善于学习，善于思考，迅速把新知识应用于企业发展，已成企业成功的关键。

POINT 4 差不多처럼 특이한 용법의 부사어를 기억해두어야 한다.

일반적으로 부사어는 동사, 형용사 등의 술어나 부사 또는 형용사 앞에 위치하고, 관형어는 주어나 목적어 등 명사성 어휘의 앞에 쓰이는 등 그 위치가 정해져 있다. 그런데, 이런 기본적인 룰을 살짝 무시하는 어휘들이 있으므로 이들은 특별히 기억해두어야 한다.

1. 差不多

差不多는 술어로 많이 쓰이며, 수량사 앞에 쓰여 대략의 수를 표시하기도 한다.

我妻子怀孕差不多三个月了。　　　　내 아내는 임신한 지 거의 3개월 되었다.

2. 丝毫

丝毫를 쓴 문장에 부정부사 不나 没，无가 있는지 확인한다. 丝毫는 '추호, 극히 적은 수량, 조금' 등의 뜻을 나타내는 명사인데, 주로 부정문에 쓰인다. 따라서 丝毫가 나오면 문장에 부정부사가 있는지 먼저 확인한다.

他没有受到女朋友的丝毫怀疑。　　　그는 여자친구에게 추호도 의심받지 않았다.
警察逮捕了他，但却拿不出丝毫证据来。　경찰은 그를 체포했지만, 일말의 증거도 내놓지 못했다.

3. 连…也/都

'连 + 也 / 都 + 没有 + 동사'에서 부사 也 / 都와 목적어의 위치에 주의해야 한다. 이 고정격식에서 목적어는 동사의 뒤에 나오지 않고 앞에 나온다.

今天我连一顿饭都没吃好。　　　　　오늘 나는 한 끼도 제대로 못 먹었다.

4. 差点儿没…의 어순에 주의한다.

差点儿没…의 고정격식에서는 没가 差点儿의 앞에 오지 않고 뒤에 나온다는 것에 주의해야 한다.

我弟弟成绩不太好，差点儿没考上大学。
내 동생은 성적이 별로 안 좋아서 하마터면 대학에 떨어질 뻔했다.

바로 확인 EXERCISE　　P17

1　A　当爹的有责任管好儿子，不要推给爷爷。
　　B　如果所有的人都站在一边，那一定不是好事。
　　C　不是我的态度有问题，而是你的感觉有问题。
　　D　他在北京上大学的四年中，连一次都没去过长城。

실전 문제 EXERCISE

1. A 从来没有任何动物发明了比人的酗酒更坏以及比人的饮酒更好的事物。
   B 酒泉卫星发射中心位于西北部中国的戈壁沙漠，是中国建设最早规模最大的卫星发射场。
   C 不要把学生脑袋拿来填进知识，而应把它当成被点燃的火种，教师的角色是点火种的人。
   D 挥霍不是富有的象征，只是粗鄙的外化；浪费不意味着腰包的充实，只意味着头脑的空虚。

2. A 告诉我你需要什么，然后我会告诉你没有它怎么过。
   B 看到那件绿色的他的军大衣，我们都忍不住一阵心酸。
   C 你没有摘到的，只是春天里的一朵花，整个春天还是你的。
   D 十分钟可完成的事，如果你在两分钟做完，你就拥有别人五倍的人生。

3. A 老板偶然来到你的办公桌旁时，你总是在做一些无关紧要的事。
   B 绿洲中新的饭店拔地而起，专门许多是为普通家庭度假而开设的。
   C 彩票的巨大魅力表现在：它能让一个人越买越赔，而又越赔越买。
   D 切勿成为不可替代的人——如果没人能取代你，你便无法得到提升。

4. A 我们可以这样下个定义：不爱运动是最可怕的人类一种不良的习惯。
   B 总是购买可有可无的东西的人，不久便会买不起自己所需要的东西。
   C 你常常被打倒在地，这没什么要紧，要紧的是每一次怎么重新站起。
   D 感情就像雷电，直到落下之前，你不能确切地说出它们将击中哪儿。

5. A 钱能买到的东西，最后都不值钱。
   B 来北京这么久，我还没去过一次故宫呢。
   C 从浪漫餐厅谈出来的恋爱，常毁于居家饭厅。
   D 最昂贵的和平重建还是比最便宜的战争便宜。

6
- A 第三次全国营养调查指出，中国人维生素和矿物质摄入不足及不均衡的现象普遍存在。
- B 一些国家虽然以劳动力成本较低和税收优惠来吸引投资，但腐败行为完全可以抵消这种优势。
- C 大年三十晚上，全家人团团圆圆地享用丰盛的年夜饭，一直是大多数家庭不成文的一个规矩。
- D 需要某个人就像需要一顶降落伞。如果他们第一时间不在场，你就可能再也没有需要他们的机会了。

7
- A 我认为低智、偏执、思想贫乏是最大的邪恶。
- B 腐败的成本和低风险，一致让后来者趋之若鹜。
- C 普遍人们关注主持人，很多的年轻人梦想成为主持人。
- D 我们心底"不信任"的基础太深了，辜负了太多的好意。

8
- A 那就是我的理由为什么我想提拔他。
- B 这么多年能坚持下来，全靠家人支持。
- C 送给别人微笑，别人也自然报以你微笑。
- D 经济全球化对世界经济产生了深刻的影响。

9
- A 在韩国，老龄化和低出生率已经成为越来越紧迫的社会问题。
- B 据气象部门介绍，这里冬季最低平均气温达到摄氏零下28度。
- C 保护环境、治理水污染没有模糊地带，没有讨价还价的余地。
- D 多疑给头脑带来的麻烦是不能将注意力集中于夺取胜利的进程。

10
- A 在北京出差的赵先生是河南一位绿色食品公司的职员。
- B 人什么都能忘却，只有自己、自己的本质是忘不掉的。
- C 一百多年来人们作过各种尝试，试图解决经济危机问题。
- D 从全国民房平均涨幅看，中国房地产业现在还谈不上泡沫。

6

술어 是와 是…的 구문

是는 동사로서 많은 의미를 갖는다.
또 的와 함께 구를 이루어 강조구문을 만들기도 한다.
용법이 많아서 따로 是자구라고도 하는데
그만큼 新HSK 문제에도 자주 등장한다.

기본 지식 TEST

예제 다음 문장에서 틀린 부분을 찾아보고 왜 틀렸는지를 생각해보자.

A 1987年冬天，由于长期的贫困和缺乏营养，在农村老家当代课教师的大哥突发急病。

B 一项研究结果显示，如果服务人员礼貌热情，人们的文化修养程度和生活幸福指数也会随之提升。

C 《红楼梦》给人以一种不一样的感觉，往往使人忘记了它一本书，而是将它看作宇宙的本体，人生的本体。

D 从2004年到2006年，中国出口产品的合格率在99%以上，与中国进口美国的产品合格率不相上下，甚至还高于美国产品。

자기의견 / 메모하기

핵심콕콕 문제 풀이

풀이 C에서 它와 一本书는 忘记了의 목적어이면서 동격으로, 나란히 쓸 수 없다. 둘 사이에 동격을 나타내는 술어 是를 넣어서 往往使人忘记了它一本书를 往往使人忘记了它是一本书로 바꿔야 한다. **정답 C**

해석
A 1987년 겨울, 장기적인 빈곤과 영양결핍으로 인해, 고향에서 대리교사를 하던 큰형이 갑작스레 급병에 걸렸다.
B 한 연구결과에서, 만약 종업원이 예의 바르고 열정적이면 사람들의 교양수준과 행복지수 역시 그에 따라 상승한다는 것을 보여줬다.
C 〈홍루몽〉은 사람에게 주는 느낌이 달라서, 사람들이 그것이 책이라는 사실을 잊고, 우주의 본체이며 인성의 본체라고 생각하게 만든다.
D 2004년부터 2006년까지 중국의 수출상품 합격률은 99%이상으로, 중국이 수입한 미국상품의 합격률과 비슷하거나 심지어는 더 높았다.

핵심 체크 POINT

다음 是자 구문에 대한 문제 풀이 키워드를 읽고 이미 알고 있는 내용을 골라 빈칸에 표시를 해보자.

☐ **Point 1** 是가 필요한 문장인지 아닌지 파악할 수 있는가?
☐ **Point 2** 是…的 강조구문에서 어떤 글자를 생략할 수 있는가?
☐ **Point 3** 是…的 강조구문을 쓸 수 없는 문장인지 알 수 있는가?

문제 해결 POINT

POINT 1 명사나 명사구가 연달아 나오는 부분에 동사가 필요한 것은 아닌지 확인한다.

동사 是는 주로 술어로 사용된다. 즉 주어와 목적어를 연결하는 역할을 하는데, 新HSK에서는 이 간단해보이는 성질을 이용해서 문제를 출제하기도 한다. 따라서 是의 기본적인 용법과 의미를 반드시 기억해야 한다.

1. 是의 기본 문형

是는 주어와 목적어인 명사를 연결시켜 두 가지가 같음, 즉 동격임을 표시하거나 후자가 전자의 종류나 속성 등을 설명할 때 쓰인다.

▶ 명사 (사람 / 사물 / 장소) + 是 + 명사 (인물 / 사물)

她是伟大的科学家。   그녀는 위대한 과학자다.
那本字典是他的。   그 자전은 그의 것이다.

2. 是자 구문의 주어, 목적어의 의미상, 구조상의 관계

1) 의미상 等于를 나타내며 구조상으로는 주어, 목적어의 위치를 바꿀 수 있다. 等于가 의미하는 것은 상호 이해의 관계이다.

我来中国的目的是学习汉语，了解中国。
내가 중국에 온 목적은 중국어를 배우고 중국을 이해하기 위한 것이다.

多媒体是计算机和视频技术的结合。
멀티미디어는 컴퓨터와 동영상 기술을 결합한 것이다.

2) 의미상 属于를 나타내며, 구조상으로는 주어와 목적어 위치를 바꿀 수 없다. 해석적인 관계 외에 是와 연관된 단어는 반드시 명사형이어야 한다.

他的是那本字典。(×)
→ 那本字典是他的。(○)   그 자전은 그의 것이다.

3) 이외에도 是자 구문은 특징, 목적이나 원인, 존재, 소유 등을 나타내기도 한다.

这种鞋是皮的。 → 특징
이 구두는 가죽으로 만든 것이다.

我来是想了解一下情况。 → 목적이나 원인
나는 상황을 이해하러 왔다.

房子前面是花坛。 → 존재
집 앞에 화단이 있다.

这张桌子是三条腿。→ 특징
이 책상은 다리가 세 개다.

天气是冷的。→ 강조
날씨가 아주 춥다.

那些电脑是学校的。→ 소유
그 컴퓨터들은 학교 것이다.

바로 확인 EXERCISE P 19~20

1
- A 我跌跌撞撞地回家，她一眼便看出了我的反常，焦急地问我怎么了。
- B 其实我们每个人可能都有撑起地球的能力，只是那个支点比较难找罢了！
- C 英国人反对美国轻易发动战争，主要原因很多英国人都认为美国出师无名。
- D 昨日，市文物局组织了39名专家赶到重建的龚滩古镇，对已经完工的工程通过了验收。

2
- A 据吴校长介绍，他们最早见面在1986年。
- B 只要你找到了自己的位置，生命就有意义。
- C 人可以一天不吃饭，不睡觉，但不能一天不花钱。
- D 你有什么样的金钱观念，就会有什么样的金钱现状。

3
- A 情况是在不断地变化，要使自己的思想适应新的情况，就得学习。
- B 每天说4300个字，一生大约说1亿2千多万个字词，大多都没什么意义。
- C 女性多认为要求男方有一定的经济实力这一要求合情合理，并不过分。
- D 太平天国起义广西最大规模的农民起义，也是中国近代规模最大的农民起义。

> **POINT 2** 是…的 강조구문에서 是나 的를 빼고 출제한 경우에 유의한다.
>
> 是…的 구문은 확실하게 발생한 어떤 행위에 대해 그 행위가 행해지는 시간, 장소, 방식 등을 강조하여 말하고자 할 때 사용한다.

1. **시간, 목적, 동작, 장소, 방식, 조건 및 동작의 행위자를 강조**

   이때 是…的의 단문이 전체 문장의 술어로 사용되면 표현하는 동작은 일반적으로 이미 실현되었거나 완성된 것이다. 이 용법의 부정문은 不是…的이다. 是 뒤에는 부사어가 오며, 동사의 전후에는 기타 성분이 올 수 있다. 또한 일반적으로 的가 생략될 수 없다.

   ▶ 주어 + 是 + 강조 되는 성분 + 동사 + 的

   我们都是坐飞机来的北京。→ 방식의 강조
   우리는 모두 비행기를 타고 베이징에 왔다.

   我不是1998年认识她的。→ 시간의 강조
   나는 1998년에 그녀를 안 것이 아니다.

   汽车是在大家的帮助下修好的。→ 조건의 강조
   자동차는 모두의 도움으로 수리된 것이다.

   他是在饭店工作的。→ 장소의 강조
   그는 호텔에서 일한다.

   房间是我打扫的。→ 동작의 행위자를 강조
   방은 내가 청소했다.

   你最近瘦了，是累的吧。→ 결과의 원인을 강조
   너 요즘 좀 말랐어. 피곤한가 보다.

2. **화자의 견해, 의견, 태도를 강조**

   是…的는 문장에서 판단을 긍정하고 어기를 강조하는 역할을 한다. 이러한 구문에서 부정사 不는 반드시 동사 앞에 오며 是 앞에 오지 않는다.

   只要认真想办法，问题是一定能解决的。→ 긍정적인 판단을 강조
   진지하게 방법을 생각하면 문제는 반드시 해결될 것이다.

   我认为这样做是不对的。→ 견해를 강조
   이렇게 하는 것은 옳지 않다고 생각한다.

   这个办法他是不会同意的。→ 태도를 강조
   이러한 방법에 그가 동의할 리 없다. (조동사 会를 부정하는 것이므로 부정사 不를 是…的 안에 놓는다.)

3. 是…的 구문의 주의할 점

是…的 강조구문은 과거의 일을 나타낸다는 점에 유의한다. 또한 是…的에서 是는 생략이 가능(的는 생략 불가)하지만, 원인을 강조하는 경우나 这(那)가 주어일 경우, 是…的 구문의 부정문에서 不是 자체가 술어일 경우에는 是를 생략할 수 없다.

我们(是)很欢迎(的)。→ 是…의 생략 가능
우리는 매우 환영한다.

他的胃病是喝烈酒喝的。→ 원인을 강조하는 경우(是 생략 불가)
그의 위병은 술 때문에 생긴 것이다.

那是他一个人做的。→ 那가 주어일 경우(是 생략 불가)
그것은 그가 혼자 한 것이다.

我不是昨天看的电影。→ 부정문에서 不是가 술어일 경우(是 생략 불가)
나는 어제 영화를 보지 않았다.

바로 확인 EXERCISE   P20

1
A 上帝是公平的，掌握命运的人永远站在天平的两端，被命运掌握的人仅仅只明白上帝赐给他命运！
B 《和平年代》里的话：当幻想和现实面对时，总是很痛苦的。要么你被痛苦击倒，要么你把痛苦踩在脚下。
C 韩国政府从20世纪60年代开始成功推行以增长为主的经济政策，70年代之后走上经济发展高速轨道，创造出举世闻名的"汉江奇迹"。
D 1979年3月28日发生震惊世界的美国三里岛核电站事故，主要原因是人为的操作错误；切尔诺贝利事故也不例外，有关人员玩忽职守、违反工艺规程造成的。

2
A 他捐款5万元为村里安装了纯净水净化设备，让全村喝上了纯净水，村民们笑在脸上，甜在心里。
B 当地时间12日晚，奥巴马以绝对优势击败希拉里，赢得了美国大选弗吉尼亚州民主党初选的胜利。
C 淘汰高能耗陈旧老化设备，更新低能耗节能电气设备，是企业节约电能，增加效益的有效途径之一。
D 如果让我选择，也会选择在非营利性医院从业，虽然工作条件不如那些合资医院，但其他各方面的保障是营利性医院所不具备。

POINT 3 　 是…的 구문이 필요 없거나 쓸 수 없는 경우인데도 是를 넣은 문제에 유의한다.

문장의 끝에 的가 있다고 해서 무조건 是…的 강조구문인 것은 아니다. 주로 형용사 중첩을 이용한 강조구문과 혼용하여 문제를 출제하는데, 이때는 是가 필요 없다.

1. 是…的 구문과 형용사 중첩 술어 구별

 空调一开，房间里是马上亮亮快快的。

위 문장은 是…的 구문의 형태를 하고 있으나 주의해서 살펴보면 형용사 중첩의 강조구문이라는 것을 알 수 있다. 따라서 是가 필요 없는 문장이다. 실제 新HSK 문제에서 빈도는 높지 않지만 가끔 등장하는 형식이므로 주의해야 한다.

2. 형용사 중첩이 술어로 쓰일 때

형용사를 중첩하면 자체적으로 어기가 강해지고, 정도를 강조하는 의미가 생겨서 정도부사의 수식을 받지 않는다. 형용사의 중첩형은 주로 술어, 관형어, 부사어, 보어 등 다양하게 쓰이는데, 특히 주의할 점은 술어로 사용될 때 뒤에 구조조사 的가 붙는다는 점이다.

空调一开，房间里马上凉凉快快的。	에어컨을 켜면 방 안은 바로 시원해진다.
他高高的，胖胖的。	그는 키가 크고, 뚱뚱하다.
她的皮肤白白亮亮的。	그녀의 피부는 희고 깨끗하다.

바로 확인 EXERCISE　　P 20

1
- A 他们都同她一样，丝毫也没有怀疑我给他们带来的那份结果。
- B 两条寻人启事，又像两块重重的大石压在我们每一个人的心上。
- C 天空万里无云是碧蓝碧蓝的，平原上一片绿色，西河蜿蜒绕山而去。
- D 租或买，是两种不同的生活方式，更是两种不同的价值观在当下的碰撞。

실전 문제 EXERCISE

1
- A 当你知道迷惑时，并不可怜，当你不知道迷惑时，才是最可怜的。
- B 汽车有许多好处，最大的好处是昂贵，因为贵，才可以成为显示成功程度的符号。
- C 做父母的都忙于工作，跟自己的孩子交流的机会越来越少；孩子们也一样的情况。
- D 智者宁可防病于未然，不可治病于已发；宁可勉励克服痛苦，免得为了痛苦而追求慰藉。

2
- A 猪肉基本能满足供应，但价格仍在高价位上运行。
- B 在她的心里潜伏着一个深渊，扔下巨石也发不出声音。
- C 我从小就非常喜欢各种动物，尤其是猫。它我最喜欢的动物。
- D 君子因心胸开阔，所以乐观豁达；小人因心胸狭隘，老是忧愁。

3
- A 不是一两年就能积累出丰富的教育教学经验的，要有一个长期的积累过程。
- B 中国有句俗话只要功夫深，铁杆也能磨成针，言外之意，只要有毅力，肯下功夫，什么事都可以做成。
- C 好好把握自己，为自己的知识充电，为自己的勇气加油，为自己的人格美容。
- D 外国人搭机抵美国国境，必须在最先着陆的机场办理入境手续，亦即在机场接受移民官及海关关员的检验。

4
- A 在大中城市成立对蔬菜、水果及鸡、鱼、蛋、奶等进行药检的机构，以最大限度地防止毒从口入已当务之急。
- B 安徽是个有着5000万农民的农业大省，要把"三农"问题放到重中之重的位置。
- C 他在祖国的造船史上谱写了光辉灿烂的一页，为发展我国的航海事业做出了贡献。
- D 在无法预测的自然灾害面前，人类是那样渺小，那样不堪一击。正是因为生命的脆弱更显示出生命的宝贵，珍惜生命也成了每个人的本能。

5
- A 贫穷是令人难堪，但贫穷不是耻辱，不是最可怕。
- B 你们要开诚布公地发表意见，充分反映自己的真实想法。
- C 他们求同存异，而不是把分歧作为成见或者争执的理由。
- D 地处中国西北部的甘肃省旅游资源十分丰富，开发潜力巨大。

실전 문제

6
- A 我明白了，当我们爱红花绿树时，其实是在爱自己的生命。
- B 在知识大爆炸的今天，知识的宝库有多大？恐怕谁也说不清。
- C 便利店里有两个人。柜台后面那个女人戴着胸牌，她叫罗伯塔。
- D 中国的小康步伐在20世纪最后5年面临的是建国以来从未遇到过。

7
- A 脱离了道德制约的暴力叙事具有严重的社会文化后果。
- B 世界上的人虽多，但下雨的深夜陪你回家的，其实只有一个。
- C 现在美国的教科书就好像汽车一样，两三年就要有新的样式。
- D 用降低原材料品质来减少成本，不顾品质地降价是有损消费者利益。

8
- A 每晚爸爸下班回来，他都嗅到他身上有一股浓烈的腥味。
- B 爱情是容易被怀疑的幻觉，一旦被识破就自动灰飞烟灭。
- C 小时候，看着满天星星，当流星飞过的时候，却总来不及许愿。
- D 一个若是甘当寄生虫，那么，他的生活一定黯淡无光，缺乏尊严的。

9
- A 母亲已经老了，但她以前讲过的故事，至今仍在我心中。
- B 为了记录这个村庄的原生态生活，黑明付出了八年的努力。
- C 不管你地位高低，财富贫贱，与生活的谈判将链接你生活的所有。
- D 家族制的私营企业与现代所要求的科学决策、严格管理是格格不入。

10
- A 去年上海市有10户居民联名状告住地附近的高层住户，原因这些高楼大厦外围装饰的玻璃幕墙大面积强烈反光。
- B 学校能否形成良好的、有促进功能的校园文化，学习者能否真正适应并融入它，这对教学活动的有效开展起着重要作用。
- C 疫苗的研制是工程浩大的项目，耗时数年的潜心研究不可或缺，而且绝不是一个人的战斗，而是一场指向整个人类的战斗。
- D 植物营养学就是研究如何通过施肥等措施提高作物产量、改善农产品品质的，因此植物营养不仅对粮食质量安全，而且对粮食数量安全至关重要。

7 단어의 중첩

중국어의 특징 중 하나는 바로 중첩이다.
단어를 중첩하면 의미도 변하고 용법도 변하며,
품사에 따라서 중첩의 형태도 다르다.
新HSK에서 자주 등장하는 어휘의 중첩에 대해
확실하게 짚고 넘어가자.

기본 지식 TEST

예제 다음 문장에서 중첩이 사용된 문장이 왜 틀렸는지를 생각해보자.

A 她告诉孩子："妈妈要让你们热热腾腾地成长。"
B 实现现代化，不必以牺牲传统文化为代价。
C 一个微笑可能随时帮你展开一段终生的情谊。
D 人生就像一盒手榴弹，你永远不知道会拿到哪一颗。

자기의견 메모하기

핵심콕콕 문제 풀이

풀이 형용사의 기본적인 중첩 형태는 AABB이나, 생동적인 묘사의 의미를 지닌 형용사의 중첩형태는 ABB이다. 그러므로 A에서 热热腾腾을 热腾腾으로 고쳐야 한다.

정답 A

해석
A 그녀는 아이들에게 "엄마가 너희를 무럭무럭 잘 키울게."라고 말했다.
B 현대화를 실현하는 데 있어서 전통문화를 희생하는 것을 대가로 치를 필요는 없다.
C 미소는 어느 때건 당신이 평생의 정을 나눌 수 있게 돕는다.
D 인생은 수류탄 한 상자와 같아서, 당신은 어느 것(수류탄)을 선택하게 될지 영원히 모른다.

핵심 체크 POINT

다음 어휘의 중첩에 대한 문제 풀이 키워드를 읽고 이미 알고 있는 내용을 골라 빈칸에 표시를 해보자.

☐ **Point 1** 명사, 동사, 형용사별로 중첩되는 형태를 모두 알고 있는가?
☐ **Point 2** 중첩된 단음절 명사는 관형어로 사용되는가?
☐ **Point 3** 동사를 중첩할 수 없는 경우는 어떤 경우인가?
☐ **Point 4** 중첩된 형용사는 정도부사의 수식을 받을 수 있는가?

문제 해결 POINT

POINT 1   명사, 동사, 형용사의 중첩형태에 주의해야 한다.

중국어에서는 명사, 동사, 형용사를 중첩하여 사용할 수 있는데, 품사마다 중첩 방법도 다르고, 중첩 후에는 의미상에서도 조금씩 차이가 생긴다.

1. 명사의 중첩

명사는 일반적으로 중첩하지 않지만, 일부 명사는 중첩이 가능하며, 중첩 후 의미에 변화가 생긴다.

	중첩 형식	의미	예
일반명사	AA	전체, 모든 것, 하나하나	天天　年年　人人　家家　月月　岁岁
	AABB	전부	家家户户　日日夜夜　世世代代　老老少少 男男女女　时时刻刻
방위사	AABB	전부	上上下下　里里外外　方方面面　前前后后

2. 동사의 중첩

동사를 중첩하면 가볍게 시도해보는 의미를 나타내며, 아직 발생하지 않은 상태와 이미 완료된 상태 두 가지로 표현할 수 있다.

	중첩 형식	의미	예
단음절 동사	AA / A一A	아직 발생하지 않았음	看看 / 看一看
	A了A	이미 발생했음	试了试 / 擦了擦
이음절 동사	ABAB	아직 발생하지 않았음	调整调整 / 清理清理
	AB了AB	이미 발생했음	整理了整理 / 复习了复习
이합동사	AAB	아직 발생하지 않았음	谈谈话 / 握握手
	A了AB	이미 발생했음	聊了聊天 / 握了握手

3. 형용사의 중첩

형용사를 중첩하면 일반적으로 의미의 강도, 정도가 세진다. 형용사는 단음절 형용사, 이음절 형용사, 부정적 의미의 형용사, 묘사성 형용사에 따라 중첩 방식에 차이가 있다.

	중첩 형식	형용사 특징과 의미	예
단음절	AA	일반 형용사, 강조	大大　　高高　　红红
이음절	AABB	일반 형용사, 강조	干干净净　明明白白　整整齐齐
	ABAB	묘사성 형용사, 강조	雪白雪白　碧绿碧绿　笔直笔直
	ABB	생동감 표현	胖乎乎　　红彤彤　　绿油油
	A里AB	부정적 의미	糊里糊涂　邋里邋遢　慌里慌张

바로 확인 EXERCISE   P23

1
- A 沉默比话语更接近本质，美比权力更有价值。
- B 近年，中美关系日益成为左右世界形势变化的主轴。
- C 我还不知道他的名字呢，你倒是给我介绍介绍一下他啊。
- D 科学技术进步是世界经济发展和人类历史进步的主要动力。

2
- A 外表美的缺陷可以用内心美来弥补，而心灵的卑劣却不是外表美可以抵消的。
- B 大智者必谦和，大善者必宽容。唯有小智者才咄咄逼人，小善者才斤斤计较。
- C 当代都市充满了各种诱惑，而最大的诱惑来自金钱和情感，人人往往渴望同时拥有二者。
- D 10多年来，各地驻京办在北京购置了房产。由于房价飙升，驻京办固定资产都水涨船高。

POINT 2   중첩된 단음절 명사는 주어와 부사어로 쓰이며 관형어로는 쓸 수 없다.

명사의 중첩에서 주의할 사항은 용법이다. 명사를 중첩한 이후에는 문장 속에서의 역할인 문장성분에 특히 유의해야 한다.

1. 단음절 명사의 중첩

중첩된 단음절 명사는 주어와 부사어로 쓰이지만 관형어로는 쓸 수 없다. 명사, 방위사, 양사를 중첩한 경우에는 조사 的와 地를 쓰지 않는다.

他年年都要回国。	그는 해마다 귀국하고 싶어한다.
我天天的生活很忙碌。(×)	
→ 我每天的生活很忙碌。(○)	나는 매일 바쁜 생활을 하고 있다.
年年的业绩不断的好转。(×)	
→ 每年的业绩不断的好转。(○)	매년 실적이 계속해서 호전되고 있다.

2. 수사와 수량사의 중첩

수사와 수량사의 중첩은 조사 的와 地를 써서 관형어와 부사어로 쓸 수 있다.

千千万万的星星亮在漆黑的天上。	수천 개의 별이 칠흑같이 어두운 하늘에서 빛나고 있다.
下课后同学们两两三三地到食堂了。	수업이 끝난 후 학생들은 삼삼오오 식당으로 갔다.

바로 확인 EXERCISE   P23

1
  A 这次会议是在国际经济逐步从危机中复苏的背景下召开的。
  B 有巨大优越感的人，必定也有包容万物、宽待众生的胸怀。
  C 具有思想性、艺术性、观赏性的好电影，人人是真诚欢迎的。
  D 有的人先思考后说话或行动，有的人则先说话或行动而后才思考。

| POINT 3 | 보어와 연결된 동사와 관형어로 쓰인 동사는 중첩할 수 없다. |

동사를 중첩할 수 없는 경우를 잘 기억해두어야 한다.

1. 동사의 종류에 따라

羡慕 / 开始 / 像 등 심리적인 활동이나 존재, 판단, 소유를 나타내는 동사는 중첩해선 안 된다.

我们羡慕羡慕他的好运气。(×)
→ 我们很羡慕他的好运气。(○)　　　　우리는 그의 행운이 매우 부럽다.

2. 동사의 상태에 따라

진행 중인 동작은 중첩해선 안 된다.

正在看看漫画、在复习复习呢、听一听音乐呢。(×)
→ 正在看漫画、在复习呢、听音乐呢。(○)　　만화도 보고 복습도 하면서 음악도 듣는 중이다.

3. 동사의 진행 상태에 따라

동시에 진행 중인 동작은 중첩해선 안 된다.

小张一边听听音乐，一边看看漫画。(×)
→ 小张一边听音乐，一边看漫画。(○)　　샤오 장은 음악을 들으며 만화를 보고 있다.

4. 동사의 역할에 따라

동사가 관형어로 중첩해선 안 된다.

你看的那本漫画是我最喜欢喜欢的。(×)
→ 你看的那本漫画是我最喜欢的。(○)　　네가 보고 있는 그 만화책은 내가 제일 좋아하는 것이다.

5. 보어의 유무에 따라

동사 뒤에 보어가 있을 때 중첩해선 안 된다.

先研究研究一下再决定吧。(×)
→ 先研究一下再决定吧。(○)　　일단 좀 생각해보고 결정하자.

6. 동작 동사의 종류에 따라

단시간 내에 완성할 수 없는 동작이나 일정한 시간이 걸려야 완성되는 동작 동사는 중첩할 수 없다.

我们听听了一场音乐会。(×)
→ 我们听了一场音乐会。(○)　　　　　우리는 음악회에 참석했다.

7. 了의 위치

동태조사 了는 중첩된 동사 뒤에 놓을 수 없고, 중첩된 동사 사이에 놓아야 한다.

她擦擦了桌子上的灰尘。(×)
→ 她擦了擦桌子上的灰尘。(○)　　　　그녀는 탁자 위의 먼지를 닦았다.

8. 목적어의 상태에 따라

목적어가 분명하지 않을 때 중첩해선 안 된다.

请你看一看一本书。(×)
→ 请你看一看这本书。(○)　　　　　　이 책을 한번 보십시오.

바로 확인 EXERCISE　　P23

1
A 维生素和矿物质等营养素，彼此关系密切。
B 我的看法是，社会应该应该重视企业家的下岗问题。
C 随着经济复苏日益加快，全球金融稳定面临的风险已减弱。
D 人生就像是弈棋，一步失误，全盘皆输，这真是令人悲哀之事。

2
A 大魄力，人情味，二者兼备是难得的。
B 生活中有些事情，真得让自己等等一会。
C 政府需要进一步规范突发事件信息公开。
D 礼貌是后天造就的好脾气，它弥补了天性之不足。

POINT 4   중첩된 형용사는 정도부사 很 / 特别 / 非常 / 挺 등의 수식을 받을 수 없다.

형용사를 중첩할 때 의미상, 형식상 주의해야 할 점들이 있다.

1. 중첩된 형용사와 정도부사

중첩된 형용사는 정도부사의 수식을 받을 수 없다.

这只小狗太胖乎乎的。(×)
→ 这只小狗胖乎乎的。(○)
이 강아지는 너무 토실토실하다.

这位小姐的皮肤特别雪白雪白的。(×)
→ 这位小姐的皮肤雪白雪白的。(○)
이 아가씨의 피부는 정말 백옥같이 하얗다.

这是我们公司出的产品中很高级的模型。(×)
→ 这是我们公司出的产品中(最)高级的模型。(○)
이것은 우리 회사에서 생산한 것 중 (최)고급 모델이다.

他真高高兴兴地参加我开的晚会了。(×)
→ 他高高兴兴地参加我开的晚会了。(○)
그는 신이 나서 내가 연 파티에 참석했다.

2. 중첩 형용사와 的 / 地

중첩된 형용사가 관형어나 술어로 쓰일 때는 的를, 부사어로 쓰일 때는 地를 붙여야 한다. 특히 중첩된 형용사가 술어로 쓰일 경우 뒤에 的가 붙는데, 특별히 중첩 형용사 강조구문이라고 부르기도 하며, 是…的 강조구문과 혼용하여 문제를 출제하기도 한다.

这件红红的裙子是哪位的?
이 붉은 치마는 어느 분 것인가요?

两个孩子安安静静地坐在那里。
아이 두 명이 그곳에 조용히 앉아 있다.

房间是打扫得干干净净的。(×)
→房间打扫得干干净净的。(○)
방을 깨끗하게 청소했다.

他很用功学习, 轻轻松松考了期中考试。(×)
→ 他很用功学习, 轻轻松松地考了期中考试。(○)
그는 열심히 공부해서, 중간고사를 가뿐하게 치렀다.

教室里亮亮快快, 快进来吧。(×)
→ 教室里亮亮快快的, 快进来吧。(○)
교실 안이 정말 시원해, 빨리 들어와.

外边风很冷，我的脸通红通红。(×)
→ 外边风很冷，我的脸通红通红的。(○)
밖에 바람이 너무 차서, 내 얼굴이 새빨개졌다.

바로 확인 EXERCISE   P 23~24

1
A 那些离别和失望的伤痛，已经发不出声音来了。
B 钙是中国居民缺乏的严重程度排名第一的营养素。
C 总是需要一些温暖，哪怕是一点点自以为是的纪念。
D 早上起来后，一排排车辆上真雪白雪白的，漂亮极了。

2
A 如果有过幸福，幸福只是瞬间的片断，一小段一小段。
B 容易伤害别人和自己的，总是对距离的边缘模糊不清的人。
C 那种追求独善其身、甚至唯我独尊的旧思维注定没有前途。
D 四年里，老人每天都把校园的角角落落打扫得干干净净极了。

실전 문제 EXERCISE

1. A 各人都有他的个性魅力，最重要的，就是认识自己的个性，而加以发展。
   B 国务院决定于4月21日举行全国哀悼活动，全国和驻外使领馆下半旗志哀。
   C 虽然现在，我说自己不在创作状态，但是天天发生的事情，还是给我震撼。
   D 人的一生，不论是工作还是生活都不会一帆风顺的，总会碰到各种挫折和困难。

2. A 战国时期兼并战争比春秋时更为激烈和频繁，规模也更大。
   B 寸金难买寸光阴，在大好的时光里，我们一分一秒也不能浪费。
   C 在访谈中，金志国认为做一个"奥运公民"是我们人人的责任。
   D 就死后的名声而言，唯一的盾牌，就是廉洁的行为和真挚的感情。

3. A 我们不必羡慕他人的才能，也不必悲叹自己的平庸。
   B 一个不成熟的男人是为了某种高尚的事业英勇地献身。
   C 教师职业真正成为令人羡慕羡慕的职业还有很大的差距。
   D 营养是反映一个国家经济水平和人民生活质量的重要指标。

4. A 会议将讨论如何巩固和推进经济复苏和改革国际货币基金组织职能等问题。
   B 午后，冬阳也潇洒，望着窗外天蓝云白，受不了诱惑背上相机出去散步散步。
   C 发展问题当然也很迫切，但"发展"前面必须加上"科学"和"可持续"两个词。
   D 一个被娇惯的孩子不会感到悲哀，他只是觉得厌烦，就像一个国王，就像一只狗。

5. A 垃圾减量、垃圾分类工作受到社会各界的广泛关注。
   B 这种谦虚的背后，八成隐藏了强烈的虚荣心和功名心。
   C 如果大家真的觉得上当受骗，可以可以试试人民网强国论坛。
   D 大骄傲往往谦逊平和，只有小骄傲才露出一副不可一世的傲慢脸相。

6
A 各地政府以贯彻突发事件应对法为契机，开展多种形式的应急培训。
B 大家很关心地问小张家里的情况，小张哭一哭着说了他家乡发生的事。
C 对于人生种种不可躲避的灾祸和不可改变的苦难，除了忍，别无他法。
D 对突发事件应当以预防为主，但现实却往往相反，社会普遍缺乏忧患意识。

7
A 人生像攀登一座山，而找山寻路，却是一种学习的过程。
B 我大概是一只鸟。充满了警觉，不容易停留。所以一直在飞。
C 我近来有时头忽然发昏，刹那间觉得天旋地转，躺躺一下就好了。
D 只有达到它们之间的均衡，其作用才能充分发挥，人体才可能健康。

8
A 令自己的日子过得更有滋有味。
B 今天的爱情虽不纯粹但也动人。
C 我相信，骄傲是和才能成正比的。
D 她现在准备准备的是大学入学考试。

9
A 我的世界是寂静无声的，容纳不下别人。
B 减肥没有灵丹妙药，也是不轻轻松松的事。
C 就人性来说，唯一的向导，就是人的良心。
D 人们一直以为地球上的水、空气是无穷无尽的。

10
A 我们应当在这过程中，学习笃定，冷静，学习如何从慌乱中找到生机。
B 清晨，假如你漫步在芦沟桥畔，河水很清清，你会有一种天上人间的感觉。
C 切莫轻信过度谦虚的人，尤其对方摆出讽刺他自己的态度时，更不能骤然相信。
D 中国国务院副总理李克强的特别致辞再次表明中国对世界经济发展采取了负责任态度。

8

在 전치사구의 다양한 용법

전치사는 다양한 용법을 갖고 있어
新HSK 어법 문제에서 자주 다뤄진다.
전치사 중에서도 在는 전치사 이외에
부사나 동사 등의 다른 품사로도 쓰일 뿐만 아니라
다양한 형태의 고정격식과 의미를 갖고 있어서
특히 주의해야 한다.

기본 지식 TEST

예제 다음 문장에서 在 전치사구가 쓰인 부분이 왜 틀렸는지를 생각해보자.

A 从生理结构上看，女性的胃容量要比男性少1/3，吃得少，容易饿。

B 十年前，因为歧视中国游客，国外酒店开辟"特定区域"给中国游客单独使用。

C 当我们研究历史现象问题时，要站在历史的角度下，通过古人的文献来认识看待问题。

D 研究发现，情绪压抑时，身体会产生某些生物活性成分，导致胃溃疡等病痛。

자기의견 메모하기

핵심콕콕 문제 풀이

풀이 C에서 角度는 방위사 上과 호응하는 단어이며, 在…的角度上은 '~의 시각에서'라는 의미의 고정격식이다. 그러므로 在历史的角度下를 在历史的角度上으로 고쳐야 한다. 어휘에 따라 在와 함께 쓰는 방위사가 달라지므로, 고정적으로 함께 쓰는 방위사에 주의해야 한다. **정답 C**

해석
A 생리구조로 볼 때 여성의 위 용량은 남성보다 3분의 1이 적어, 먹는 양도 적고 쉽게 배가 고파진다.
B 10년 전 중국 여행객에 대한 차별 때문에 외국 호텔에서는 '특별구역'을 만들어 중국 여행객들이 단독으로 사용하게 했다.
C 우리가 역사현상문제를 연구할 때 역사적인 각도에서 옛 문헌을 통하여 문제를 인식하고 접근해야 한다.
D 연구에 따르면 감정이 억눌릴 때 신체는 모종의 생물활성 물질을 생성하여 위궤양 등의 질환을 유발한다.

핵심 체크 POINT

다음 전치사구에 대한 문제 풀이 키워드를 읽고 이미 알고 있는 내용을 골라 빈칸에 표시를 해보자.

☐ **Point 1** 전치사 在와 방위사의 관계를 알고 있는가?
☐ **Point 2** 전치사 在와 방위사 사이에 오는 단어들의 특징을 알고 있는가?
☐ **Point 3** 在 전치사구의 고정격식으로 어떤 것들이 있는가?
☐ **Point 4** 在 전치사구는 보어로 쓰일 수 있는가?
☐ **Point 5** 在와 从의 차이점을 아는가?

문제 해결 POINT

POINT 1 전치사 在는 방위사들과 함께 쓰이며, 방위사 별로 다양한 의미를 표현한다.

전치사 在는 방위사들과 함께 구를 이루어 술어를 수식하는 부사어나 술어의 뒤에서 보어로 사용된다. 또한 뒤에 호응하는 방위사에 따라 다양한 의미를 표현한다. 新HSK에서는 在나 방위사들이 빠진 형식의 문제를 자주 출제하므로 문장에서 전치사 在를 발견하면 방위사 上 / 中 / 下 / 里 등이 빠졌는지를 확인하고, 반대로 문장 속에서 방위사들을 발견했다면 전치사 在를 써야 하는 문장인지를 확인한다.

1. 在…上

1) 추상명사와 결합하여 영역, 측면을 나타낸다.

这个现象透露出我们在文化自信上的进步。
이 현상은 문화 자신감에서 우리가 진보했음을 보여준다.

房价在现有基础上再跌一半是合理的。
부동산 가격은 현재의 수준에서 50% 더 내리는 것이 합리적이다.

2) 범위를 나타낸다.
→ 书上 / 报上 / 世界上 / 大会上 / 课堂上

在庆祝大会上，我们班班长代表全体学生发言。
경축 대회에서 우리 반 반장은 전 학생을 대표하여 발언했다.

学生们应在课堂上充分调动其求知欲。
학생들은 교실에서 향학열을 충분히 불태워야 한다.

2. 在…中

1) 시간을 나타낸다.

我在这个假期中又成长了。   나는 이번 방학기간에 더 성장했다.
有什么办法在两个月中瘦下来?   두 달 동안 살을 뺄 방법이 뭐가 있을까?

2) 상태를 나타낸다.

受伤的妹妹还在昏迷中。   부상당한 여동생은 아직 무의식 상태다.
中秋答谢会在欢乐中结束。   중추사은회가 즐거운 분위기 속에서 막을 내렸다.

3) 동작의 과정, 진행 중인 상태를 표시한다.

在讨论中发现了一些新问题。   토론 과정 중에 새로운 문제를 발견했다.
我们在准备的过程中享受了快乐!   우리는 준비하는 과정에서 즐거움을 느꼈다!

3. 在…下

전제조건을 나타낸다.
→ 在这样的情况下 / 在他的帮助下

减肥一定要在健康的前提下进行。
다이어트는 건강이라는 전제하에 해야 한다.

我们认为，越是在这样的情况下越要加强宣传活动。
우리는 이러한 상황일수록 홍보 활동을 강화해야 한다.

4. 在 + 장소 + 里(内)

장소의 안에 있음을 표시한다.

我们在教室里学习汉语。　　　　　　　　　　우리는 교실에서 중국어를 공부한다.
在海洋里有很多鱼种。　　　　　　　　　　　바다에는 많은 어종이 있다.

바로 확인 EXERCISE   P 26

1
A 与国外拥有细致周到的客户服务和成熟的市场竞争经验的银行相比，国内银行尚待进一步完善。
B "一山不容二虎"，它表明有限的生存环境条件中，不可能供养许多位于能量金字塔顶端的老虎。
C 近日，日本专家研究认为，唠叨、撒娇、哭泣和吃零食这4个女性特有的"习惯"，对维护女性健康起着意想不到的作用。
D 经历过高中时代的人大都清楚地知道，无论是重点学校，还是普通学校，一堂课上只有两三个同学打盹当是极其罕见的状况。

2
A 上海人是否能穿着睡衣上街？随着世博的到来，这一话题越来越引起争议。
B 金教授历时二十余载，独创排毒转阴法，在攻克乙肝、肝硬化取得突破性进展。
C 韩国的"80后"投入很多精力来提升自身素质，但韩国劳动力市场对这代人却很"吝啬"。
D 《阿凡达》看上去无疑是尊重纳威人的，自始至终，主人公都在帮助他们为尊严、自由和权益而战。

POINT 2 　방위사별로 함께 쓰이는 단어의 특징을 기억해두고, 자주 쓰이는 단어도 기억해둔다.

在 전치사구는 함께 쓰이는 방위사와 在의 뒤에 오는 명사가 서로 고정적으로 사용되는 경우가 있다. 방위사를 중심으로 함께 쓰이는 어휘의 특성을 잘 기억해두어야 한다.

1. 在 + 일반 명사 / 추상 명사 / 명사구 / 동사 + 上

분야·조건·범위·방향 등을 표시하며, 종종 基础 / 历史 / 工作 / 学习 / (这件)事 등의 단어와 함께 쓰인다.

在拼音的基础上，我开始学汉语。 → 조건
병음을 토대로 중국어를 배우기 시작했다.

我把书放在桌子上。 → 장소 범위
나는 책을 책상 위에 놓았다.

他在学习上很努力。 → 분야
그는 공부를 열심히 한다.

2. 在 + 명사 / 수식어를 수반하는 명사 / 동사 / 동사성 어구 + 中

동작의 발생 및 진행 과정, 상태가 존재하고 있는 범위(가운데), 시간을 표시한다.

在我们班的同学，她最努力。 → 존재 범위(가운데, ~ 중에)
우리 반 학생들 중에 그녀가 가장 열심히 한다.

在学习中，我们遇到过很多困难。 → 동작이 진행되는 과정 중
공부할 때 우리는 많은 어려움에 부딪힌다.

孩子们是在不知不觉中模仿自己的父母的。 → 동작이 발생되는 과정 중
아이들은 자기도 모르게 부모를 따라한다.

3. 在 + 주로 수식어를 수반하는 두 글자 동사 / 명사 + 下

전제 조건과 상황 또는 장소를 뜻하는 어휘와 함께 쓰이며, 특히 추상명사 가운데 …的帮助 / …的指导 / …的指点 / …的护送 등의 표현이 자주 쓰인다.

我在楼下等你。 → 장소
아래에서 기다릴게.

在老师和同学的帮助下，我进步得很快。 → 조건과 상황
나는 선생님과 친구들의 도움으로 빠르게 실력이 늘었다.

在同学们的护送下，我来到医院。 → 조건과 상황
나는 친구들의 후송으로 병원에 왔다.

在艰苦的条件下，她仍然努力学习。 → 조건과 상황
그녀는 어려운 여건에서도 열심히 공부한다.

他在各位高手的指点下学会武术了。 → 조건
그는 여러 고수들의 가르침 아래 무술을 배워서 할 수 있게 되었다.

学生们在孔老师的指导下参加了这次比赛。→ 조건
학생들은 쿵 선생님의 지도 아래 이번 대회에 참가했다.

바로 확인 EXERCISE   P 26~27

1
- A 她穿着合身的套装，好像在哪本时装杂志上看见过。
- B 就在敌兵经过他面前的一刹那，他做出了一个惊人之举。
- C 尽量少吃猪油，猪油含热量太高，让人发胖，一胖百病生。
- D 安贞焕是韩国人的心目上的英雄，但现在面临无球可踢的窘境。

2
- A 在什么情况中用人单位可以当即解除劳动合同？
- B 在中国待了一年后，我回到美国重新走上了讲台。
- C 午饭过后是午休，这是中国人生活中雷打不动的事。
- D 最后离目标也许会差那么一点点，但一定不要丢掉信心。

3
- A 如何保障口罩的清洁？为此专家提醒，戴过的口罩应该每日清洗，并尽量在阳光中暴晒。
- B 贫国和富国的孩子在体育活动时间上并没有很大的差别，在贫穷国家长大的孩子并不一定会参加更多的体育活动。
- C 在日本，一些主妇沉迷于网络游戏中，很多人每天不在做饭，一律叫外卖应付，上学的孩子也被打发到快餐店里解决。
- D 世界范围内出现的青少年健康问题，不仅与孩子们缺乏健康知识、缺少自我约束有关，也同家庭和社会环境有很大的关系。

POINT 3 在 전치사구의 고정격식처럼 쓰이는 구문을 기억해두자.

숙어처럼 외워두어야 할 고정격식들이다.

1. 在 + 사람을 가리키는 명사(인칭대사) + 看来

어떤 관점이나 태도를 가지고 있는 사람의 생각을 소개할 때 사용하는 표현으로, 在…看来에 나오는 사람이 가지고 있는 사물이나 상태에 대한 주관적인 판단을 표시한다.

这件事情的发生，在我们看来不是偶然的。	우리가 보기에 이 일은 우연히 발생한 것이 아니다.
在很多人看来，吸烟并不是坏事。	많은 사람들 눈에 흡연은 나쁜 일이 아니다.
在医生看来，吸烟对身体的害处很大。	의사는 흡연이 몸에 끼치는 해가 크다고 생각한다.

2. 在…的帮助下 / 在…的情况下

每天在保姆的帮助下他出门散步。	보모의 도움으로 그는 매일 나와서 산책을 한다.
1+1在什么情况下等于3？	1＋1이 어떤 상황에서 3이 될 수 있을까?

3. 在…基础上 / 在…角度上

我赞成在理解的基础上发展爱情。	나는 이해라는 토대 위에 사랑이 발전한다는 데 동의한다.
怎么样才可以站在别人角度上为别人着想？	어떻게 해야 타인의 입장에 서서 타인을 위해 생각할 수 있을까?

4. 在…实践中 / 在…过程中

新情况新问题在实践中解决。	새로운 상황과 문제는 실천하면서 해결된다.
儿童成长过程中还需要鼓励和责任。	어린이는 성장하는 과정에서 격려와 책임이 필요하다.

바로 확인 EXERCISE P27

1
- A 在中国，孩子往往有着宏伟的理想，不这样说就会被大人或老师小小的批评一下。
- B 如今，高血压、肥胖、糖尿病和血脂异常等成人病，越来越多地出现在孩子们身上。
- C 在猛烈而又快速的电子舞曲中，只有沉重强烈的节奏在脑上轰鸣，才能把人们的情绪托得居高不下。
- D 养成健康的生活方式，不让孩子们成为"沙发土豆"，这需要家长、学校和社会共同努力。

POINT 4 在 전치사구의 보어 용법을 반드시 기억해두자.

在 전치사구는 문장 속에서 결과보어로 쓸 수 있다. 단, 전치사 在 뒤에 오는 명사는 사물을 가리키는 명사가 아니라 장소에 관련된 명사여야 한다는 점에 유의해야 한다. 시험에서는 주로 보어를 생략하거나 혼동하기 쉬운 다른 보어를 사용한 문제들이 출제된다.

1. 전치사구의 보어 용법

他躺在床上。 　　　　　　　　　　그는 침대 위에 누워 있다.

你住在哪儿? 　　　　　　　　　　너는 어디 사니?

我们把大学生就业放在首位。 　　　우리는 대학생 취업을 가장 중요한 것으로 생각한다.

바로 확인 EXERCISE　P27

1
- A 他每天下班后都坚持坐在电视机面前学习外语。
- B 我活了四十多年，没有做过什么伤天害理的事情。
- C 我们的出生没有什么了不起，但我们的死亡早已开始。
- D 阳光照在洁白的病床上，我轻轻地梳理着她灰白的头发。

2
- A 市里有一个餐厅最豪华，去那里吃饭只需300元就行。
- B 我的泪，再也忍不住，一滴又一滴地落到母亲的头发上。
- C 我坐轮椅竟已坐到了第33个年头，用过的轮椅也近两位数了。
- D 每年12月晚8时半左右，水委星出现正南地平线上不高的夜空中。

3
- A 在父亲的言传身教下，他和6个哥哥一样，书都读得很好。
- B 我们生活在一个知识至上的社会，赶上广告大行其道的年代。
- C 中国学生十分渴望这些东西，他们确实想得到这美好的一切。
- D 物流业是近年我国发展最快的领域之一，但物流信息化尚处起步阶段。

| POINT 5 | 在처럼 방위사와 함께 구를 이루는 从의 용법에 주의한다. |

전치사 从은 在처럼 방위사와 함께 구를 이루기 때문에 新HSK에서 종종 두 전치사를 혼용하여 문제를 출제한다. 그러므로 그 용법과 의미를 정확하게 구별해야 한다.

1. 전치사 从의 용법

从은 동작이 행해지는 방향을 나타내는 전치사로, 출발점·기점을 표시한다. 从의 뒤에는 주로 시간·방위·장소 등을 표시하는 어휘가 오며, 추상명사나 일반 명사와 함께 쓰여 근거를 나타내기도 한다.

从今天开始进入金融业。
오늘부터 금융업에 진출한다.

从很小都认识苹果电脑了。
어려서부터 애플 컴퓨터를 알았다.

从北路出发，乘坐743路，到北石路下车。
베이루에서 출발해서 743번을 타고 베이스루에서 내린다.

从入门到精通，java初学者实践系列教程上市了。
입문부터 전문과정까지 자바 초급자를 위한 실전 시리즈 교정이 출시되었다.

바로 확인 EXERCISE   P 27~28

1
- A 如今，各国的许多中小学生学业压力大，对身体也形成较大的压力。
- B 沈阳市公安局长发现一少年从一男青年掩护下，正扒窃一女青年的衣兜。
- C "沙发土豆"一词，最早源于美国，是指那些长时间呆在沙发上守着电视的人。
- D 最近，超过半数的英国青少年承认自己的绝大多数家庭时间多花费在了电视机上。

2
- A 在他们人生第一次体味这种感情的时候，容易想入非非。
- B 一个在40岁还没有出名的人，应该抛弃任何获得荣誉的幻想。
- C 从母亲住进医院的那一刻起，我就后悔自己当初选择的职业了。
- D 灾难片使人对未知世界的感觉欲望从假定性的艺术世界中得以实现。

실전 문제 EXERCISE

1
- A 在一些傣族村寨，凡是已婚妇女都会把家中的钥匙挂在腰带，而没挂钥匙的则大多是少女。
- B 菲律宾有句谚语，叫"不从历史中学习，就无法完成新的跨越"。这和中国成语"温故而知新"有异曲同工之妙。
- C 全球绝大部分财富集中在北美、欧洲和一些富裕亚太国家如日本和澳大利亚，这些国家占有世界90%的财富。
- D 哥伦比亚是拉美地区经济发展较好的国家，其较快的经济增长速度为哥伦比亚教育事业的发展提供了有利的保障。

2
- A 门外两个列车员也忙活了半天，才将门打开。
- B 企业必须更多地高瞻远瞩在市场和资本方面。
- C 他躺下了，将一只黑色的提包紧紧地搂在胸前。
- D 他拿出一个红红的苹果，削得很干净，递给了我。

3
- A 超过60%的女孩子减肥是为了漂亮，只有10%关注健康。
- B 近年来，埃及等国加大力度追回流失文物，取得显著成果。
- C 据了解，最近发生北京的房地产法律纠纷中，许多业主败诉。
- D 在一些美国社会学者看来，枪支问题甚至反映了美国的文化弊端。

4
- A 他翻过身，有泪水细细地从眼角渗出来。
- B 在一次车祸他的腿受了伤，从此生活不能自理。
- C 节食减肥通常只吃素食，有的甚至只吃蔬菜或水果。
- D 大学时代，我在学校小有名气，时常受到电视台的邀请。

5
- A 他数过，从宿舍到教室是524步，从教室到图书馆是303步。
- B 我在一间小屋中准备好表演的道具之后，人们进来观看表演。
- C 叶先生在身体不舒服的情况，坚持为于先生的书写完了序言。
- D 他是一个没有上过高中的乡下人，学识上的自卑使他敬畏一切人。

실전 문제

6
- A 在21世纪的住宅里，当我们将手放在门把手，上面的监视器立即会将我们的指纹信息记录下来。
- B 众多走在人生十字路口的青春期孩子，与处在转型期的经济、社会环境不期而遇，迷惘叠加、诱惑倍增。
- C 研究显示，爱撒娇的女性血液中激素含量远远高于不爱撒娇的人。她们性格温柔，待人和气，较少发生身心疾病。
- D 日本一项对5700名24岁以上的女性调查发现，半数以上的女性喜欢向丈夫或好友诉说内心的痛苦，她们的身体都很健康。

7
- A 一会儿他验完票回来了，我却满怀心思地出去了。
- B 一位司机没有把汽车停在停车场，很快就被警察发现了。
- C 从小本买卖做起，后来主要经营窗帘，现在生意做得很大。
- D 我艰难地中止了调换房间的计划，若无其事地回到了原来的铺位。

8
- A 一个朋友第一次从外州开车来纽约，一进城就开始手脚发抖。
- B 随着死亡标准的提高，必然要求有相应的诊断死亡的有效方法。
- C 川菜讲究色、香、味、形，在"味"字下功夫，以味的多、广、厚著称。
- D 有人认为，一个国家的国民在学习阶段把1/3以上的时间花在英语上，完全是一种虚耗。

9
- A 日本，诚信教育几乎贯穿人的一生，在家庭中父母经常教育孩子"不许撒谎"。
- B 在日本的电车和麦当劳快餐店内，抱着课本、埋头学习英语的现象更是日常生活。
- C 有人说，中国人的性格像茶，强调人与人相助相依，在友好和睦的气氛共同进步。
- D 节食减肥会使体力下降，运动量下降，营养素减少；长时间还会造成脑细胞死亡、头发脱落。

10
- A 她的生命进入倒计时阶段，她的癌细胞已扩散到整个胸部。
- B 母亲是何时出现在我办公室门口的，我竟然一点都不知道。
- C 当人们在这种大雾呼吸时，就易导致气管炎、肺炎甚至癌症。
- D 有一个女孩子急需眼角膜，恰巧医院里来了一位生命垂危的年轻人。

9 품사의 오용

품사는 크게 동사와 기타 품사로 나눌 수 있다. 동사는 이른 바 문장의 규칙과 제한을 구성하는 핵심요소이다. 일반적으로 시험에서 1~2문제가 다루어진다. 新HSK 시험에는 동사의 용법 제한이나 유사한 의미 또는 외형이 비슷한 어휘를 혼용한 문제 유형으로 출제된다.

기본 지식 TEST

예제   다음 문장에서 틀린 부분을 찾아보고 왜 틀렸는지를 생각해보자.

A 妻子状告丈夫犯重婚罪，而法庭经过初步调查发现，男子结第二次婚的对象竟然是他的亲妹妹。

B 世界卫生组织这份一年一度的报告，提供了儿童与成人的死亡率、疾病以及吸烟饮酒等健康风险因素增加的最新资料。

C 公民美德是社会公民个体在参与社会实践中，应具备的社会公共伦理品质或实际显示出的具有公共示范性意义的社会美德。

D 只有当劳动与兴趣、爱好乃至理想有机地结合在一起的时候，潜藏在每个人身上的想象力和创造力，才能够最大程度地发挥出来。

자기의견 메모하기

핵심콕콕 문제 풀이

풀이   A의 第二次 위치에 주의하자. 第二次는 행위동작의 순서를 나타내기 때문에 동사를 수식하는 부사어로 쓰인다. 따라서 이합동사인 结婚에서 명사인 婚 앞이 아니라 동사인 结 앞에 놓아야 한다. 즉, 结第二次婚을 第二次结婚으로 바꿔야 한다.

정답 A

해석   A 아내는 남편이 중혼(重婚)했다고 고소했는데, 법원은 1차 조사를 통해 남자가 두 번째 결혼을 한 대상이 뜻밖에도 그의 친여동생이었다는 사실을 알게 되었다.

B WHO가 올해 1분기에 발표한 보고서에는 아이와 성인의 사망률, 질병 및 흡연, 음주 등 건강 리스크 요인이 증가된 최신 자료가 제공되었다.

C 국민 미덕은 사회 구성원 개개인이 사회실천에 참여하는 가운데 마땅히 갖춰야 할 사회공공의 윤리자질 혹은 실제로 보여지는 공공시범적 의미가 있는 사회미덕이다.

D 노동과 흥미, 취미 내지는 이상이 유기적으로 결합될 때만이 모든 사람에게 잠재되어 있는 상상력과 창조력이 비로소 최대한으로 발휘될 수 있다.

핵심 체크 POINT

다음 품사의 오용에 대한 문제 풀이 키워드를 읽고 이미 알고 있는 내용을 골라 빈칸에 표시를 해보자.

☐ **Point 1**   介绍는 목적어를 갖는가?
☐ **Point 2**   이합동사에 따라 쓸 수 있는 전치사가 달라지는가?
☐ **Point 3**   각 품사들의 기본적인 용법이나 위치를 잘 알고 있는가?
☐ **Point 4**   다음 두 성어 가운데 보어로 쓸 수 있는 것은 무엇인가? 恰到好处(　) 恰如其分(　)

문제 해결 POINT

POINT 1　동사의 일반적인 용법과 특수한 동사의 용법에 주의한다.

동사의 용법 제한 오류는 주로 특수한 동사의 용법과 사용에 대한 규제이다. 특수한 동사란 예를 들어 感兴趣 / 禁不住 / 坐落 / 合作 / 介绍 / 见怪 / 意识 / 明白 등으로, 목적어를 전치사를 이용하여 빼내거나, 목적어를 취하지 않거나, 반드시 결과보어를 취해야 한다거나 하는 특징들이 있다.

1. 동사의 일반적인 용법

1) 동사는 목적어나 보어를 취할 수 있으며, 부사의 수식을 받을 수 있다.

　　我喜欢看书。　　　　　　　　　　　나는 독서를 좋아한다.
　　我刚毕业就出来找工作。　　　　　　나는 졸업하자 마자 직장을 구했다.

2) 동사가 목적어와 보어를 함께 취할 경우 수량보어, 결과보어, 동태조사 등의 위치에 주의해야 한다.

　① 주어 + 동사 + 결과보어 / 동태조사 + 목적어

　　今天上午下了一场大雨。　　　　　　오늘 오전에 한 차례 큰 비가 내렸다.
　　在中国我去过很多地方。　　　　　　중국에서 나는 많은 곳에 가보았다.
　　我听懂了老师讲的话。　　　　　　　나는 선생님의 말씀을 알아들었다.

　② 주어 + 동사 + 동태조사 + 목적어 + 동량보어

　　爸爸看了我一眼。　　　　　　　　　아빠가 나를 한 번 보았다.
　　我看过这本书两次。　　　　　　　　나는 이 책을 두 번 봤다.

　③ 주어 + 동사 + 목적어 + 동사 + 동태조사 + 시량보어
　　주어 + 동사 + 동태조사 + 목적어 + 시량보어

　　他学韩语学了三年。　　　　　　　　그는 한국어를 3년간 배웠다.
　　我等了他半天。　　　　　　　　　　나는 그를 한나절이나 기다렸다.

2. 용법에 주의해야 할 동사들

1) 意识(到)와 같이 목적어 앞에 보어(到)가 필요한 경우에 유의하자. 意识 외에 认识 / 预感 / 感觉 등도 해당된다.

　　我们应该认识到环境问题的严重性。　　우리는 환경 문제의 심각성을 알아야만 한다.
　　我真正意识到要靠自已的力量去捍卫自已神圣不可侵犯的尊严。
　　나는 자신의 힘으로 자신의 신성불가침한 존엄을 지켜야 한다는 사실을 깨달았다.

2) 목적어를 갖지 않고 전치사구를 이용하여 대상을 이끌어내는 동사에 주의한다. 落后는 뒤에 비교대상을 于로 이끌어내어 보어로 쓰며, 感兴趣는 전치사 对를 이용해 대상을 이끌어내고, 合作는 전치사 与 / 跟 등으로 대상을 이끌어낸다.

以前的生产品的质量落后于新产品。　　이전 생산품의 품질은 새로운 상품보다 떨어진다.

我们公司跟那个美国公司合作过。　　우리 회사는 그 미국 회사와 협력한 적이 있다.

其实我对那些东西没有感兴趣。　　사실 나는 그 물건들에 대해 흥미가 없다.

바로 확인 EXERCISE P 30~31

1
A 一个人的品质好，他就能团结人，别人就很容易合作他，这就等于增加了他的本事。
B 被污染的海域若想恢复原状，需要多长时间呢？即使不再投弃废弃物，最少需要100年以上。
C 环境专家试图用向湖里放鱼的方法治理湖水污染，因为这里的渔业资源已经到了竭泽而渔的地步。
D 为了全面推广利用菜籽饼或棉籽饼喂猪，加速发展养猪事业，这个县举办了三期饲养员技术培训班。

2
A 人的一生是短的，但如果卑劣地过这短的一生，就太长了。
B 人只有献身于社会，才能找出那短暂而有风险的生命的意义。
C 在纽约，不仅车子挤得头尾相连，驾车人更以粗暴无礼闻名。
D 我真心的希望你能立刻回祖国，不要在另一条道路上越走越远。

3
A 捧着那些衣物，她始终没有落下的泪，终于汹涌而出。
B 这就好比开车，光坐在车上看别人开，你永远也学不会。
C 我从后视镜里盯着忠彦，我预感这家伙有什么勾当要干。
D 在美国外州地区，驾车人之间保持距离互相礼让已成定例。

POINT 2 　이합동사가 정확히 쓰였는지를 확인한다.

이합동사는 '동사 + 목적어' 형태로 이루어진 단어를 가리킨다. 대표적인 이합동사로 见面 / 辞职 / 让座 / 谈话 / 落后 / 打招呼 / 结婚 등이 있다. 단어 자체가 '동사 + 목적어'로 이루어져 있기 때문에 동사 뒤에 나올 수 있는 목적어나 보어와 관련된 사항에 주의해야 한다. 이합동사의 기본적인 특징은 다음과 같다.

1. 분리되는 이합동사

이합동사는 분리가 가능한 동사로, 일반적으로 이합동사에 포함된 목적어 외에 다른 목적어를 갖지 않는다. 또 이합동사의 동사 부분과 목적어 부분 사이에는 동태조사나 수량보어 등이 올 수 있다.

我们见面了。
우리는 만났다.

我们见了两次面。
우리는 두 번 만났다.

2. 이합동사의 중간에 오는 성분들

동태조사와 수량보어 외에도 의문대사, 동량사, 시량사는 이합동사의 중간에 위치한다.

已经十二点了，还睡什么觉呢!
벌써 열두 시인데 무슨 잠을 아직까지 자고 있어!

这个星期我已经加三次班了。
이번 주에 나는 이미 야근을 세 차례 했다.

他出两天差，明天会回来的。
그는 이틀간 출장 갔다가 내일 돌아올 거예요.

3. 이합동사와 전치사의 결합

이합동사는 자체 목적어 외에 다른 목적어를 갖지 않기 때문에 따로 다른 목적어를 써야 할 경우 동작의 대상이 되는 목적어를 전치사로 이용하여 이합동사 앞에 표시한다. 그런데 모든 이합동사가 다 전치사를 사용하는 것은 아니므로 전치사를 쓰지 않는 이합동사를 주의해서 알아 두어야 한다.

1) 给 ⇒ 把关 / 帮忙 / 让路 / 算命 / 投稿…

相关部门给特种设备把关。
관련 부처에서는 특수 설비를 엄격히 심사했다.

我知道他极乐意给我帮忙。
나는 그가 진심으로 나를 도왔다는 것을 안다.

给别人让路，就是在给自己让路!
타인에 대한 양보가 곧 나에 대한 양보이다!

到现在，我不相信的就是给人算命。
지금까지도 나는 점술을 믿지 못한다.

给报纸投稿，首先研究报纸面版。
신문에 투고하려면 우선 신문의 지면을 연구해야 한다.

2) 跟(与) ⇒ 吵架 / 结婚 / 见面 / 聊天 / 谈心…

我在宿舍从来不跟同学吵架。
나는 이제껏 기숙사에서 친구들과 다툰 적이 없다.

其实跟自己喜欢的人结婚，是很幸福的事情。
사실 자신이 좋아하는 사람과 결혼하는 것은 매우 행복한 일이다.

跟老朋友见面感觉真好，好似回到从前，很舒服轻松的闲聊。
오랜 친구와 만나면 기분이 좋고, 마치 예전으로 돌아간 듯 편하게 얘기할 수 있다.

调查显示，中国高中生与父母聊天最少。
조사 결과, 중국의 고등학생들이 부모와의 대화 시간이 가장 적은 것으로 나타났다.

他养成了一个习惯，跟好朋友谈心的时候，总爱反思自己。
그는 친구들과 솔직한 얘기를 할 때, 항상 자신을 되돌아보는 좋은 습관을 길렀다.

3) 为(为了) ⇒ 操心 / 鼓掌 / 喝彩 / 加油 / 捐款…

父母总是为孩子操心，不管多大了。
부모는 자식이 몇 살이든 항상 자식을 위해 걱정한다.

他是位值得我为他鼓掌的人。
그는 충분히 내가 박수칠 만한 사람이다.

我愿意真心诚意地为我的员工喝彩。
저는 진심으로 우리 직원들에게 갈채를 보내고 싶습니다.

过去的就过去了，为了更美好的未来加油！
과거는 지나갔으니, 더욱 아름다운 미래를 위해 힘냅시다!

让我们一起为灾区人民捐款献点爱心吧！
재난민들을 위해 모금하고, 사랑을 실천합시다!

4) 向 ⇒ 报喜 / 道歉 / 道谢 / 发誓 / 取经…

她在夺得金牌后首次打电话向家人报喜。
그녀는 금메달을 획득한 후 먼저 가족들에게 전화를 걸어 기쁜 소식을 알렸다.

笔者向一直支持他的读者说声道歉。
필자는 줄곧 그를 아껴준 독자들에게 사과를 표했다.

这里我向家人发誓，我今后一定要努力学习，努力工作。
나는 이 자리에서 가족들에게 앞으로 열심히 공부하고 일할 것을 맹세하겠습니다.

为了管教这些调皮的学生，她去向本地老师取经。
장난끼 많은 학생들을 관리하기 위해, 그녀는 현지 교사에게 경험을 배우고자 찾아갔다.

5) 전치사를 쓰지 않는 이합동사 ⇒ 毕业 / 出差 / 点名 / 亏本 / 生气…

毕业는 전치사구를 부사어로 취하지 않고 보어로 취하며, 生气는 대상을 관형어로 취하여 목적어인 气의 앞에 놓는다는 점에 주의한다.

我曾经以优异的成绩毕业于清华大学。
나는 일찍이 우수한 성적으로 칭화대학교를 졸업했다.

下周我要到美国出差一周。
다음 주에 한 주 동안 미국 출장을 간다.

当老师点名时，学生应该回答"到"。
선생님이 출석을 부를 때, 학생들은 '네'라고 대답해야 한다.

虽然今年亏本，但我看明年一定会盈利。
올해는 적자를 보았지만, 내년에는 반드시 이익을 볼 것이다.

你这是生我的气吗?
너 지금 나한테 화내는 거야?

바로 확인 EXERCISE P31

1
A 创业的艰辛使我们连一次回国的机会都没有，算起来到今年年底已整整五年没见面他家人了。
B 美国的形象因伊拉克战争和全球金融危机而严重受损，奥巴马也是打着"重塑美国形象"的旗号上台的。
C 塑料购物袋国家强制性标准的实施，从源头上限制了塑料袋的生产，但要真正减少塑料袋污染，还需消费者从自身做起。
D 艾滋病(AIDS)是一种传染病，其病毒通过性接触或血液、母婴等途径传播，侵入人体后，使人体丧失对病原体的免疫能力。

2
A 当眼泪流下来，才知道，分开也是另一种明白。
B 认识自己，降伏自己，改变自己，才能改变别人。
C 许多人爬到了梯子的顶端，却发现梯子架错了墙。
D 家务活儿都她一个人做。无可奈何之下，她辞职了工作。

POINT 3 유사한 어휘이지만 품사가 다른 경우가 많으므로 정확한 품사의 단어가 쓰였는지 확인한다.

의미가 유사하거나 외형이 비슷한 어휘를 구별할 줄 알아야 한다. 주 대상은 부사, 전치사, 접속사, 명사, 특수 동사의 혼용이다.

1. 毕竟 / 究竟   [부] 결국, 필경, 어디까지나 / [부] 도대체

"孩子毕竟是孩子", 这是一个似是而非的命题。
'애는 어디까지나 애다'라는 말은 그럴듯해 보이는 명제다.

健康人究竟需要多少睡眠?
건강한 사람은 도대체 얼마 동안의 수면이 필요할까?

2. 不得了 / 了不得   [형] 정도가 심함 / [형] 대단하다, 훌륭하다

今天我心情好得不得了。
오늘 나는 기분이 매우 좋다.

一辈子做好一件事是很了不得的。
평생 한 가지 일을 잘하는 것은 대단한 일이다.

3. 不断 / 陆续   [동][부] 끊임없이, 계속해서 / [부] 끊임없이, 계속해서

现在, 游戏行业得到不断发展。
현재, 게임 산업이 끊임없이 발전하고 있다.

贵宾们陆续地走进了宴会厅。
귀빈들이 연이어 연회장에 입장했다.

4. 充分 / 充足   [형][부] 충분하다, 충분히, 십분 / [형] 충분하다, 충족하다

北京奥运会的火炬传递将充分体现"绿色奥运"的理念。
베이징 올림픽의 성화봉송은 '그린 올림픽'의 이념을 충분히 구현할 것이다.

目前粮食生产稳定发展, 国内粮食库存充足。
현재 식량 생산이 안정적으로 발전하여, 국내 식량 저장량이 충분하다.

5. 从而 / 然而   [접] 따라서, 그리하여 / [접] 그러나, 하지만

他们的产品物美价廉, 从而获得广大消费者的青睐。
그들의 제품은 품질이 우수하고 저렴하여, 많은 소비자들의 사랑을 받는다.

虽然经历不同, 然而他们的命运都是一样的。
비록 서로 경험은 다르지만, 그들의 운명은 같다.

6. 刚才 / 刚刚 명 방금, 막 / 부 이제, 금방, 방금

别把刚才跟你说的事忘了。
방금 내가 너한테 말한 일 잊지마.

经济危机刚刚开始，现在买房为时过早。
경기침체가 막 시작되어, 지금 주택을 구매하는 것은 시기상조이다.

7. 更 / 竟 부 더욱, 훨씬 / 부 뜻밖에, 의외로

很多时候方向比努力更重要。
방향이 노력보다 중요할 때가 많다.

期末考试的作文分，竟得到了好成绩。
기말고사 작문 시험에서 뜻밖에 높은 점수를 받았다.

8. 经过 / 通过 동명 통과(하다), 경험(하다) / 동전 통과하다, 채택되다, ~을 거쳐

经过30多年的艰苦努力，中国有效地控制了人口的过快增长。
30여 년간의 오랜 노력 끝에, 중국은 급속한 인구증가를 효과적으로 억제하였다.

通过这次实验，这几位学生对化学产生了浓厚的兴趣。
이번 실험을 통해, 몇 명의 학생들이 화학에 큰 흥미를 갖게 되었다.

9. 难得 / 难免 형 얻기 어렵다, 드물다 / 동 면하기 어렵다

你一定要抓住难得的学习机会。
당신은 얻기 힘든 배움의 기회를 반드시 잡아야 한다.

人的一生，有多少次错，没有人喜欢犯错，却总是难免有错。
사람은 일생 동안 여러 차례 실수를 한다. 실수를 좋아하는 사람은 없지만, 그렇다고 실수를 피하기도 어렵다.

10. 随时 / 及时 부 언제나, 아무때나 / 부 즉시, 곧바로

如果能有我们帮得上忙，也请随时告诉我。
만약 저희가 도울 일이 있다면, 언제든 말씀해주세요.

货币政策及时有效。
통화 정책이 즉각 효과를 얻었다.

11. 万万 / 千万 부 결코, 절대로 [부정형] / 부 제발, 절대로, 반드시

舆论监督不是万能的，但是离开它是万万不能的。
여론을 감독하는 것이 만능은 아니지만, 그것을 멀리해서는 절대 안 된다.

千万记住父母是孩子的榜样。
부모는 아이의 모범이라는 것을 반드시 기억하라.

12. 为了 / 因为 전 ~을 하기 위해 / 접전 왜냐하면, ~때문에

父母为了孩子牺牲自己。
부모는 자식을 위하여 자신을 희생한다.

如何理解"因为懂得, 所以慈悲"这八个字？
'알기 때문에 자비롭다'라는 8글자를 어떻게 이해해야 할까?

13. 一贯 / 一直 형 한결같다, 일관되다 / 부 계속, 줄곧

虽然自己保持着一贯的处世态度, 但给人的印象却是因人而异。
자신이 일관된 태도를 취했다 하더라도, 모든 사람에게 주는 인상은 각기 다르다.

中方一直在为改善和发展中日关系做出不懈的努力。
중국은 중일 관계 개선 및 발전을 위해 줄곧 노력해왔다.

14. 由不得 / 不由得 부동 저도 모르게, 저절로, 따를 수 없다 / 부동 자연히, 저절로, ~하지 않을 수 없다

现在一切都由不得我了。
현재 모든 일이 내 맘대로 되지 않는다.

表演很精彩, 让人不由得惊叹。
공연이 매우 훌륭하여, 경탄하지 않을 수 없었다.

15. 尤其 / 甚至 부 더욱이, 특히 / 부접 심지어, ~조차도

本次降息对地产股的刺激尤其明显。
이번 금리 인하는 부동산 주식에 대한 영향이 더욱 두드러졌다.

大商场的物价, 比一般商店要高, 甚至高出数倍的都屡见不鲜。
대형 마트의 물가가 일반 상점보다 높아, 심지어 몇 배나 하는 일이 허다하다.

16. 于是 / 总是 접 그래서, 그리하여 / 부 늘, 줄곧, 결국

生活因为有趣, 于是笑料百出。
삶이 재미있기 때문에, 웃음이 끊이지 않는다.

为什么早上总是昏昏欲睡？
왜 아침에는 항상 피곤하고 졸릴까?

17. 之间 / 期间 명 ~사이, 지간 / 명 기간, 시간

朋友之间, 需保持一定的距离。
친구 사이에 적당한 거리를 유지할 필요가 있다.

奥运会期间北京将接待50万~55万境外宾客。
올림픽 기간에 베이징은 50~55만 명의 외국인 관광객을 맞이할 것이다.

18. 之前 / 以前 명 ~이전, ~의 앞 / 명 과거, 이전, 예전

在暑假结束之前，我要读完两本书。
여름방학이 끝나기 전에 나는 책 두 권을 다 읽을 것이다.

今年底到明年的大学生就业面临着一个比以前更加趋紧的形势。
올해 말에서 내년까지 대학생 취업이 이전보다 더욱 어려워질 것이다.

19. 终于 / 终究 부 마침내, 결국 / 부 결국, 어쨌든

经过长期的刻苦努力，她终于实现了自己的理想。
오랜 시간에 걸친 뼈를 깎는 노력 끝에, 그녀는 결국 자신의 꿈을 실현했다.

童年不再，童心不再，终究没有人敌过时光的脚步。
어린 시절과 동심은 돌아오지 않는다. 결국 시간의 흐름을 당해낼 수 있는 사람은 없다.

바로 확인 EXERCISE P31

1 A 我非常感激弟弟的这份情义，但我在内心里坚决拒绝。
   B 在中国，很多人似乎并没有意识到自行车文化的珍贵。
   C 你若问我我身上什么东西最值钱，我回答是我的个性。
   D 我们愿望双方继续加强合作，特别是电子贸易方面的合作。

2 A 与其你去排斥它已成的事实，你不如去接受它。
   B 任何一件事情，只要心甘情愿，总是能够变得简单。
   C 像我这样的女人，总是以一个难题的形式出现在感情里。
   D 需要强调的是，在研究过程中，应充足联系历史研究的实际成果。

| POINT 4 | 恰到好处와 恰如其分 같은 유의어의 용법상 차이점에 주의한다. |

비슷하게 생기고, 의미도 유사한 경우 그 용법의 차이점을 반드시 기억해두어야 한다.

1. 恰到好处 VS 恰如其分

두 성어는 모두 '알맞다, 합당하다, 적절하다'라는 뜻으로, 恰到好处는 정도보어로 쓰일 수 있지만, 恰如其分은 정도보어로는 쓰이지 않고, 부사어로만 쓰인다는 점을 반드시 기억하자.

1) 恰到好处는 '알맞다, 합당하다'라는 뜻으로, 행위나 어휘의 적용이 매우 적절하거나 사람들과 잘 어울린다고 얘기할 때 사용한다. 문장 속에서 술어, 관형어, 정도보어 등으로 쓰인다.

   怎么和异性相处得恰到好处呢?   이성과 어떻게 잘 어울릴 수 있을까?
   导演更改的一些情节十分恰到好处。   감독이 고쳐 쓴 스토리가 매우 잘 적절하다.

2) 恰如其分은 표현이나 행위의 수위가 적절하다는 의미를 나타낸다. 문장 속에서 술어, 부사어, 관형어 등으로 쓰인다.

   老师举的这个例子恰如其分，同学们很快就掌握了这种方法。
   선생님이 든 이 예는 매우 적절해서, 학생들은 매우 빨리 이 방법을 이해했다.

2. 充分과 强烈의 문장성분

1) 充分은 형용사이자 부사로, 부사일 때는 술어 앞에서 부사어로 쓰이지만, 형용사일 때는 명사 앞에서 관형어로는 쓰이지 않고 서술어로만 쓰이는 특이한 형용사다.

   让学生发挥自己的充分想象力。(×)
   → 让学生充分发挥自己的想象力。(○)   학생들이 충분히 자신의 상상력을 발휘하게 해야 한다.

2) 强烈는 的와 결합하여 관형어로 쓰이고 부사어로는 쓰이지 않는다.

   他的作品带着强烈的政治色彩。   그의 작품은 강렬한 정치적 색채를 띠고 있다.

3. 유사한 형태의 어휘 구별

怪 / 难怪 / 见怪 / 责怪 등의 의미에 주의한다.

1) 怪는 '~의 탓을 하다'라는 동사로, 사람 목적어를 취한다.

   你怎么总是怪别人呢?   넌 어떻게 맨날 남 탓만 하니?

2) 难怪는 부사일 경우 '어쩐지, 과연' 이라는 뜻을 나타내며, 原来 / 本来 등의 어휘와 자주 호응을 이루고, 동사일 경우에는 '나무라기 어렵다'라는 뜻으로, 부사 也와 종종 함께 쓰인다.

你本来就喜欢吃中国菜，难怪你知道东坡肉。
원래 중국 음식을 좋아하는구나. 어쩐지 동파육을 알더라니.

这也难怪，他还没去过中国嘛。
그것도 뭐라고 못하지, 그는 아직 중국에 안 가봤잖아.

3) 见怪는 '탓하다, 자책하다'라는 뜻의 동사인데 목적어를 갖지 않는 것이 특징이다. 주로 스스로를 탓하는 뜻으로 쓰인다.

这不是你的错，你千万不要见怪。
이건 네 잘못이 아니야. 절대 자책하지 마.

4) 责怪는 '책망하다, 원망하다, 나무라다'라는 뜻으로, 뒤에 사람 목적어를 취한다.

你不能责怪他，我看，这都是你自己惹的祸。
넌 그를 탓할 수 없어. 내가 보기에 이건 다 네 탓이야.

4. 只가 명사를 수식하는 경우

只는 부사일 경우 '단지'라는 뜻을 나타내며, 주어와 술어 사이에 놓여서 동작과 관련된 목적어를 제한하는데, 형식상으로는 술어를 수식하는 것이다. 이런 경우에는 명사를 바로 수식하지 못한다. 그런데 只가 명사 앞에 바로 놓이는 경우가 있다. 바로 명사의 수량을 제한하는 경우이다.

办公室里只留下他们两个人了。 → 부사, 목적어를 제한
사무실 안에는 그들 두 사람만 남았다.

今晚在宿舍里只我一个人住。 → 명사의 수를 제한
오늘 밤 기숙사 안에는 나 혼자만 머문다.

바로 확인 EXERCISE   P31~32

1
A 山不高却很陡峭，寺庙又是顺山势而建，阶梯就更陡一些。
B 为解决这一问题，应强化医学会的职能，发挥其充分优势和作用。
C 我到她房间里去，看见她脸色苍白弯着腰手捂着胃在咳嗽，说是吐了一夜。
D 回到北京匆忙地处理了一些公司事务，匆忙地过了38岁生日，匆忙地买了一些户外用品。

2
A 她把手伸出去，又缩了回来，缩了回来，又伸出去。
B 曾经相信过历史，后来知道，原来历史的一半是编造。
C 首先必须申明的是，我不是摄影家，甚至连摄影发烧友也不是。
D 在这次会展中，参展的广西民族登台亮相，强烈地引起了反响。

실전 문제 EXERCISE   P 32~34

1
- A 这两个人二十六七岁，他们刚办完离婚手续。
- B 他死亡之前，把他的那家店留给了一个孤儿。
- C 初次见面老张，你可能会觉得他很严肃，难以接近。
- D 妻子带着儿子与他离了婚，一个完整的家瞬间破碎。

2
- A 要想别人怎样对你，你就要怎样去对待别人。
- B 孩子在卧室里睡觉，母亲坐在沙发上择着青菜。
- C 这个道理连小孩子都懂，你怎么就这么明白呢。
- D 结婚前要睁大你的双眼，结婚后就要闭上一只眼睛。

3
- A 要恰到好处地处理外交事务的话，谈何容易。
- B 任何所谓的诱惑都是可通过一定的方式克制住。
- C 如果我们把自己的事做好，我们自然会有很多钱。
- D 他们不喜欢自己动手，更喜欢用钱购买一切服务。

4
- A 趁着酒意，美子喋喋不休地谈起了自己的种种不如意。
- B 二十岁之前相信的很多东西，后来一件一件变成不相信。
- C 该作品既有较高的艺术水准，又具强的可规性和认识价值。
- D 尽管台湾政府刚刚成立两年，内部就已经陷入了勾心斗角之中。

5
- A 春节之间北京观众可能收看到的各种晚会节目，足有十台之多。
- B 她的墓碑上写着：这里长眠着林徽因，她是建筑师、诗人和母亲。
- C 这场婚姻确实向人们昭示了婚姻有可能多么宽松，同时多么牢固。
- D 思成是个慢性子，愿意一次只做一件事，最不善处理杂七杂八的家务。

6 A 不知道从什么时候起，她发现了他们中间的距离。
   B 编辑们意识这是一个社会普遍关心且意义重大的问题。
   C 到了就业的年龄，也没有找工作，一天到晚四处闲逛。
   D 转眼间我也做了母亲，亲身体会到身为人母的种种不易。

7 A 他重新变得一无所有，整天闷在家里，借酒浇愁。
   B 母亲在几天之内迅速变成了一位标准的城市老太太。
   C 事实表明，人的生存耐力是无法想象的，它有时强大得了不得。
   D 我们直接去了她家，希望用最委婉的方式来向她表述这份遗憾。

8 A 我们是一起来中国留学的，他的汉语水平比我略高。
   B 那天晚上我挨了父亲的打，而她躲在卧室里一语不发。
   C 她有些不知所措，过后，把我拥在怀里，许久没说话。
   D 最新考古发现，古罗马时期，医学发达程度大大超出人们的想象。

9 A 如果朋友让你生气，那说明你仍然在意他的友情。
   B 大家都批评老李有重男轻女的思想，他却竭力否认。
   C 传达室的赵爷爷说起话来总是语重心长，没完没了。
   D 虽然秘书小张提醒了三次他，但是他还是忘了参加。

10 A 正如恶劣的品质可以在幸运中暴露一样，最美好的品质也是在厄运中被显示的。
   B 母亲知道有些事不该问，虽然她知道我心里的苦闷，但几次犹犹豫豫地想问而究竟没敢问。
   C 美国历史悠久的西点军校，素有"美国将军的摇篮"之称，并以严格的规则和纪律闻名于世。
   D 大学毕业后去农村应聘村官的人当中，多数人希望能在建设新农村这一大环境中找到施展才华、创立事业、实现理想的有效途径。

10

把자구

把자구는 어법 시험에서 가장 사랑받는 시험 문제였다.
과거에는 정말 말 그대로 '툭' 하면 나왔다.
시험을 준비하거나 치뤄 본 학습자들은 이미 잘 알고 있을 것이다.
그런데도 일단 把자구가 뜨면 혼동스럽다.
그만큼 주의해야 할 점들이 많다.
특히 新HSK 독해 제1부분에서는 把자구의 어떤 점에 주의해야 하는지 알아보자.

기본 지식 TEST

예제 다음 문장에서 把자구가 쓰인 문장이 왜 틀렸는지를 생각해보자.

    A 蜂鸟是世界上已知的最小的鸟类。
    B 如果可以，请你把我的心拿去扔。
    C 树木不但能提供氧气，而且是造纸的原料。
    D 电脑的发明给人们的生活带来了很大的便利。

자기의견 메모하기

핵심콕콕 문제 풀이

풀이 把자구는 목적어를 앞으로 이끌어내서 목적어에 행한 동작이 어떻게 결말이 났는지를 상세히 설명해주는 문장이기에 동사 주변이 좀 복잡하다. 결코 동사가 혼자 나오는 법이 없고, 동태조사나 다양한 형태의 보어가 함께 나온다. B에서 把자구가 수식하는 동사는 扔인데, 기타 성분 없이 단독으로 쓰였으므로 틀렸다. 동사 扔은 보통 결과보어로 掉가 많이 쓰이므로 把我的心拿去扔掉로 고쳐 써야 한다.   **정답 B**

해석 A 벌새는 세상에 알려진 가장 작은 조류이다.
    B 만약 할 수 있다면, 내 마음을 던져버리세요.
    C 나무는 산소를 제공해줄 수 있을 뿐만 아니라, 종이의 원료가 되기도 한다.
    D 컴퓨터의 발명으로 사람들의 생활이 매우 편리해졌다.

핵심 체크 POINT

다음 把자구에 대한 문제 풀이 키워드를 읽고 이미 알고 있는 내용을 골라 빈칸에 표시를 해보자.

☐ **Point 1** 동사의 뒤에 보어, 동태조사 등의 기타 성분이 있는가?
☐ **Point 2** 동사의 뒤에 기타 성분이 없다면 동사가 중첩 형태를 띠는가?
☐ **Point 3** 조동사 또는 부사가 把자 앞에 있는가?
☐ **Point 4** 把 대신 다른 전치사가 쓰인 것은 아닌가?
☐ **Point 5** 문장 속에 고정격식 같이 把와 搭配를 이루는 단어가 있는가?
☐ **Point 6** 동사가 인지동사인가? 문장이 일반적으로 把자구로 표현하는 문장인가?

문제 해결 POINT

POINT 1 동사의 뒤에 보어, 동태조사 등의 기타 성분이 있는가를 확인한다.

把자구에서 가장 주의해야 할 점은 바로 '동사가 단독으로 쓰이지 않는다'는 것이다. 앞으로 도치된 목적어가 어떻게 처치되었는지를 표시하는 기타 성분들이 동사 뒤에 반드시 나오는데, 뒤에 나오는 기타 성분들은 다음과 같다.

1. 동태조사

동사 뒤에 동태조사가 올 수 있는데, 了 / 着 / 过 중 过는 올 수 없다.

▶ 주어 + [把 + 목적어] + 동사 + 동태조사 (了 / 着)

我把他的手机号码忘了。 나는 그의 휴대전화 번호를 잊어버렸다.
老张把这本书拿着。 라오 장은 이 책을 가지고 있다.
老张把这本书拿过。(×)
→ 老张把这本书拿过来了。(○) 라오 장이 이 책을 가져왔다.

2. 각종 보어들

동사 뒤에 여러 가지 보어들이 올 수 있지만 가능보어는 올 수 없다.

▶ 주어 + [把 + 목적어] + 동사 + 보어 (결과보어 / 방향보어 / 시량보어 / 동량보어 / 정도보어)

주어	把	목적어	동사	기타 성분	
他	把	门	关	上了。	결과보어
你	把	他	叫	进来。	방향보어
他	把	出国的日期	推迟	了两天。	시량보어
他	把	那部电影	看	了一遍。	동량보어
他	把	这篇文章	背	得很熟了。	정도보어

3. 把자구 고정격식

여러 가지 보어들 중에서도 특히 다음의 세 경우에는 반드시 把자구가 쓰인다. 이런 형태는 거의 고정격식처럼 쓰이므로 종종 함께 쓰이는 동사와 기타 성분을 숙어처럼 외워두는 것이 좋다.

▶ 주어 + [把 + 목적어] + 동사 + 在 / 到 + 장소

동사가 결과보어 在 또는 到와 함께 장소명사를 동반하고, 목적어가 동사에 의해 처치되어 바로 그 장소에 있음을 나타낼 경우에는 반드시 把자구를 써야 한다.

老师把书放在桌子上。　　　　선생님이 책을 책상 위에 놓았다.
服务员把咖啡送到我面前。　　종업원이 커피를 내 앞에 가져왔다.
我把钥匙落在床上。　　　　　나는 열쇠를 침대 위에 떨어뜨렸다.

▶ 주어 + [把 + 목적어] + 동사 + 成 / 做(作) + 변화된 결과

결과보어 成 / 做(作)는 변화된 결과를 나타낸다. 목적어가 成 / 做(作)와 결합된 동사에 의해 처치되어 어떻게 변화되었는지(결과)를 나타내는 경우에는 반드시 把자구를 써야 한다.

他把美元换成人民币了。　　　그는 달러를 인민폐로 바꾸었다.
父母总把他当做小孩儿。　　　부모님은 항상 그를 어린아이로 취급한다.

▶ 주어 + [把 + 목적어] + 동사 + 给 + 대상

목적어가 동사에 의해 처치되어 상대에게 전달되었음을 표현할 때는 把자구를 써야 한다. 전치사 给는 동작의 대상이 되는 명사와 함께 전치사구를 이루며, 동사 뒤에서 보어 역할을 한다.

他把钥匙交给了我。　　　　　그는 열쇠를 나에게 주었다.
他把我们介绍给大家。　　　　그는 모두에게 우리를 소개했다.

바로 확인 EXERCISE　P34

1
A　我毕业了，突然间我感觉自己变得一无所有。
B　我们到达布达拉宫已是傍晚，把路上所花的时间忘。
C　我用衣服包着那块碎玻璃，把它敲碎，使它更锋利。
D　当他们说完这段慷慨激昂的话之后，连我这个观众都振奋了。

2
A　中国最大的博士群体并不在高校，而是在官场。
B　权力只有一个正当的用途，那就是为人民服务。
C　生活不必处处带把别人送你的尺子，时时丈量自己。
D　一回到家，我就放皮箱在卧室床上，然后去洗澡了。

POINT 2　동사의 뒤에 기타 성분이 없다면 동사가 중첩 형태를 띠는지 확인한다.

把자구에서 동사는 단독으로 올 수 없기 때문에 동사가 동태조사나 보어와 함께 쓰이지 않았다면 동사를 중첩해서 사용한다. 把자구에서는 동사의 형태에 주의를 기울여야 할 뿐만 아니라 목적어의 성격에도 주의해야 한다.

1. 把자구와 동사 중첩

▶ 주어 + [把 + 목적어] + 동사 중첩

请你把你的意见说说。　　　너의 의견을 한번 말해봐.
请你把这本书看看。　　　이 책 좀 봐봐.

2. 把자구의 목적어 성격

把가 이끌어내는 목적어는 임의의 것이 아닌 화자와 청자가 이미 알고 있는 특정한 것이어야 한다.

请他把办公室收拾收拾。→ 화자와 청자, 他도 모두 알고 있는 사무실
그에게 사무실을 좀 정리하라고 해.

我把一个钱包拿来了。(✗) → 一个钱包는 임의의 것
→ 我把我女儿的钱包拿来了。(○) → 我女儿的라는 특정한 지갑
나는 내 딸의 지갑을 가져왔다.

바로 확인 EXERCISE　P34

1
A　我挺过来，恢复过来了，但精神上的痛苦开始了。
B　在中国，很多人似乎并没有意识到自行车文化的珍贵。
C　虽然我表面还戴着谦虚的面纱，但是我内心觉得很得意。
D　未到四十，白发便纷纷冒了出来。妻子买来一瓶染发水，让我把头发染。

2
A　与其把钱挥霍，我更愿意花在朋友身上！
B　有时候扣子扣错了，你要扣到一半才知道。
C　我有一个朋友为了准备结婚，买了一幢豪宅。
D　当时海水已淹到我的下巴，不过，幸好最终脱险了。

| POINT 3 | 조동사 또는 부사가 把자 앞에 있는지를 확인한다. |

把자구는 전치사구로써 부사어로 쓰이기 때문에 동사 앞에 위치한다. 그런데 만일 다른 부사들과 함께 하나의 긴 부사어를 형성하고 있을 때는 다른 부사어의 맨 마지막, 즉, 동사의 바로 앞에 온다는 점에 주의해야 한다.

1. 把자구의 위치

다른 부사어와 함께 쓰일 때는 부사어의 마지막, 즉 술어의 바로 앞에 把자구가 위치한다.

▶ 주어 + 부사 or 조동사 + [把 + 목적어] + 본동사
　　　　　　　　　　부사어

在经济困难时期，应该把人的社会活动搞好。
경제가 어려운 시기에는 사회 생활을 잘해야 한다.

我们会把存款准备金率做到一个适当的水平上。
우리는 저축지급준비율을 적당한 수준으로 유지할 것이다.

当代社会已经不把"教师"当成一种职业了。
현대 사회에서는 이미 '선생님'을 하나의 직업으로 생각하지 않게 되었다.

바로 확인 EXERCISE　　P 34~35

1
- A 即便没有什么重大的含意，也非常重要。
- B 代表国家未来的学生，把中国民族的代表语言应该加以发扬。
- C 人生就是一万米长跑，如果有人非议你，那你就要跑得快一点。
- D 重庆"打黑"中因过度劳累去世的警察，其家属获得了100만元的抚恤金。

2
- A 母亲睡着了，我才拥有了近距离端详母亲的机会。
- B 如今，因丢失了钥匙而吵吵嚷嚷的事，是不会再有了。
- C 我一定把获得的奖状不放在办公室里，以免看久了产生骄傲。
- D 我呆呆地坐在方凳上，俯首在母亲的床前，手被母亲的一只手握着。

POINT 4 — 把 대신 被 / 用 / 使 등의 다른 전치사를 사용하지 않았는지 확인한다.

把자구에 관한 문제는 비슷한 형식을 가지는 다른 전치사들을 은근슬쩍 바꿔치기해서 출제되는 경우가 많다. 그만큼 형태도 비슷하거니와 해석을 해봐도 의미가 얼추 맞아보이는 경우가 많기 때문이다. 따라서 출제된 문장에서 일단 把 / 被 / 使 / 叫 / 用 등의 전치사가 나오는 부분을 먼저 주의 깊게 살펴보는 것이 문제 풀이에 유용하다.

1. 把와 다른 전치사의 혼용

주어와 전치사 뒤에 나오는 명사 사이의 관계를 분명하게 이해하고 적합한 전치사인지를 확인해야 한다.

企业为了吸引人才而使工作前景描绘得十分美好。(×)
→ 企业为了吸引人才而把工作前景描绘得十分美好。(○)
기업은 인재를 끌어들이기 위해 업무 전망을 매우 훌륭하게 그렸다.

他在学术上所取得的成就把专家们公认为是最好的。(×)
→ 他在学术上所取得的成就被专家们公认为是最好的。(○)
전문가들은 그의 학술적 성취를 가장 좋게 평가했다.

现代人由于不运动而把身体难以承受过重的负荷。(×)
→ 现代人由于不运动而使身体难以承受过重的负荷。(○)
현대인들은 운동을 하지 않아서 몸이 과중한 부담을 견디지 못한다.

바로 확인 EXERCISE P35

1
- A 经过抢救，孩子脱离了生命危险，但还是昏迷不醒。
- B 为什么不让铁路改造成高铁呢？实在让人百思不得其解。
- C 停车的时候，借着灯光，他发现右前轮上沾有异样的东西。
- D 在公路行程近一半的路边，他看到了一个人躺在那里，赶忙停车下去。

2
- A 认真倾听对方的话是交谈时最基本的礼貌。
- B 人类却总是毫不客气地被自己看作是地球的主人。
- C 在人类所患的各种疾病中，再没有比感冒更常见的了。
- D 语言的使用，促进了人类的思维，使得大脑更加发达。

> **POINT 5** 문장 속에 고정격식 같이 把와 搭配를 이루는 단어가 있는지를 확인한다.
>
> POINT 4에서 본 것처럼 다른 전치사와 혼동하도록 문제를 출제하는데, 이때 고정격식을 이루는 단어가 있는가를 살펴보는 것이 중요하다. 가장 대표적인 예 두 가지를 살펴보자.

1. 把…看作… ~을 ~로 여기다

   日本政府已经拟定计划，不论北韩发射火箭还是导弹，日本将把这次发射看作"挑衅行为"。
   일본 정부는 북한이 발사한 것이 로켓이든 미사일이든 간에 이번 발사를 '도발행위'로 간주하겠다고 계획을 잡았다.

2. 把…作为… ~을 ~로 삼다

   中国政府坚持以人为本，坚持保增长、保民生、保稳定，把推进医药卫生事业改革发展作为应对国际金融危机、保持经济平稳较快发展的一项重要举措。
   중국 정부는 인본주의와 성장, 민생, 안정 유지를 견지하며, 의약보건사업 개혁발전을 국제금융위기에 대응하고 경제의 안정적이고도 빠른 발전을 유지시키는 중요한 조치로 삼고 있다.

바로 확인 EXERCISE   P 35

1
- A 以海洋资源为依托的海洋产业具有广阔的市场前景。
- B 多年来，京郊旅游一直在北京旅游业中占有重要地位。
- C 毛泽东同志代表全国人民的意志，决定使北京作为新中国的首都。
- D 那种拔苗助长式的教育方式必会造成对孩子身体和心灵的双重伤害。

2
- A 他用最美好目标的追求作为生命的支柱。
- B 凌晨的静寂中，母亲悄悄地闭上了眼睛。
- C 她首先恭喜我，告诉我我已经被录取了。
- D 我完全没反应过来，好像突然被打了一拳。

> **POINT 6** 동사가 인지동사인지 단일동사인지를 확인하고, 把자구를 사용하는 문장인지 아닌지를 확인한다.
>
> 모든 동사가 전부 把자구의 수식을 받을 수 있는 것은 아니다. 단일동사와 인지동사의 경우에 把자구의 사용 여부를 잘 알아두자. 또 把가 제 위치에 있는지도 확인한다.

1. 단일동사와 把자구

신체의 동작을 나타내는 听 / 写 / 说 등의 단일동사는 뒤에 조사나 보어, 목적어 등의 기타 성분 없이는 把자구를 쓸 수 없다는 점을 반드시 기억하자.

他把你的话听。(×)
→ 他把你的话听见了。(○)
그는 너의 말을 들었다.

我把这部电影看。(×)
→ 我把这部电影看过两遍了。(○)
나는 이 영화를 두 번 봤다.

2. 인지동사와 把자구

了解 등의 인지동사는 把자구의 수식을 받을 수 없다.

我不把你所说的意思了解。(×)
→ 我不了解你所说的意思。(○)
나는 네 말뜻을 이해하지 못하겠다.

바로 확인 EXERCISE   P 36

1
A 语文学习不是一朝一夕的事，只有多读多写，才能真正学好语文。
B 因为第一印象是最初的感觉，所以新鲜，引人注目，也容易记住。
C 种果树不但可以把环境美化在家庭，还可以享用自己的劳动果实。
D 生命不是一场赛跑而是一次旅行。比赛在乎终点，而旅行在乎沿途风景。

2
A 这时，等待签约的商业伙伴打来电话，催他快一点。
B 吃年夜饭时，大家一起举杯把酒喝，祝愿全家幸福、安康。
C 作为一名军人的妻子，她多年来一直默默地支持他的工作。
D 十位评论家对一本书的赞扬，都比不过一位书店老板对这本书的欣赏。

실전 문제 EXERCISE

1.
   A 突然男孩的钓竿儿猛地一沉，差点他把整个人拖倒。
   B 我并没有领导你们，我只是与大家一同完成任务罢了。
   C 如果没有你的领导，我们很难完成任务，更别说提前了。
   D 当我帮助人们到达大家期望到达的地方时，我是一个好领导。

2.
   A 成功是一种观念，致富是一种义务，快乐是一种权力。
   B 如今也有不少事业有成者重返校园，但那多数是为了"镀金"。
   C 读书人的乐趣之一就是读到一本好书，把它然后介绍给朋友。
   D 这家伙从出生起就吃不饱，赶上了大多数中国人挨饿的年代。

3.
   A 我应对妻子的妙招就是沉默不语，置之不理。
   B 她坚信，丈夫一定会信守自己的诺言，来这里和她见面。
   C 他一直在期待这个周末，因为他的女朋友要到北京来看望他。
   D 除此以外，为着响应国家的号召，我国人民把北大荒改造"北大仓"。

4.
   A 我在音乐创作上遇到瓶颈，不想听自己写的歌，可又写不出来满意的作品。
   B 我国实施无废技术是把一个工厂各种生产工艺进行科学的、合理的设置，形成闭合工艺。
   C 最可怕的是心一天天封闭起来了，我觉得自己的心像一座月光下的孤岛，没有人能够走进去。
   D 尤其是谈到年迈的双亲陪伴自己战胜抑郁症的时候，他数度湿了眼眶，那份真情流露令人动容。

5.
   A 虽然有些犹豫，她还是拿起了电话，电话那边是一个陌生年轻男子的声音。
   B 网络成瘾并非一蹴而就，而是由生活中若干"习惯""不以为然"叠加而成。
   C 优越的生活环境，顺利的成长环境和开放的文化环境，把他不同于以往的偶像。
   D 这是一位将要被清退的西部代课教师，他在贫困的山村任教22年，教出了30名大学生。

실전 문제

6
- A 1976年，他当了兵，从此和饥饿道别了。
- B 这将是困难和缓慢的过程，你得忍住泪水。
- C 国内的侵权企业一般都把专利费没有打入成本。
- D 多用心去倾听别人怎么说，不要急着表达你自己的看法。

7
- A 我几乎每天都要给他们打电话，还上网和他们聊天，也经常给他们寄礼物。
- B 父亲到处求医问药，只要听说哪里有治疗抑郁症的讲座，他就会风雨无阻地倒好几趟车赶去听。
- C 母亲每天都要把我小时候爱吃的东西挨个儿说一遍，只要我稍稍表现出一点兴趣，她就会给我做。
- D 女记者刘洁被叫到其中一个空包间，一个经理模样的人用命令的口吻说："把包打开，把东西全部拿！"。

8
- A 搬入新居不久的一天，我面朝着宽大的玻璃窗，端坐在电脑前专心地打着字。
- B 突然响起一阵杂乱的敲门声，像宁静的湖面扔进了一个石子，打破了这份宁静和惬意。
- C 成都市为了美化立交桥下的环境，请来艺术家对立交桥进行精心打造，生命力注入这个地方。
- D 他从口袋里抖抖颤颤地摸出一包皱巴巴的香烟，从里面抽出一支递过来，脸上堆满了真诚的笑意。

9
- A 我看着父母总是忍不住向他们交代一些后事，比如我的存折放在哪里，密码是多少。
- B 天上的星星有亮有暗，古希腊天文学家根据星星看上去的明亮程度，它们分成六个等级。
- C 有一天凌晨，我模模糊糊地听见一个声音对我说："你跳楼吧，如果你不跳，我就看不起你。"
- D 我开始想到了死，并钻牛角尖地认为如果创作生命已经终结，那么生存在这个世界上已经没有什么价值了。

10 A 如果我们把自己的问题都丢在一边，然后看看其他人的，我们会把自己的再捡回来。

B 那天晚上我特别想喝咖啡，就自己动手去煮，由于水太烫，一不小心便被自己的手烫伤了。

C 看得出，孩子的父亲在竭力向孩子描绘自己在城里打拼时的一些细节，让孩子感受到自己在城里工作的情景。

D 义务教育法的颁布让适龄受教育者的数量激增，从而凸显出师资力量的短缺，代课教师成为基层教育的救命稻草。

11 비교문

비교문은 가장 기본이 되는 比자구 외에도
다양한 어휘와 형태를 이용한 문형이 있기 때문에
독해 제1부분에서의 출제 빈도가 매우 높다.
문제를 풀기 위해서는 比자구의 다양한 문형을 숙지하고,
기타 형태의 비교문에 주의해야 한다.

기본 지식 TEST

예제 다음 문장에서 비교문이 쓰인 부분이 왜 틀렸는지를 생각해보자.

A 我既不是白痴，也不是得道之人。
B 天长地久的友情比婚姻特别重要吗？
C 我甩了甩头，将秋千更加用力地推了出去。
D 婚期一天天逼近，她的心里充满了甜蜜的期待。

자기의견 / 메모하기

핵심콕콕 문제 풀이

풀이 比자구의 뒤에 나오는 형용사 술어는 特別 / 很 / 非常 / 挺 등과 같은 정도부사의 수식을 받을 수 없다. 만일 比자구에서 의미를 강조하고 싶을 때는 비교의 의미를 내포하고 있는 还 / 更 등의 부사를 사용해야 한다. 따라서 B에서 比婚姻特别重要를 比婚姻还重要 또는 比婚姻更重要로 바꿔야 한다.   **정답 B**

해석
A 나는 백치도 아니고 득도한 사람도 아니다.
B 오랫동안 유지되는 우정이 결혼보다 더 중요한가?
C 나는 머리를 흔들며 그네를 더욱 힘차게 탔다.
D 결혼 날짜가 하루하루 다가오자, 그녀의 마음은 달콤한 기대로 가득 찼다.

핵심 체크 POINT

다음 비교문에 대한 문제 풀이 키워드를 읽고 이미 알고 있는 내용을 골라 빈칸에 표시를 해보자.

- [ ] **Point 1** 比자구 뒤의 술어를 수식할 수 없는 부사나 보어를 알고 있는가?
- [ ] **Point 2** 有나 没有 / 不如를 이용한 비교문의 형식에서 주의해야 할 점을 알고 있는가?
- [ ] **Point 3** 跟과 像을 이용한 비교문의 형식을 알고 있는가?
- [ ] **Point 4** 相似 / 近似 / 落后 등의 표현과 跟 / 于의 관계를 아는가?
- [ ] **Point 5** 较 / 比较 / 相比 / 比起 등 유사한 형태의 비교 표현을 구별할 줄 아는가?

문제 해결 POINT

POINT 1 比자구 뒤의 술어를 수식하거나 보충할 수 있는 부사와 보어에 주의한다.

比자구의 가장 기본이 되는 문장 형식은 다음과 같다.

1. 比자구 기본 형태

▶ A + (不) + 比 + B + 술어 (비교의 결과) + 기타 성분 (목적어 / 보어)
　　　　　　　　　　　동사 / 형용사　　　　　수량사 / 명사 / 得+형용사 (정도보어) ⋯

比자구의 부정형을 만들 때는 不를 比자구의 앞에 쓴다는 점에 주의한다. 또한 比자구에서는 술어(동사 또는 형용사)가 비교의 결과를 나타내는데, 新HSK 문제에서는 이 술어의 앞뒤에 나오는 부사와 보어에 관한 것을 많이 다룬다. 比자구에서는 쓸 수 있는 부사와 보어가 제한되어 있으므로 주의해서 알아두어야 한다.

2. 比자구에 쓰이는 부사

比자구에서 술어가 동사일 경우 앞에서 수식할 수 있는 부사는 정해져 있다.

▶ A + 比 + B + 早 / 晚 / 多 / 少 + 동사 + 수량사 / 목적어

我比他早来半个小时。　　　　　　나는 그보다 30분 일찍 왔다.
他比我少学了两个月汉语。　　　　그는 나보다 중국어를 두 달 적게 공부했다.

3. 比자구와 정도보어

술어가 동사일 경우 정도보어를 가질 수 있는데, 정도보어에 쓰이는 형용사는 정도부사의 수식을 받을 수 없다.

▶ A + 比 + B + 동사 + 得 + 정도보어
　　　　　　　　　　得多 / 得 + 형용사 + 一点 / 一些 / 多了

他不比我说得好。　　　　　　　　그는 나보다 말을 잘 못한다.
我比他跑得快一点。　　　　　　　나는 그보다 조금 빨리 달린다.
他写汉字比我写得好多了。　　　　그는 나보다 한자를 더 잘 쓴다.

4. 比자구와 정도부사

比자구에서는 형용사가 特別 / 很 / 非常의 수식을 받을 수 없으며, 술어가 형용사인 경우 수식할 수 있는 정도부사는 还와 更 두 가지다. 很 / 比较 / 非常은 比자구에서 형용사 술어를 수식할 수 없다. 또한 술어 뒤에 오는 보어의 형태에 주의해야 한다.

> A＋比＋B＋还／更＋술어 (비교한 결과) ＋一点／一些／多了／得多 [A를 선택]
>   　　　　很／比较／非常(✗)　　　　　　　　　　　　　　　多(✗)

路途比天空还遥远。　　　　　　　　　길은 하늘보다 더 멀다.

过程公平比结果公平更重要。　　　　　과정의 공평은 결과의 공평보다 더 중요하다.

没有比人更高的山，没有比脚更长的路。　사람보다 높은 산은 없고 (사람의) 다리보다 더 긴 길은 없다.

5. 比자구와 고정격식

一天比一天과 一个比一个는 자주 쓰이는 고정격식이므로 외워야 한다. 이 표현은 수량사와 함께 쓰인 고정격식으로, 정도부사나 정도보어의 수식을 받을 수 없고, 부정형으로 만들 수 없다.

> 주어 ＋ 一天比一天／一个比一个 ＋ 형용사 ＋ (了)
>   　　　　＝越来越

天气一天比一天热了。　　　　　　　　하루하루 더 더워진다.

新春故事一个比一个精彩。　　　　　　설 (또는 봄) 이야기는 점점 더 훌륭해진다.

就快高考了。心也是一天比一天要浮躁起来了。
곧 대입 시험이다. 마음도 하루하루 더 조급해진다.

바로 확인 EXERCISE　　P 38~39

1
A　桔子、苹果、香蕉等水果含有丰富的维生素。
B　直到今天，人类还不完全清楚恐龙灭亡的原因。
C　有什么比阳光、蓝天、森林、溪流、温情很贵重的呢？
D　现代社会交通是衡量一个城市甚至一个国家发达程度的重要标准。

2
A　官人的做人成本的确比普通人的要低得太多。
B　他亲自下厨，和大家一起庆祝自己的一夜暴富。
C　既不能给我带来快乐，又有可能夺走别人快乐。
D　在经济危机的情况下，他成了小镇最幸运的人。

3
A　一个星期天晚上，他们在他的寓所里喝啤酒。
B　雨天，我打着伞，在一条狭窄的街道上行走。
C　虽然她长得没有比姐姐漂亮，可是她从小精明能干。
D　若干个"十分钟"累加起来，就是一个人命运的轨迹。

POINT 2 有나 没有 / 不如를 이용한 비교문의 형식을 주의한다.

비교문에서 比자구 외에 가장 많이 사용되는 표현으로 有가 있다. 有는 비교 대상과 유사하거나 비교 대상보다 못함(没有)을 뜻하며, 不如는 비교 대상보다 못함만을 표시하는 등 의미상으로도 차이가 있을 뿐 아니라 용법 또한 상당한 차이가 있으므로 주의해야 한다.

1. 주어와 비교 대상이 서로 유사함을 의미하는 有

▶ A + 有 + B + 这么 / 那么 / 这样 / 那样 + 비교한 결과 [차이 없음, 비슷함]

有는 주어와 비교 대상이 서로 비슷하다는 뜻을 나타내는데, 비교의 대상(B) 뒤에 지시대사인 这么 / 那么 / 这样 / 那样을 쓴다는 점에 주의한다.

我的个子有他的那么高。	나의 키는 그만큼 크다.
韩国电子产业的国际竞争力有日本那么强。	한국 전자 산업의 국제 경쟁력은 일본만큼 강하다.

▶ A + 没有 / 不比 + B + 비교한 결과 [B가 A보다 낫다]

有 비교문의 부정형은 没有를 쓴다. 没有와 不比는 같은 의미다.

我的个子不比(没有)他的个子高。	나의 키는 그보다 크지 않다.
我的意志不比(没有)他的意志坚强。	나의 의지는 그보다 강하지 않다.
这东西没有(不比)那东西贵。	이 물건은 그것보다 비싸지 않다.

2. 주어가 비교 대상보다 비교의 내용이 좋지 않음을 뜻하는 不如

▶ A + 不如 + B + (这么 / 那么 / 这样 / 那样) + 비교한 결과 [B를 선택]

비교문 중 유일하게 비교한 결과를 생략할 수 있다. 비교한 결과는 일반적으로 형용사가 온다.

我的个子不如她的个子那么高。	나의 키는 그녀만큼 크지 않다.
小红成绩不如小李那么好。	샤오 홍의 성적은 샤오 리만큼 좋지 않다.
那家商店的服务质量不如这家商店的高。	그 상점의 서비스 수준은 이 상점만큼 높지 않다.

▶ (A) + 동사 + 목적어 + 不如 + (B) + 동사 + 得 + 정도보어

不如를 쓸 때 비교한 결과에 정도보어가 올 수도 있다. 이때는 주로 주어의 동작과 비교 대상의 동작을 비교하는 경우가 많으며, 때로는 A와 B라는 명사 없이 두 가지 동작 자체를 비교하기도 한다.

他写汉字不如我写得好。	그는 나만큼 한자를 잘 쓰지 못한다.
我说汉语不如他说得好。	나는 그만큼 중국어를 잘하지 못한다.

说得好不如做得好。　　　　　　　　　　　　말을 잘하는 것은 행동을 잘하는 것만 못하다.

3. 不如와 没有의 차이점

不如와 没有는 둘 다 부정문에 쓰이는데, 不如는 비교의 결과를 생략할 수 있으나, 没有는 생략할 수 없다는 점에 주의한다.

我的数学能力不如小刚。　　　　　　　　　　나의 수학 능력은 샤오 강만 못하다.

我的数学能力没有小刚那么强。　　　　　　　나의 수학 능력은 샤오 강보다 대단하지 않다.

바로 확인 EXERCISE　　P 39

1
- A　你可以很有把握地断定，里面坐着一个没有良心的人。
- B　如今再高的挪威人也不会他高，他的雕像足有十几米高。
- C　真正的教育，从来都是长跑性的历练，而不是短跑性的竞赛。
- D　你不能坐在家里等电话响，期待电影中的情节发生在你的身上。

2
- A　假如今天是我生命中的最后一天，我把它当成最美好的日子。
- B　在冬奥会正式比赛中金妍儿比赛中的一举一动牵动着韩国国民的心。
- C　在精美的韩剧中我们经常看到一幅幅家庭和睦，家人其乐融融的场景。
- D　按照你现在的性格，如果哪天你遇到同样的事情，可能你不会有他的反应。

3
- A　韩国主妇们中间甚至流传这么一句话，叫"妯娌不如外人"。
- B　女人的左脑和右脑之间的联系，比男人左右脑的联系更密切。
- C　丝绸之路的开辟，有力地促进了东西方经济、文化等各方面的交流与合作。
- D　3G整个市场的预热没有人们想象的那么快，因此它的发展也不如人们预想的理想。

POINT 3 跟과 像을 이용한 비교문의 형식에 주의한다.

전치사 跟 / 和 / 同이나 동사 像을 이용한 비교문도 있다. 동사 像은 비교 대상처럼 어떠하다는 것을 나타내고, 전치사 跟 / 和 / 同은 주어가 비교 대상과 같거나 다름을 나타낸다.

1. 전치사 跟 / 和 / 同을 이용한 비교문

跟 / 和 / 同은 모두 '~와'라는 뜻으로 동작의 대상을 이끌어내는 전치사다. 이 전치사들은 뒤에 一样 / 差不多 / 相同 등의 어휘와 함께 쓰여 '~는 ~와 같다, 차이 없다'라는 뜻을 나타낸다.

1) 다른 비교문과 달리 반드시 술어로 형용사가 올 필요는 없다.

'~는 ~와 같다'라는 뜻일 때는 一样으로 문장이 끝나고, '~와 같이 ~하다'라고 상태를 나타낼 때는 형용사로 끝난다. 부정문을 만들 경우 전치사 앞이 아닌 뒤쪽의 一样을 부정해야 한다는 점에 주의해야 한다.

▶ 긍정: A + 跟 (和 / 同) + B + 一样 (差不多 / 相同) + (형용사)

他的衣服跟我的一样。 그의 옷은 내 것과 같다.
我个子和他差不多高。 내 키는 그와 별 차이 없이 크다.

▶ 부정: A + 跟 (和 / 同) + B + 不一样 (不相同) + (형용사)

他的衣服跟我的不一样。 그의 옷은 내 것과 다르다.
= 他的衣服跟我的不同。
= 他的衣服跟我的不相同。

2) 정도보어 得가 사용된 구문에서는 절대로 跟을 쓸 수 없으며, 대신 和를 사용한다.

他跑得跟以前一样快。(×)
→ 他跑得和以前一样快。(○)
그는 예전처럼 빨리 달린다.

我最近赚得跟以前差不多。(×)
→ 我最近赚得和以前差不多。(○)
나는 요즘 버는 게 예전과 비슷하다.

2. 동사 像을 이용한 비교문

像은 '~처럼 비슷하다, 닮다'라는 뜻의 동사이며, 뒤에는 这么 / 那么 / 这样 / 那样 등의 어휘가 비교 결과 앞에 쓰인다. 像이 동사이므로 부정문을 만들 때는 像 바로 앞에 不를 쓴다.

▶ A + (不) + 像 + B + 这么 / 那么 / 这样 / 那样 + 비교한 결과

这个姑娘(不)像他妈妈那么漂亮。
이 아가씨는 그의 어머니처럼 예쁘다 (예쁘지 않다).

数字化不像想得那么美。
디지털화는 생각한 것처럼 아름답지 않다.

我对小李的感情已不像当初那么热烈了。
샤오 리에 대한 나의 감정은 처음처럼 그렇게 열렬하지 않다.

바로 확인 EXERCISE P39

1
- A 在拉美地区女性经常沦为毒品犯罪和家庭暴力的牺牲品。
- B 现在中文在美国已经成为仅次于西班牙语的第二外语了。
- C 对于单纯性肥胖者而言，少进食多运动跟任何减肥药都要安全有效。
- D 最近中国年轻人坐在星巴克店里喝咖啡，给朋友发短信，打网络游戏。

2
- A 看电视是人类休闲放松、获取信息的主要方式。
- B 胜利2号钻井船的船体结构，跟胜利1号复杂得多。
- C 在过去100年中，妇女解放的程度有了长足的发展。
- D 目前，全世界一百多个国家的2500余所学校开设了汉语课程。

POINT 4 — 相似 / 近似 / 落后 등의 표현은 跟 또는 于와 함께 써야 한다.

相似와 近似도 비교를 나타낼 수 있다. 단순하게 '비슷하다', '안 비슷하다' 정도의 뜻이긴 해도 비교문으로 분류한다는 의미다. 또 동사 落后도 비교문에 사용할 수 있는데, 이 어휘들이 비교문에 쓰일 때에는 주의해야 할 점이 있다.

1. 相似와 近似를 이용한 비교문

相似는 '서로 비슷하다'라는 뜻의 형용사이고, 近似는 '유사하다'라는 뜻의 동사다. 이들이 비교문에 쓰일 때는 반드시 전치사 跟이나 于를 사용하여 비교의 대상을 이끌어내는데, 跟 전치사구는 相似와 近似의 앞에서 부사어로, 于 전치사구는 相似와 近似의 뒤에서 보어로 사용된다는 점에 유의한다.

▶ A 跟 B 相似 / A 跟 B 近似 = A 相似于 B / A 近似于 B

东京跟首尔相似。
= 东京相似于首尔。
도쿄는 서울과 비슷하다.

要选一个跟固话号码近似的手机号吗?
= 要选一个近似于固话号码的手机号吗?
집전화 번호와 비슷한 휴대전화 번호를 고르시겠습니까?

2. 落后를 사용한 비교문

落后는 '낙후되다, 뒤떨어지다'라는 뜻으로 양자를 비교할 수도 있는데, 비교문에 쓰일 때는 비교를 나타내는 于가 빠져서는 안 된다.

美国手机、网络使用率落后于北欧国家。
미국의 휴대전화, 인터넷 사용률은 북유럽에 뒤처진다.

微软搜索依然远远落后于谷歌和雅虎。
MS 사의 검색 기능은 여전히 구글과 야후에 한참 뒤처진다.

바로 확인 EXERCISE   P 40

1
A 什么是会花钱,自然见仁见智,但会花钱其实是一种智慧。
B 小阳离开父母,离开家乡后,每天晚上都是翻来覆去睡不着。
C 在公园的山坡上,有一排用茅草盖的房子,其式样比普通农舍相似。
D 终身学习尤其强调个人的努力,而不是简单被动地在教育体系内接受教育。

POINT 5 　较 / 比较 / 相比 / 比起 등 유사한 형태의 비교 표현을 구별해서 사용할 줄 알아야 한다.

相比와 比起, 较와 比较도 비교를 표시할 수 있다. 또 比 대신에 较를 쓴 경우에 주의하자.

1. 相比를 이용한 비교문

相比는 '서로 비교하다'라는 뜻의 동사다. 与…相比의 고정격식으로 많이 쓰이며, 성질과 정도의 차이를 비교한다. 与 이외에도 跟 / 同 / 和 등의 전치사와 함께 쓰인다. 때로는 전치사구가 문장의 맨 앞, 주어의 앞으로 나오기도 한다.

▶ A + 与 (跟 / 同 / 和) + B + 相比

今年夏天与去年夏天相比，更热一些。
올해 여름은 작년 여름과 비교할 때 조금 더 덥다.

同30年来的工资上涨水平相比，中国的房子等于没有涨价。
30년간의 임금 상승 수준과 비교해보면, 중국의 집값은 오르지 않은 것이나 마찬가지다.

2. 比起(来)를 이용한 비교문

比起(来)는 성질과 정도의 차이를 비교한다. 동사 比에 방향보어 起来가 붙은 형태라고 기억하면 이해하기 쉽다. 목적어로 오는 비교대상이 방향보어 起와 来의 사이에 오는 것을 이용해 혼동시키기도 하므로 比起…来의 고정격식을 암기해두는 것이 좋다.

▶ A + 比起 + B + 来 = 比起 + B, A + 술어 + 기타 성분

韩国的物价比起日本的物价来，还是很便宜的。
한국의 물가를 일본과 비교해보면 그래도 매우 싸다.

比起他经历过的各种困难，这只是平平常常的一件小事。
그가 겪은 여러 어려움들에 비하면 이건 그저 아주 평범하고 별거 아닌 일이다.

3. 较를 이용한 비교문

较가 比의 의미로 쓰이기도 한다.

▶ A + 较 + B + 비교의 결과 = A + 较 + B + 早 / 晚 + 동사 + 수량사

我今天较昨天早来了20分钟。
나는 오늘 어제보다 20분 일찍 왔다.

瑞士对银行的资本要求较过去大幅提高了。
스위스는 은행에 대한 자본 요구치를 과거에 비해 대폭 상향조정했다.

当代中国人民的生活水平较过去大大提高了。
현대 중국 인민의 생활 수준은 과거에 비해 크게 향상되었다.

바로 확인 EXERCISE　　P 40

1　A　近来，有关"天价幼儿园"等报道频频出现，让人们开始计算养育一个孩子的经济账。
　　B　在韩国当"前辈"也不是好当的。跟后辈们一起聚餐时一般都是"前辈"们掏腰包请客。
　　C　科学活动，特别是自然科学活动，比较其他的人类活动来，其最基本的特征就是不断地进步。
　　D　冬至，是中国农历中一个非常重要的节气，也是中华民族的一个传统节日。这一天是北半球全年中白天最短、夜晚最长的一天。

2　A　上海世博会是世博会历史上参展规模最大的一次博览会。
　　B　对新一代农民工而言，他们不愿意再回到农村，而是渴望成为城市的新移民者。
　　C　自人类进入现代化生活以来，又人为地创造了许多相比天然磁场强得多的人造磁场。
　　D　景泰蓝是燕京八绝之一，由于它的釉料颜色以蓝色为主，并且最初兴盛于明景泰年间，故称为景泰蓝。

실전 문제 EXERCISE

1.
   A 农村人口向城市迁移，将是不可逆转的趋势。
   B 独独在中国，对英语的重视程度远远超过母语。
   C 韩国各所大学一般从12月下旬开始放两个月的寒假。
   D 四合院比较同时代的中国平民住宅来要宽敞舒适得多。

2.
   A "宅一族"的出现与日本动画和电子游戏产业的成长有密切关系。
   B 在众多颜色的钻石中，粉红、蓝、红色钻石都属罕见，价值也较白色钻石很高。
   C 所谓"傍老族"，就是指已成、有谋生的能力，到依旧躺在父母的怀里生存的年轻人。
   D 所谓"孩奴"，就是指夫妻有孩子之后，一生都在为孩子奔波、失去自身价值的一种生活状态。

3.
   A 我敢肯定，前面的挫折比我想象的还很多。
   B 语言的背后是文化，而文化的背后是实力。
   C 后来我当了作家，我用自己的笔写我生活中的故事。
   D 我的泪水就情不自禁地流下来，仿佛黄河汹涌的涛声就在耳畔。

4.
   A 一个闷热阴沉的午后，我像往常一样打开电脑。
   B 人生有许多奇遇，总是让我遇见，这是上天的安排。
   C 祖国的历史悠久绵长，就像黄河、长江，历经千年风雨。
   D 我认为你有能力在更短的时间内，比别人能完成很多的工作。

5.
   A 她接受了他的一切，包括他的过去，他的债务。
   B 虽然我不做这些，但是这些事情由我负责管理。
   C 目前中国的居民收入的增长落后国民经济的增长。
   D 对他这么一个普通白领来说，那笔钱至少是他几年的收入。

> 실전 문제

6
- A 回忆这些往事,既是尽一种责任,也是表达一种希望。
- B 冬天,他的被子太薄,长长的夜里他的膝盖以下总是凉的。
- C 住房、通信、电脑等相比,私人汽车这一消费热点众说纷坛。
- D 他悄无声息地坐在阅览室的一角,用一个指头敲桌子的上面。

7
- A 女生竟然回信了,说愿意和他交朋友,并且信也写得好。
- B 这时我才发现,门不知什么时候在列车的晃荡中被关上了。
- C 居里夫人第二次获得诺贝尔奖时,诺贝尔奖委员会的反应却很冷淡。
- D 五四运动前后,中国经历了跟过去任何一个历史时期都更为深刻的变革。

8
- A 男孩读高三的那年冬天,学校突然要求所有高三的学生一律住校。
- B 他找到校长,要求校长给他一份工作,打扫卫生或者做门卫都可以。
- C 以前,我两眼视力都是1.5,毕业时,一只眼睛的视力已下降为0.6了。
- D 每年国庆节时,天安门广场都要举行盛大的庆祝活动。今年比往年特别盛大。

9
- A 我觉得这个挺有意思,可以证明我很不比别人差。
- B 几位男士听了,纷纷表示他们的妻子也是这个样子。
- C 他们表示,男人不是不愿意倾听,只是一听就头皮发麻。
- D 在我十几岁的时候,为了拓展路面,这些树全部被砍伐了。

10
- A 在他诞生一两年的时间里,曾在美国引发了"超级英雄大爆发"的现象。
- B 目前,空调、冰箱生产能力严重过剩,供大于求的矛盾比以前严重失衡。
- C 比成百上千元一张的音乐会门票、几十元一场的进口大片,电视算得上是便宜的文化消费了。
- D 如果不会利用电脑扩充信息和解决自己的难题,那么,要不了多久他可能会发现,自己落后于时代的发展。

12 被자구

被자구는 피동문을 가리킨다.
被자구도 把자구처럼 회화에 많이 쓰이면서
독해 제1부분에 반드시 등장하는 주요 어법 사항이다.
특히 被자구의 뒤에 나오는 동사와 기타 성분,
문장 구성 요소들에 주의해야 한다.

기본 지식 TEST

예제 다음 문장에서 틀린 부분을 찾아보고, 왜 틀렸는지를 생각해보자.

A 做一件事情，只要开始行动，就算获得了一半的成功。
B 我是电影评论专业的一名研究生，去年一年我一共看了206部电影。
C 重新认识农业，开拓农业新的领域，已成为当今世界农业发展的新趋势。
D 以伤害别人为乐、打小报告，这些行为在任何情况下都不应该说成是好事。

자기의견 메모하기

핵심콕콕 문제 풀이

풀이 D에서 주어 这些行为는 说라는 동작을 행할 수 있는 능력이 없다. 즉 '당하는' 입장이라고 봐야 한다. 이 문장의 핵심 포인트는 被의 뒤에 명사가 나오지 않을 수도 있다는 점이다. 被는 주로 명사와 결합하여 전치사구로 쓰이긴 하지만 종종 동사 앞에 명사 없이 혼자 쓰이기도 하는데, 출제자들은 이 특징을 이용하여 문장에서 被를 없애고 함정을 만들어 놓는다. 그러므로 D에서 都不应该说成是好事를 都不应该被说成是好事라고 고쳐야 한다.

정답 D

해석
A 일을 할 때, 시작하기만 하면 절반의 성공을 얻었다고 볼 수 있다.
B 나는 영화평론을 전공하는 대학원생인데, 작년 한 해 동안 총 206편의 영화를 봤다.
C 농업을 다시 인식하고 농업의 새 영역을 개척하는 것은 이미 세계 농업 발전의 새로운 추세가 되었다.
D 타인을 다치게 하는 것을 즐거움으로 삼거나 고자질하는 이런 행동들은 어떤 상황이라도 좋은 일이라 할 수 없다.

핵심 체크 POINT

다음 被자구에 대한 문제 풀이 키워드를 읽고 이미 알고 있는 내용을 골라 빈칸에 표시를 해보자.

- [ ] **Point 1** 被자구의 기본 문형을 알고 있는가? 문장을 보고 被가 필요한 문장인지 알 수 있는가?
- [ ] **Point 2** 被자구에서 쓰이는 给의 용법을 알고 있는가?
- [ ] **Point 3** 被자구에서 고정격식처럼 사용되는 표현들을 알고 있는가?
- [ ] **Point 4** 被자가 다른 전치사들이 들어가야 할 자리에 잘못 쓰인 경우를 알아낼 수 있는가?
- [ ] **Point 5** 被자구를 다른 방법을 이용해 피동을 표시할 수 있는가?

문제 해결 POINT

POINT 1 被자구의 기본 문형을 숙지하고, 동사 뒤에 기타 성분이 있는지 확인한다.

전치사 被가 쓰인 문장도 把자구처럼 동사 주변에 주의해야 한다. 그러므로 被자구의 기본 형식을 잘 숙지해야 하며, 被자구에서 被를 생략한 문제를 종종 출제하므로 주의해야 한다.

1. 被자구의 기본 형태

被자구는 전치사구이므로 동사 앞에 위치하며, 동사 뒤에는 항상 목적어나 동태조사, 보어 등의 기타 성분이 나온다.

▶ 주어 + [被 + (대)명사] + 술어 + 기타 성분

我被这个故事感动了。	나는 이 이야기에 감동받았다.
孩子被小狗吓哭了。	아이가 개 때문에 놀라서 울었다.
病人被大家送进了医院。	사람들이 환자를 병원으로 데리고 들어갔다.

2. 명사 없이 쓰는 被자구

전치사는 원래 동사와 바로 연결될 수 없지만, 被자구에서 주체를 말할 필요가 없거나 주체가 특정인이 아닌 일반적인 사람일 경우에는 被와 술어(동사)를 직접 연결할 수 있다.

▶ 주어 + 被 / 给 + 술어 + 기타 성분

我被感动了。	나는 감동받았다.
我的秘密被发现了。	나의 비밀이 밝혀졌다.
房间已经被打扫干净了。	방이 이미 깨끗이 치워졌다.

바로 확인 EXERCISE   P 42

1
- A 为什么乌鸦人们认为是不祥的预兆?
- B 在这个讲究效率的城市，人类生活已经实现无纸化。
- C 一个月之后，他在一所学校找到了教五年级学生的工作。
- D 现在很多纪念馆都有了网络版，先进的网页上还有3D版。

POINT 2   被자구에서 쓰이는 给의 용법 두 가지를 기억한다.

被자구에 给가 나오는 문장은 주의해서 봐야 할 필요가 있다. 给는 被를 대신하여 같은 역할을 하기도 하고, 被자구와 동사의 사이에 쓰여 被의 의미를 강조해주는 역할을 하기도 하기 때문에 给 위치에 주의해서 문장의 옳고 그름을 판단해야 한다.

1. 被를 강조하는 给

给는 被자구와 동사의 사이에 쓰여 被의 의미를 강조한다. 이때 被는 叫 또는 让으로 바꿔 쓸 수 있다.

▶ 주어 + [被 / 叫 / 让 + (대)명사] + 给 + 술어 + 기타 성분

我被这个故事给感动了。
= 我叫(让)这个故事给感动了。   나는 이 이야기에 감동받았다.

2. 被를 대신하는 给

被와 술어(동사)가 직접 연결된 경우(POINT 1의 설명 참고) 이때 被는 给로 바꿔 쓸 수 있다.

▶ 주어 + 被 / 给 + 술어 + 기타 성분

我给感动了。
= 我被感动了。   나는 감동받았다.

我的钱包被偷走了。
= 我的钱包给偷走了。   내 지갑을 도둑맞았다.

淘气的孩子被打了。
= 淘气的孩子给打了。   장난이 심한 아이가 맞았다.

바로 확인 EXERCISE   P 42

1
- A   在中国，网络聊天被视为一件正经事。
- B   你是否也想知道，你的安全感谁偷走了呢?
- C   老张没有再提起这件事情，仿佛什么也没发生过。
- D   后来，在大年三十守夜时，看到母亲一次次站在门口望星星。

POINT 3 　被자구에서 고정격식처럼 사용되는 문형을 외워두자.

被자구에는 고정격식처럼 사용되는 문형도 있다. 被자구는 기본 형식과 给를 사용한 형식 이외에 좀 더 복잡한 형식 두 가지가 있는데, 해당 문형에서 동사의 형태나 기타 성분의 형태에 주의해야 한다.

1. 被와 所

被자구와 동사 사이에 所가 쓰이는 경우가 있는데, 이때 동사는 반드시 두 글자 동사나 동사구여야 하며, 被는 为로 바꿔 쓸 수 있다.

▶ 주어 + [被 / 为 + (대)명사] + 所 + 두 글자 동사 / 동사성 어구

我被这个故事所感动。
= 我为这个故事所感动。　　　　　　　　　나는 이 이야기에 감동받았다.
他被美丽的景色所吸引。　　　　　　　　　그는 아름다운 풍경에 매료되었다.
对于肥胖的原始崇拜被恐惧所取代。　　　　살에 대한 원시적인 숭배는 공포로 바뀌었다.
为伟大的事业献身的人，永远不会被人们所遗忘。
위대한 사업에 헌신한 사람은 사람들에게 영원히 잊혀지지 않을 것이다.

2. 被자구의 고정격식

일부 동사는 被자구에 쓰일 경우 반드시 일정한 결과보어가 함께 쓰인다. 이때 被는 뒤의 명사를 생략한 채 동사 앞에 바로 쓰일 수 있다.

▶ 주어 + [被 + (대)명사] + 作(为) / 叫做 / 称为 / 评为… + 기타 성분

这个故事被大家叫做世界之作。　　　　　　이 이야기는 사람들에 의해 세계 걸작이라고 불린다.
= 这个故事被叫做世界之作。　　　　　　　이 이야기는 세계 걸작이라고 불린다.
李白被称为诗仙，杜甫被称为诗圣。　　　　이백은 시선이라고 불리고, 두보는 시성이라고 불린다.

바로 확인 EXERCISE　　P 42~43

1
A 在手机出现之前，人们通常不会在约会时迟到。
B 在互联网时代，"坏事传千里"这话更显真实。
C 与此同时，上网成瘾并深陷其中的人与日俱增。
D 最右面的一幅，是称为"上帝之眼"的三维动画显示。

POINT 4 被자가 다른 전치사 대신 잘못 쓰인 것인지 아닌지를 판단해야 한다.

POINT 2에서 본 것처럼 被를 다른 유사 전치사들로 바꿀 수 있는 경우가 있다. 그런데 新HSK 문제에서 종종 被를 아예 쓸 수 없는 문장에 被를 써놓기도 한다. 예를 들어 다른 전치사를 사용하는 고정격식에 被를 놓는다거나 被자 대신 다른 전치사가 잘못 들어가 있는 문제를 출제한다. 주로 让 / 叫 / 使 / 由 등의 전치사들과 혼용한 문제가 출제된다.

1. 다른 전치사와의 혼용

被를 대신 쓸 수 있는 전치사는 POINT 2, 3에 나온 叫 / 让 / 为 / 给 등인데, 아무 때나 바꿔 쓸 수 있는 것은 아니다. 서로 바꿔 쓸 수 있는 경우를 다시 한 번 살펴보자.

▶ 被와 给　　주어 + 被 / 给 + 술어 + 기타 성분
▶ 被와 叫 / 让　　주어 + [被 / 叫 / 让 + (대)명사] + 给 + 술어 + 기타 성분
▶ 被와 为　　주어 + [被 / 为 + (대)명사] + 所 + 두 글자 동사 / 동사성 어구

2. 고정격식 전치사구의 혼용

由…组成 같은 다른 전치사의 고정격식에 被를 넣거나 使사역문과 피동문을 서로 바꿔서 잘못된 문장을 찾거나, 把자구와 혼동하게 문제를 출제하는 경우가 많다. 다음은 被자구에 다른 전치사를 넣은 경우이다.

我的小秘密使暴光了! (✗)
→ 我的小秘密被暴光了! (○)
내 작은 비밀이 밝혀졌어!

企业家们大多把文化的问题给搞糊涂了。(✗)
→ 企业家们大多被文化的问题给搞糊涂了。(○)
기업가들은 대부분 문화적인 문제로 혼란을 겪는다.

健康环保概念叫消费者所关注和青睐。(✗)
→ 健康环保概念被消费者所关注和青睐。(○)
소비자들은 건강과 환경 보호 컨셉을 주목하고 선호한다.

바로 확인 EXERCISE　　P 43

1
A 越来越重的失败感笼罩了我，就像种子一样在我脑袋里发芽。
B 我曾是一家技术公司的合伙人，工作曾经是我生活的重要部分。
C 听不懂话的人，常常硬把自己的意见安在别人头上，令人啼笑皆非。
D 在大多数环境中都建议使用被8个字符组成的密码，因为它便于用户记忆。

POINT 5   被가 아닌 受 / 受到 등의 동사를 이용해서 수동을 표현하는 경우도 있다.

被만 피동의 의미를 나타내는 것은 아니다. 동사 受는 '~을 받다'라는 뜻인데, 受가 쓰인 문장을 해석해보면 거의 피동으로 해석된다. 그런데, 의미가 유사하게 쓰이더라도 반드시 受를 써야 하는 표현들이 있으므로 아래 예문에 나오는 受와 搭配하는 어휘들을 반드시 기억해두자.

1. 다른 형태의 피동문

传统媒体正受到互联网的挑战。
전통적인 미디어는 인터넷의 도전을 받고 있다.

美国数家大型金融机构纷纷受到经济危机的困扰。
미국의 몇몇 대형 금융기구들은 계속하여 경제위기의 어려움을 겪고 있다.

北京奥运圣火在雅加达受到热烈欢迎。
베이징 올림픽 성화가 자카르타에서 열렬한 환영을 받고 있다.

盲人按摩医疗管理法受到关注和欢迎。
시각장애인 안마 의료관리법이 관심과 환영을 받았다.

바로 확인 EXERCISE   P43

1
- A 即使只是一次预约的面试，也能激起我对未来的些许乐观。
- B 她的妹妹王一伊则奇迹般地浮出水面，成为广告界最被欢迎的明星。
- C 现代科技在给生活带来改变的同时，也引发了越来越多的"时尚病"。
- D 从开始学说话的时候，不同国家的小孩就开始产生学习能力上的差异了。

2
- A 从我的童年到青年时代，父亲与我沟通的次数屈指可数。
- B 预言大师之所以预言准确率高，是因为他善于研究事物的发展规律。
- C 实验从开始到现在有20年了，《科学》杂志上发表了该实验的初步结果。
- D 心理专家说，孩子们正处于人格形成的关键期，他们的心理状态特别应该被关注。

실전 문제 EXERCISE

1
- A 治理沙漠化，让列为世界十大难题之一。
- B 无聊乏味会令人短寿，这是毫无疑问的。
- C 我父亲是一位医生，一生都在与患者打交道。
- D 我看了看钟，又到了去学校接孩子的时间了。

2
- A 对自己失去工作，我曾有过懊悔和自责。
- B 另外，中文数字系统比英语数字系统更有规律性。
- C 在一群打瞌睡的退休老人堆里，我是那么格格不入。
- D 在这种条件下，任何忽视国际交流的人都为经济大潮淘汰。

3
- A 父爱一直伴随着我，只是父亲的爱含蓄而深沉，用心良苦。
- B 小时候，看到别的父子像朋友一样相处，我既羡慕又忧伤。
- C 土族婚礼一般在农历腊月举行，因为腊月认为是个吉祥的月份。
- D 长期从事一种工作会让人感到无聊，而无聊会让身体感到疲惫。

4
- A 如果从人类精神现象来说，道家思想将会当代人所注目。
- B 后来在他的万般恳求之下，他终于重回自己心爱的岗位。
- C 当人们发现他依然在这里工作时，都很惊讶地向他挥手致意。
- D 我从小就学习做菜，并在父母亲的反对之下坚持成为一名厨师。

5
- A 紫荆花性喜温暖，易于繁殖，被香港人视做"繁荣、壮观、奋进"的象征。
- B 对于身体的残疾，他并不感到痛苦，真正被他感到痛苦的是高中毕业后，没有一家单位愿意要他。
- C 含羞草稍被触摸，叶子就会自然地收缩起来，即使一阵风吹过，也会出现这种情形，就像一个害羞的少女一般。
- D 从根本上说，科技的发展，经济的振兴，乃至整个社会的进步，都取决于劳动者素质的提高和大量合格人才的培养。

6　A 正是别具一格的勇气，让它生存这么长时间。
　　B 祖国是人民的集合，正如大海是水滴的故乡。
　　C 长白山带回的小白鼠，当天就被家里的白猫吃。
　　D 假如这样活到120岁，对我来说吸引力简直为零。

7　A 洗漱完毕，他一边喝着咖啡，一边打开电煎锅准备早餐。
　　B 早上6点30分，他的闹钟准时响起，新一天的生活开始了。
　　C 路上有积水，你尽量靠边，小心翼翼，怕汽车驶过时水溅到你身上。
　　D 函授被称没有围墙的大学，这一种教育方式应当说是利国利民的好事情。

8　A 吃过早餐，他来到衣柜前，开始计划今天的着装。
　　B 许多人只是粗心大意，对身边的快乐视而不见罢了。
　　C 永定河上的卢沟桥，桥身总长265米，被11个半圆形的石拱组成。
　　D 烧鱼时放一点儿醋，可以去腥。有些菜加醋后，更有风味，能增进食欲。

9　A 几杯啤酒下肚之后，他们便将谈论的话题转向了她。
　　B 美国有一位非常著名的预言家，记得他的不少预言都应验了。
　　C 我们把工作的目的等同于赚钱，于是工作便成为一种庸俗的劳累。
　　D 龙虎山正式被评世界地质公园，成为2007年中国获得这一称号的唯一景区。

10　A 朴小姐潜心研究考古且小有成就，她被公安部门之托，参与了破获走私文物的行动。
　　B 1987年冬天，由于长期的贫困、缺乏营养和腿疾，在农村老家当代课教师的大哥突发急病。
　　C 为了反对农奴制度和沙皇专制制度，俄国革命者发动武装起义，这些革命者被称为"十二月党人"。
　　D 如果不是两年前搬到这个新校舍，常山小学还只是简陋的教学点，一根跳绳和一个皮球是全部的家当。

新 HSK
6급 독해
제2부분
키워드

Keyword
빈칸에 들어갈 어휘를 어떻게 찾을 것인가?

6급 독해 제2부분은 문장 안에 주어진 빈칸에 들어갈 알맞은 어휘를 찾는 문제다. 말 뜻이 통하는 어휘를 찾으면 되는 것이기에 언뜻 쉽게 느껴진다(제1부분보다 쉬운 것은 사실이지만). 그러나 빈칸이 3~4개 정도가 주어지기 때문에 짧은 시간 안에 문장을 다 읽고 빈칸에 적합한 어휘를 선택하는 것은 그다지 녹록치 않은 일이다.

이 파트에서는 6급 독해 제2부분에 출제되는 문제들을 6가지 유형으로 나누어, 보다 빠르게 문제에 접근하고 풀 수 있도록 학습자들에게 팁을 주고자 했다. 가장 중요한 것은 물론 평소 어휘를 외울 때 꼼꼼하게 용법까지 확인하여 공부하는 것이지만, 시험에 출제되는 어휘를 모두 알기는 쉽지 않으므로, 보다 문제에 쉽게 접근할 수 있도록 문제 유형을 파악해보는 것도 좋은 방법이다.

6급 독해 제2부분에서 가장 중요한 것은 물론 어휘의 뜻이다. 어휘의 뜻이 문맥에 어울리면 그것이 정답일 가능성이 가장 크다. 그런데 해석이 가능해 뜻으로 의미를 유추할 수 있는 문제라면 상관 없지만, 만일 해석이 명쾌하게 되지 않는 문제라면 빈칸과 앞뒤 어휘들과의 품사 관계를 먼저 파악해보는 것이 좋다. 유사하게 생기거나 뜻이 비슷한 어휘들 가운데 정확한 답을 찾아야 하는 문제들이 많다. 하지만 일부 어휘들은 특정 어휘하고만 쓰이는 특징이 있으니 이를 잘 알아두어야 한다. 또한 문제에서 주어진 힌트를 잘 활용해야 한다. 빈칸 앞에 주어진 문장의 의미를 잘 파악하면 빈칸에 어떤 어휘가 필요한지 짐작할 수 있다. 보기에 비슷한 뜻의 어휘들이 주어졌다면 전체적인 문맥에 어울리는 어휘를 찾아야 한다.

1 유의어

중국어는 표의문자다.
그래서 모양이 비슷하면 의미도 유사한 경우가 많기 때문에
어휘를 구별해서 적재적소에 사용하기가 사실 쉽지는 않다.
바로 그런 점 때문에 시험에서는 유의어의 출제빈도가 높다.
따라서 정확하게 어휘를 사용하려면 의미뿐만 아니라
용법까지 정확하게 알아 두는 것이 중요하다.

기본 지식 TEST

예제 다음 문장의 빈칸에 알맞은 단어를 고르고, 왜 어울리는지 생각해보자.

我们应营造_____氛围，提高公司的核心竞争力。

A 和蔼　　　　　B 和解　　　　　C 和谐　　　　　D 和睦

자기의견 메모하기

핵심콕콕 문제 풀이

풀이 氛围와 어울리는 '조화롭다'는 의미의 어휘를 찾아야 한다. 和蔼는 사람의 성격을 묘사하고, 和解는 분쟁이 있었다가 관계를 좋게 회복하는 것이며, 和谐는 분위기나 색이 좋거나 어울림을 뜻하고, 和睦는 사람들 사이의 관계를 묘사한다.

A 和蔼　⑱ 상냥하다, 부드럽다, 사근사근하다
B 和解　⑲ 화해하다, 화의하다
C 和谐　⑱ 잘 어울리다, 조화롭다, 잘 맞다
D 和睦　⑱ 화목하다, 사이가 좋다

정답 C

해석 우리들은 조화로운 분위기를 만들어 회사의 핵심 경쟁력을 향상시켜야 한다.

핵심 체크 POINT

유사하게 생긴 어휘들 또는 의미가 유사한 어휘들이 보기에 제시되었을 때에도 살펴볼 것은 개개 어휘의 뜻과 앞뒤 어휘들과의 호응이다. 이러한 유형은 주로 형용사가 많이 나오는데, 수식을 하는 뒤쪽의 명사와 어울리는 어휘를 선택해야 한다. 이런 문제를 대비해 어휘를 익힐 때는 〈만점 공략 어휘〉에 제시된 것처럼 유사한 어휘들을 비교하면서 함께 외워두는 것도 좋은 방법이다.

문제 해결 POINT

POINT 1   비슷한 생김새? 뒷글자에 주목하자!

보기에 유사한 어휘들이 주어질 경우 한 글자만 같은 두 글자로 된 어휘가 많이 출제되는데, 이때 중요한 것은 각기 다른 그 하나의 어휘가 어떤 의미를 갖느냐이다. 이런 경우 빈칸의 바로 앞에 위치한 어휘를 주의 깊게 살펴보고, 이 어휘와 가장 잘 어울릴 수 있는 나머지 한 글자를 찾아야 한다.

예제   随着人们物质生活水平的_____, 人们对精神文明的需求日益增强。

     A 改变   B 改良   C 改正   D 改善

풀이   ABCD 모두 '바꾸다'라는 뜻을 가진 어휘들이지만 뒷글자에 따라 의미가 바뀐다. 改变은 단순히 '바꾸다', 改良은 '(나쁜 점을 없애버리고 바꾸어서) 좋아지다', 改正은 '(바꾸어서) 바르게 하다', 改善은 '(바꾸어서) 좋아지다'라는 뜻이다. 앞에 관형어로 제시된 生活水平을 놓치지 말자. 水平과 호응하는 동사를 골라야 하는 문제다. '생활 수준이 좋아진다'고 표현할 때는 改善을 쓴다. 改良에도 '개선하다'라는 뜻이 있기는 하지만, 주로 品种 등의 명사와 어울려 쓰인다.

     A 改变   통 변하다, 바뀌다, 달라지다, 고치다, 바꾸다
     B 改良   통명 개량(하다), 개선(하다)
     C 改正   통 (잘못·착오를) 개정하다, 시정하다
     D 改善   통 개선하다, 개량하다   **정답 D**

해석   사람들의 물질 생활 수준이 개선됨에 따라, 사람들의 정신 문화에 대한 수요도 나날이 강화된다.

POINT 2   모양도 비슷, 품사도 같다? 주어인가, 술어인가를 먼저 파악하라!

어휘의 정확한 뜻을 숙지하고 있다면 전혀 문제될 게 없다! 비슷한 아이들끼리 있어도 당황하지 말자. 빈칸의 위치를 먼저 확인하고, 빈칸에 들어갈 어휘가 주어일 경우 가장 우선적으로 술어를 살펴보자. 유사하게 생긴 보기 중에서 술어와 가장 잘 어울릴 수 있는 어휘를 찾으면 된다.

예제   这种_____都发生在巡逻过程中。

     A 情形   B 情节   C 情景   D 情绪

풀이   먼저 주어진 보기들이 모두 명사이며, 빈칸의 위치를 보아 주어를 찾는 문제이다. 주어는 술어가 가장 중요하므로, 发生과 가장 잘 어울리는 어휘를 찾아야 한다.

     A 情形   명 정황, 상황, 형편
     B 情节   명 플롯(plot), 줄거리, (일의) 경과, 경위
     C 情景   명 정경(情景), 작자의 감정과 묘사된 경치, (구체적인) 광경, 장면
     D 情绪   명 [심리학] 정서, 감정, 마음, 기분   **정답 A**

해석   이런 상황은 모두 순찰 과정에 일어난다.

| POINT 3 | 형태는 비슷하지만 품사가 다르다? 문제에서 원하는 품사가 무엇인지 먼저 파악하라! |

일단 빈칸이 위치한 자리가 술어 자리로 확인이 되었다면 뒤에 보어가 있는지 재빨리 확인한다. 보어가 있을 때에는 이 보어와 가장 잘 어울리는 술어를 찾아야 한다.

예제 我们应当善于把理论和工作_____起来。

A 结构　　　　B 结合　　　　C 结果　　　　D 结束

풀이 이 문제의 가장 결정적 힌트는 起来다. 起来는 방향보어이므로 찾는 어휘가 동사라는 것을 알 수 있으며, 보기 중에 起来를 보어로 쓸 수 있는 동사는 结合밖에 없다.

A 结构　명 구성, 구조, 조직, 짜임새, 구조물 동 (글·줄거리 등을) 짜다, 꾸미다
B 结合　동 결합하다, 결부하다, 부부가 되다
C 结果　명 결과, 결실, 열매, 성과, 결론, 끝 ↔ 原因
D 结束　동 끝나다, 마치다, 종결하다, 종료하다, 몸단장하다, 옷치장하다

정답 B

해석 우리는 이론과 실무를 잘 결합시켜야 한다.

| POINT 4 | 모양이 같은 것에만 집중하지 마라! 중요한 것은 빈칸의 위치! |

모양이 비슷한 것은 힌트가 되는 것이지 문제가 요구하는 모든 것은 아니다. 주어진 보기를 살펴보고, 보기의 어휘들이 모두 같은 품사인지를 확인해본 뒤 빈칸의 위치를 확인하는 기본 순서를 기억하자. 빈칸이 술어 자리라면 뒤에 나온 목적어와 호응하는 것을 찾아야 한다.

예제 我们必须继承和_____前辈的优良传统。

A 发布　　　　B 发挥　　　　C 发扬　　　　D 发展

풀이 빈칸 앞에 和가 있으면 명사 자리라고 확신하는 사람이 많지만 和는 동사도 연결할 수 있는 것을 주의하자. 이 문제는 동사 두 개를 연결한 문장이며, 이 동사 둘이 같은 목적어를 공유하고 있다. 동사 继承과 의미가 연결되면서 목적어 优良传统을 취할 수 있는 동사를 찾아야 한다. 发展은 经济 / 产业 / 技术 등의 어휘와 어울린다.

A 发布　동 (명령·지시·뉴스 등을) 선포하다, 발포하다
B 发挥　동 발휘하다, (의견이나 도리를) 충분히 잘 나타내다, 표현하다
C 发扬　동 (전통·미풍양속 등을) 드높이다, 더욱더 발전시키다, (충분히) 발휘하다
D 发展　동 발전하다, (새로운 사람을 받아들여 조직이나 규모 등을) 확대(발전)시키다, 확충하다

정답 C

해석 우리는 반드시 선대의 우수한 전통을 계승하고 발양해야 한다.

만점 공략 어휘 WORD ▶ 유사한 뜻, 모양을 가진 어휘들

유사형태가 2개인 그룹

遍地	biàndì	도처, 곳곳
处处	chùchù	도처에, 각 방면에
长久	chángjiǔ	장구하다
长远	chángyuǎn	(미래의 시간이) 긴, 장기적인
场所	chǎngsuǒ	장소
场地	chǎngdì	마당, 운동장, 용지(用地)
打破	dǎpò	타파하다
破除	pòchú	타파하다
单独	dāndú	단독으로, 혼자서
独自	dúzì	홀로, 혼자서
导致	dǎozhì	초래하다
掀起	xiānqǐ	열어젖히다, 불러 일으키다
繁多	fánduō	매우 많다
众多	zhòngduō	(인구, 문제 등이) 매우 많다
估量	gūliang	예측하다, 짐작하다
估计	gūjì	짐작하다, 예측하다
广度	guǎngdù	(추상적인) 넓이, 범위
广泛	guǎngfàn	(공간, 범위 등이) 광범위하다
过	guò	지나다, 지나치다
过于	guòyú	지나치게
坚定	jiāndìng	확고하다
坚持	jiānchí	견지하다, 고집하다, 끝까지 ~하다
减缓	jiǎnhuǎn	(정도, 속도 등을) 낮추다, 늦추다
减轻	jiǎnqīng	경감하다, 가볍게 하다
具有	jùyǒu	~를 지니다 [추상적 목적어]
拥有	yōngyǒu	(토지, 인구, 재산 등을) 보유하다
渴望	kěwàng	갈망하다
盼望	pànwàng	간절히 바라다

立即	lìjí	즉시, 곧
随即	suíjí	즉시, 곧
拼命	pīnmìng	필사적으로 하다
拼搏	pīnbó	필사적으로 싸우다, 끝까지 다투다
区分	qūfēn	구분하다
区别	qūbié	구별하다
思索	sīsuǒ	사색하다, 깊이 생각하다
思维	sīwéi	사유하다, 숙고하다
显得	xiǎnde	~하게 보이다
显示	xiǎnshì	나타내다, 드러내다
一时	yīshí	잠시, 잠깐
暂时	zànshí	잠시, 잠시 동안
应激	yìngjī	자극에 반응을 일으키다, 자극에 반응하다
应对	yìngduì	응답하다
优点	yōudiǎn	우세, 장점
优势	yōushì	우세
再三	zàisān	재삼, 여러 번
再次	zàicì	재차, 거듭, 두 번째
珍惜	zhēnxī	아끼다, 아까워하다
珍贵	zhēnguì	진귀하다
阻碍	zǔ'ài	(발전 등을) 저해하다, 지장을 주다
阻拦	zǔlán	저지하다

유사형태가 3개인 그룹

保持	bǎochí	유지하다, 지키다
维持	wéichí	유지하다
保留	bǎoliú	보류하다, 보존하다
辨別	biànbié	판별하다, 분별하다

辨认	biànrèn	판별하다, 식별하다
分辨	fēnbiàn	분별하다
标志	biāozhì	표지, 지표, 상징
标签	biāoqiān	상표, 꼬리표, 라벨(label), 태그(tag)
标记	biāojì	표시, 기호
表明	biǎomíng	표명하다, 보여주다
表现	biǎoxiàn	표현, 품행
表达	biǎodá	(생각, 감정 등을) 나타내다
创立	chuànglì	창립하다
创新	chuàngxīn	창조성, 창의, 창조하다
创办	chuàngbàn	창설하다
合格	hégé	규격(표준)에 들어맞다
合适	héshì	적합하다
合乎	héhū	~에 맞다
呼叫	hūjiào	(큰소리로) 외치다, 큰소리로 부르다
呼吁	hūyù	호소하다
呼喊	hūhǎn	외치다, 큰소리로 부르다
局限	júxiàn	국한하다, 한정하다
限于	xiànyú	~에 한정되다
限制	xiànzhì	제한(하다)
面临	miànlín	(문제, 상황 등에) 직면하다, 당면하다
面向	miànxiàng	~를 향하다
面对	miànduì	마주 보다, 직면하다
唤醒	huànxǐng	일깨우다, 각성시키다
唤起	huànqǐ	(주의, 기억 등을) 불러일으키다, 환기하다
提醒	tíxǐng	일깨우다, 주의를 환기시키다
添加	tiānjiā	첨가하다
增添	zēngtiān	더하다, 늘리다, 보태다
增强	zēngqiáng	증강하다

清醒	qīngxǐng	(머릿속이) 맑고 깨끗하다
清新	qīngxīn	맑고 신선하다
清洁	qīngjié	청결하다, 깨끗하다
解除	jiěchú	(걱정, 오해, 경보 등을) 없애다, 해제하다
去除	qùchú	제거하다
消除	xiāochú	없애다, 제거하다, 해소하다
收藏	shōucáng	소장하다 [수집하여 보존함]
收集	shōují	모으다, 수집하다
搜集	sōují	정보를 수집하다
有利于	yǒulìyú	~에 유리하다
有益于	yǒuyìyú	~에 이익이 되다
有助于	yǒuzhùyú	~에 도움이 되다

유사형태가 4개인 그룹

仿佛	fǎngfú	마치 ~인 듯하다
好似	hǎosì	마치 ~같다
如同	rútóng	마치 ~같다
似乎	sìhū	마치 ~인 듯하다
路途	lùtú	길, 도로, 노정
路程	lùchéng	여정
路线	lùxiàn	노선
行程	xíngchéng	노정, 여정
避免	bìmiǎn	~을 피하다
免除	miǎnchú	면하다, 피하다
免得	miǎnde	~하지 않도록
以免	yǐmiǎn	~하지 않도록
丢失	diūshī	분실하다, 잃어버리다
迷失	míshī	(길, 방향 등을) 잃다
遗失	yíshī	유실하다, 분실하다
走失	zǒushī	행방불명 되다, 실종되다

仍然	réngrán	여전히, 아직도
仍旧	réngjiù	여전히, 변함없이, 예전대로 하다
依然	yīrán	여전히, 여전하다, 의연하다
依旧	yījiù	여전히, 여전하다
采用	cǎiyòng	채택하다, 적합한 것을 골라 쓰다
采集	cǎijí	채집하다
采取	cǎiqǔ	(정책, 태도, 조치 등을) 채택하다, 취하다
采纳	cǎinà	(의견, 건의, 요구 등을) 받아들이다

유사형태가 5개 이상인 그룹

充分	chōngfèn	충분하다 [주로 추상적인 사물에 쓰임], 충분히
充足	chōngzú	충분하다 [주로 구체적인 사물에 쓰임]
充沛	chōngpèi	(활력, 원기 등이) 넘쳐흐르다
充实	chōngshí	충실하다
充满	chōngmǎn	가득 차다, 충만하다
分批	fēnpī	여러 조로 나누다
分散	fēnsàn	분산하다
分别	fēnbié	헤어지다, 구별하다
分头	fēntóu	따로따로, 분담하여
分开	fēnkāi	나누다, 가르다, 갈라지다, 헤어지다
平均	píngjūn	균등(한), 평균(적인)
平淡	píngdàn	(사물이나 글이) 일반적이다, 평범하다
平坦	píngtǎn	평탄하다
平稳	píngwěn	평온한, 안정된
平静	píngjìng	차분하다, 평온하다
深刻	shēnkè	(인상 등이) 깊다
深切	shēnqiē	심각하고 절실하다
深重	shēnzhòng	(재난, 위기 등이) 심각하다
深厚	shēnhòu	(감정 등이) 깊고 두텁다
深远	shēnyuǎn	(영향·의의 등이) 깊고 크다
严格	yángé	엄격하다
严密	yánmì	(사물의 결합이나 구성이) 빈틈없다, 치밀하다
严重	yánzhòng	심각하다
严厉	yánlì	(어떤 정도 등이 매우) 심하다
严肃	yánsù	엄숙하다
预料	yùliào	예상하다, 전망하다, 짐작하다
预报	yùbào	예보하다
预测	yùcè	예측하다
预见	yùjiàn	예견하다
预计	yùjì	예상하다
培育	péiyù	(인재 또는 식물을) 기르다
培养	péiyǎng	(인재 등을) 양성하다, 배양하다
养育	yǎngyù	양육하다
孕育	yùnyù	낳아 기르다
养成	yǎngchéng	(습관을) 양성하다, 기르다
开展	kāizhǎn	전개하다, 펼치다, 열다, 펼쳐지다
扩展	kuòzhǎn	확장하다, 퍼지다, 늘어나다
扩充	kuòchōng	확충하다
扩张	kuòzhāng	확장하다
展开	zhǎnkāi	전개하다, 펼치다, 펴다
适用	shìyòng	적용하다
适于	shìyú	~에 적합하다
适宜	shìyí	적합하다, 적절하다
适合	shìhé	적합하다, 어울리다
适应	shìyìng	적응하다
适当	shìdàng	적당하다, 적절하다
纷纷	fēnfēn	잇달아, 끊이지 않고, 쉴 새 없이
接连	jiēlián	연거푸 ~하다, 연속하다
连续	liánxù	연속하여
陆续	lùxù	속속, 잇따라
相继	xiāngjì	잇따르다, 연잇다
先后	xiānhòu	이어서, 잇따라

실전 문제 EXERCISE

1 电影和城市有密切的依存关系：城市是电影的经济支撑和场地_____，而电影对促进城市旅游、城市文化以及城市和企业的_____有着非常重要的意义。用电影引领城市，可以强化城市文化功能，营造_____的城市文化氛围，提升城市的知名度和美誉度，从而_____城市综合竞争力。

A	根源	宣布	和平	增添
B	根据	传达	和蔼	提炼
C	基础	介绍	和睦	推广
D	来源	宣传	和谐	增强

2 随着科学技术的进步，人们可以应用现代科学技术_____生产条件，提高资源的利用_____，还可以_____扩大资源利用的范围，使资源_____更大的作用。

A	改革	化	持续	发生
B	改善	率	不断	发挥
C	改良	性	反复	发动
D	改进	度	逐渐	发扬

3 是不是有人不做梦呢？绝大部分科学家_____所有人都会做梦。如果有人认为自己没有做梦或者很少做梦，那是因为他们醒来后将梦中的_____全部忘记了。有研究表明，无梦睡眠不仅_____不好，而且还是大脑受到_____或有病的一种征兆。

A	相信	情形	质量	损害
B	理解	情况	效率	危害
C	确定	情节	效果	迫害
D	反映	情景	品质	伤害

실전 문제

4 十大传世名画之一的清明上河图为北宋画工_____的风俗画作品，宽24.8厘米，长528.7厘米，绢本设色；该画卷是北宋画家张择端存世的仅见的一幅精品，属国宝级文物，现存于北京故宫博物院。作品以长卷形式，采用散点透视的构图法，生动地_____了中国十二世纪_____的城市生活。

A	精美	叙述	繁荣
B	美丽	描述	单纯
C	精巧	刻画	复杂
D	精致	描绘	繁华

5 天津剪纸可谓历史悠久，_____于清朝光绪末年，后在不断汲取和_____中国传统剪纸工艺的基础上发展到今天。天津剪纸的艺术风格、制作方法_____有独到之处。它_____了年画、瓷器、木雕等图案的设计，注意外形刻画，具有很高的艺术价值。

A	兴建	发挥	都	借助
B	成立	发掘	就	反映
C	起源	发行	还	吸收
D	兴起	发扬	均	借鉴

6 喜马拉雅山脉是世界海拔最高的山脉，位于亚洲的中国与尼泊尔之间，_____中国领土。其中主峰珠穆朗玛峰是世界_____最高的是山峰，高度为8844.43米，同时喜马拉雅山脉也_____称为"世界屋脊"，如今喜马拉雅山脉为全世界登山者们最具吸引力的地方，同时也向他们提出最大的挑战。

A	属于	海拔	被
B	介于	高度	堪
C	位于	个子	叫
D	处于	海面	可

2 어휘 호응

중국어에는 고정적으로 함께 쓰이면서 구를 이루거나 하는 경우가 많다.
고정적으로 함께 쓰이는 어휘의 조합은 술어와 목적어, 관형어와 명사,
술어와 부사어 등 매우 다양하다.
또 긍정적인 결과, 부정적인 결과 등을 나타내는 어휘의 조합에 따라
호응하는 동사가 다른 경우들도 있다.
이 기회에 어휘 호응을 이루는 것들을 주의 깊게 익혀두도록 하자.

기본 지식 TEST

예제   다음 문장의 빈칸에 알맞은 단어를 고르고, 왜 어울리는지 생각해보자.

改革开放以来，中国_____了与外部世界的联系。

A 加强   B 扮演   C 受到   D 提高

자기의견 메모하기

핵심콕콕 문제 풀이

풀이   联系와 호응할 수 있는 동사를 찾아야 한다. 내용을 살펴보면 쉽게 답에 접근할 수 있다. 문맥상 개혁개방을 했으니 외부 세계와 좀 더 원활한 '소통(联系)'을 할 수 있을 것임을 알 수 있다. 그러므로 '원래보다 상황이 강해지다'라는 의미의 동사가 필요하다.

A 加强   동 강화하다, 증강하다
B 扮演   동 ~역을 맡아 하다, 출연하다
C 受到   동 얻다, 받다, 만나다, 부딪치다, 견디다, 입다
D 提高   동 (위치·수준·질·수량 등을) 제고하다, 향상시키다, 높이다, 끌어올리다   **정답 A**

해석   개혁개방 이후 중국은 외부 세계와의 관계를 강화했다.

핵심 체크 POINT

중국어에서 중요한 것은 끼리끼리 어울리는 어휘 조합이 많다는 것이다. 굳이 고정격식이라고 할 수 없어도 함께 쓰이는 어휘가 거의 고정적으로 쓰이는 경우가 많다. 즉 어떤 동사는 목적어로 취하는 명사가 따로 있다거나, 수식을 받는 부사가 정해져 있다거나, 어떤 형용사는 특정 명사만 수식한다. 이러한 어휘 호응은 〈만점 공략 어휘〉에 제시한 것처럼 수식어와 중심어를 묶어서 함께 외워두자.

문제 해결 POINT

POINT 1 　특정 목적어와 동사 술어의 조합은 외워두자!

고정격식이라고 할 수 있을 만큼 자주 함께 등장하는 동사와 목적어(명사)를 기억해두면 좋다. 빈칸의 위치가 동사 술어일 경우 먼저 빈칸 뒤에 나오는 목적어를 확인한 다음 주어진 보기 중에서 목적어와 가장 잘 어울리는 술어를 찾아야 한다.

예제　只有在不断的自我挑战中，才能_____自己的潜能和创造力。

　　　　A 增加　　　　　　B 掀起　　　　　　C 激发　　　　　　D 发表

풀이　潜能 / 创造力 등의 능력을 받는 동사를 찾아야 한다. 어떤 능력이나 감정을 불러일으킬 때는 동사 激发를 쓴다. 激发潜能 / 激发创造力를 통으로 외워두도록 하자.

　　　A 增加　　동 증가하다, 더하다, 늘리다
　　　B 掀起　　동 열다, 들어 올리다, 불러일으키다, 행동하게 하다
　　　C 激发　　동 (감정을) 불러일으키다, 끓어오르게 하다
　　　D 发表　　동 (신문·잡지 등에) 글을 게재하다, (의견을 단체나 사회에) 발표하다

정답 C

해석　오직 끊임없는 자기 도전 속에서 자신의 잠재력과 창조력을 불러일으킬 수 있다.

POINT 2 　목적어가 무조건 명사인 것은 아니다!

목적어는 술어 뒤에 위치하는 문장성분으로, 다양한 형태를 가질 수 있다. 또한 보기에 동사가 주어졌다고 해서 무조건 술어 자리라고 생각하면 안 된다. 술어 자리가 아니더라도 보기에 동사가 주어졌다면 앞뒤에 주어나 목적어로 함께 쓰인 명사들을 잘 살펴보고, 의미가 통하는지를 확인하도록 한다.

예제　我们克服了难以想象的经济困难和思想_____。

　　　　A 摆脱　　　　　　B 束缚　　　　　　C 解脱　　　　　　D 脱困

풀이　주어진 보기들은 동사지만 빈칸의 위치는 문장 속의 술어 자리가 아닌 목적어 자리다. 즉, 목적어가 주술 구조이면서 和로 두 개의 주술구 목적어가 연결되어 있다. 이런 경우 빈칸 앞에 있는 思想과 어울리면서, 술어인 克服와 호응하고, 经济困难과 병렬구조로 연결할 수 있는 동사를 찾아야 한다.

　　　A 摆脱　　동 (속박·규제·생활상의 어려움 등에서) 벗어나다, 빠져 나오다, 떨쳐버리다
　　　B 束缚　　동 구속하다, 속박하다, 제한하다, 줄로 묶다, 결박하다
　　　C 解脱　　동 (어려움으로부터) 벗어나다, (책임이나 죄명을) 벗어나게 하다, 벗기다
　　　D 脱困　　동 곤경(곤란)에서 벗어나다

정답 B

해석　우리들은 상상하기 어려운 경제난과 사상적 속박을 극복했다.

| POINT 3 | 주어가 너무 길다? 그렇다면 的를 찾아라! |

빈칸이 술어의 자리에 있을 경우 뒤에 목적어가 없다면 주어에 주목하여 주어와 어울리는 술어를 찾는다. 주어의 형태가 복잡한 경우 수식어를 모두 제외한 상태의 순수한 주어를 빨리 찾아내는 것이 가장 중요하다.

예제 目前在中国正规产品和山寨产品间的竞争很_____。

A 节省   B 加大   C 加快   D 热烈

풀이 주어가 매우 길게 되어 있지만 아무리 길다 하더라도 的만 찾으면 된다. 바로 的의 뒤에 있는 것이 주어이기 때문이다. 이 문장에서는 주어인 竞争과 어울리는 술어를 찾아야 한다.

A 节省 동 아끼다, 절약하다 형 낭비하지 않다, 검소하다, 검약하다
B 加大 동 (수량·정도를) 확대하다, 늘리다, 더하다, 증가하다
C 加快 동 속도(스피드)를 올리다, 빠르게 하다
D 热烈 형 열렬하다, 치열하다

정답 D

해석 현재 중국에서는 정품과 짝퉁 제품간의 경쟁이 치열하다.

| POINT 4 | 술어는 부사어, 목적어, 주어와 모두 호응하는 것을 고르자! |

먼저 목적어와 부사어를 확인한 후 주어진 보기 중에서 그 둘과 가장 잘 어울릴 수 있는 술어를 찾아야 한다. 그런 다음 주어와 어울리는 어휘인지 확인해보자.

예제 我这首诗尽意地_____了思乡之情。

A 揭开   B 抒发   C 打发   D 消遣

풀이 주어는 诗가 되고, 목적어는 思乡之情이며, 앞에 있는 부사어 尽意地와 어울리는 술어를 찾아야 한다. 주어를 我로 잘못 판단하지 않도록 주의하자.

A 揭开 동 (덮은 것을) 떼다, 벗기다, 열다, 드러내다, 폭로하다, 벗겨내다
B 抒发 동 나타내다, 토로하다
C 打发 동 시간(날)을 보내다, 허비하다, 내쫓다, 해고하다, 파견하다, 보내다
D 消遣 동 소일하다, 심심풀이로 하다, 마음을 달래다 명 심심풀이, 소일거리

정답 B

해석 나의 이 시는 고향을 그리는 감정을 십분 잘 표현해냈다.

만점 공략 어휘 WORD

▶ 新HSK에 자주 등장하는 구조별 어휘 호응

▶ 주어主语 + 술어谓语

명사 + 동사	黑暗降临	hēi'àn jiànglín	어둠이 찾아들다
	商品门类齐全	shāngpǐn ménlèi qíquán	상품의 종류를 완비하다
	态度缓和	tàidu huǎnhé	태도가 부드러워지다
	血脉畅通	xuèmài chàngtōng	혈맥이 막힘 없이 통하다
	舆论沸腾	yúlùn fèiténg	여론이 세차게 일어나다 (들끓다)
명사 + 형용사	穿戴整齐	chuāndài zhěngqí	옷차림이 단정하다
	成效明显	chéngxiào míngxiǎn	효과가 뚜렷하다
	动作迟缓	dòngzuò chíhuǎn	동작이 굼뜨다
	高度相等	gāodù xiāngděng	높이가 같다
	结构严密	jiégòu yánmì	구성이 치밀하다
	家产雄厚	jiāchǎn xiónghòu	가산(家産)이 풍부하다
	家境贫乏	jiājìng pínfá	살림 형편이 빈곤하다
	精力充沛	jīnglì chōngpèi	정력이 넘치다
	粮食充足	liángshi chōngzú	식량이 충분하다
	气概不凡	qìgài bù fán	기개가 비범하다
	人口稠密	rénkǒu chóumì	인구가 조밀하다
	设备陈旧	shèbèi chénjiù	설비가 오래되다
	神态悠闲	shéntài yōuxián	표정과 태도가 유유하다
	天气严寒	tiānqì yánhán	날씨가 매우 춥다
	态度严峻	tàidu yánjùn	태도가 위엄 있다
	谈吐斯文	tántǔ sīwén	말투가 고상하다
	温度适宜	wēndù shìyí	온도가 적합하다
	心地纯洁	xīndì chúnjié	심지가 순결하다
	云层浓厚	yúncéng nónghòu	구름층이 짙다 (두텁다)

▶ 술어谓语 + 목적어宾语

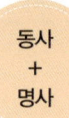
동사 + 명사

白费心血	báifèi xīnxuè	헛수고를 하다
办理公务	bànlǐ gōngwù	공무를 보다
采集枫叶	cǎijí fēngyè	단풍잎을 채집하다
采取措施	cǎiqǔ cuòshī	조치를 취하다
操练兵马	cāoliàn bīngmǎ	병사와 말을 조련하다
操纵机器	cāozòng jīqì	기계를 조종하다
操作电脑	cāozuò diànnǎo	컴퓨터를 다루다
测量血压	cèliáng xuèyā	혈압을 재다
偿还债务	chánghuán zhàiwù	채무를 갚다
敞开大门	chǎngkāi dàmén	대문을 활짝 열다
超越前人	chāoyuè qiánrén	옛사람을 뛰어넘다
撤销处分	chèxiāo chǔfèn	처벌을 취소하다
储备物资	chǔbèi wùzī	물자를 비축하다
传达命令	chuándá mìnglìng	명령을 전달하다
传授经验	chuánshòu jīngyàn	경험을 전수하다
伺候老娘	cìhou lǎoniáng	어머니를 보살피다
凑热闹	còu rènao	함께 모여 떠들썩하게 즐기다
达成交易	dáchéng jiāoyì	거래를 달성하다
打手势	dǎ shǒushì	손짓하다
发布指示	fābù zhǐshì	지시를 발포하다
发动进攻	fādòng jìngōng	공격을 개시하다
发行货币	fāxíng huòbì	화폐를 발행하다
防守阵地	fángshǒu zhèndì	진지를 수비하다
防治高血压	fángzhì gāoxuèyā	고혈압을 예방 치료하다
分解因式	fēnjiě yīnshì	인수를 분해하다
分泌胃液	fēnmì wèiyè	위액을 분비하다
抚养子女	fǔyǎng zǐnǚ	자녀를 기르다
附和大势	fùhè dàshì	대세를 따르다
改正弊病	gǎizhèng bìbìng	폐단을 바로잡다

更正错误	gēngzhèng cuòwù	잘못을 고치다
攻读学位	gōngdú xuéwèi	학위를 전공하다
攻克堡垒	gōngkè bǎolěi	요새를 점령하다
捍卫领空	hànwèi lǐngkōng	영공을 지키다
合乎事实	héhū shìshí	사실에 부합하다
汇报工作	huìbào gōngzuò	업무를 보고하다
获得证书	huòdé zhèngshū	증서를 획득하다
减轻负担	jiǎnqīng fùdān	부담을 덜다
履行义务	lǔxíng yìwù	의무를 이행하다
面临挑战 / 危机	miànlín tiǎozhàn / wēijī	도전 / 위기에 직면하다
难堪重负	nánkān zhòngfù	무거운 부담을 견디기 힘들다
拧螺丝钉	níngluó sīdīng	나사못을 돌리다
扭转身子	niǔzhuǎn shēnzi	몸을 돌리다
攀登悬崖	pāndēng xuányá	벼랑을 기어오르다
燃起火焰	ránqǐ huǒyàn	불꽃이 일다
散发报纸	sànfā bàozhǐ	신문을 배포하다
丧失信誉	sàngshī xìnyù	신용을 잃다
晒太阳	shài tàiyang	햇볕을 쬐다, 일광욕하다
设立企业	shèlì qǐyè	기업을 세우다
失去良机	shīqù liángjī	좋은 기회를 잃다
实施方案	shíshī fāng'àn	계획을 실시하다
授予许可证	shòuyǔ xǔkězhèng	허가증을 주다
受(…)欢迎	shòu(…)huānyíng	~의 환영을 받다
受罪	shòu zuì	고생하다, 시달리다
率领军队	shuàilǐng jūnduì	군대를 거느리다
思念家乡	sīniàn jiāxiāng	고향을 그리워하다
探望四周的动静	tànwàng sìzhōu de dòngjing	사방의 인기척을 살피다
贪污两万多元	tānwū liǎngwàn duō yuán	2만여 위안을 횡령하다
调剂物资	tiáojì wùzī	물자를 조정하다

	调节音量	tiáojié yīnliàng	음량을 조절하다
	调解纠纷	tiáojiě jiūfēn	분규를 중재하다
	挑拨是非	tiǎobō shìfēi	시비를 불러일으키다
	维护权益	wéihù quányì	권익을 보호하다
	消除文盲 / 差距	xiāochú wénmáng / chājù	문맹을 퇴치하다 / 격차를 없애다
	写作散文	xiězuò sǎnwén	산문을 짓다
	修复苗宇	xiūfù miáoyǔ	사당을 수리하여 복원하다
	压迫穷人 / 言论	yāpò qióngrén / yánlùn	가난한 사람을 억압하다 / 언론을 압박하다
	压抑自己的感情	yāyì zìjǐ de gǎnqíng	자신의 감정을 억제하다
	延长时间	yáncháng shíjiān	시간을 연장하다
	严禁鸦片	yánjìn yāpiàn	아편을 엄금하다
	予以警告	yǔyǐ jǐnggào	경고하다
	应聘职位	yīngpìn zhíwèi	직위에 응시하다
	运用法律	yùnyòng fǎlǜ	법률을 운용하다
	遭受重创	zāoshòu zhòngchuāng	중상을 입다
	糟蹋人才	zāotà réncái	인재를 망치다
	造成损失	zàochéng sǔnshī	손실을 초래하다
	占地位	zhàn dìwèi	지위를 차지하다, 위치를 차지하다
	占领市场	zhànlǐng shìchǎng	시장을 점유하다
	指定时间 / 地点	zhǐdìng shíjiān / dìdiǎn	시간 / 장소를 지정하다
동사 + 동사	承包办理	chéngbāo bànlǐ	맡아서 처리하다
	掉头回顾	diào tóu huígù	고개를 숙이고 회고하다
	请勿吸烟	qǐng wù xīyān	담배를 피우지 마시오

▶ 관형어定语 + 중심어中心语

동사 관형어 + 명사	吃人老虎	chī rén lǎohǔ	사람 잡아먹는 호랑이
	调查人员	diàochá rényuán	조사원
	发芽柳树	fā yá liǔshù	싹 튼 버드나무
	生产农具	shēngchǎn nóngjù	생산용 농기구
	生产工具	shēngchǎn gōngjù	생산용 공구
	实习教师	shíxí jiàoshī	실습교사
	逃跑队员	táopǎo duìyuán	도주한 대원
	挖坑锄头	wākēng chútou	이랑 파는 호미
	写字书桌	xiě zì shūzhuō	글 쓰는 책상
	学习工具	xuéxí gōngjù	학습 도구
	在校期间	zàixiào qījiān	재학기간
명사 관형어 + 명사	北京机场	Běijīng Jīchǎng	베이징 공항
	法国人	Fǎguórén	프랑스인
	海军演习	hǎijūn yǎnxí	해군 훈련
	男医生	nán yīshēng	남자 의사
	女歌手	nǚ gēshǒu	여자 가수

실전 문제 EXERCISE

P 48~50

1 我们要学会_____自己的心情，而不是让别人决定你的心情，要_____自己对别人坏情绪的"免疫力"，只有这样才能每天_____一份好心情。

- A 支配　　减少　　得到
- B 控制　　加强　　拥有
- C 限制　　增强　　享受
- D 掌握　　减弱　　充满

2 完美主义有益也有害。它可以_____我们对成功的渴望，使我们表现得更加完美；也可能让我们更加_____、害怕失败，甚至小小的不完美也会成为我们无法承受的_____。

- A 推动　　得意　　奇迹
- B 导致　　恐惧　　痛苦
- C 激发　　焦虑　　挫折
- D 传播　　疑惑　　刺激

3 科学是老老实实的学问，需要付出_____的劳动，来不得半点_____。同时，科学也需要创造，需要想象，这样才能打破传统的_____，才能获得发展。

- A 辛勤　　虚心　　约束
- B 痛苦　　虚伪　　拘束
- C 艰辛　　虚假　　束缚
- D 艰难　　虚荣　　规矩

4 武汉大专院校林立，竞争非常_____，如何找准自己的_____，这是_____在工作上长江职业学院决策者们前面的一个_____课题。

A	热烈	地位	放	巨大
B	激化	位置	摆	重要
C	强烈	位置	搁	伟大
D	激烈	位置	摆	重大

5 _____隐逸诗人，他的乐趣之一，_____置琴饮酒，在音乐的旋律中，_____自己归隐自然的心境。

A	当作	便于	启发
B	为了	随便	发展
C	作为	便是	抒发
D	作出	方便	抒情

6 怎样把会议开得圆满，是时下很多领导必做的功课。首先整个会议要以要解决的问题为_____，其次在开会之时领导者还要时不时地调动会议场上的_____，使得在座会员多多_____问题的讨论，_____得到很好地流通，才能很好解决问题，所谓"众人拾柴火焰高"。

A	主题	氛围	商量	情报
B	核心	工作	磋商	消息
C	重点	人员	参加	结论
D	中心	气氛	参与	信息

3 성어 成语

중국어에서 성어는 매우 중요한 위치를 차지한다.
중국 사람들은 말 속에 성어를 섞어 쓰는 것을 매우 좋아하고,
또 성어를 응용해 표현하기도 한다.
우리가 흔히 잘못 생각하는 것 가운데 하나는 바로
'성어는 무조건 명사로 쓰인 것이다'라는 착각이다.
성어는 매우 다양하게 활용되므로, 의미뿐만 아니라 용법에도 주의해야 한다.

기본 지식 TEST

예제 다음 문장의 빈칸에 알맞은 성어를 고르고, 왜 어울리는지 생각해보자.

大多数国民对政府的措施感到＿＿＿＿。

A 不言而喻　　　B 不以为然　　　C 半途而废　　　D 妇孺皆知

자기의견 메모하기

핵심콕콕 문제 풀이

풀이 보기로 주어진 성어들의 뜻을 먼저 확인하자. 이 문장에서 빈칸에 들어가야 할 것은 목적어이므로 주어와 술어를 확인한다. 이 문장은 '대다수의 국민이 정부의 조치에 대해 ~라고 느끼다'라는 뜻이므로, 국민들이 찬성하는지, 반대하는지, 좋아하는지, 싫어하는지를 표현하는 성어를 찾으면 된다.

A 不言而喻　말하지 않아도 안다, 말할 필요도 없다
B 不以为然　그렇게 여기지 않다, 그렇다고 생각하지 않다
C 半途而废　일을 중도에 그만두다, 도중에 포기하다
D 妇孺皆知　부녀자와 어린이들조차 모두 알고 있다

정답 B

해석 국민의 대다수는 정부의 조치에 대해 달갑지 않게 생각한다.

핵심 체크 POINT

보기에 성어가 주어졌을 때 가장 먼저 생각해야 할 것은 물론 그 뜻이다. 성어의 정확한 뜻을 알고 있어야 하는 것은 기본 중의 기본이므로 많은 성어를 외어두어야 한다. 성어는 주로 술어로 쓰이기 때문에 문장 전체의 의미와 성어가 일맥상통하는지가 매우 중요하다. 간혹 성어가 수식어로 쓰인 문장이 출제되기도 하는데, 이런 경우 문장 속에 성어를 유추해낼 수 있는 특정 어휘가 있으므로, 문장을 전체적으로 잘 살펴보아야 한다.

문제 해결 POINT

POINT 1 — 가장 먼저 문맥에 어울리는 성어를 찾아라!

기본적으로 뜻이 통하는 말을 찾아야 한다. 성어는 수식어와 술어로 모두 사용될 수 있으므로, 위치가 어디가 되었든 간에 빈칸에서 요구하는 뜻이 무엇인지를 알아야 한다.

예제 在_____过程中，既有同化作用，又有异化作用。

A 密不可分　　　B 举世闻名　　　C 根深蒂固　　　D 新陈代谢

풀이 목적어로 제시된 同化作用, 异化作用이 생물학적 용어이므로, 관련 용어를 찾으면 된다. 빈칸 앞뒤의 문장 형식은 在…中의 전치사구로 되어 있으나, 의미상 빈칸에 들어갈 말은 有의 주어가 된다. 보기에 제시된 어휘들 가운데 목적어로 쓰인 두 작용을 '가지고 있다'라고 말할 수 있는 어휘는 '신진대사'밖에 없다.

A 密不可分 뗄 수 없는 사이다
B 举世闻名 전 세계에 이름이 알려지다, 명성이 대단하다
C 根深蒂固 기초가 튼튼하여 쉽게 흔들리지 않다
D 新陈代谢 [생물] 신진대사, 물질대사

정답 D

해석 신진대사의 과정은 동화작용도 있고 이화작용도 있다.

POINT 2 — 성어가 술어로 쓰인 경우 핵심이 되는 주어를 찾아라!

성어는 주로 술어로 사용되는데, 주어가 무엇인지 확인한 다음 보기 가운데 그 주어와 가장 잘 어울리면서 술어로 쓰일 수 있는 성어를 찾아야 한다. 하지만 주어가 길게 제시되었을 경우 문장의 핵심이 되는 주어를 찾는 것이 관건이다.

예제 今年世界杯足球赛使梅西的名字_____。

A 无所作为　　　B 欣欣向荣　　　C 家喻户晓　　　D 新陈代谢

풀이 이 문장의 주어는 今年世界杯足球赛, 동사는 使이다. 使는 사역 동사이기 때문에 뒤에 다시 '주어 + 술어'의 형태가 나와야 한다. 다시 말해 빈칸에 필요한 것은 梅西的名字의 술어인 것이다.

A 无所作为 어떤 성과도 못 내다, 현재 상황에 만족하여 진취적인 정신이 부족하다
B 欣欣向荣 (초목이) 무성하다, 무럭무럭 자라다, (사업이) 번창하다, 번영하다
C 家喻户晓 집집마다 다 알다, 사람마다 모두 알다
D 新陈代谢 신진대사, 물질대사

정답 C

해석 올해 개최된 월드컵은 누구나 다 메시의 이름을 알게 만들었다.

POINT 3 　한 문장에 성어가 두 가지 이상 쓰인 경우 다른 성어의 의미를 파악하라!

성어가 하나만 단독으로 쓰일 수도 있지만, 표현을 강조하거나 의미를 풍성하게 해주기 위해 종종 두 가지 이상의 성어를 함께 쓰기도 한다. 문학작품에서 이런 경우를 자주 볼 수 있는데, 이런 문제가 제시된 경우 먼저 주어와 함께 술어로 쓰인 성어를 확인한 후 보기 중에서 어울리는 성어를 찾아야 한다.

예제　这里的一草一木、一山一水美不胜收，让人触景生情，_____。

　　　　A　流连忘返　　　　B　漠不关心　　　　C　锲而不舍　　　　D　人云亦云

풀이　美不胜收는 '훌륭한 것이 많아서 이루 다 즐길 수 없다', 触景生情은 '눈 앞의 정경을 보고 어떤 특별한 감정이 일다'라는 뜻이다. 내용상 아름다운 경치를 본 사람들의 심리를 표현하는 성어를 찾아야 한다.

　　A　流连忘返　놀이에 빠져 돌아가는 것을 잊다, 아름다운 경치에 빠져 떠나기 싫어하다
　　B　漠不关心　[낮은말] 전혀 관심이 없다, 아주 무관심하다
　　C　锲而不舍　중도에 그만두지 않고 끝까지 조각하다, 나태함 없이 끈기있게 끝까지 해내다
　　D　人云亦云　남이 말하는 대로 따라 말하다, 주관이 없다　　　　　　　　　　**정답　A**

해석　이곳은 풀 한 포기 나무 한 그루, 산과 강이 모두 아름다워서 사람들이 경치에 매료되어 돌아가기 싫게 만든다.

POINT 4 　문장 중간에 빈칸이 있다면 앞뒤 절 문장의 흐름을 짚어라!

중국어는 문장을 짧게 쓰고 쉼표로 연결하는 경우가 많은데, 이 짧은 문장이 성어로만 구성되는 경우도 있다. 성어는 그 자체가 주술구조를 갖고 있는 경우가 많기 때문이다. 이런 유형의 성어가 출제된 경우 빈칸을 중심으로 앞뒤 절의 내용을 잘 연결지어보면 의외로 답은 쉽게 나온다. 성어 앞에 부사가 쓰였다면 이 부사의 의미에 주의하자.

예제　他的厂子倒闭了，现在_____，还负债累累。

　　　　A　一无所有　　　　B　尽人皆知　　　　C　络绎不绝　　　　D　朝气蓬勃

풀이　앞 절에는 倒闭, 뒤 절에는 负债累累가 나왔으므로, '사업이 망해 빚만 산더미 같다'는 것을 알 수 있다. 주의해야 할 것은 뒤 절 성어의 앞에 있는 부사 还다. 还는 점층적으로 심화되는 의미를 나타내어 상태가 심각해져 '빚까지 진 상태'이므로 그 전 단계는 '돈이 없는 상태'임을 유추할 수 있다.

　　A　一无所有　가진 게 아무것도 없다, 아주 가난(빈곤)하다
　　B　尽人皆知　모든 사람들이 다 알다
　　C　络绎不绝　(사람·수레·배 따위의) 왕래가 빈번해 끊이지 않다, 왕래가 빈번하다
　　D　朝气蓬勃　생기가 넘쳐흐르다, 생기발랄하다, 씩씩하다　　　　　　　　　**정답　A**

해석　그의 공장이 도산하여 지금은 아무 것도 없는 데다가, 빚만 잔뜩 쌓여 있다.

만점 공략 어휘 WORD ▶ 新HSK에 자주 등장하는 성어

A	爱不释手	àibùshìshǒu	(매우 아껴서) 손을 떼지 못하다, (매우 좋아해서 잠시도) 손에서 놓지 않다
	安居乐业	ānjūlèyè	안정된 생활을 누리며 즐겁게 일하다
B	拔苗助长	bámiáozhùzhǎng	일을 급하게 이루려고 하다가 도리어 일을 그르치다
	半途而废	bàntú'érfèi	일을 중도에 그만두다, 도중에 포기하다
	饱经沧桑	bǎojīngcāngsāng	세상만사의 변화를 실컷 경험하다
	波涛汹涌	bōtāoxiōngyǒng	파도가 거세다, 물결이 거세다
	不屑一顾	bùxièyīgù	일고(一考)의 가치도 없다, 생각해볼 가치도 없다, 거들떠보지도 않다
	不相上下	bùxiāngshàngxià	우열을 가릴 수 없다, 막상막하, 수준이 대등하다
C	层出不穷	céngchūbùqióng	끊임없이 나타나다, 꼬리를 물고 나타나다
	称心如意	chènxīnrúyì	마음에 꼭 들다, 자기 마음에 완전히 부합되다
	川流不息	chuānliúbùxī	(행인·차량 등이) 냇물처럼 끊임없이 오가다, 꼬리에 꼬리를 물고 이어지다
	从容不迫	cóngróngbùpò	매우 침착하다, 허둥대지 않다, 태연자약하다
D	当务之急	dāngwùzhījí	당장 급히 처리해야 하는 일, 급선무
	得不偿失	débùchángshī	얻는 것보다 잃는 것이 더 많다
	得天独厚	détiāndúhòu	우월한 자연 조건을 갖고 있다, 특별히 좋은 조건을 갖추다, 처한 환경이 남달리 좋다
	丢三落四	diūsānlàsì	흐리멍덩하다, 이것저것 빠뜨리다, 건망증이 심하여 이 일 저 일 잘 잊어버리다
	东张西望	dōngzhāngxīwàng	여기저기 두리번거리다, 이쪽 저쪽을 연달아 돌아보다
	断断续续	duànduànxùxù	끊어졌다 이어졌다 하다, 단속(斷續)적으로
F	飞禽走兽	fēiqínzǒushòu	금수(禽獸), 조수(鳥獸), 새와 짐승
	风土人情	fēngtǔrénqíng	지방의 특색과 풍습, 풍토와 인심
G	各抒己见	gèshūjǐjiàn	각자 자기의 의견을 발표하다
	根深蒂固	gēnshēndìgù	기초가 튼튼하여 쉽게 흔들리지 않다
	供不应求	gōngbùyìngqiú	공급이 수요를 따르지 못하다, 공급이 딸리다
	归根到底	guīgēndàodǐ	근본으로 돌아가다, 결국, 끝내
H	后顾之忧	hòugùzhīyōu	뒷걱정, 후방 걱정, 가족 걱정
	画蛇添足	huàshétiānzú	뱀을 그리는 데 다리를 그려 넣다, 쓸데없는 짓을 하여 도리어 일을 잘못되게 하다, 재주를 피우려다 일을 망치다, 사족을 가하다
	恍然大悟	huǎngrándàwù	문득 모든 것을 깨치다, 갑자기 모두 알게 되다, 마음이 탁 트이다

J	急功近利	jígōngjìnlì	조급한 성공과 눈앞의 이익에만 급급하다
	继往开来	jìwǎngkāilái	이전 사람의 사업을 계승하여 앞길을 개척하다
	家喻户晓	jiāyùhùxiǎo	집집마다 다 알다, 사람마다 모두 알다
	见广识多	jiànguǎngshíduō	식견이 넓다
	见义勇为	jiànyìyǒngwéi	정의로운 일을 보고 용감하게 뛰어들다, 불의를 보면 참지 못하다
	竭尽全力	jiéjìnquánlì	모든 힘을 다 기울이다, 전력(全力)을 다하다
	津津有味	jīnjīnyǒuwèi	흥미진진하다, 감칠맛 나다, 아주 맛있다
	锦绣前程	jǐnxiùqiánchéng	전도양양한 앞날, 아름답고 빛나는 미래, 유망한 전도
	精打细算	jīngdǎxìsuàn	세밀하게 계산하다, 면밀하게 계획하다
	精益求精	jīngyìqiújīng	훌륭하지만 더욱더 완벽을 추구하다
	兢兢业业	jīngjīngyèyè	신중하고 조심스럽게 맡은 일을 부지런하고 성실하게 하다, 근면성실하게 업무에 임하다
	举世闻名	jǔshìwénmíng	전 세계에 이름이 알려지다, 명성이 아주 크다
	举世瞩目	jǔshìzhǔmù	전 세계 사람들이 주목하다
	举足轻重	jǔzúqīngzhòng	실력자가 두 강자 사이에서 한쪽으로 조금만 치우쳐도 세력의 균형이 깨지다, 대단히 중요한 위치에 있어서 일거수일투족이 전체에 중대한 영향을 끼치다
	聚精会神	jùjīnghuìshén	정신을 집중하다, 전심하다, 열중하다
K	刻不容缓	kèbùrónghuǎn	일각도 지체할 수 없다, 잠시도 늦출 수 없다
	空前绝后	kōngqiánjuéhòu	전무후무(前無後無)하다, 이전에도 없었고 앞으로도 없다, 대단한 성취 혹은 성황
	苦尽甘来	kǔjìngānlái	고진감래, 고생끝에 낙이 온다
L	理所当然	lǐsuǒdāngrán	도리로 보아 당연하다, 당연히 그렇다
	理直气壮	lǐzhíqìzhuàng	이유가 충분(정확)하여 하는 말이(태도가) 당당하다(떳떳하다)
	力所能及	lìsuǒnéngjí	자기 능력으로 해낼 수 있다
	络绎不绝	luòyìbùjué	(사람·수레·배 따위의) 왕래가 빈번해 끊이지 않다, 내왕이 빈번하다
M	莫名其妙	mòmíngqímiào	어리둥절하게 하다, 아무도 그 오묘함을 설명할 수 없다, 대단히 오묘하다
N	难能可贵	nánnéngkěguì	쉽지 않은 일을 해내어 대견스럽다, 매우 장하다
P	迫不及待	pòbùjídài	일각도 지체할 수 없다, 잠시도 늦출 수 없다

Q	齐心协力	qíxīnxiélì	한마음 한뜻으로 함께 노력하다
	岂有此理	qǐyǒucǐlǐ	어찌 이럴 수 있는가, 이런 경우가 어디 있단 말인가, 언행이 도리나 이치에 어긋나다
	恰到好处	qiàdàohǎochù	(말·행동 등이)꼭 들어맞다, 아주 적절하다, 지극히 적당하다, 매우 적합하다
	千方百计	qiānfāngbǎijì	갖은 방법(계략)을 다 써보다(생각하다)
	潜移默化	qiányímòhuà	한 사람의 사상이나 성격 등이 어떤 영향을 받아 부지불식간에 변화가 생기다, 은연중에 감화되다, 무의식 중에 감화되다
	锲而不舍	qiè'érbùshě	중도에 그만두지 않고 끝까지 조각하다, 나태함 없이 끈기있게 끝까지 해내다
	轻而易举	qīng'éryìjǔ	매우 수월하다, 식은죽먹기다
	全力以赴	quánlìyǐfù	(어떤 일에) 전력 투구하다, 최선을 다하다
R	热泪盈眶	rèlèiyíngkuàng	뜨거운 눈물이 눈에 그렁그렁하다, 매우 감격하다 (흥분하다·감동하다)
	任重道远	rènzhòngdàoyuǎn	맡은 바 책임은 무겁고 갈 길은 멀기만 하다, 책임이 무겁다
	日新月异	rìxīnyuèyì	나날이 새로워지다, 변화와 발전이 빠르다
S	深情厚谊	shēnqínghòuyì	깊고 돈독한 정(情)
	实事求是	shíshìqiúshì	실사구시, 사실을 토대로 하여 진리를 탐구하다
	肆无忌惮	sìwújìdàn	제멋대로 굴고 전혀 거리낌이 없다
T	滔滔不绝	tāotāobùjué	끊임없이 계속되다, 말이 끝이 없다, 쉴새없이 말하다
	讨价还价	tǎojiàhuánjià	값을 흥정하다
	天伦之乐	tiānlúnzhīlè	가족이 누리는 단란한 즐거움
	统筹兼顾	tǒngchóujiāngù	여러 방면의 일을 통일적으로 계획하고 두루 돌보다
W	微不足道	wēibùzúdào	하찮아서 말할(언급할) 가치도 없다
	无动于衷	wúdòngyúzhōng	(마음속에) 아무런 느낌이 없다, 마음에 전혀 와닿지 않다, (당연히 관심을 가져야 할 일에) 전혀 무관심하다
	无精打采	wújīngdǎcǎi	풀이 죽다
	无可奉告	wúkěfènggào	드릴 말씀이 없다, 얘기해줄 만한 것이 없다, 알릴 것이 없다, 노코멘트(No comment) [주로 외교상에서 쓰이는 표현]
	无可奈何	wúkěnàihé	어찌 해볼 도리가 없다, 대책을 강구해볼 도리가 없다, 방법이 없다
	无理取闹	wúlǐqǔnào	아무런 까닭 없이 남과 다투다, 고의로 소란을 피우다, 일부러 말썽을 부리다
	无能为力	wúnéngwéilì	힘을 제대로 쓰지 못하다, 능력이 없다, 능력이 미치지 못하다
	无穷无尽	wúqióngwújìn	무궁무진하다, 무진장하다, 한이 없다
	无微不至	wúwēibùzhì	사소(세세)한 데까지 신경을 쓰다, 배려하고 보살핌이 세심하고 주도면밀하다
	无忧无虑	wúyōuwúlǜ	아무런 근심(걱정)이 없다
	物美价廉	wùměijiàlián	상품의 질이 좋고 값도 저렴하다

X	喜闻乐见	xǐwénlèjiàn	기쁜 마음으로 보고 듣다, 즐겨 듣고 즐겨 보다
	相辅相成	xiāngfǔxiāngchéng	서로 보완하고 도와서 일을 완성하다, 서로 도와서 일이 잘 되도록 하다
	想方设法	xiǎngfāngshèfǎ	온갖 방법을 다 생각하다, 갖은 방법을 다하다
	小心翼翼	xiǎoxīnyìyì	엄숙하고 경건하다, 조심하고 신중하여 추호도 소홀함이 없다, 매우 조심스럽다
	新陈代谢	xīnchéndàixiè	신진대사, 물질대사[새로운 사물과 낡은 사물의 투쟁을 통하여 새로운 사물이 낡은 사물을 대체하는 과정]
	欣欣向荣	xīnxīnxiàngróng	(초목이) 무성하다, 무럭무럭 자라다, (사업이) 번창하다, 활기차게 발전하다, 번영하다
	兴高采烈	xìnggāocǎiliè	매우 기쁘다, 신바람이 나다, 매우 흥겹다, 기쁨에 넘치다, 기뻐서 의기양양해하다
	兴致勃勃	xìngzhìbóbó	흥미진진하다
	悬崖峭壁	xuányáqiàobì	깎아지른 듯한 절벽, 험준한 산세
	雪上加霜	xuěshàngjiāshuāng	설상가상, 눈 위에 서리가 내리다, 설상가상이다, 엎친 데 덮친 격이다
	循序渐进	xúnxùjiànjìn	순차적으로 진행하다(나아가다), 점차적으로 제고(발전·심화)시키다
Y	咬牙切齿	yǎoyáqièchǐ	윗니와 아랫니를 꽉 다물다, 격분하여 이를 부득부득 갈다, 몹시 화를 내다
	一路平安	yīlùpíng'ān	(먼길을 떠나는 사람에게) 가시는 길에 평안하시길 빕니다
	一目了然	yīmùliǎorán	일목요연하다, 한눈에 환히 알다(보다)
	一帆风顺	yīfānfēngshùn	순풍에 돛을 올리다, 일이 순조롭게 진행되다
	一举两得	yījǔliǎngdé	일거양득, 일석이조
	一如既往	yīrújìwǎng	지난날과 다름없다
	一丝不苟	yīsībùgǒu	(일할 때) 조금도 소홀히 하지 않다, 조금도 빈틈이 없다
	优胜劣汰	yōushènglièTài	우승열패하다, 나은 자는 이기고 못한 자는 패하다, 강한 자는 번성하고 약한 자는 쇠멸하다
	有条不紊	yǒutiáobùwěn	(말·행동이) 조리 있고 질서정연하다, 일사불란하고 이치에 들어맞다
	与日俱增	yǔrìjùzēng	날이 갈수록 많아(더해)지다, 날로 늘어나다 (커지다), 성장(신장) 상황이 계속되다
Z	再接再厉	zàijiēzàilì	수탉이 서로 싸울 때 쪼기 전에 항상 부리를 다듬다, 더욱더 힘쓰다, 한층 더 분발하다
	斩钉截铁	zhǎndīngjiétiě	맺고 끊다, 언행이 단호하다, 과단성이 있다
	朝气蓬勃	zhāoqìpéngbó	생기가 넘쳐흐르다, 생기발랄하다, 씩씩하다
	争先恐后	zhēngxiānkǒnghòu	뒤질세라 앞을 다투다
	知足常乐	zhīzúchánglè	만족함을 알면 항상 즐겁다
	众所周知	zhòngsuǒzhōuzhī	모든 사람이 다 알다
	自力更生	zìlìgēngshēng	자력갱생하다
	总而言之	zǒng'éryánzhī	총괄적으로 말하면, 요컨대, 결론적으로 말하자면

실전 문제 EXERCISE

1. 孩子一旦做错了事，总是会_____父母责备他，如果正如他所想的那样，父母责备了他，孩子反而会有一种"如释重负"的感觉，对批评和自己所犯的过错也就_____了。相反，如果父母_____沉默，孩子的心里反而会_____，会感到"不自在"，进而反思自己的错误。

   A 担忧　　　漠不关心　　　维持　　　平静
   B 忧虑　　　无所作为　　　坚持　　　慌张
   C 害怕　　　不言而喻　　　支持　　　谨慎
   D 担心　　　不以为然　　　保持　　　紧张

2. 挺起胸可以使肺活量增加20%左右，从而有利于促进_____。肺活量增加了，身体各_____获得的氧气便也增加了，这样人就不容易_____。

   A 欣欣向荣　　　部门　　　疲倦
   B 新陈代谢　　　部位　　　疲劳
   C 循序渐进　　　位置　　　镇静
   D 安居乐业　　　部分　　　压抑

3. 女娲补天的神话_____，但女娲的活动区域却_____。陕西省文物工作者在对女娲庙遗址进行文物调查时发现了三块与女娲_____的石碑，这些石碑与古代书籍相印证，_____了女娲文化的发源地在陕西省平利县。

   A 妇孺皆知　　　众口一词　　　关联　　　论证
   B 尽人皆知　　　众口难调　　　相关　　　更正
   C 家喻户晓　　　众说纷纭　　　有关　　　证实
   D 众所周知　　　人云亦云　　　相连　　　保证

4 九寨沟是水的天地。九寨沟的水是人间最_____的水，无论是宁静的湖泊，还是飞泻的瀑布，都是那么神奇迷人，令人_____。水构成了九寨沟最富魅力的景色，是九寨沟的_____。

A	清洁	络绎不绝	精神
B	清晰	川流不息	灵感
C	透明	锲而不舍	心灵
D	清澈	流连忘返	灵魂

5 许多有抱负的人都忽视了积少才可以成多的道理，一心只想_____，而不去埋头耕耘。直到有一天，他看见比自己开始晚的、比自己天资差的，都已经有了_____的收获，才发现自己这片园地上还是_____。这时他才明白，不是上天没有给他理想，而是他一心只等待丰收，却忘了_____。

A	一帆风顺	壮观	半途而废	酝酿
B	一鸣惊人	可观	一无所有	播种
C	一如既往	宏观	有条不紊	照料
D	一丝不苟	美观	众所周知	培育

6 要为受窘的人说一句解围的话，为_____的人说一句鼓励的话，为疑惑的人说一句提醒的话，为_____说一句自信的话，为痛苦失意的人说一句_____同情的话，雪中送炭比_____好。

A	沮丧	自卑	安慰	锦上添花
B	悲伤	优秀	鼓励	雪上加霜
C	开心	骄傲	打击	落井下石
D	痛苦	苦恼	激励	成人之美

4 접속사 连词

중국어의 접속사는 한국어에서 쓰이는 접속사처럼 단순하지 않다.
따라서 다양한 접속사의 종류, 접속사의 의미,
접속사와 고정적으로 함께 어울리는 부사 등을 반드시 알아두자.
어쩔 수 없다. 외우는 게 힘이다.

기본 지식 TEST

예제 다음 문장의 빈칸에 알맞은 단어를 고르고, 왜 어울리는지 생각해보자.

你做得到的，我也做得到，_____比你做得更好。

A 但是　　　　B 而且　　　　C 甚至　　　　D 否则

자기의견 메모하기

핵심콕콕 문제 풀이

풀이 앞의 두 절에서 '너'와 '나'를 얘기하고, 빈칸 뒤는 둘의 능력을 비교하고 있다. 여기에서 更을 놓치지 말자. 할 수 있는데, 훨씬 잘 할 수 있다는 얘기를 하고 있으므로 점층적으로 심화되는 느낌의 접속사가 들어가야 한다.

- A 但是　접 그러나, 그렇지만 [주로 虽然 / 尽管 등과 호응]
- B 而且　접 게다가, 뿐만 아니라, 또한 [앞에 흔히 不但이나 不仅 등과 호응]
- C 甚至　부 심지어, ~까지도, ~조차도 [뒤에 흔히 都 / 也와 호응]
　　　　접 ~까지도, ~조차도 [不但…, 甚至… 형식의 복문에 쓰여 뒤의 상황을 강조]
　　　　접 더욱이, 더 나아가서는 [병렬된 단어나 어구 중 마지막 것의 앞에 쓰여, 이 항목이 특별히 두드러짐을 나타냄]
- D 否则　접 만약 그렇지 않으면 [뒤에 흔히 除非와 호응]

정답 C

해석 네가 할 수 있는 것은 나도 할 수 있고, 너보다 훨씬 더 잘할 수 있어.

핵심 체크 POINT

접속사가 어려운 점은 일단 다양한 접속사가 있다는 점이고, 접속사의 뜻을 정확히 알아야 하는 데다가, 꼭 짝을 이루어 사용되는 한 쌍을 기억해두어야 하기 때문이다. 게다가 유사한 뜻, 유사한 형태를 가진 접속사들이 있다는 것이 더욱 혼란을 가중시킨다. 그러므로 접속사를 공부할 때 접속사 하나하나의 뜻과 형태를 잘 알아두고, 용법 및 접속사의 위치에 특히 주의해서 학습해두도록 하자. 또한 중국어 문장은 쉼표로 연결되는 만연체의 문장이 많다. 그 속에서 접속사가 어디까지 영향을 미치는지도 잘 파악해야 한다.

문제 해결 POINT

POINT 1 앞 절에 빈칸이 있다면 뒤 절에 나온 접속사를 먼저 확인하라!

접속사는 한 쌍을 이루는 경우가 대부분이므로, 먼저 뒤 절에 쓰인 접속사를 확인한 후 보기 중에서 그것과 가장 잘 어울리는 앞 절의 접속사를 찾아야 한다.

예제 结果_____重要，但过程才是最值得人回味的。

A 不但　　　　B 如果　　　　C 假如　　　　D 固然

풀이 가장 큰 힌트는 뒤 절에 있는 但이다. 보기에 제시된 접속사들 중에 역접의 접속사 但과 짝을 이루는 접속사는 D밖에 없다.

- A 不但 웹 ~뿐만 아니라 [일반적으로 而且 / 并且 / 也 / 还 등과 호응]
- B 如果 웹 만약, 만일 [흔히 那么 / 就 / 便 등과 호응]
- C 假如 웹 만약, 만일, 가령 [= 如果, 뒤에 흔히 那么 / 就 / 便 등과 호응]
- D 固然 웹 물론 ~하(이)지만, 물론 ~(이)거니와 [뒤에 흔히 但과 호응]

정답 D

해석 결과가 비록 중요하긴 하지만, 과정이야말로 사람이 음미할 만한 가치가 있는 것이다.

POINT 2 앞 절에 빈칸이 있을 때 술어도 함께 확인하라!

뒤 절에 쓰인 접속사를 확인하고 다시 앞 절의 술어를 파악한 후 보기 중에서 그것과 가장 잘 어울리는 앞 절의 접속사를 찾아야 한다.

예제 _____他绞尽脑汁，还是没能把这道难题证明出来。

A 尽管　　　　B 不管　　　　C 要么　　　　D 虽然

풀이 빈칸 뒤의 내용이 绞尽이라는 표현을 써서 최선을 다했음을 나타내고, 뒤 절에서는 그 노력에 반하는 부정적인 결과를 얻었음을 나타내고 있으므로, 양보구문이라는 것을 알 수 있다. D의 虽然도 의미가 성립될 수 있겠지만, 뒤 절에 나온 접속사가 还是이므로 답에서 제외된다.

- A 尽管 웹 비록(설령) ~라 하더라도, ~에도 불구하고 [= 虽然 복문의 앞 절에 쓰여서 양보 관계 표시, 뒤에 흔히 也 / 还是 / 但是 / 却 등과 호응]
- B 不管 웹 ~을 막론하고, ~에 관계없이 [뒤에 흔히 都 / 也 등의 부사와 호응] 통 상관하지 않다
- C 要么 웹 ~하든지 아니면 ~하든지 [두 가지 이상의 상황에서 선택], ~하다면 그렇지 않다면
- D 虽然 웹 비록 ~하지만(일지라도), 설령 ~일지라도 [용법1 앞 절 주어 앞이나 뒤에 오며, 뒤 절에는 但是 / 可是 / 却是 / 但 / 可 / 却 등이 호응함 용법2 뒤 절 주어 앞에 쓰이며, 뒤 절이 보충 설명의 역할을 함, 이 경우 앞 절에는 관련된 어휘를 사용할 수 없음]

정답 A

해석 그는 머리를 쥐어짰지만, 여전히 이 문제를 증명해낼 수 없었다.

| POINT 3 | 주어의 앞인가 뒤인가? 접속사의 위치를 숙지하라! |

접속사는 일반적으로 주어의 앞, 즉 문두에 쓰인다. 그러나 앞뒤 절의 주어가 같은 경우 접속사를 주어 뒤에 쓸 수도 있고, 일부 접속사는 주어의 앞뒤에 모두 쓰일 수 있다. 따라서 주어의 앞에 쓸 수 있는 접속사를 숙지하는 것이 중요하다.

예제 这个城市_____现代文明程度高，而且传统文化保持得也较好。

A 一旦　　　　B 不但　　　　C 只有　　　　D 除非

풀이 일단 주어진 어휘들 가운데 A는 부사이므로 명사 앞에 나올 수 없고, C와 D는 뒤 절에 나오는 而且와 어울리지 않는다.

- A 一旦　접 일단(만약) ~한다면 [아직 일어나지 않은 상황을 가정] 명 하루 아침, 잠시, 삽시간
- B 不但　접 ~뿐만 아니라 [뒤에 흔히 而且 / 并且 / 也 / 还 등과 호응]
- C 只有　접 ~해야만 ~이다 [뒤에 흔히 才 / 方 등의 부사와 호응] 동 ~만 있다, ~밖에 없다
- D 除非　접 오직 ~하여야(비로소) [= 只有, 유일한 조건 표시, 뒤에 흔히 才 / 不然 / 否则 등과 호응]
  전 ~을(를) 제외하고(는) [除了에 상당하는 말]

정답 B

해석 이 도시는 현대 문명의 수준이 높을 뿐만 아니라, 전통 문화도 비교적 잘 보존하고 있다.

| POINT 4 | 无论 / 不管 등 '무조건'을 표시하는 접속사들을 꼭 기억하자! |

이 접속사들은 '언제든지, 누구든지, 어디에서든지, 어떤 경우든지 불문하고 또는 상관없이 모두'라는 뜻을 나타내기 때문에 임의의 대상을 나타내는 의문사 및 '모두'라는 뜻을 나타내는 부사 都와 함께 쓰인다.

예제 _____何时，我们都不能有丝毫的松懈。

A 与其　　　　B 不是　　　　C 无论　　　　D 只要

풀이 이 문제의 키워드는 何와 都이다. 이 둘은 '임의의', '모든'을 나타내며, '~에 상관없이'라는 뜻의 접속사 无论과 함께 쓰인다. 何가 있는데 문장 끝에 물음표가 없고, 뒤 절에 都가 나와 있다면 무조건 无论을 떠올리자.

- A 与其　접 ~하기보다는, ~하느니(차라리) [단문을 연결하여 비교한 뒤에 취사결정함을 나타냄, 与其는 포기하는 경우에 사용하고, 선택하는 경우에는 주로 不如 / 宁可 등과 호응]
- B 不是　접 주로 就是, 而是와 호응하여 각각 '~가 아니라', '~가 아니면'이라는 뜻을 나타냄.
- C 无论　접 ~을(를) 막론하고, ~을(를) 따지지 않고, ~에 관계 없이, ~든지 [뒤에 흔히 都 / 也 등과 호응]
- D 只要　접 ~하기만 하면 [충분 조건을 나타내며 뒤에 흔히 就 / 便 등과 호응]

정답 C

해석 어느 때를 막론하고 우리는 털끝만큼도 해이해서는 안 된다.

만점 공략 어휘 WORD ▶ 주의해야 할 접속사 복문

* 제1부분에서 학습한 접속사 가운데 핵심인 것들을 한번 더 추려낸 것이다.
  시험 보기 전 간단하게, 그러나 반드시 체크해보고 넘어가자!

병렬	一边 / 一面 A, 一边 / 一面 B	A하면서 B하다 두 개의 동작이 동시에 진행된다.
	又 / 既 A, 又 B	A하기도 하고 B하기도 하다 두 가지 상태가 동시에 존재함을 표현한다.
연속	先 A, 然后 B 一 A, 就 B 先 A, 再 B 先 A, 又 B A 于是 B	A하고 나서 B하다 동작 혹은 사태 전후의 순서. B가 A 다음에 발생함을 표현하며, 일반적으로 再는 미완성, 又는 완성을 나타낸다.
점층	A 不但 / 不仅 / 不光 / 不只, 而且 / 并且 / 甚至 (也 / 还) B	A일 뿐만 아니라 B하다 뒤 절이 앞 절보다 진일보 발전된 동작, 상황임을 설명한다. 주어가 한 개인 상황이며, 부사의 위치에 주의해야 한다.
	不但 / 不仅 / 不光 / 不只 A, 而且 / 并且 / 甚至 B (也)	A일 뿐만 아니라 B도 ~이다 주어가 두 개인 상황.
선택	是 A, 还是 B	A인가 B인가 선택의문문.
	要么 A, 要么 B 不是 A, 就是 B	A하거나 B하거나 A가 아니면 B다 A와 B 두 가지 가능성을 제공한다.
	与其 A (还) 不如 B 宁愿 / 宁可 / 宁肯 B 也不 A	A하느니 차라리 B하겠다 차라리 B할지언정 A하지 않다 두 가지의 좋지 않은 선택 상황 A, B 중 비교적 좋은 B를 선택한다.
전환	尽管 / 虽然 / 虽说 / 固然 A, 但是 / 可是 / 然而 / 不过 / 还是 / 却 B A 是 A, 可是 B	비록 A하지만 B하다 A는 통상적으로 이미 출현했던 사실이다. 부사와 접속사의 위치가 다른 것에 주의해야 한다.
양보	就是 / 即使 / 哪怕 / 纵然 A, 也 / 还是 B	설령 A라 할지라도 B하다 A는 통상적으로 출현하지 않았던 가설이다.

인과	因为 / 由于 A，所以 / 因此 / 因而 / 于是 B	A이기 때문에 그래서 B하다 因为는 所以 하고만 호응한다는 점에 유의해야 한다.
	既然 A，就 B	A된 바에야 (A된 이상) B하다 이미 출현했던 사실과 결론을 나타낸다.
목적	为了 A，B	A하기 위해서 B하다 A는 목적, B는 행위를 나타낸다.
	B，以便 A	A하도록 B하다 B는 행위, A는 목적을 나타낸다.
	B，以免 / 免得 / 省得 A	A를 피하기 위해 B하다 B는 행위, A는 바라지 않은 결과를 가리킨다.
조건	只要 A，就 B	A하기만 하면 B하다 충분조건문으로 결과를 강조한다.
	只有 A，才 B	A해야만 B하다 필요조건문으로 A가 반드시 있어야만 B가 있을 수 있다.
	凡是 A，都 B	무릇 A한 것은 모두 B하다 예외가 없음을 나타낸다.
	不管 / 无论 A，都 / 也 B	A를 막론하고 모두 B하다 A는 보통 선택의문문이거나 의문대사를 가진 의문문이다.
가정	要是 / 如果 / 假如 / 倘若 / 若 A，就 / 则 B	만약 A라면 B하다 A는 나타나지 않은 사실을 가리킨다.
	要不是 / 幸亏 A，否则 / 不然 B	A여서 다행이지, 그렇지 않았다면 B했을 것이다. B는 나타나지 않은 사실을 가리킨다.

실전 문제 EXERCISE

1 有这样一群人，他们_____工作，只要工作_____，他们就会变换住处，_____变换生活的城市，所以他们_____搬家。

A	愿意	希望	而且	等待
B	喜欢	要求	宁可	往往
C	热爱	需要	甚至	习惯
D	追求	需求	并且	频繁

2 李时珍在读了很多医药书，并研究了一系列的"本草"以后，一方面_____佩服前代大师们的辉煌业绩，另一方面也发现他们在观察上和理论上的错误，是需要加以_____、订正。因而他就将这个责任_____起来。从1552年开始，直到1578年，经过整整27年_____和编书的生活，他的《本草纲目》巨著才告完成。

A	毅然	挖掘	负责	采纳
B	果然	解释	承受	访问
C	自然	整顿	承担	旅行
D	固然	整理	担负	采访

3 _____妇女已在诸多竞技项目中_____，但在绿茵场上闯入男人的世袭_____，还是近十几年之事，_____有些像古代中国木兰从军一样，还未让大多数人像狂热地追求男子足球那样热血沸腾，不能自持。

A	无论	全力以赴	疆域	大
B	不仅	开天辟地	边疆	极
C	即使	从容不迫	土壤	太
D	尽管	大显身手	领地	颇

4 一个没有崇高理想的人，生活就好像_____了路途一样，_____不知道明天走到哪里，要做什么，_____连今天做什么，_____为什么要这样做都不清楚。

A	迷失	不但	就是	以及
B	丢失	虽然	甚至	况且
C	遗失	因为	于是	连同
D	走失	如果	因而	而且

5 _____是情绪波动、孤独感，还是由此产生的注意力不集中、头昏、_____等神经衰弱_____都是大学生在不能很好地适应新环境时的一种_____性反应。

A	尽管	睡眠	病症	普及
B	无论	失眠	症状	普遍
C	不管	睡觉	特征	普通
D	即使	睡着	特点	普遍

6 据市交通局指挥中心主任孟显龙介绍，两节临近，市民出行_____增加，_____商家促销、事故增多等原因影响，北京交通流量_____上升，晚高峰报堵集中。

A	频率	加之	明显
B	频繁	而且	显然
C	效率	况且	显著
D	频频	苟且	分明

5 품사

품사를 알면 어휘를 정확히 활용하기 쉽다.
그런데 문제는 한 단어가 두 개 이상의 품사를 갖고 있는 경우도 많다는 점이다.
따라서 어휘를 익힐 때 일단 품사를 확인하는 습관을 들이자.
그리고 한 단어가 가진 품사가 여러 가지라면 가장 많이 사용하는
품사를 중심으로 어휘를 익히도록 하자.

기본 지식 TEST

예제 다음 문장의 빈칸에 알맞은 단어를 고르고, 왜 어울리는지 생각해보자.

将酒_____人，终无恶意。

A 挡　　　　　B 敲　　　　　C 推　　　　　D 劝

자기의견 메모하기

핵심콕콕 문제 풀이

풀이 将酒는 전치사구이고, 빈칸 뒤에는 명사 人이 있으므로 빈칸에는 동사가 필요하며, 내용상 '권하다'라는 의미의 동사를 찾아야 한다.

A 挡　　[동] 막다, 저지하다, 차단하다, 가리다
　　　　[명] (~儿) 덮개, 가리개, 씌우개
B 敲　　[동] 치다, 두드리다, 때리다, [구어] 공갈(협박)로 재물을 빼앗다, 사기치다
C 推　　[동] 밀다, 추천하다, 천거하다, 추론하다, 유추하다
D 劝　　[동] 권하다, 권고하다, 타이르다, 설득하다 [문어] 격려하다, 고무하다

정답 D

해석 다른 사람에게 술을 권하는 것은 결국 악의가 없는 것이다.

핵심 체크 POINT

품사는 가장 기본이 되는 사항이다. 그런데 문제에서 제시된 빈칸을 바라볼 때 '여기에 필요한 품사는 뭘까?'라는 질문은 전혀 떠오르지 않는다. 이제는 빈칸에 들어갈 어휘의 가장 적합한 품사가 무엇인지 생각을 해보자. 그러면 훨씬 더 쉽게 답을 찾아낼 수 있다. 新HSK에서 품사는 수험생들의 허점을 노려 출제하는 경우가 많다. 동사와 어울리는 부사를 찾는 문제가 품사 문제 가운데 가장 많이 출제되는 편이고, 평소 신경을 잘 안 쓰는 양사나, 방위사 등이 출제되기도 한다.

문제 해결 POINT

POINT 1 — 빈칸에 필요한 것이 동사라면 목적어를 확인하라!

동사는 주어보다 목적어가 중요하다. 앞 절의 내용과 보어를 확인한 후 보기 중에서 그것과 가장 잘 어울릴 수 있는 동사를 찾아야 한다.

예제 我实在爬不动了，得_____着手杖了。

　　　A 拄　　　　　B 住　　　　　C 扛　　　　　D 抬

풀이 得가 여기에서는 조동사라는 점을 기억하자. 빈칸 뒤에 着가 있으므로 찾는 답이 동사라는 것을 알 수 있다. 동사라는 것을 알았으니 뒤에 나온 목적어를 확인하자. '지팡이'와 관련된 동사를 찾아야 한다.

- A 拄　　통 (지팡이로) 몸을 지탱하다, 짚다
- B 住　　통 숙박하다, 정착하다, 살다, 거주하다, 그치다, 정지하다 [동사 뒤에 쓰여 보어로 사용]
- C 扛　　통 (어깨에) 메다
- D 抬　　통 (두 사람 이상이) 맞들다, 맞메다, 들어올리다, 들다, 말다툼하다
　　　　 양 (둘이 맞드는) 짐

정답 A

해석 나는 도저히 못 올라가겠으니, 지팡이를 짚어야겠어.

POINT 2 — '지시대사 + 수사 + 양사 + 명사'의 형식을 꼭 기억하자!

빈칸의 앞뒤에 지시대사와 명사가 있다면 100% 양사를 찾는 문제다. 목적어를 확인한 후 보기 중에서 그것과 가장 잘 어울리는 양사를 찾아야 한다.

예제 听到这_____话，她的心都醉了。

　　　A 场　　　　　B 番　　　　　C 次　　　　　D 身

풀이 양사는 함께 쓰인 명사가 중요하므로 话를 받을 수 있는 양사를 찾아야 한다. 이 조합은 회화에서도 매우 많이 쓰이니 그대로 외워두자.

- A 场　　양 회, 번, 차례 [문예·오락·체육 활동 등], [연극] 장
- B 番　　양 회, 차례, 번, 바탕, 동사 翻 뒤에서 배수를 표시[翻两番은 4배, 翻三番은 8배]
- C 次　　양 차례, 번, 회
- D 身　　양 (~儿) 벌 [옷을 세는 단위]

정답 B

해석 이 말을 듣고 그녀의 마음도 빠져들었다.

| POINT 3 | 전치사와 호응하는 명사에 주의하라! |

전치사구는 '전치사 + 명사'로 구성되어 있으며, 동사 앞에서 부사어 역할을 한다는 것이 가장 기본이다. 가장 중요한 것은 함께 쓰이는 명사(대사 / 방위사 포함)를 확인하는 것이다.

예제 在艰苦的条件_____, 她仍然努力学习。

A 上　　　　　B 中　　　　　C 下　　　　　D 里

풀이 전치사구 가운데 '在+방위사' 결합은 방위사에 따라서 의미가 달라진다. 이 문장에서는 조건과 상황을 나타내는 방위사를 찾아야 한다.

A 上　전치사 在와 결합하여 영역, 측면, 범위를 나타낸다.
B 中　전치사 在와 결합하여 시간, 상태, 과정을 나타낸다.
C 下　전치사 在와 결합하여 전제조건을 나타낸다.
D 里　전치사 在와 결합하여 장소 안에 있음을 표시한다.

정답 C

해석 그녀는 어려운 여건에서도 여전히 열심히 공부한다.

| POINT 4 | 부사는 전체 문맥이 중요하다! |

부사는 술어를 수식하는 품사이기 때문에 전체적인 문장의 분위기를 주도할 때가 많다. 그러므로 부사를 선택해야 할 경우 가장 먼저 술어를 확인한 후 주어진 보기 중에서 그 술어와 가장 잘 어울릴 수 있는 부사를 찾아야 하고, 전체 문맥과도 어울리는지 확인해야 한다.

예제 日本掀起韩国热潮近代_____属首次。

A 已　　　　　B 将　　　　　C 快　　　　　D 尚

풀이 주어진 어휘가 모두 부사이므로, 빈칸에 넣어서 말이 되는지를 확인해보자. 문맥상 가장 어울리는 것은 '여전히, 아직'이라는 의미의 부사 尚이다.

A 已　 뿐 이미, 벌써 통 그치다, 끝나다, 멈추다, 정지하다, 중지하다
B 将　 뿐 ~하게 될 것이다, ~일 것이다 [미래에 대한 판단], 장차, 곧, 막
C 快　 뿐 빨리, 급히, 곧, 머지않아 형 빠르다, 영민하다, 민첩하다
D 尚　 뿐 [문어] 아직, 여전히 형 숭고하다, 거룩하고 존엄하다

정답 D

해석 일본에 한국의 붐이 일어난 것은 근대에서도 아직은 처음이다.

만점 공략 어휘 WORD ▶ 주의해야 할 부사, 전치사, 양사

부사 副词

按时	ànshí	제때에, 시간에 맞추어
甭	béng	~할 필요 없다, ~할 것 없다
必定	bìdìng	꼭, 반드시 [판단, 추론, 개인의 의지 등을 표현할 때 쓰임]
必须	bìxū	반드시 ~해야 한다, 꼭 ~해야 한다, 기필코 ~해야 한다
毕竟	bìjìng	결국, 끝내, 필경, 어디까지나
不妨	bùfáng	무방(無妨)하다, 괜찮다
不愧	bùkuì	~에 부끄럽지 않다, ~답다
不时	bùshí	때때로, 종종, 늘
常年	chángnián	장기간
成心	chéngxīn	고의로, 일부러
大不了	dàbuliǎo	아무리 나빠도, 기껏해야, 고작, 그냥
大肆	dàsì	제멋대로, 거리낌 없이, 마구, 함부로 [나쁜 짓을 하는 데 쓰임]
当面	dāngmiàn	면전에서, 얼굴을 맞대고
当场	dāngchǎng	당장, 현장에서
顿时	dùnshí	즉시, 바로, 이내 [과거의 일을 서술할 때 쓰임]
的确	díquè	확실히, 정말로
反倒	fǎndào	오히려, 도리어
凡是	fánshì	대체로, 무릇
格外	géwài	각별히, 유달리, 특별히, 유난히, 별도로, 따로, 달리, 그밖에
怪不得	guàibude	과연, 그러기에, 어쩐지
姑且	gūqiě	잠시(暫時), 잠깐
过于	guòyú	(정도나 수량이) 지나치게, 너무
果然	guǒrán	과연, 아니나다를까, 생각한 대로
何必	hébì	구태여(하필) ~할 필요가 있는가, ~할 필요가 없다
胡乱	húluàn	마음대로, 대충
忽然	hūrán	갑자기, 홀연, 별안간, 돌연, 문득, 어느덧

或许	huòxǔ	아마, 어쩌면
及早	jízǎo	빨리, 일찌감치, 서둘러, 일찍
几乎	jīhū	거의, 거의 모두, 거진 다, 하마터면
简直	jiǎnzhí	그야말로, 정말
渐渐	jiànjiàn	점점
将近	jiāngjìn	거의, 거지반 [시간이나 수량 등이 어느 한도에 매우 가까움을 나타냄]
尽快	jǐnkuài	되도록 서둘러, 되도록 빨리, 가능한 한 빨리
立即	lìjí	곧, 즉시, 바로, 금방
屡次	lǚcì	자주, 종종, 되풀이하여
略微	lüèwēi	조금, 얼마쯤, 다소나마, 대강(大綱) [정도가 약하거나, 시간이 짧거나, 수량이 적음을 나타냄]
马上	mǎshàng	곧, 즉시, 바로, 금방
明明	míngmíng	명백히, 분명히, 확실히
默默	mòmò	묵묵히, 잠잠히, 아무런 말 없이
宁肯	nìngkěn	차라리 ~할지언정, 설령 ~할지라도
宁愿	nìngyuàn	차라리 ~할지언정, 오히려 ~하고 싶다
偶尔	ǒu'ěr	때때로, 간혹, 이따금
偶然	ǒurán	우연히
偏偏	piānpiān	기어코, 일부러, 꼭, 굳이, 기어이
起码	qǐmǎ	적어도, 최소한도로
恰巧	qiàqiǎo	공교롭게, 마침, 우연히
悄悄	qiāoqiāo	은밀하게, 살짝, 조용히, 소리 없이, 살며시
任意	rènyì	제멋대로, 마음대로, 하고 싶은 대로
日益	rìyì	나날이, 날이 갈수록
擅自	shànzì	(다른 사람과 상의하지 않고) 마음대로, 제멋대로, 독단적(獨斷的)으로
时而	shí'ér	때때로, 이따금, 때로는 [비정기적으로 중복 발생하는 것을 표시함]
时常	shícháng	늘, 항상, 자주
势必	shìbì	꼭, 반드시, 필연코

是否	shìfǒu	~인지 아닌지
私自	sīzì	자기의 생각대로, 제멋대로
随即	suíjí	즉시(即時), 곧
随手	suíshǒu	~하는 김에
随意	suíyì	뜻대로, 생각(마음)대로
索性	suǒxìng	차라리, 아예
统统	tǒngtǒng	모두, 전부, 다
万分	wànfēn	심히, 대단히, 매우, (지)극히
未必	wèibì	반드시 ~한 것은 아니다, 꼭 ~하다고 할 수 없다
唯独	wéidú	유독, 단지
无从	wúcóng	(어떤 일을 할 때) 갈피를 잡을 수 없는, 실마리를 찾지 못하는, 어쩔 도리가 없는, ~할 수 없는
无非	wúfēi	단지 ~에 지나지 않다, 단지 ~할 뿐이다, 그저 ~일 뿐이다, ~에 틀림없다, 꼭 ~이다
勿	wù	~해서는 안 된다, ~하지 마라 [금지(禁止) 또는 그만두도록 권유(勸誘)함을 나타냄]
务必	wùbì	필히, 반드시, 기어이, 틀림없이, 꼭, 기필코
向来	xiànglái	줄곧, 항상, 처음부터, 본래부터, 여태까지, 지금까지
幸亏	xìngkuī	다행히, 요행으로, 운 좋게
幸好	xìnghǎo	다행히, 요행으로, 운 좋게
也许	yěxǔ	어쩌면, 아마도 [추측이나 짐작을 하여 단정하지 못함을 나타냄]
尤其	yóuqí	더욱이, 특히
依次	yīcì	순서대로, 차례대로
一再	yīzài	수차, 거듭, 여러 차례, 반복하여, 되풀이하여
亦	yì	~도 역시, 또한, 마찬가지로
毅然	yìrán	의연히, 결연히, 단호히
迎面	yíngmiàn	정면(正面)으로
预先	yùxiān	미리, 사전에, 먼저
暂且	zànqiě	잠시
终年	zhōngnián	일년 내내
逐步	zhúbù	한 걸음 한 걸음, 점차
逐年	zhúnián	해마다
专程	zhuānchéng	특별히 [어떤 특별한 일 때문에 어떤 곳으로 가는 상황에서 쓰임]
至少	zhìshǎo	적어도, 최소한

总算	zǒngsuàn	겨우, 간신히, 마침내, 드디어, 대체로 ~한 셈(편)이다
总是	zǒngshì	늘, 줄곧, 언제나, 결국, 아무튼, 어쨌든, 아무래도

전치사 介词

按照	ànzhào	~에 의해, ~에 따라
本着	běnzhe	~에 따라, ~에 입각하여, ~에 근거하여
趁	chèn	~을(를) 틈타, (시간·기회 등을) 이용하여
对于	duìyú	~에 대해(서), ~에 대하여
根据	gēnjù	~에 의거하여
关于	guānyú	~에 관해서(관하여)
鉴于	jiànyú	(어떤 상황을 전제로 하여) ~에 비추어 보아, ~에 고려(考慮)하여, ~을 감안(勘案)하여
至于	zhìyú	~으로 말하면, ~에 관해서는

양사 量词

枚	méi	개, 매, 장 [보통 형체가 작고 둥근 모양의 물건을 셀 때 쓰이며, 个·支·件 등과 용법이 비슷함]
艘	sōu	선박을 셀 때 쓰는 단위
幢	zhuàng	동, 채 [주택을 셀 때 쓰임]

실전 문제 EXERCISE

1 中国有句_____叫做"良药苦口利于病，忠言逆耳利于行"，意思就是药虽然很苦，但对_____你的病有很大帮助；同样，别人_____你的话可能不好听，但对你是有很大帮助的。所以，我们要_____接受别人的意见。

A	俗话	治疗	劝	善于
B	谚语	预防	提	勇于
C	闲话	诊断	骂	鉴于
D	寓言	抢救	嫌	便于

2 自立就像支撑我们身体的骨架，使我们能站立，能_____行走，而不需要别人的_____；依赖则像一个正常人_____拐杖，虽然可以借助拐杖的力量使自己舒服，但是时间长了，骨架就会退化，我们可能将_____无法自己站立。

A	任意	陪伴	扛	终究
B	主动	帮忙	使	逐步
C	自由	搀扶	拄	永远
D	独立	引导	捧	始终

3 意志力坚强的人，可以在艰难困苦的环境中_____，干出一_____事业来；意志力_____的人，往往碰到困难就畏缩不前，最后_____。

A	改邪归正	场	脆弱	半途而废
B	发扬光大	次	软弱	无所作为
C	想方设法	身	虚弱	美中不足
D	奋发图强	番	薄弱	一事无成

4 在当今世界风云变幻的条件_____，在当代中国改革开放和现代化建设的伟大变革中，高、中级国家公务员面临着许多重大课题，许多_____的问题和错综复杂的矛盾需要_____，压力和动力同在，_____和机遇并存。

A	下	前所未有	解决	挑战
B	中	无源之水	解释	战斗
C	里	一无所有	解除	战争
D	上	层出不穷	克服	拼搏

5 浙江民乐团圆满结束了欧洲四国八场演出后，即将远_____北非文明古国埃及，并于2月9日晚在开罗国家大剧院_____中国新年民族音乐会，而中国民乐登上非洲国家舞台_____属首次。

A	到	进行	还
B	赴	举行	尚
C	去	进行	也
D	离	举行	又

6 现代家庭的年轻父母，应从电视文化中走_____，从电子游戏机里解放孩子。有条件的可让孩子参加业余体校进行全能培训，或专项培养。也可带孩子去健身房进行锻炼。双休日一定抽时间带孩子走出家门游山玩水_____孩子的兴趣，锻炼孩子的意志力，增强孩子的_____。

A	出来	培养	体质
B	进去	教育	素质
C	出去	养育	身体
D	出来	培育	素养

6 어의 语义

어휘에서 가장 중요한 것은 물론 어의다.
말의 뜻은 당연히 의미를 가리키지만,
문맥에 따라 적절한 어휘를 선택하는 능력도 포함된다.
사실 어의는 지금까지 학습한 내용들을 종합적으로 발휘해야 한다.
그렇게 하려면 많은 글을 읽고 중국어의 어감을 익히는 게 가장 좋은 학습법이다.

기본 지식 TEST

예제 다음 문장의 빈칸에 알맞은 단어를 고르고, 왜 어울리는지 생각해보자.

他遇事冷静，_____问题特别周密。

A 打算　　　　　B 考虑　　　　　C 解决　　　　　D 常见

자기의견 메모하기

핵심콕콕 문제 풀이

풀이 보기에 나온 어휘의 뜻을 먼저 살펴보자. 주어진 보기가 모두 동사인 것으로 보아 목적어인 问题와 호응하는 동사를 찾는 문제로 보인다. 그런데 B와 C가 모두 问题와 호응하는 것이므로 혼동을 불러일으킨다. 여기서 문장 맨 끝에 있는 周密에 주목하자. 형용사 周密는 解决와 호응하지 않는 형용사이며, 策划 / 准备 / 考虑 등과 함께 어울려 쓰인다.

A 打算　동 ~할 생각이다(작정이다), ~하려고 하다, 계획하다, 고려하다
　　　　명 (행동의 방향·방법 등에 관한) 생각, 계획, 타산
B 考虑　동 고려하다, 생각하다, 구상하다, 계획하다, ~할 생각이다
C 解决　동 해결하다, 풀다, 없애다, 제거하다
D 常见　형 늘 보이는, 흔히 보는, 신기할 것 없는, 흔한
　　　　동 자주(흔히) 보다, 흔히 있다, 흔히 마주치다

정답 B

해석 그는 의외의 일을 당했을 때 침착하며, 문제를 매우 주도면밀하게 생각한다.

핵심 체크 POINT

독해 제2부분에서 가장 우선이 되는 것은 바로 단어의 뜻, 어의다. 그러므로 어휘의 뜻을 정확하게 알고 사용할 줄 알아야 빈칸이 있어도 무엇을 얘기하고 싶어하는지 알 수 있다. 그렇지만 모든 단어의 뜻을 다 알고 시험을 접하기는 힘들어서, 문제를 읽고도 알맞은 어휘가 무엇인지 헷갈릴 수 있다. 하지만 앞서 살펴본 여러 가지 요소들을 다시 한 번 하나씩 꼼꼼하게 살펴보면 못 풀 문제는 없다. 이 파트에서는 앞에서 다룬 요소들을 종합적으로 살펴보고, 만점 공략 어휘에서는 新HSK에 자주 등장하는 어휘들을 체크해보자.

문제 해결 POINT

POINT 1   먼저 의미를 파악하고, 빈칸에서 요구하는 품사를 찾아라!

해석이 가능해 뜻으로 의미를 유추할 수 있는 문제라면 상관없지만, 만일 해석이 명쾌하게 되지 않는 문제라면 빈칸과 앞뒤 어휘들과의 품사 관계를 먼저 파악해보는 것이 좋다.

예제   有_____的男人要比"漂亮"男人更加迷人。

       A 固执   B 控制   C 魅力   D 潜在

풀이   의미로도 얼마든지 답을 유추해볼 수 있는 문제다. 漂亮과 의미를 비교할 수 있는 어휘를 찾으면 되기 때문이다. 그러나 빈칸에 가능한 의미가 2개 이상이라고 생각하는 학습자는 빈칸 주변의 품사를 살펴보도록 하자. 이 문장에서는 문두에 有가 있는 것을 감안해 명사를 찾아야 한다. 보기 중에 동사 有와 어울리는 단어는 명사 魅力밖에 없다.

       A 固执   혱 완고하다, 고집스럽다, 집요하다 됭 고집하다
       B 控制   됭 통제하다, 제어하다, 규제하다, 조절하다, 장악하다
       C 魅力   몡 매력
       D 潜在   됭 잠재하다   **정답 C**

해석   매력 있는 남자가 '잘생긴' 남자보다 훨씬 끌린다.

POINT 2   빈칸 앞뒤에 있는 어휘들과 의미가 맞는 정확한 어휘를 찾아라!

유사하게 생기거나 뜻이 비슷한 어휘들 가운데 정확한 답을 찾아야 하는 문제들이 많다. 일부 어휘들은 특정 어휘하고만 쓰이는 특징이 있으니 이를 잘 알아두어야 한다.

예제   这里资源_____，交通方便，人民勤劳勇敢。

       A 丰硕   B 丰满   C 丰饶   D 丰富

풀이   의미상, 그리고 주어진 보기를 봤을 때 '풍부하다'라는 뜻을 찾는 문제임을 알 수 있다. 资源과 가장 잘 어울리는 술어는 丰富다. '자원이 풍부하다'라고 할 때는 资源丰富만 사용하므로 이대로 외워두는 것이 좋다.

       A 丰硕   혱 (과일 등이) 크고 많다, 알이 굵고 잘 여물다, [비유] 성과가 크다
       B 丰满   혱 풍만하다, 포동포동하다, 충분하다, 풍족(풍부)하다, 가득하다
       C 丰饶   혱 풍요롭다, 매우 넉넉하다
       D 丰富   혱 많다, 풍부하다, 넉넉하다, 풍족하다
                  됭 풍부하게 하다, 풍족하게 하다, 넉넉하게 하다   **정답 D**

해석   이곳은 자원이 풍부하고, 교통이 편리하며, 사람들이 부지런하고 용감하다.

POINT 3   앞에 전제된 의미를 잘 파악하라!

문제에서 주어진 힌트를 잘 활용해야 한다. 빈칸 앞에 주어진 문장의 의미를 잘 파악하면 빈칸에 어떤 어휘가 필요한지 짐작할 수 있다.

예제   到目前为止，我已出版了4部长篇小说，以历史_____占多。

A 题材   B 体会   C 体裁   D 材料

풀이   앞 문장을 통해 빈칸이 포함된 부분에서 설명하고 있는 것이 '소설'이라는 점을 알 수 있으며, 占多를 감안할 때 소설을 구성하는 한 가지 요소인 '소재'라는 뜻을 찾아야 한다. 보기 가운데 A와 D가 유사해보이지만, 정확하게 소설의 '소재'를 뜻하는 어휘는 题材다.

A 题材   명 제재, 문학이나 예술 작품의 소재
B 体会   동 체득하다, 체험하여 터득하다, 경험하여 알다 명 (체험에서 얻은) 느낌, 배운 것, 얻은 것
C 体裁   명 체재, 장르, (문장이나 문학 작품의) 표현 양식
D 材料   명 재료, 원료, 감, 자재, 자료, 데이터(data), 소재, [비유] 재목, 인재

정답 A

해석   지금까지 나는 이미 4편의 장편소설을 출판했고, 역사를 소재로 한 것이 많다.

POINT 4   문맥에 합당한 어휘를 찾아라!

보기에 비슷한 뜻의 어휘들이 주어졌다면 전체적인 문맥에 어울리는 어휘를 찾아야 한다.

예제   有了这一段特殊的人生_____，我深深相信了这样一句话：人间处处有真情。

A 经过   B 经历   C 通过   D 验证

풀이   문두의 有了를 보고 빈칸에 명사가 필요하고, 수량사 一段과 명사 人生의 수식을 받는다는 것을 알아야 한다. 따라서 문맥상 자연스럽게 의미가 연결될 수 있는 어휘를 찾아야 한다.

A 经过   동 지나다, 거치다, (시간이) 걸리다, (활동·사건을) 겪다 명 (일의) 과정, 경위, 자초지종
B 经历   동 몸소 겪다, 체험하다, 경험하다, 경과하다 명 경험, 경력, 내력, 경위
C 通过   동 건너가다, 통과하다, (의안·법안 등이) 통과되다, 가결되다
       전 ~을 거쳐, ~을 통해
D 验证   동 검증하다, (면허증·허가증 등의) 증명서를 대조 확인하다

정답 B

해석   이 특별한 인생을 경험하고 나서, 나는 세상 곳곳에 진정한 정이 있다는 말을 깊이 믿게 되었다.

만점 공략 어휘 WORD
▶ 新HSK에서 의미를 주의해야 할 어휘들

명사 名词

斑马	bānmǎ	명 얼룩말
伴侣	bànlǚ	명 반려자, 동반자
本领	běnlǐng	명 능력, 솜씨, 재주
差距	chājù	명 차이, 격차
潮流	cháoliú	명 조류, 흐름
成就	chéngjiù	명 성취, 업적 동 (주로 사업을) 완성하다, 이루다
窗框	chuāngkuàng	명 창틀
毒素	dúsù	명 독소, 톡신(toxin)
二氧化碳	èryǎnghuàtàn	명 이산화탄소
范畴	fànchóu	명 범위, 범주
奋斗	fèndòu	명 분투하다
蜂蜜	fēngmì	명 벌꿀
富翁	fùwēng	명 부자, 부옹
岗位	gǎngwèi	명 직책, 일터
高蛋白	gāodànbái	명 고단백
格局	géjú	명 격식, 짜임새
功能	gōngnéng	명 기능
官吏	guānlì	명 관리
轨道	guǐdào	명 궤도
航天器	hángtiānqì	명 우주선
幻觉	huànjué	명 환각
花瓣	huābàn	명 꽃잎, 화판
节奏	jiézòu	명 리듬, 박자
结局	jiéjú	명 결말, 종국
精力	jīnglì	명 기운, 힘
浪潮	làngcháo	명 파도, 물결, 풍조

免疫能力	miǎnyìnénglì	몡 면역력
瓶颈	píngjǐng	몡 병목, 가장 좁은 길목, 난관
潜能	qiánnéng	몡 잠재(능)력, 잠재 에너지, 가능성
情绪	qíngxù	몡 정서
神经元	shénjīngyuán	몡 뉴런(Neuron), 신경세포
神情	shénqíng	몡 안색, 표정
世博会	Shìbóhuì	몡 세계박람회, 엑스포(EXPO)
盛会	shènghuì	몡 성회(盛會) [규모가 아주 성하고 큰 모임]
盛装	shèngzhuāng	몡 화려한 옷차림, 성장(盛裝), 성복(盛服), 성식(盛飾)
陶瓷	táocí	몡 도자기
体魄	tǐpò	몡 신체와 정신, 체력과 기백
条文	tiáowén	몡 (법규·규정 등의) 조문
牺牲品	xīshēngpǐn	몡 희생양, 희생품
血红蛋白	xuèhóngdànbái	몡 헤모글로빈(hemoglobin)
亚热带	yàrèdài	몡 아열대
椰子	yēzi	몡 야자(나무)
噪音	zàoyīn	몡 소음(騷音)
棕榈	zōnglǘ	몡 종려나무
宗旨	zōngzhǐ	몡 목적, 취지

동사 动词

摆脱	bǎituō	동	벗어나다
抱怨	bàoyuàn	동	원망하다
筹划	chóuhuà	동	계획하다, 기획하다
对抗	duìkàng	동	대항하다, 반항하다, 저항하다, 맞서다
防止	fángzhǐ	동	방지하다
妨碍	fáng'ài	동	방해하다
废除	fèichú	동	(법령·조약 등을) 폐지하다
腐蚀	fǔshí	동	부식하다, 썩어 문드러지다
沟通	gōutōng	동	(감정, 의사 등을) 소통하다
构成	gòuchéng	동	구성하다, 짜다, 이루다, 형성하다 명 구성, 형성
干裂	gānliè	동	말라서 터지다, 말라서 갈라지다
衡量	héngliang	동	평가하다, 가늠하다
缓解	huǎnjiě	동	(압력, 스트레스 등을) 완화시키다
鉴定	jiàndìng	동	(진위, 우열 등을) 감정하다 명 (사람에 대한) 평정(評定), 평가
积蓄	jīxù	동	축적하다, 모으다 명 저금, 모아둔 돈
监理	jiānlǐ	동	감독하고 관리하다 명 관리 감독 책임자
精通	jīngtōng	동	정통하다, 능숙하다
恐惧	kǒngjù	동	겁먹다, 공포감을 느끼다
描写	miáoxiě	동	묘사하다
模仿	mófǎng	동	모방하다
排斥	páichì	동	배척하다
抛弃	pāoqì	동	방치하다, 내버리다
佩服	pèifú	동	탄복하다, 감탄하다
驱除	qūchú	동	쫓아내다
丧气	sàngqì	동	의기소침하다
识别	shíbié	동	식별하다
失衡	shīhéng	동	균형을 잃다
讨厌	tǎoyàn	동	싫어하다, 미워하다, 혐오하다 형 꼴 보기 싫다, 얄밉다, 혐오스럽다, 싫다
停滞	tíngzhì	동	정체하다, 침체하다
挑衅	tiǎoxìn	동	도발하다

选拔	xuǎnbá	동	선발하다, 뽑다
演变	yǎnbiàn	동	변화 발전하다
抑制	yìzhì	동	억제하다, 억누르다
沾染	zhānrǎn	동	감염되다, 물들다
针对	zhēnduì	동	~를 겨냥하다, 정곡을 찌르다
证实	zhèngshí	동	실증하다, 증명하다
支配	zhīpèi	동	지배하다
转弯	zhuǎnwān	동	인식을 바꾸다, 생각을 고치다, 정신을 차리다
总结	zǒngjié	동	(학습, 경험 등에 대해) 총결산하다 명 총결산, 최종 평가, 최종 결론, 총괄
足以	zúyǐ	동	충분히 ~할 수 있다, ~하기에 족하다

형용사 形容词

笔直	bǐzhí	형	똑바르다, 곧다
乏味	fáwèi	형	재미없다, 무미건조하다
发扬	fāyáng	형	발양하다
固执	gùzhí	형	고집스럽다, 완고(頑固)하다 동 고집하다
红润	hóngrùn	형	(피부가) 붉고 촉촉하다, 붉고 윤기가 있다
辉煌	huīhuáng	형	휘황찬란하다
骄傲	jiāo'ào	형	거만하다, 자랑스러워하다 명 자랑, 긍지, 자랑거리
剧烈	jùliè	형	극렬하다, 격렬하다
苛刻	kēkè	형	(조건, 요구 등이) 너무 지나치다, 가혹하다
谦虚	qiānxū	형	겸손하다 동 겸손의 말을 하다
凄惨	qīcǎn	형	참혹하다, 처참하다
束缚	shùfù	형	속박하다, 구속하다
舒畅	shūchàng	형	(기분이) 상쾌하다, 후련하다
提拔	tíbá	형	등용하다, 발탁하다
旺盛	wàngshèng	형	(체력, 정신력 등이) 왕성하다
阴暗	yīn'àn	형	어두침침하다, 풀이 죽다, 의기소침하다
抑郁	yìyù	형	우울하다, 울적하다
自卑	zìbēi	형	비굴하다, 스스로 남보다 못하다고 느끼다

조사 助词		
而已	éryǐ	조 다만 ~일 뿐이다

접속사 连词		
固然	gùrán	접 비록 ~하지만 [어떤 사실을 인정하고 이어지는 글에서 전환을 이끌어냄]

실전 문제 EXERCISE

1. 高中生与初中生相比，在做出判断和决定前能更多地_____各种事实和可能性，_____行动的各种可能后果，决定一旦做出也能更_____地见诸行动。

    A 考察　　预料　　明显
    B 考虑　　预计　　迅速
    C 考验　　预见　　充分
    D 思考　　预测　　显著

2. 电影最大的乐趣，在于营造出一个独具_____的光影世界，在这个世界里，不仅可以使人得到_____和娱乐，更可以有所感悟和回味，充分_____到"电影是浓缩的人生"这一特点。

    A 魅力　　放松　　体会
    B 力量　　轻松　　理解
    C 特色　　趣味　　意识
    D 见解　　休息　　反应

3. 喜鹊是自古以来深受人们喜爱的鸟类，是好运与福气的象征。喜鹊登梅是中国画中非常常见的_____，它还经常出现在中国传统诗歌、对联中。此外，在中国的民间_____中，每年的七夕，人间所有的喜鹊会飞上天河，_____起一座鹊桥，让分离的牛郎和织女相会，_____在中华文化中鹊桥常常成为男女情缘的象征。

    A 作品　　节目　　架　　因此
    B 主题　　故事　　连　　总之
    C 题材　　传说　　搭　　因而
    D 材料　　风俗　　组　　于是

실전 문제

4 川菜品种＿＿＿＿、味道多变，＿＿＿＿"一菜一格，百菜百味"的美誉。川菜的这种独特的风格也＿＿＿＿国内外人们的青睐，许多人发出"食在中国，味在四川"的＿＿＿＿。

A	丰富	享有	赢得	赞叹
B	多样	具有	招收	赞赏
C	繁多	形成	吸引	赞扬
D	丰满	达到	造成	赞美

5 如果没有在部队的自学＿＿＿＿，就没有后来名满天下的二月河。他在21岁时跌入了人生最低谷，又在不惑之年步入巅峰，从超龄留级生到著名作家，其间的机缘转折，似乎有些误打误撞。但二月河不这么＿＿＿＿，他说："人生好比一口大锅，当你走到了锅底时，只要你肯＿＿＿＿，不论朝哪个＿＿＿＿，都是向上的。"

A	经历	理解	努力	方向
B	学历	分析	加油	方面
C	阶段	认为	付出	目标
D	课程	思考	攀登	范围

6 中国有句话：在家靠父母，在外靠朋友。在外闯荡，当你喜悦的时候，你会想起谁？当你＿＿＿＿的时候，你会想起谁？当然会是朋友。但是怎样与朋友＿＿＿＿是一门学问，朋友之间如果关系太近，往往会产生摩擦，太远则会相互疏远，所以＿＿＿＿与朋友之间适当的距离，才是聪敏人为人处世的方式。

A	愉快	交流	坚持
B	忧伤	相处	保持
C	悲伤	共处	放弃
D	快乐	交往	保留

新 HSK 6급 독해 모의고사

5회분

모의고사(독해) 제1회

第 一 部 分

第 51 - 60 题：请选出有语病的一项。

51. A 那一天，司机看见大路出车祸，怕耽误了时间，便转道而行。
    B 有路就可以走，表示我走的路是对的，应该顺着这一条路走下去。
    C 听不懂话的人，常常硬把自己的意见安在别人头上，令人啼笑皆非。
    D 他的见解独到而且深刻，常应邀到许多高校发表演讲，深受学生欢迎。

52. A 倾听别人谈话，对我来说是获得某种知识、经验和思想启迪的机会。
    B 美国的其他城市相比，作为首都的华盛顿面积不算大，人口也不算多。
    C 因此，他一看到娱乐节目里那些才艺非凡的孩子，就羡慕得两眼放光。
    D 实际上，在我成年之后所有的工作日里，我是没有一天不去办公室的。

53. A 有一家银行，要求广告公司做出一个与众不同、别具匠心的广告。
    B 以前，在周六的早上，我总爱带他们去公园，那是我们在一起的特殊时刻。
    C 中国大多数人的人生，在面对岔路口的时候，是没有选择的，只能走进来罢了。
    D 我们一起在那条雪路上跋涉时，谁也没有把握，唯朦胧地都怀着希望。

54. A 社会犹如一条船，每人都要有掌舵的准备。
    B 人类被赋予了一种工作，那就是精神的成长。
    C 公正，一定会打倒那些说假话和假作证的人。
    D 他们踢得特好，我们不丝毫也介意再与他们同组。

55. A 在农业生产，少用或不用化肥、农药、除草剂、生长激素和人工饲料添加剂。
    B 现实情况是，大多数人并没有自己真正喜欢而且值得如此付出的事情去做。
    C 书画鉴定是一门综合学科，要求鉴定家有非常全面的学识和很高的艺术造诣。
    D 我虽然和他只有一面之缘，但从他那里学到了许多东西，包括他的学识和人品。

56. A 多问几次就会到，意思是后面会出现几次比较复杂的岔路。
    B 有一次，一位新闻记者采访摊贩，对话在电视上现场播出。
    C 这两句话，真是放之四海而皆准，再说上五千年也不会错。
    D 真诚而善良的微笑可以让你更加迷人，会使你显得更亲和力。

57. A 这篇报告列举了大量事实，揭露了人类破坏自然，滥杀动物。
    B 对于学生，手机不仅是沟通的工具，更是丰富暑假生活的重要途径之一。
    C 一个人的道德品质对其人格的形成、健全和完善都起着至关重要的作用。
    D 能否帮助孩子树立正确的财富观，是能否使他们形成良好人生观的关键。

58. A 我沉浸在秋千摆动的节奏里，看着孩子们向着太阳升起，然后又飞回我身边。
    B 对于大多数孩子来说，要做到严格地定时定量是困难的，有时可以说是不可能的。
    C 周末，一群同事结伴郊游。大家各自做了最拿手的菜，带着老公和孩子去野餐。
    D 十二岁的女儿，正为身边的小弟弟小妹妹剔蟹剥虾，盛汤揩嘴，忙得不亦乐乎。

59. A 孩子也蛮懂事，漫画书不看了，剪纸班退出了，周末的懒觉放弃了，像一只疲惫的小鸟。
    B 多数人也知道怎样去赢得更多的时间，那就是减少工作量，但这只能让他们得到时间而不是金钱。
    C 赵旭对《红楼梦》发出了许多精辟的见解，令从事文学批评和创作的那位文学家惊叹不已，自愧弗如。
    D 两个小男孩，一个奥数尖子，一个英语高手，同时夹住盘子里的一块糯米饼，谁也不肯放手，更不愿平分。

60. A 她的班里总共有五十个人，每每考试，女儿都排名二十三。
    B 新的一年就要来临，希望全新的态度、面貌去迎接新的一年。
    C 很多失败的婚姻都是因为不能谅解对方的辛劳，不能体会对方的付出。
    D 《三字经》自南宋以来，已有700多年历史，可谓家喻户晓、脍炙人口。

第 二 部 分

第 61 - 70 题：选词填空。

61. 大多数人失败并非由于他们才智平庸，也不是因为＿＿＿不好，而是由于没有保持一种＿＿＿的心态，才使得自己最终无法触摸到＿＿＿的终点线。与其说他们是在与别人的竞争中失利，＿＿＿说他们败给自己不成熟的心态。

    A 能力   良好   权力   那么
    B 运气   健康   成功   不如
    C 感情   愉快   胜利   但是
    D 背景   自然   命运   或者

62. 中国菜讲究色香味，倘若再有个好名字，＿＿＿就更完美了。所以有＿＿＿的烹饪大师，给自己创造的新菜起名，会格外注意它的文化＿＿＿。

    A 恐怕   个性   素质
    B 难怪   出息   意义
    C 无疑   修养   内涵
    D 估计   教养   内容

63. 植物对室内环境的净化与植物的表面积有＿＿＿关系，所以，植株的高低、冠径的大小、绿叶的大小都会影响到净化＿＿＿。一般情况下，10平米左右的房间，1.5米高的植物放两盆比较＿＿＿。

    A 直接   效果   合适
    B 敏感   成果   合理
    C 良好   结果   理想
    D 复杂   后果   正常

64. "咬文嚼字"有时是一个坏习惯,所以这个成语的含义_____不是很好。但是在阅读和写作时,我们必须要有一字不肯_____的严谨。文学_____借文字表达思想情感,文字上面有_____,就显得思想还不透彻,情感还不凝练。

A	通常	放松	作品	含糊
B	尤其	饶恕	著作	分歧
C	偶然	放弃	理论	矛盾
D	经常	忽略	题材	错误

65. 元宵节是中国的传统节日,大部分地区的_____是差不多的。在古代,"元宵灯会"给未婚男女相互认识_____了一个机会。那时候,年轻女孩不允许出外_____活动,但是过节却可以结伴出来游玩。元宵节赏花灯期间,就是男女青年与心爱的人约会的_____。

A	习俗	提供	自由	时机
B	风俗	制造	自愿	借口
C	规矩	创造	痛快	机遇
D	兴趣	挽回	单独	距离

66. 花样游泳是女子体育项目,原为游泳比赛间歇时的水中_____项目,是游泳、舞蹈和音乐的完美_____,有"水中芭蕾"之称。它是一项艺术性很强的_____的体育运动,但也需要力量和_____,需要多年的_____。

A	竞赛	配合	优美	速度	培养
B	表演	结合	优雅	技巧	训练
C	演出	联合	精致	技能	培训
D	娱乐	组合	华丽	才干	锻炼

67. 打哈欠是人类的一种本能行为，非_____意志所能控制。当一个人受到劳累、睡意等因素的_____时，会引起相关分子大量分泌，进而引起"哈欠中枢"_____，随即向人体肌肉发出"指令"，有关的肌肉严格_____"指令"运动，于是，一个哈欠_____了。

A	主观	刺激	兴奋	遵照	诞生
B	客观	袭击	异常	采取	产生
C	自身	打扰	快乐	贯彻	发生
D	自我	麻烦	激动	服从	出生

68. 全国作协主席在中国作协全国委员会上讲话时，殷切希望广大文艺工作者认清自己的历史责任和崇高使命，专心致志，_____，谱写亿万人民艰苦创业的壮丽诗篇，淬炼_____时代精神的传世之作，_____充满生机、富有活力、健康繁荣的文艺事业带入二十一世纪。

A	精工细作	表达	使
B	恰如其分	表明	叫
C	精益求精	表现	把
D	兢兢业业	表示	被

69. 第一个寒假，当我从北京回到家乡——贵州的时候，我找寻童年的回忆，_____一切都变了：街道宽阔_____、高楼挺拔林立、人群_____，与"地无三里平，人无三分银"一起_____的，还有张爷爷的灯笼。

A	发觉	笔直	五彩缤纷	消失
B	发现	垂直	五花八门	消灭
C	觉察	修长	花花绿绿	消除
D	发生	爽直	五颜六色	消耗

70. 在此＿＿＿＿，＿＿＿＿统治者相继施行一系列缓和民族矛盾、阶级矛盾，维护统一的多民族国家的政治、经济措施，保证了相当长一段时间的社会安定，劳动人民＿＿＿＿安心生产，＿＿＿＿使社会经济迅速从明末清初的战争疮痍中恢复＿＿＿＿。

A	中间	因为	得到	从来	出来
B	期间	由于	得以	从而	过来
C	时期	因此	加以	从此	起来
D	阶段	所以	使得	然而	上来

第 一 部 分

第 51 - 60 题：请选出有语病的一项。

51. A 企业赛场上的奋斗会持续40年或50年，到你退出的时候你已经老了，那时你已经付出了一辈子的时间。
    B 陈列在革命博物馆里的被36个国内外建筑设计单位产生的44个设计竞赛方案，让人们看到了它诞生的曙光。
    C 他们有如此巨大的付出，便梦想能得到更多的收获，结果却发现持续的付出根本无法得到自己所期望的回报。
    D 也许他们可以挤到靠前的位置，但他们会将一生的时间都用来拼命地钻，让自己的日程表掌握在别人的手中。

52. A 北京奥委会召开新闻发布会，宣布举办第一届奥运歌曲征集活动。
    B 把机械、化工、生态、生物技术结合，制定可持续发展生产的标准和法规。
    C 我觉得这个答复，和对这个问题的调查处理，都表现出一种不负责任的态度。
    D 除非加强对抗性训练，中国足球才有可能走向世界，否则连亚洲也冲不出去。

53. A 现在渔民自己选出了行政组长，负责渔民的生活及生产的管理。
    B 很多人都同意的不见得就是对的，真理往往掌握在少数人手里。
    C 由于团省委的一系列关爱活动，留守儿童感受到了大家庭的温暖。
    D 为了得到一张毕业证，大学生会感受到真切地努力攀登的艰辛滋味。

54. A 国家队的一位有20多年教学经验的优秀的篮球教练来了。
    B 在新中国的建设事业上，发挥着他们蕴藏着无穷的力量。
    C "网络成瘾综合征"成为一种新型精神疾病，引起社会关注。
    D 听到发生这样不幸的事情，他十分悲痛，吃不下饭，也睡不好觉。

55. A 香烟走私十分猖獗，我国海关已把打击走私香烟列为重点的工作。
    B 网上的诱惑令现代人无法拒绝，但昂贵的网上消费又使网迷们心痛不已。
    C "熟读唐诗三百首，不会吟诗也会吟"这句话，写诗的适用，为文的也适用。
    D 他天生聪敏，而且学习很用功，在北京上大学的四年上，连一次长城都没去过。

56. A 她对音乐、美术、哲学、人类学都很有兴趣，给摇滚乐队写歌词，爱好广博却丝毫影响学习。
    B 自从中国人民接受了马克思主义之后，中国的革命就在毛泽东同志的领导下从胜利走向胜利。
    C 先生侃侃而谈，他的音容笑貌虽然没什么变化，但眼角的皱纹似乎暗示着这些年的艰辛和不快。
    D 最近又发动了全面的质量大检查运动，要在这个运动中完成建立与完善技术管理制度等一系列的工作。

57. A 他们在导游小姐的引领下，漫步在兵马俑之间，感慨万千。
    B 会员家属除入场券外，并须有家属徽章，二者缺一即不能入场。
    C 北约对南联盟的狂轰滥炸，在国际关系史上开了自掘坟墓的先例。
    D 随着经济的发展，生活水平的提高，使人们对未来生活充满了希望。

58. A 台风给沿海居民的生活造成了很大的损失严重。
    B 我国大学生规模迅速增长，就业难的问题也越来越突出。
    C 经过整顿，场内外秩序明显好转，观众出入场不再拥挤。
    D 中国画基本上可以分为三类：人物画、山水画、花鸟画。

59. A 谁又能否认英雄的品质正是在这一天天的努力学习中渐渐培养起来的呢?
    B 要是一篇文章里的思想是有问题的，那么即使文字很不错，也是要不得的。
    C 本台今天中午将播出国家安全生产委员会主任就安全生产问题的电视讲话。
    D 我相信在和平共处五项原则的基础上，中伊友好合作关系也许会得到更大的发展。

60. A 已经有1~2个月了，气总是提不进来，感觉没有足够的氧气，特别是在吃饭的时间。

    B 面对逆境，是随波逐流，还是奋起抗争？强者懂得支配环境，而弱者往往受制于环境。

    C 有的花在春天盛开，有的花在夏天怒放，只有梅花在寒冬中绽放，凌霜傲雪，香气袭人。

    D 据统计，早在2007年，韩国的离婚率就已经相当高，成为世界上仅次于美国的高离婚率国家。

第 二 部 分

第 61 - 70 题：选词填空。

61. 太阳系的成员_____太阳外，还_____地球在内的九大行星，几十颗像月亮一样的卫星，_____的彗星，_____的小行星，数不清的流星以及各种星际物质等。

    A 除   包含   变化多端   百花齐放
    B 别说   含有   层出不穷   接二连三
    C 除外   拥有   格格不入   乱七八糟
    D 除了   包括   神秘莫测   数以千计

62. 据调查发现，目前男性的择偶标准发生了很大_____，他们偏重_____头脑敏锐、内心丰富的女性与他们共度_____人生。

    A 改革   挑选   风雨
    B 变化   选择   风雨
    C 改变   选取   风雪
    D 变革   选拔   风雪

63. 世界贸易组织将负责监督乌拉圭回合多边贸易协议的_____情况，各成员_____按照判中达成的协议大幅度削减关税和减少非关税措施；该组织还将定期审查各成员的贸易制度，_____确定其贸易措施是否符合世贸组织的规则。

    A 保持   保障   凭
    B 奉行   坚持   用
    C 执行   保证   以
    D 实行   保持   来

64. 在继续重视和关心中老年教师的_____，_____大批青年教师即将成为高校教师队伍的主力和骨干，要特别关心他们，在政治上信任他们，组织上重视培养发展他们，教学科研工作上_____发挥他们的作用。

    A 同时   鉴于   充分
    B 时候   因为   充足
    C 时期   由于   充沛
    D 时代   本着   充实

65. 从鲁迅的言论和他的校对生涯，不难得出这样的结论：一、校对工作是一项_____的工作，它的重要程度_____创作；二、校对人员要有高度的责任感，要有吃苦耐劳的精神，要有"为人作嫁"终不悔的宽广胸怀，要有较高的文化素质、理论修养和_____是非的能力。

    A 举世瞩目   低于   辨认
    B 举足轻重   亚于   辨别
    C 举世闻名   差于   识别
    D 家喻户晓   少于   鉴别

66. 钱学森在力学许多_____获得巨大成就,其中最突出的是他与卡门一起取得的超声速流体力学_____,成为超音速飞机克服热障、声障的_____,著名的卡门·钱学森公式对飞机设计有指导作用。

  A 领地 后果 据说
  B 范围 成绩 依赖
  C 领域 成果 依据
  D 领土 结果 根据

67. _____北京人口密集、房屋破旧的宣武区来说,本有自己独具的_____拥有大栅栏商业街和琉璃厂文化街,拥有菜市、名人住宅区和牛街宗教区,_____,其会馆建筑和八大胡同建筑也都_____极高的研究、旅游价值。

  A 就拿 优势 除此之外 具有
  B 就用 优越 除了   拥有
  C 就拿 优先 除外   占有
  D 就用 优胜 此外   所有

68. 小说《三国演义》经过600多年的广泛_____,早已_____,深入人心,被公认为难以企及的古代历史演义小说的光辉典范,形成远远超过其思想艺术成就的崇高地位,_____中华民族的精神生活和民族性格产生了极其_____而深刻的影响。

  A 传达 引人注目 关于 庞大
  B 传递 众所周知 由于 伟大
  C 传播 家喻户晓 对   巨大
  D 传送 举世闻名 对于 宏大

69. 实际上，我们绝大多数的人，不仅没有显现出这种_____的记忆能力，_____经常是丢三落四，对与自己有过交往的人，能记住其名字的最多也_____10%；而对与自己有联系的电话号码，则更可能将其99%都忘得_____。

    A 异常   反正   超得出   接二连三
    B 非常   再说   超不出   五花八门
    C 非凡   反倒   超不过   一干二净
    D 平凡   反而   超越   三心二意

70. 所谓公益电影，就是以较低的票价让利_____观众，组织一批有思想性、艺术性、观赏性强的_____电影放映，让工薪族和青年学生可以以较少的花费_____到一流影院一流的服务和一流的声光_____。

    A 于   优秀   享受   效果
    B 给   优异   感受   效益
    C 给   优越   欣赏   效率
    D 在   优良   体会   效能

第 一 部 分

第 51 - 60 题：请选出有语病的一项。

51. A 市场经济的激烈竞争，必然会使一些产品处于尴尬的境地而令企业入不敷出。
    B 跳高测验时，小陈飞奔向前，脚一蹬，跳了起来……哎呀，真可惜，差一点跳过去。
    C 有位心理学家曾做过一个实验：将一个小故事写在一张纸条上，被班上的一个同学看。
    D 参加亚运会的中国游泳队，是由从二十名集训队员中挑选出的十二名优秀选手组成的。

52. A 这座桥修建于公元612年至618年，到现在已有快1400多年的历史了。
    B 人生舞台的大幕随时都可能拉开，关键是你愿意表演，还是选择躲避。
    C 地球上的生命有30多亿年的发展史，其中85%以上的时间是在海洋中度过的。
    D 有人说他的落选与个人恩怨有关，但他反驳时非常肯定地否认与个人恩怨有关。

53. A 成功呈概率分布，关键是你能不能坚持到成功开始呈现的那一刻。
    B 成功不是将来才有的，而是从决定去做的那一刻起，持续累积而成。
    C 那里是休闲度假的好地方，更是难得的天然浴场，吸引着大量游客。
    D 继去年森林色彩流行之后，今年秋冬时装将又强调海洋水色的主题。

54. A 租赁鲜花树木的业务已传到上海由浙江。
    B 永远不要回头看，有些人会瞬间超过你。
    C 很多人一旦分开也许会永远都不再见面。
    D 我的世界是寂静无声的，容纳不下别人。

55. A 再长的路,一步步也能走完,再短的路,不迈开双脚也无法到达。
    B 孤独的老年人可以购买一种机器人,将老年人摆脱了孤独的烦恼。
    C 世上最重要的事,不在于我们在何处,而在于我们朝着什么方向走。
    D 没有什么事情有象热忱这般具有传染性,它能感动顽石,它是真诚的精髓。

56. A 我国一向"一山不容二虎"的说法,这一说法无疑是有道理的。
    B 在世界的历史中,每一伟大而高贵的时刻都是某种热忱的胜利。
    C 世界各国的人口寿命数据表明,女性的平均寿命要比男性长7年。
    D 如果我们都去做自己能力做得到的事,我们真会叫自己大吃一惊。

57. A 相信就是强大,怀疑只会抑制能力,而信仰就是力量。
    B 我曾是一家技术公司的合伙人,工作曾经是我生活的重要部分。
    C 通过参与教师的课题,可以了解科研的全过程,增强动手操作。
    D 在真实的生命里,每桩伟业都由信心开始,并由信心跨出第一步。

58. A 把倾斜的饭盒摆好,松了的瓶盖拧紧,流出的菜汁擦净。
    B 输着液体,在病床上,她还坚持写作业,最后引发了肺炎。
    C 陆羽卓而不群的气质,渊博的学识,扑朔迷离的人生经历。
    D 一个月之后,托娅在一所学校找到了教五年级学生的工作。

59. A 经验多固然是好事,但如果一个人只靠经验工作,也是不行的。
    B 失去金钱的人损失甚少,失去健康的人损失极多,失去勇气的人损失一切。
    C 只要是有看头的比赛,不论天多冷,场馆多么偏僻,球迷们就会踊跃来助威。
    D 中国人很喜欢说类似的话,让人听了觉得十分有道理,同时又觉得摸不着头脑。

60. A 拉萨的天空总是那么湛蓝、透亮,好像用清水洗过的蓝宝石一样。
    B 在危险情况下人的嗅觉会变灵敏,并向大脑发出避开危险的"警报"。
    C 忍别人所不能忍的痛,吃别人所不能吃的苦,是为了收获别人得不到的收获。
    D 那里的工作人员做事特别认真,尤其是一位浙江籍工人,对我的印象特别深刻。

第 二 部 分

第 61 - 70 题：选词填空。

61. 寒假的＿＿＿＿，儿子从美国发来一封E-mail，告诉我＿＿＿＿这个假期，他要开车从他所在的北方出发到南方去，并画出了一共要＿＿＿＿11个州的路线图。

  A 时候　　利用　　穿越
  B 时期　　运用　　渡过
  C 时代　　作用　　穿过
  D 时节　　启用　　穿行

62. 在崔健的摇滚乐中，我们＿＿＿＿到的是生命本身的动态过程，是相反的两极欢乐与悲伤、希望与恐惧、狂喜与＿＿＿＿之间的＿＿＿＿摆动。

  A 感受　　绝望　　持续
  B 感觉　　希望　　连续
  C 发觉　　失望　　延续
  D 感动　　愿望　　继续

63. 《几何学》是笛卡尔公开发表的唯一数学＿＿＿＿，只有117页，但它标志着代数与几何的第一次完美＿＿＿＿，使代数方程＿＿＿＿为不同的几何图形，许多相当难解的几何题转化为代数题后能轻而易举地找到答案，所以说笛卡尔是解析几何的＿＿＿＿人。

  A 著作　　结合　　表现　　创始
  B 作品　　联合　　表示　　创造
  C 作业　　团结　　表达　　发明
  D 创作　　勾结　　表明　　发现

64. 如今，在许多国家和地区，不兴送重礼已相沿成习。礼薄决不会被＿＿＿成送礼者小气和小看＿＿＿。相反，送礼过重＿＿＿被人认为小瞧人家，带有功利目的或贿赂之意，总之是花钱买没趣，招惹麻烦。＿＿＿，"礼轻情义重"这句名言，中外同理，这才是送礼之要义。

A	领悟	双方	反之	由此
B	明白	对立	反而	可见
C	了解	对手	相反	说来
D	理解	对方	反倒	看来

65. 直到1829年，德国音乐家门德尔松发掘并＿＿＿演出了巴赫的《马太受难乐》，引起了人们极大的重视，大家开始对他的＿＿＿作品进行研究、出版和演出，＿＿＿认识到他在复调音乐、提高钢琴表现力等方面的伟大创造，给他冠以欧洲"音乐之父"、"平均律之父"等＿＿＿。

A	重复	富裕	就	招呼
B	重新	丰富	才	称号
C	重叠	富余	刚	称呼
D	反复	富足	也	称谓

66. 1905年，爱因斯坦在瑞士专利局当一名小职员时，一连＿＿＿了五篇论文，其中关于质量和能量的论文＿＿＿着利用原子核巨大能量的可能，而最重要的要算是那篇关于时间、空间都要随运动状态发生变化的论文，它冲破了牛顿时代以来形成的时间、空间绝对不变的旧观念，＿＿＿象征科学新时代的狭义相对论诞生了。

A	发现	预测	宣布
B	发布	预料	宣扬
C	发表	预示	宣告
D	发行	预报	宣传

67. 这样一个_____神奇的远古的故事本身就足以魅力诱人了，更_____舞台上时而仙雾缭绕，_____泉水喷涌，使剧作的神话色彩愈加浓郁，加之演员表演到位，《小白龟》自然就更吸引观众了。

  A 充实 况且 一会儿
  B 充足 并且 忽而
  C 弥漫 情况 有时
  D 充满 何况 时而

68. 体育是培养坚强意志的有效_____，可以培养学生的竞争意识、合作精神、_____失败和挫折的能力；体育还能培养学生_____的组织性、纪律性、荣誉感和创造精神，这一切正是素质教育的重要内容，也是培养21世纪人才不可_____的方面。

  A 方式 承担 周密 重视
  B 手段 承受 严密 忽视
  C 方法 忍受 严厉 轻视
  D 手法 接受 细密 蔑视

69. 在现实生活中，人们的消费行为总是_____的：既有理性消费，也有从众消费；既有情感型消费，也有_____型消费；既有超前消费，也有_____消费……更何况还存在着性别、年龄、文化修养、审美情趣的_____！

  A 千差万别 冲动 滞后 差异
  B 大同小异 冷静 落后 差别
  C 千变万化 冲突 滞销 区别
  D 一清二楚 激动 落选 分别

70. 当他_____上海兴起签名售书的消息后，_____找了个出版商在一家_____书店租了一只柜台，在书店外边竖起一块醒目的广告招牌，极尽自我吹捧，谁料到问津者_____，该作者站立了一天，仅仅恭候了5位读者，晚上自嘲道："总算没剃光头……"

A	获得	才	型号	屈指可数
B	熟悉	就	大型	数一数二
C	获悉	便	小型	寥寥无几
D	收获	刚	微型	目中无人

모의고사(독해) 제4회

第 一 部 分

第 51 - 60 题：请选出有语病的一项。

51. A 一个画家的朋友使他的儿子非常失望。
    B 我相信这个世界上每一个人都能成功。
    C 工作是我们走向未来必不可少的部分。
    D 虽然没什么大碍，可是需要卧床养伤。

52. A 无论才能、知识多么卓著，如果缺乏热情，则无异纸上画饼充饥，无补于事。
    B 我旁边的中国人认不过来我是外国人，过了很长时间我跟他们谈话时，他们才知道。
    C 每天早上醒来，你荷包里的最大资产是24个小时——你生命宇宙中尚未制造的材料。
    D 只有一条路不能选择——那就是放弃的路；只有一条路不能拒绝——那就是成长的路。

53. A 好的想法是十分钱一打，真正无价的是能够实现这些想法的人。
    B 长辈们在青年时代，即使能过上和平、安定的生活也是好不容易的。
    C 贫穷是不需要计划的，致富才需要一个周密的计划——并去实践它。
    D 环境永远不会十全十美，消极的人受环境控制，积极的人却控制环境。

54. A 崔钟珉突然发现心目上的小女孩，正是主持节目的李静。
    B 她从一个班赶到另一个班，卷子、练习册，一沓沓地做。
    C 我和老公，悄无声息地放弃了轰轰烈烈的揠苗助长活动。
    D 医院坐落在小山之上，是一座典型的中国古代园林式建筑。

55. A 在景色优美的园林中散步，有助于消除长时间工作带来的紧张和疲乏，并且脑力、体力得到恢复。
    B 恢复了她正常的作息时间，还给她画漫画的权利，允许她继续订《儿童幽默》之类的书报，家中安稳了很久。
    C 我想做妈妈，穿上印着叮当猫的围裙，在厨房里做晚餐，然后，给我的孩子讲故事，领着他在阳台上看星星。
    D 钢琴家、明星、政界要人，孩子们毫不怯场，连那个四岁半的女孩，也说将来要做央视的主持人，赢得一阵赞叹。

56. A 保证校园安全，不是学校、幼儿园的私事，需要各方面的努力。
    B 在最后让我们紧紧的握一次手，手有意，有情，掌心中有千言万语。
    C 回想过去，多少笑声是你我的友情唤起的，多少眼泪是友情擦干的。
    D 据我所知，诸葛亮养过鸡，慈禧、恺撒还养过狗，他们和它们共同点吗？

57. A 友谊不是用嘴来表达，而是用全部的生命来证实。
    B 何教授的调查经媒体报道后，引起了社会的广泛关注。
    C 大声哭出来，眼泪是最好的疗伤药，敢于脆弱是真的坚强。
    D 世界500强企业都往往给实习生某一具体的任务，使他们培养自己。

58. A 对父母来说，孩子是宝贝；对国家来说，孩子是未来。
    B 《西游记》是在民间流传的唐僧取经故事的基础上写成的。
    C 我们所要介绍的是祥子，不是骆驼，因为"骆驼"只是个外号。
    D 在未来的21世纪，农林牧副渔专业人才将备受需要，供不应求。

59. A 工作的时间越长，浪费的时间就会越多。

    B 这项研究引发了社会对情商教育的重视。

    C 理智要比心灵为高，思想要比感情可靠。

    D 只有在火柴头同火柴纸擦划时，就能着火。

60. A 以前托娅和我也商量过我们俩要留一个人在家里照顾孩子，只是我从没有想到，这个人会是我。

    B 因为有哲学意味的话多半是不能仅用耳朵听的，要用心领悟，才听得懂"话中的话"，以及"话外的话"。

    C 之所以愿意把如此多的时间贡献给工作，是因为他们相信，有一天可以退休并且拥有自己想要的全部时间。

    D 对某些行业的特殊保护政策，虽然在一定程度上可以把外来冲击起到缓冲作用，但其冲击力在未来的三五年内，仍将是巨大的。

第 二 部 分

第 61 - 70 题：选词填空。

61. 相反，如果事先并不知道什么是_____的结果，常常会把看起来_____的结果当成正确的结果，以致对测试的结果作出错误的判断，把_____应该发现的问题放过。

    A 预期　　似是而非　　本来
    B 预先　　实事求是　　原来
    C 预报　　口是心非　　从来
    D 预警　　名副其实　　以来

62. 在马戏团表演的杂技节目中，能看到这种＿＿＿的表演：一位演员手拿几＿＿＿略为弯曲的飞镖，走上舞台，他不断地用力＿＿＿出飞镖，飞镖划着弧线，在坐满＿＿＿的席间上空快速地拐弯又飞回到演员的手中。

    A　喝彩　　　只　　　扔　　　看客
    B　精彩　　　枚　　　掷　　　观众
    C　精致　　　把　　　投　　　听众
    D　出色　　　块　　　抛　　　顾客

63. 华东师范大学第一附属中学外语教师张思中，经几十年实践和研究，创造了一种＿＿＿、易学、高效的外语教学法，使外语教学取得＿＿＿，学术界＿＿＿"张思中外语教学法"。

    A　简陋　　　突击　　　称呼为
    B　简单　　　成就　　　叫
    C　简便　　　突破　　　称之为
    D　方便　　　进展　　　叫做

64. 仿佛在一夜之间人们就开始流行起送＿＿＿、小巧的礼品，而且礼品的包装似乎比礼品＿＿＿还要受到重视，不论是几块钱还是几十、几百块钱的东西，送礼者都会＿＿＿选出自己喜欢的包装纸，请店家专门包扎一下，然后把这份礼物及美好的心愿，一起呈现给自己的家人、朋友、恋人……让他们得到一份小小的惊喜和＿＿＿。

    A　精美　　　自己　　　细心　　　觉得
    B　精致　　　本身　　　精心　　　感动
    C　精细　　　本来　　　专心　　　感激
    D　优美　　　原来　　　用心　　　激动

65. 如今，在浩如烟海的报刊中，颇有实力和影响的不乏其刊，而你们的报纸却以自己的风格_____独树一帜，虽然创刊仅有半年多，却已跃居京城零售报刊_____，这其中有你们辛勤的汗水、聪明的智慧，更有你们为读者着想的责任心，我同_____个读者一样，对你们为我们提供了一份如此丰富和有价值精神食粮，表示_____的感谢！

A	特征	之林	万万千千	热情
B	特色	之首	千千万万	衷心
C	特点	之中	千万千万	热心
D	特性	之中	千千万万	由衷

66. 眼对眼的长久_____只发生于_____的爱或恨之时，因为大多数人在一般场合中都不习惯被人直视，时间一长_____会很不自在地移开目光，对情侣来说，由于彼此间充分互相信赖，_____能迎向对方目光而毫不畏怯。

A	凝视	强烈	就	以致
B	注视	激烈	刚	以至
C	视觉	猛烈	才	因此
D	盯着	强大	也	所以

67. 尤其令人惊奇_____，虽然外国文学出版社还未买下《廊桥遗梦》作者的第二部小说，但市面上已有称为"廊桥遗梦续集"的《梦断札幌》，标名_____海潮摄影艺术出版社出版，全书从开本、装帧设计几乎完全与《廊桥遗梦》一致，但据翻译界人士称，原作者并_____写过这样一本小说，它大概是国内熟悉日本和欧美文化的专业人士所仿写。

A	的事	让	未曾
B	的话	从	没曾
C	的是	由	不曾
D	的有	经	曾经

68. 《金银岛》是以太平洋的可可岛_____写的，该岛位于距哥斯达黎加海岸300英里的海中，曾是17世纪海盗的休息站，海盗们将_____的财宝在此装装卸卸，_____，为这个无名小岛平添了_____色彩，据说岛上至少埋有6处宝藏，其中，最吸引寻宝者的是秘鲁利马的宝藏。

    A 当背景 抢夺 隐隐藏藏 神奇
    B 为背景 掠夺 埋埋藏藏 神秘
    C 作背景 剥夺 埋藏埋藏 美妙
    D 是背景 夺走 隐蔽隐蔽 奇妙

69. 长篇_____于短篇、中篇的，不只是字数多、篇幅长，它应当_____必须提供更为深博的社会生活，更为典型的人物形象，而这一切又都取决于典型冲突的精心营构，经由作者自己所掌握的素材对人的诸种关系和整体世界进行_____的开掘和诗意的展示，让读者_____，识有所见，心有所动，情有所感。

    A 区别 而且 深入 读有所得
    B 差别 而   深刻 偶有所得
    C 相当 况且 深远 看有所得
    D 近似 并且 远大 听有所得

70. 在英国爱丁堡召开的一次学术会议上，两个学派_____爱丁堡附近的火山脚的地层结构成因展开了_____的现场_____，由于两派都以偏概全，只相信自己，各执一词，因而_____了双方互相攻击，互相谩骂，最后竟然拳打脚踢，_____用武斗来解决学术问题，演出了一场科学家互相打骂的丑剧。

    A 至于 热烈 辩护 引导 试图
    B 对于 剧烈 争论 招致 意图
    C 对   激烈 辩论 导致 企图
    D 关于 猛烈 讨论 引致 图谋

모의고사(독해) 제5회

第 一 部 分

第 51 - 60 题：请选出有语病的一项。

51. A 因为高兴，胆子也就大起来；自从买了车，他跑得更快了。
    B 沿着南部山脊一启程，你就会被这里的景色震惊着了。
    C 焦委员的办法便是打发新留学生们深入这些商家与农家去。
    D 6月11日，南非世界杯在约翰内斯堡足球城体育馆拉开帷幕。

52. A 原来的计划是买辆最完全最新式最可心的车，现在只好按着一百块钱说了。
    B 起初这个梦并不十分清晰，直到后来我逐渐成长，这个梦才慢慢地清晰上来。
    C 人世沧桑，岂能没有分别的痛苦时刻！为了事业，我们让离别的泪尽情的飘洒。
    D 传真通讯能按原样通过有线或无线通讯线路，把文字、图表迅速准确地传到远方。

53. A 作家的笔正如鞋匠的锥，越用越锐利，到后来竟可以尖如缝衣之针。
    B 冬冬忙不迭地换上睡衣，蹦蹦跳跳玩滑梯，简直玩得痛痛快快极了。
    C 成功需要成本，时间也是一种成本，对时间的珍惜就是对成本的节约。
    D 如同磁铁吸引四周的铁粉，热情也能吸引周围的人，改变周围的情况。

54. A 不管是《变形金刚》还是《阿凡达》，人类的未来总是离不开机器人。
    B 过去在墨西哥和智利，流行性感冒是致命的疾病，此类病例别国也不少。
    C 当时，文琦飘逸洒脱、漂亮迷人的影子却始终在我的脑海里印记，挥之不去。
    D 一个好的比喻，或为形似，或为神似，或为形神兼似，总是离不开相似这一根本特点。

55. A 各级干部是否廉洁奉公，是关系到党和国家命运的大问题。
    B 一个国家科学技术的发展，是以经济、文化教育为基础的。
    C 事实上，越是担心自己考不好，越就不能发挥出自己的水平。
    D 原来中国话简单明了，两句话就可以把这个问题交代得很清楚。

56. A 这料子只是颜色好看了，其实不经穿，你们还是再去别的地方看看吧。
    B 人生真是一场梦，人类活像一个旅客，乘在船上，沿着永恒的时间之河驶去。
    C 经过事实的教育，全体医务人员在正确继承祖国医学遗产的问题上提高了认识。
    D 人类之足引以自傲者总是极为稀少，而这个世界上所能予人生以满足者亦属罕有。

57. A 今年的《考试说明》对语文学科的考试内容及要求作了一些新的调整。
    B 传销这一商品流通形式被禁止，那是应当的，因为这不符合我国国情。
    C 在营房传达室坐着的两位来探亲的人，是二排战士严卫国、王晓理的父亲。
    D 该委力争全面超额完成各项工作任务，为明年的大开发、大建设打下坚实。

58. A 他所提到的松树林是在东门外，离城门大概有五里地。
    B 孩子们被规定每天必须扒窃1000元，否则不论挨饿，还要遭到体罚。
    C 王艳毕业后去了深圳，按她的话说她现在只想挣很多钱来证明自己的价值。
    D 理工学院的研究人员正在开发用于探测引起事物中毒的微生物的生物传感器。

59. A 人生是指人的生存以及全部的生活经历。
    B 人性最深层的需求就是渴望别人的欣赏。
    C 其实爱美的人，只是与自己谈恋爱罢了。
    D 家庭教育应该在提高孩子知识背景上动脑筋。

60. A 这个事故造成的经济损失严重，据有关人士保守估计，直接损失至少在六千万元。
    B 如果你陷入困境，那不是你父母的过错，所以不要尖声抱怨我们的错误，要从中吸取教训。
    C 他的父母都是中学教员，他妈妈就在他的母校西乡一中任教，这次地作为校方代表也千里迢迢赶到北京来了。
    D 南京，古称金陵，已有近2500年的历史。它既有自然山水之胜，又有历史文物之雅，兼具古今文明的园林化城市。

第 二 部 分

第 61 - 70 题：选词填空。

61. 自从美国提出并开始_____"信息高速公路"这一_____工程以来，全世界在"信息高速公路"上的竞争热潮也同时_____，一些国家先后制定了符合本国国情的"信息高速公路"发展计划和_____。

    A 实施　　宏伟　　掀起　　目标
    B 实行　　雄伟　　兴起　　目的
    C 施行　　宏大　　抬起　　指标
    D 施展　　雄壮　　泛起　　投标

62. 就以害怕蜘蛛来说，_____可先将蜘蛛相片贴于墙上，要患者勇敢地注视它，_____此一阶段后，可再要求患者以手握相片，接着以铅笔轻戳相中蜘蛛，直到患者能手触摸而不再畏缩_____。

    A 就　　征服　　结束
    B 即　　克服　　为止
    C 也　　解决　　停止
    D 还　　约束　　终止

63. 据说，这样_____教室主要是为了创造一种自然、_____的气氛，使学校生活更_____儿童的日常生活，尽量减少不必要的压力，让他们主动地学习。

    A 安排　　和气　　靠近
    B 安置　　和蔼　　逼近
    C 部署　　和睦　　临近
    D 布置　　和谐　　接近

64. 毕淑敏是一位_____以自己的创作_____人的尊严与价值的优秀作家，当她用极富热情的笔触为我们关注了"临终翔"医院的真实图景时，我们看到的不仅仅是一幅幅濒临_____的画面，而是死亡现象的背后所隐藏的人道精神和人性之美。

　　A　开始　　　展览　　　消失
　　B　永远　　　展示　　　灭亡
　　C　始终　　　展现　　　死亡
　　D　从来　　　展出　　　牺牲

65. 你用意志和勤奋写下了你律师_____中的新篇章：你自告奋勇为燕窝镇农家妇女李慧路抱不平，挽救了她多变的婚姻，赢得了人们的_____；一个被法院判决有期徒刑的企业法定代表人石南林，因为你秉执着法律这根准绳，东奔西走，四处呼号，才使这桩案件_____，已逾不惑之年的他免于刑事处分。

　　A　生命　　　赞扬　　　水涨船高
　　B　职业　　　赞赏　　　沉鱼落雁
　　C　生涯　　　赞誉　　　水落石出
　　D　事业　　　夸奖　　　安然无恙

66. 午间，有约40分钟的闲暇，大家谈起了往事：第二批医疗队外科医生戴松成功地完成大面积烧伤植皮手术直至现在还被传为佳话；功底_____的陈剑雄教授曾被_____为津卫生部顾问，津方_____了"中国医疗队陈剑雄奖"，每隔两年向成绩优异的护校毕业生授奖一次。

　　A　深远　　　任　　　树立
　　B　雄厚　　　叫　　　成立
　　C　深沉　　　请　　　建立
　　D　深厚　　　聘　　　设立

67. 生物学被认为是一门带头＿＿＿，它与物理、化学、农业、医学、电子学、环境科学等相结合，形成多种＿＿＿学科，并在环境科学以至冶金等方面均有广泛用途，世界生物学论文数相当＿＿＿且增长速度一直保持＿＿＿。

A	科目	边境	巨大	前途
B	科学	边疆	宏大	前茅
C	学科	边缘	庞大	前列
D	学位	边界	伟大	前沿

68. 他的古希腊文学的开蒙诗篇便是《伊利亚特》，阿基琉斯与赫克托尔作战的故事引起了他对《伊利亚特》的强烈兴趣，在他的心灵里＿＿＿起对这＿＿＿史诗的崇敬之情，从而萌生了将荷马史诗这一古希腊文学＿＿＿翻译成中文的愿望。

A	激发	部	杰作
B	激励	本	拙作
C	引起	册	著作
D	激化	套	作品

69. 作为一名称职的医生，应具备像鹰一样的眼睛，对病看得准；有一个狮子般的胆，对工作大胆＿＿＿；有一双绣女似的手，做手术＿＿＿轻巧；有一颗慈母般的心，＿＿＿地体贴和关心伤病员。

A	决断	灵敏	全力以赴
B	武断	灵巧	全心全意
C	果断	灵活	无微不至
D	果然	敏捷	诚心诚意

70. 减轻学生过重的课业负担问题，应_____社会各界的高度重视，希望大家都来分析、探讨这个问题，找出_____，采取切实有力的措施，"综合_____"，从根本上_____中小学生课业负担过重的状况，使我们的下一代能全面发展，成长为合格的接班人。

A 引导　　渊源　　整顿　　扭曲
B 引起　　根源　　治理　　扭转
C 引诱　　根本　　收拾　　改变
D 吸引　　源泉　　整治　　变化

6급 고득점 공략 비법서!

新 HSK
한 권이면 끝

장석민 · 진현 · 강민경 지음

유료 동영상 강의
www.dongyangTV.com
www.no1hsk.co.kr

해설집

6급
독해 제1, 2부분
어법

독해 고득점은 어법에 달려있다!

동양북스

新HSK 6급 독해 제1부분 키워드 해설

1 문장성분의 결여와 남용

바로 확인 EXERCISE

POINT 1 P 20　　　　　[정답] B

[풀이]
从历史的经验告诉我们에서 历史的经验은 告诉我们의 주어이므로 전치사 从이 불필요하다. 따라서 历史的经验告诉我们으로 고쳐야 한다.

[해석]
A 오스트레일리아는 영토가 넓어 북쪽에서 남쪽에 이르기까지 기후가 현저히 차이 난다.
B 시세가 양적 규모에 의해 결정된다는 것을 역사적 사실들이 우리에게 말해준다.
C 법률이 아무리 완벽하다 해도 일부 관원의 직무유기와 뇌물수수, 직권을 이용한 위법 행위를 막을 수가 없다.
D 남자가 같은 색의 양복과 셔츠, 단색의 넥타이를 착용하고 있으면 기품이 있어 보일 것이다.

POINT 2 P 22　　　　　[정답] B

[풀이]
명사구인 灾区的复原和受灾群众的顽强과 대사 我는 병렬로 놓일 수 없다. 둘 사이에는 다른 성분이 있어야 하는데, 둘의 관계가 사역관계이므로 我 앞에 使를 넣어주어야 문장이 완성된다. 즉, 我深受感动을 使我深受感动으로 고쳐야 한다.

[해석]
A 오늘은 그녀의 60세 생신이다. 이 글을 써서 그녀에게 드릴 것이다. 내가 가장 사랑하는 엄마에게!
B 재해지역의 주민을 돌아본 후, 라이스는 재해지역 복구 작업 및 재해주민의 강한 의지가 자신을 감동시켰다고 말했다.
C 훈련이 너무 엄격해서 지루하고 피곤했기 때문에, 신참들은 이것을 보자 신기해하면서 흥분했다.
D 10여 년이 지난 지금, 나는 그녀에 대한 감정을 확실히 알 수 없거나 그녀와 사귀는 게 습관처럼 되어버렸다.

POINT 2 ❷ P 22　　　　　[정답] D

[풀이]
给人难忘은 잘못된 표현이다. '사건이나 사물이 사람들에게 잊혀지지 않다, 사람들을 잊지 못하게 하다'라고 표현할 때는 给가 아닌 令을 사용하여 令人难忘이라고 쓴다. 자주 쓰이는 표현이므로 외워두자.

[해석]
A 그들이 새장을 나뭇가지에 걸고 새장 위에 덮여 있는 천을 벗겨내자, 여러 종류의 새들이 노래를 부르기 시작했다.
B 2001년 7월, 베이징은 2008년 하계올림픽 개최권을 성공적으로 획득하여 염원을 이루었다.
C 남동생은 중학교를 졸업한 그 해에 현 안의 중점 고등학교에 합격했고, 동시에 나도 성도에 있는 대학의 합격통지서를 받았다.
D 중화민족의 전통과 풍습에 따라 사람들은 해마다 설을 지내왔지만, 2009년의 설은 오히려 오랫동안 잊지 못할 것이다.

POINT 3 P 23　　　　　[정답] B

[풀이]
B에서 磨练은 동사로 쓰일 경우 반드시 목적어를 취하므로, 내용상 뒤에 목적어 自己를 넣어 磨练自己로 고쳐야 한다.

[해석]
A 나는 도덕적인 국민만이 자신의 조국을 향해 받아들여질 만한 경례를 할 수 있다고 확신한다.
B 우리는 아직도 어린아이여서, 시간을 가지고 자신을 단련하여, 더욱 빨리 성숙해지도록 해야 한다.
C 치장 또한 덕행과는 전혀 어울리지 않는다. 덕행은 영혼의 힘이며 생기이기 때문이다.
D 사람은 지혜에 있어서 생각이 트이고, 도덕적으로 청렴결백하고, 신체는 청결해야 한다.

POINT 4 ❶ P 25　　　　　[정답] D

[풀이]
明白는 술어로 쓰일 경우 뒤에 결과보어를 갖지 않기 때문에 到가 필요 없다. 그러므로 许多人已经明白到를 许多人已经明白로 바꿔야 한다.

[해석]
A 삶이란 이 독한 술과 같아서, 거듭된 정제 과정을 거치지 않으면 이렇듯 입에 맞지 않을 것이다!
B 인생을 가지고 장난치는 사람은 한 가지의 일도 이루지 못하게 되고, 자신을 통제하지 못하는 사람은 영원히 노예가 된다.
C 사람을 판단할 때, 당사자의 설명이나 혹은 자신에 대한 견해에 따라서가 아닌, 그의 행동거지로 판단한다.
D 많은 사람들이 우리가 유한한 자원을 갖고 있으며, 많은 자원은 재생되거나 대체될 수 없다는 사실을 이미 잘 알고 있다.

POINT 5 ❶ P 26 [정답] A

[풀이]
양사와 명사도 서로 호응하는 관계가 있다. A에서 양사 片은 声과 호응하기 때문에 嘲笑를 嘲笑声으로 바꿔야 한다. 뒤에 预言声의 声과 반복되지만 声을 생략해서는 안 된다.

[해석]
A '페이창 콜라, 아주 우습구나'라는 비아냥과 예언에도 페이창 콜라는 '코카콜라와 펩시콜라'를 향해 선전포고했다.
B 전화벨이 갑자기 울리기 시작했다. 이리사는 흘끗 쳐다보면서 잠시 망설였다. 본 적 없는 타지의 전화번호였기 때문이다.
C 연회가 끝난 한 달 후, 최고의 기사를 선정할 것이다. 그때가 되면, 버핏이 직접 수상자에게 시상할 것이다.
D 매일 한 시간씩 걷거나 단시간에 운동량이 많은 운동을 하면 매주 최소한 3500cal를 소모한다.

실전 문제 EXERCISE

1 [정답] A

[풀이]
是와 호응할 목적어이자 양사 个와 함께 있어야 할 명사가 빠졌다. 思想主见은 有의 목적어로 쓰인 것일 뿐, 是의 주어인 李真의 동격 대상은 될 수 없다. 따라서 有思想主见을 명사화할 어휘가 필요한데, 사람과 동격이 되어야 하므로 '～한 사람'이라는 뜻의 …的人이 가장 적합하다. 즉, 从来不认为李真是个有思想主见을 从来不认为李真是个有思想主见的人으로 바꿔야 한다.

[해석]
A 그 사람의 마음속에는 리전의 생각과 주관이 있는 사람이라고 생각한 적이 없다.
B 단지 시간상의 문제일 뿐, 중국은 분명 미국보다 더 큰 경제대국이 될 것이다.
C 위기감과 긴박감이 가득한 상황 속에서야 더 잘 생존할 수 있다.
D 완력기와 요가 같은 훈련은 골밀도를 유지해주고 골격노화를 방지한다.

2 [정답] B

[풀이]
B에서 感动의 주어는 반드시 사람이어야 하므로 앞 절에 나온 精神은 感动의 주어가 될 수 없다. 따라서 사역문으로 만들어 使我深受感动의 문장으로 바꿔야 한다.

[해석]
A 기억할 것은 꼭 기억하고, 잊어야 할 것은 반드시 잊어라.
B 그녀의 이러한 남을 돕는 것을 기뻐하는 마음은 나를 크게 감동시켰다.
C 그들이 결혼할 때 거의 모든 사람들이 반대했다.
D 그는 일반 사병인데, 검게 그을린 건장한 체격에, 과묵했다.

3 [정답] D

[풀이]
D의 세 번째 절에서 술어는 동사 有이므로 목적어는 명사 형태여야 하는데, 四肢灵活와 行动敏捷는 명사가 아닌 주술구 형태이기 때문에 有의 목적어로 쓸 수 없다. 따라서 有를 삭제하고 주술구를 술어로 취하는 형태로 만들어 它四肢灵活, 行动敏捷라고 하는 것이 자연스럽다.

[해석]
A 기술 개발, 설비 교체의 새 바람이 의류업계에 조용히 불고 있다.
B 그는 어렸을 때부터 우주에 대한 상상의 나래를 폈다. 그러나 그가 반평생 해왔던 사업은 오히려 우주와는 무관했다.
C 중한 양국은 투자편의화 절차를 가속화하여 각종 투자장애를 없애는 데 함께 노력해야 한다.
D 다람쥐는 사람들이 좋아하는 예쁘고 작은 동물로, 팔다리가 날렵하고 행동이 민첩하다.

4 [정답] A

[풀이]
A에서 앞의 두 절과 네 번째 절 当然首推鲁迅이 전혀 연결되지 않고 별개의 문장처럼 보인다. 그 이유는 문장 전체의 주어가 없기 때문이다. 中国现代作家는 전치사 对于의 목적어로, 研究의 대상이지 연구를 행한 동작의 주체는 아니다. 대신 형용사 深入와 丰盛을 이용하여 '형용사 / 동사' 형태의 명사성 구조를 만들어 '～한 사람'이라는 뜻의 주어를 만들 수 있다. 따라서 研究最深入、成果最丰盛的로 바꾸는 것이 가장 적합하다.

[해석]
A 5·4운동 이후의 중국 현대 작가에 대해, 가장 깊이 연구하고 가장 많은 성과를 거둔 사람으로, 당연히 가장 먼저 루쉰을 들 수 있다.
B 작가는 물론 돈을 벌어야만 생활하고 글을 쓸 수 있다. 그러나 돈을 벌기 위해서 생활하거나 글을 써서는 절대 안 된다.
C 나에게 생명이 의미란 입장을 바꾸어서 타인을 위해 생각하고, 타인의 근심을 걱정하고, 타인의 기쁨을 즐거워하는 것이다.
D 21년 전에 내 친구는 어느 중학교의 심화반 학생이었는데, 그

반에서는 매학기마다 점수가 가장 낮은 5명이 도태되었다.

많은 사람들의 아픔이면서, 또한 평생의 한이기도 하다.
D 공부가 결코 인생의 전부는 아니다. 그러나 인생의 일부분인 공부조차도 정복하지 못한다면, 또 무엇을 할 수 있겠는가?

5 [정답] C

[풀이]
任何는 대사인데, 관형어로 쓰일 경우 任何와 중심어 사이에 的를 쓸 필요가 없다. 任何的人을 任何人으로 바꿔야 한다.

[해석]
A 붉은 꽃 외에는 온통 푸른 나무들이고, 모든 나무들이 놀라울 만큼 컸다.
B 나는 그 쪽지를 꼭 쥔 채, 자리에 엎드려 소리 죽여 울었다.
C 어느 누구도 안 좋은 감정이 생기는 것을 막지 못한다.
D 사람이 가장 슬퍼해야 할 것은 바로 양심이 죽는 것이다.

6 [정답] A

[풀이]
결과보어로 쓰이는 到는 동사 뒤에 써서 동작이 지속된 시간을 이끌어 내거나 사물이 동작을 거쳐 도달한 장소 등을 나타내지만, 사물을 받는 대상인 사람을 이끌어 내지는 못한다. 给는 전치사구 보어로 동사 뒤에 쓰여 사물을 받은 대상인 사람을 이끌어 낸다. A에서 总统은 火炬를 건네받는 사람이므로 到를 전치사 给로 바꿔야 한다.

[해석]
A 한 노인이 활활 타오르고 있는 성화를 대통령에게 전달했다.
B 그는 품에 아이를 안고서, 읍내 보건소 문 앞을 서성거렸다.
C 동이 틀 무렵, 그녀는 나의 모친이 계신 마을 어귀에서 나를 기다렸다.
D 그녀는 손을 뻗어 나를 끌어당기고 싶었지만, 빈손을 거두고는 몸을 돌려 집으로 돌아가버렸다.

7 [정답] A

[풀이]
두 번째 절에서 동사 受到의 주어가 없으므로, 동사구인 使被曝光에 '~한 사람'이라는 뜻의 …的人을 붙여서 而是为了使被曝光的人受到教育로 바꿔야 한다.

[해석]
A 폭로를 위해 폭로하는 것이 아니라 폭로 당한 사람들이 교육을 받도록 해서 유사한 문제가 있는 사람들이 위협을 느끼도록 하려고 한다.
B 영화관 설립이 늘어나고 관객의 영화 관람 습관이 생김에 따라 영화 관객의 요구도 점점 강해지고 있다.
C 나무는 조용히 있으려고 하지만 바람이 그치지 않고, 자식이 뒤늦게 효도하려고 하지만 부모는 기다려주지 않는다. 이는

8 [정답] C

[풀이]
C에서 在…下를 쓴 지금 상태에서는 주어를 찾을 수 없다. 문맥상 增强了我的信心의 주어로 他的帮助和鼓励를 쓸 수 있으므로 在…下를 삭제해야 한다.

[해석]
A 그녀가 좋아하는 것이라면, 아무리 비싸도 그는 흔쾌히 사 준다.
B 가장 쉽게 변하지 않는 것은 아마도 어떤 기억밖에 없을 것이다.
C 그의 도움과 격려가 나의 믿음을 강하게 만들었다.
D 네 동의 없이는 그 누구도 너를 불편하게 만들 수 없다.

9 [정답] D

[풀이]
感兴趣는 이 자체가 '동사 + 목적어' 구조이기 때문에 그 뒤에 또 다시 목적어를 취할 수 없다. 즉, 흥미를 느끼는 대상을 목적어로 쓸 수 없고, 전치사 对를 이용하여 대상을 동사 感의 앞으로 이끌어내야 한다. 따라서 '对 + (흥미를 느끼는) 대상 + 感兴趣'의 구조에 맞게 他究竟对什么感兴趣로 바꿔야 한다.

[해석]
A 아이의 성장을 자신의 유일한 희망으로 삼는 것은 일종의 자아를 상실한 모습이다.
B 폭약이 터지지 않았기 때문에 현금수송차는 무사했지만, 그들은 경찰에게 체포되었다.
C 지하철은 어떤 날은 너무 덥고, 또 어떤 날은 너무 복잡해서, 자리가 없는 날에는 가는 길이 너무 멀게 느껴진다.
D 그는 스포츠도 싫어하고, 취미 활동도 좋아하지 않는다. 아무도 그가 도대체 무엇에 흥미를 느끼는지 모른다.

10 [정답] D

[풀이]
D에서 互相은 그 자체가 동작을 행하는 측과 받는 측을 모두 표현하기 때문에 동사 뒤에 또 다시 대상을 가리키는 인칭대사를 쓰지 않는다. 따라서 别人을 삭제하여 都要互相尊敬, 互相帮助로 고쳐야 한다.

[해석]
A 많은 사람들이 지위를 최우선시하는 것에 찬성한다. 어느 정도 지위가 있어야 품위가 있고, 품위가 있어야 체면이 선

다고 여긴다.
B 모든 이야기 뒤에는 교육적 지침이 첨부되어 있는데, 학부모들이 이야기를 들려줌으로써 아이에게 좋은 인품과 덕성을 함양하는 목적을 완성하도록 전문가의 시각에서 지도하고 있다.
C IT 업계 인사건 기업의 정책결정자건 간에 이 신개념의 함의와 심대한 영향력을 재빨리 파악하는 것이 매우 필요하다.
D 학교는 학생들을 올바르게 지도해서, 그들이 사람과 사람이 어울려 사는 것을 배우도록 하고, 모두 서로가 존중하고 돕게 해야 한다.

2 부적절한 어휘 호응

바로 확인 EXERCISE

POINT 1 P31 [정답] D
[풀이]
명사 사이의 의미상 호응 관계를 제대로 인식하는지 확인하는 문제다. 体育와 振奋은 어울리지 않는다. 体育的振奋을 体育的振兴으로 바꿔야 한다.
[해석]
A 이것은 세계 최초의 성공적인 지진 예보이며, 세계과학기술계에 의해 '지진과학사의 기적'이라고 일컬어졌다.
B 미국은 북한이 다시 6자 회담으로 돌아올 것을 재차 호소했으며, 현재의 조건이 이미 이상적이어서 회담을 회피할 이유가 없다고 여겼다.
C 제조산업이 부를 이룬 전형을 통해, 산업 발전을 일으키고 많은 농민들이 빈곤에서 벗어나 부유해지는 길로 걷도록 이끌었다.
D 스포츠가 긍정적인 사회적 의의를 만들 수는 있지만, 스포츠의 진흥과 국가의 강성을 동일시해서는 안 된다.

POINT 2 P32 [정답] A
[풀이]
监督는 '감독하다'이고, 监视는 '감시하다'라는 뜻으로, '개회 장소가 감시 받는다'라고 해야 한다. 즉, 受到了监督를 受到了监视로 바꿔야 한다.
[해석]
A 회의 개최지는 이미 감시를 받고 있으니 앞으로 다시 그 곳에 가서 회의할 수 없다.
B 도시에서 첫 송금영수증을 보내왔을 때, 그는 모든 돈을 다 되돌려 보내기로 결정했다.
C 나는 그녀가 내 이름을 불러대는 것을 들었고, 조급히 동네에서 뛰쳐나가는 것을 보았다.
D 그녀는 원래 머리가 둔하고, 또 7년이라는 시간이 지나갔으니, 나를 기억하지 못하는 것은 당연하다.

POINT 3 P33 [정답] B
[풀이]
B에서 부사가 문맥에 어울리지 않게 잘못 쓰였다. 수위가 이미 위험 수위에 다다랐으나 여전히 올라가고 있다는 것을 얘기하고 있으므로 并将在上涨을 并还在上涨으로 바꿔야 한다.
[해석]
A 우리가 그들에게 밥을 차려줬지만 모두가 밥을 먹지 않아서 지금은 매우 처치곤란하다.
B 후베이 성 쟈위 현 파이저우 만의 25일 수위는 위험 수위를 1m 정도 넘었으며, 계속 상승하고 있다.
C 농민들은 전통적이고, 단일한 소농경제에서 벗어나 과감하게 말하고, 입고, 일하게 되었다.
D 그녀는 그에게 삿대질하며, 주워온 것을 다시 그 자리에 갖다 놓던지, 집에 아예 돌아오지 말던지 하라며 소리를 질러댔다.

POINT 4 P34 [정답] D
[풀이]
发出는 声이나 味儿을 목적어로 갖는다. '~붐이 일다'는 뜻의 고정격식은 掀起…热潮이므로, 发出了健身的热潮를 掀起了健身的热潮로 고쳐야 한다.
[해석]
A 우리가 감정을 완전히 조절할 수 있다면, 낯선 사람과의 무의미한 다툼을 피할 수 있을 것이다.
B 공항에서 나오자, 맞은 편에 이름 모를 큰 나무가 몇 그루 있었고, 나무에는 푸른 잎이 아닌 붉은 꽃송이로 가득했다.
C 사랑이란 부부가 영원히 사랑한다는 것을 기본 전제로 하는데, 이외에도 주의해야 할 기교와 세부 사항이 더 많다.
D 사스의 무서운 습격은 광저우 시민들의 소비 관념과 습관을 바꾸었고, 사스가 지나간 후 헬스 붐이 일었다.

POINT 5 P35 [정답] D
[풀이]
D에서 斤斤计较는 '시시콜콜 따지다'라는 뜻인데, 여기에서는 양

자를 택일해야 하는 还是 앞에 节省이 있으므로, 节省과 반대되는 사자성어 大手大脚를 써야 한다.

[해석]
A 대다수 사람들에게 가장 인기 있는 선물은 바로 집안일을 돕는 것이다.
B 왕린은 1년 동안 한 푼의 착오도 없이 반 회비를 관리했기 때문에 모든 학우들의 칭찬을 받았다.
C 부부관계로 함께 지내는 것은 똑같이 적용되는데, 악독함과 옥신각신하는 싸움은 당연히 그 안에 포함되지 않는다.
D 영국 어느 협회의 조사 결과에 따르면, 사람들이 절약하거나 낭비하는 것은 어느 정도 유전이라고 한다.

POINT 5 ❷ P 35 [정답] C

[풀이]
以为豪는 잘못된 표현이다. '~을 자랑으로 여기다'라는 뜻의 성어는 引以为豪이다.

[해석]
A 그는 당황해서 그 시커먼 손수건을 자주 사용하지 않는 브레이크 손잡이에다 걸어두었다.
B 아버지께서 말과 행동으로 가르쳐주셔서 그는 여섯 명의 형들과 마찬가지로 공부를 아주 잘했다.
C 기금을 만드는 것은 어렵지 않으나, 이를 꾸준히 유지하는 것은 어렵다. 남을 돕는 것은 우리의 긍지다.
D 그녀가 좋아하는 영화와 시간을 정하면, 그들은 영화를 보면서 명절을 보낼 것이다.

실전 문제 EXERCISE

1 [정답] D

[풀이]
D에서 从容不迫는 '다급하지 않고 여유가 있다'는 뜻인데, 己가 있는 것으로 보아 문맥상 D에는 다급하고 시급한 내용이 필요하므로 '잠시도 지체할 수 없다'라는 뜻의 성어인 刻不容缓으로 바꿔야 한다.

[해석]
A 인성과 고귀한 품성이 없다면 금수와 조금도 다를 바 없다.
B 나는 저녁식사를 한 후에, 그가 나에게 보관하도록 했던 물건을 서둘러 그의 집으로 보냈다.
C 장 교수는 10여 년간을 연구에 몰두해와서, 선인이 해결하지 못한 이 문제를 결국 해결했다.
D 야생동물보호와 생태계 평형유지는 가장 시급한 문제가 되었다.

2 [정답] A

[풀이]
A에서 '영화'는 현실을 허구적으로 재구성해내는 것이므로, 实现…的生活场景이 아니라 再现…的生活场景이라고 표현해야 한다.

[해석]
A 영화의 발명으로 사람들이 생활하는 모습을 처음으로 사실적으로 재현할 수 있게 되었다.
B 독일의 상공총회는 올해 독일 상품의 수출액이 약 8,150억 유로화까지 줄어들 것이라고 예측했다.
C 사장으로서 만약 직원에 대한 대우를 높일 수 없다면 제때에 월급을 넣어주는 것도 하나의 선의다.
D 전문가들은 28세 이후의 여성은 신체 내의 칼슘이 매년 0.1%~0.5%의 속도로 감소함을 실증했다.

3 [정답] B

[풀이]
B는 只顾와 不顾를 이용하여 대비되도록 구성한 문장인데, 浪费와 生产은 서로 대비되는 관계가 아니다. 浪费를 消费로 바꿔야 生产과 대비되는 어휘 호응을 만들 수 있다.

[해석]
A 아이들은 낙관적인 시선으로 모든 어른을 대하고, 어른들은 비관적인 시선으로 모든 아이들을 대한다.
B 사회보다는 개인만을 생각하고, 생산은 생각하지 않고 소비만을 생각하는 모든 견해는 마땅히 비난 받아야 한다.
C 좋은 영화란 화려한 장면과 시각의 향연이 아니며, 폭력과 성의 간단한 결합은 더욱 아니다.
D 당신은 매번 모자 속에서 토끼로 바꾸는데, 그 전에 미리 토끼를 모자 속으로 쑤셔 넣는데 많은 시간을 쓰는 게 틀림없다.

4 [정답] C

[풀이]
동사와 목적어의 호응이 잘못되었다. C에서 丰富는 '풍성하게 하다'라는 뜻으로, 知识와는 호응하지만 水平과는 호응하지 않는다. 水平은 '~을 제고하다, 높이다'라는 뜻의 동사 提高와 호응하므로, 多看书不但可以丰富知识、提高写作水平으로 바꿔야 한다.

[해석]
A 시야 안에 있는 경쟁자보다 더 정신이 들게 하고 분발하게 하는 것은 없다.
B 성공한 인생이란 처음엔 관중이었다가 이어서 연기자였다가

마지막엔 무대 뒤의 사장이 되는 것이다.
C 책을 많이 읽으면 지식과 작문 실력을 높일 수 있고, 정서를 함양할 수 있다.
D 기진맥진하게 만드는 것은 일 그 자체가 아니라, 일하기 전이나 일한 후에 노심초사하는 마음 상태이다.

5 [정답] A

[풀이]
A에서 명사 时间과 동사 缩小는 잘못된 호응이다. 缩小는 크기를 줄일 때 쓰고, 时间을 줄일 때는 缩短으로 표현한다.

[해석]
A 3환과 4환의 건설로 도시 내외곽 사이의 시간상 거리가 크게 줄었다.
B 사람들은 이전에 이 세상에 대해 단지 수박 겉핥기 식으로 알고 있었지만, 오히려 그때의 생활이 마음 편했다.
C 다른 사람보고 불쌍하다고 말하지 마라. 본인이 더욱 불쌍하니 스스로 도를 닦는 것이 어떠한가? 자신은 인생을 얼만큼이나 이해하고 있는가?
D 남에게 복을 베풀어 좋은 결과를 얻는 일이 충분하지 않은 사람은 항상 시비거리가 되고, 남에게 복을 베풀어 좋은 결과를 충분히 얻는 사람은 시비거리가 되지 않는다.

6 [정답] A

[풀이]
A에서 独到而且深刻는 점층관계가 아니라 단순한 어휘의 열거이므로 他的见解独到而且深刻를 他的见解独到、深刻로 바꿔야 한다.

[해석]
A 그의 견해는 독창적이고 깊이가 있어서 항상 많은 고등교육기관들의 초대를 받아 강연을 하며, 학생들에게 인기가 많다.
B 다른 사람에게 충고할 때, 만약 다른 이의 자존심을 무시한다면 아무리 좋은 얘기를 하더라도 소용이 없다.
C 당신이 자비로운 마음과 온화한 태도로 당신의 불만과 억울함을 말한다면, 다른 사람도 쉽게 받아들이게 된다.
D 많은 사람들이 세상을 떠날 때, 모두들 한결같이 이 세상은 정말 부득이하고 처량했노라고 말할 것이다!

7 [정답] A

[풀이]
A에서 多久失修는 잘못된 어휘 호응이다. 多久는 '얼마나 오래, 얼마 동안' 또는 '아주 오래, 장기간, 오랫동안'이라는 뜻을 갖고 있으나, 失修와는 함께 쓰지 않는다. '오랫동안 수리하지 않다'라고 할 때는 年久失修나 经久失修라고 해야 한다.

[해석]
A 이 오래된 목조가옥은 상하 2층으로 나뉘어 있는데, 오랫동안 수리하지 않아서 보기만 해도 쓰러질 것 같다.
B 질투로 가득하고 솔직하지 않으며 바른 말을 쓰지 않는 사람은 용모가 단정하다고 할 수 없다.
C 똑같은 병인데, 당신은 왜 독약을 담으려 하는가? 똑같은 마음인데, 당신은 왜 근심으로 가득 채우려 하는가?
D 다른 사람을 질투하면, 자신의 장점을 늘릴 수 없다. 다른 사람을 질투하면, 다른 사람의 성과를 깎아 내릴 수도 있다.

8 [정답] A

[풀이]
回答…的采访은 잘못된 어휘 호응이다. 采访은 동사 接受를 써서 接受…的采访이라고 한다.

[해석]
A 창흥 그룹의 니루핑 총재는 멋진 연설을 했을 뿐만 아니라, 학생들의 인터뷰에도 응했다.
B 증오는 영원히 증오를 풀 수 없고, 너그러움만이 증오를 풀 수 있다는 것은 영원한 진리다.
C 사람이 나쁜 것이 아니라 단지 습성이 나쁜 것이다. 모든 사람에게는 나쁜 습성이 있고, 정도만 다를 뿐이다.
D 역경이란 성장에 꼭 필요한 과정이며, 용감하게 역경을 받아들일 수 있는 사람은 그 생명이 나날이 건강해질 것이다.

9 [정답] D

[풀이]
D에서 数量은 增加와 호응하지만, 质量은 增加가 아닌 提高와 호응하기 때문에, 数量和质量逐年增加를 质量逐年提高로 바꿔야 한다.

[해석]
A 다른 사람을 해칠 수 있는 수단으로 자신의 단점을 가리려 하는 자는 수치스러운 사람이다.
B 인연에 순응하는 것은 되는 대로 지내고 적당히 얼버무리는 것이 아니라, 할 일을 다하고 하늘의 명을 기다리는 것이다.
C 자신에게 솔직할 때, 세상에서 당신을 속일 수 있는 사람은 없다.
D 개혁개방 이래, 중국은 삼림 조성에 박차를 기했고 길적으로 매년 발전을 이루었다.

10 [정답] B

[풀이]
동사 挨는 일반적으로 '욕을 먹다' 등의 부정적인 뜻과 호응하는데, 表扬은 '칭찬하다, 표창하다'라는 좋은 뜻이다. 따라서 긍정적인 뜻과 호응할 수 있는 동사 受到를 써서 不少人受到了表扬으로 바꿔야 한다. 受到는 좋은 뜻과 나쁜 뜻 둘 다 취할 수 있다.

[해석]
A 솔직함으로 당신의 마음속 갈등과 오점에 맞서야지 자신을 속이지 마라.
B 홍수 긴급 구조가 끝난 후 총결산 회의에서 많은 사람들이 칭찬을 받았다.
C 대다수의 사람들은 자신을 속이고, 타인을 속이고, 사기 당하는 이 세 가지 일을 한평생 해왔다.
D 오는 건 우연이지만, 가는 건 필연이다. 그래서 너는 반드시 진심을 따라 살아야 한다.

3 혼동하기 쉬운 전치사 구별하기

바로 확인 EXERCISE

POINT 1 ① P41 [정답] C

[풀이]
C에는 현재 告诉의 주어가 없는 상태이며, 의미상 전치사구 从…中이 들어갈 필요가 없다. 그러므로 从大量观测事实中告诉我们을 大量观测事实告诉我们으로 바꿔야 한다.

[해석]
A 그녀가 상대방의 보조에 맞추지 않고 자신의 리듬에 맞춰 일을 하는 목적은 남에 의해 좌우지되는 것을 방지하기 위해서이다.
B 우리는 분명 힘들게 살고 있다. 외부의 여러 스트레스를 견뎌야 하고, 자신의 마음속 곤혹감에 맞서야 한다.
C 수많은 관측을 통해, 날씨의 계속되는 변화를 파악하기 위해서는 매시간 관측하는 게 가장 좋다는 것을 알 수 있다.
D 대중화된 신문에는 선진적인 환경보호 이념과 기술을 보급하기 위한 '환경'이란 지면이 있다.

POINT 2 ① P44 [정답] A

[풀이]
출처, 근원을 나타낼 때는 전치사 于를 사용하며, 특히 发源은 주로 发源于 형태로 쓰이므로 고정 표현으로 외워두는 것이 좋다. 따라서 发源在青藏高原을 发源于青藏高原으로 바꿔야 한다.

[해석]
A 창 강은 칭짱 고원의 해발 6,621m에 있는 탕구라 산맥의 주봉인 서남쪽 설산에서 발원되었다.
B 소위 블록버스터란 일반적으로 폭력과 피비린내를 피할 수 없으며, 미국 헐리우드 블록버스터 역시 마찬가지다.
C 우리는 이 평생 만나기 힘든 기회를 반드시 잡아야 하며, 절대 후회해서는 안 된다.
D 노인 당뇨병 치료는 그 특징을 중점적으로 겨냥해야 비교적 좋은 치료 효과를 거둘 수 있다.

POINT 2 ② P44 [정답] C

[풀이]
来说는 전치사와 함께 쓰일 경우 对 / 就 / 拿 등과 호응한다. 对…来说는 '~에게 있어서, ~에 대해 말하자면'이라는 뜻으로 주로 사람이 나오고, 拿…来说는 '~을 예로 들어'라는 뜻이며, 就…来说는 '~에 있어서, ~에 대해 말하자면'이라는 뜻으로 객관적 근거를 나타내는 고정격식이다. 이 문장에서 一定范围、一定客观对象이 객관적인 근거를 들고 있기 때문에 从一定范围、一定客观对象来说를 就一定范围、一定客观对象来说로 바꿔야 한다.

[해석]
A 편견은 사람의 사고를 편협하게 만들고, 우매함은 또한 사람이 현실을 마주 대하지 못하게 한다.
B 고이즈미는 여전히 고집불통이어서, 중일 관계의 정상적인 발전에 심각한 장애를 초래했다.
C 일정한 범위, 객관적 대상에 대해 말하자면, 진리는 진리이고 오류는 오류이다.
D 시장가격의 설정은 시장의 수요를 고려하는 동시에 또 생산원가도 충분히 고려해야 한다.

POINT 3 ① P46 [정답] D

[풀이]
'~에 대하여'라는 의미의 전치사는 对와 对于를 사용할 수 있는데, 전자는 사람과 사물 모두를 이끌어낼 수 있고, 후자는 주로 사건이나 사물을 이끌어내는 전치사이므로, D에서처럼 사람과 사람의 관계를 나타낼 때는 对于를 쓸 수 없다. 따라서 对于를 对로 바꿔야 한다.

[해석]
A 이에 대해 개발도상국은 일치된 입장과 분명한 태도로 반대했다. 이것은 선진국의 태도와 명확한 대비를 이룬다.

B 소심함, 독립심 부족, 지나치게 가족에 연연하는 것, 낯선 사람 앞에서 말하기를 주저하는 것 등은 연약한 성격을 가진 아이에게서 가장 두드러지게 나타나는 특징이다.
C 대학생은 우수한 지식 훈련은 받았으나, 세상 물정을 잘 모르고, 경험이 아직 부족하며, 생각이 단순하고, 사회경험이 부족하기 때문에 쉽게 사기를 당한다.
D 한 지역에 네 가지 사건을 연관시키고, 그녀에 대한 네 사람의 서로 다른 태도를 또 하나의 중심 사건과 필연적 관계가 없는 스토리와 접목시켜 영화 한 편을 만들어냈다.

POINT 3 ❷ P 46   [정답] D

[풀이]
전치사가 잘못 쓰였다. '~에게 변화를 가져오다'라는 뜻의 고정 표현은 给…带来变化다. 따라서 为生活带来的变化를 给生活带来的变化로 바꿔야 한다.

[해석]
A 자각심은 진보의 어머니이며, 자기비하는 타락의 근원이므로, 자각심은 반드시 있어야 하고 자기비하는 있어서는 안 된다.
B 부끄러움이란 부끄러움 당하는 것을 무서워하거나 혹은 두려워하는 감정이며, 이러한 정서는 사람들이 비열한 행위를 하지 않도록 막을 수 있다.
C 위대한 성품이 없으면 위대한 인물이 없고, 심지어 위대한 예술가나 위대한 행동도 없다.
D 오염, 에너지, 교통 혼잡 심지어 교통사고까지, 이것들은 발전 과정 중에서 삶에 가져온 변화다.

POINT 4 ❶ P 48   [정답] D

[풀이]
对我来说는 '나로 말하자면'이라는 뜻으로 자기 자신에 대해 구체적으로 설명할 때 사용하는 표현이고, 어떤 문제에 대해 자신의 의견을 피력할 때는 '내가 보기에'라는 뜻인 在我看来를 사용한다. D에서는 뒤 절이 자신에 대해 설명하는 것이 아니기 때문에 자신의 의견을 말하는 문장으로 바꾸는 것이 적합하다. 그러므로 对我来说를 在我看来로 바꿔야 한다.

[해석]
A 덕행의 실현은 행하는 것이지 글로 하는 것이 아니다.
B 다른 사람을 음해하고 모함하는 사람은 자신이 먼저 불행해진다.
C 자신이 스스로 부에 완전히 지배받도록 하는 사람은 영원히 공정함에 부합할 수 없다.
D 내가 보기에, 법률 앞에서 모든 사람이 평등한 것은 허투루 생겨난 것이 아니다.

POINT 4 ❷ P 48   [정답] D

[풀이]
感兴趣는 '~에 흥미를 느끼다'라는 뜻으로, 그 자체가 '동사 + 목적어'의 형태이기 때문에 그 뒤에 또 다시 목적어를 취할 수 없고, 대신 전치사 对로 흥미를 갖는 대상을 이끌어낸다. 즉 对…感兴趣 형태나 같은 의미의 就…有兴趣를 사용하여 문장을 고칠 수 있는데, 여기에서는 就感兴趣라고 하여 부사 就가 이미 한 번 쓰였으므로 对…感兴趣를 써서 바꾸는 것이 가장 적합하다. 즉, 年轻的时候就感兴趣中国的水墨画를 年轻的时候就对中国的水墨画感兴趣로 바꿔야 한다.

[해석]
A 한 사람의 가치란 그가 무엇을 공헌했는가를 보아야지, 그가 무엇을 얻었는지를 보아서는 안 된다.
B 어떤 사람들은 탐욕으로 인해 더 많은 것을 얻으려 하지만, 오히려 지금 가진 모든 것을 잃어버리고 만다.
C 세상에는 두 종류의 사람이 있다. 허송세월로 보내는 사람이 있는가 하면, 의미 있는 삶을 사는 사람이 있다.
D 어머니는 프랑스의 유명한 유화 화가로, 젊은 시절 중국의 수묵화에 관심이 있었다.

POINT 4 ❸ P 48   [정답] C

[풀이]
而言은 대개 就와 호응하여 就…而言의 고정 격식으로 쓰이며, '~에게 있어서'라는 뜻을 나타내므로, 拿…而言은 잘못된 호응이다. 따라서 拿企业而言을 就企业而言으로 고쳐야 한다.

[해석]
A 부모로서 가장 큰 바람은 앞으로 아이의 인생에 행복이 가득하게 되는 것이다.
B 햇빛이 구석구석을 고루 비추는 것처럼, 삶에서 모든 사람을 동등하게 대해야 한다.
C 기업들에게 에너지 절약의 중요성이 두드러지는데, 왜냐하면 에너지 절약과 생산원가가 밀접히 연관되어 있기 때문이다.
D 돼지와 펭귄을 냉장고에 같이 넣었다. 다음날, 돼지는 아무 일도 없었지만, 펭귄은 죽고 말았다. 왜 그랬을까?

실전 문제 EXERCISE

1   [정답] D

[풀이]
从은 출발지와 도착지, 두 대상 중에서 출발점을 나타내기 때문

에 첫 번째 장소 앞에 쓰여야 한다. 그러나 이 문장에서는 두 장소 사이에 쓰여 대략의 거리를 얘기하고 있으므로, 양자간의 거리를 나타내는 전치사 离를 써서 A离B…로 표현해야 한다. 따라서 我家从公司很远을 我家离公司很远으로 바꿔야 한다.

[해석]
A 부모는 다른 환경에서 반드시 해야 하는 것이 무엇인지, 무엇이 정확한 것인지를 아이가 반드시 알도록 해야 한다.
B 오늘날 많은 사람들은 시간을 알고 싶을 때 휴대전화를 꺼내 보는 것이 습관이 되었고, 더는 손목시계를 보지 않는다.
C 슈퍼마켓 안의 경보 시스템이 고장났는데, 한 고객이 많은 사람들이 지켜보는 가운데 슈퍼마켓 측에 끌려가 검사를 받았다.
D 그는 곧 비서에게 차를 보내 나를 배웅하라고 시켰다. 우리 집이 회사에서 꽤 멀어서 나는 거절하지 않고 차를 타고 갔다.

2 [정답] D

[풀이]
D에서 동사 组成은 전치사 由와 함께 由…组成으로 쓰이므로 从…组成은 잘못된 호응이다. 따라서 胚是从胚根和子叶组成的를 胚是由胚根和子叶组成的로 바꿔야 한다.

[해석]
A 가장 좋은 수면은 매일 규칙적으로 7~8시간 자는 것이다.
B 우리의 수입은 단지 즐거운 심리 상태를 유지하는 한 가지 조건일 뿐이다.
C 넓은 의미에서 유학이란 정신적인 수용 능력을 확대하는 가장 큰 시금석이라고 할 수 있다.
D 씨앗에서 가장 중요한 부분은 배아다. 배아는 유근과 자엽으로 이루어져 있다.

3 [정답] A

[풀이]
对于는 '~에 대하여'라는 뜻으로 추상적인 사건을 동사 앞으로 이끌어낼 때 쓰며, 조동사나 부사의 뒤에는 쓸 수 없다. A에서 对于가 부사 뒤에 위치해 있기 때문에 틀린 것이며, 이를 对로 고쳐야 한다. 즉, 都对于自己的饭碗满怀忧虑를 都对自己的饭碗满怀忧虑로 바꿔야 한다.

[해석]
A 금세기 초부터 중엽까지, 농민, 산업근로자뿐만 아니라 지식인까지 모두 자신의 밥그릇에 대해 크게 우려했다.
B 예술적 풍격은 참신하고 독특한 예술가의 개성을 만들어내는 표현이고, 예술작품의 내용과 형식, 사상과 예술에 합쳐진다.
C 인생이란 10,000m 마라톤이다. 만약에 어떤 사람이 당신을 비방하면 좀 더 빨리 달려야 그 비방의 소리가 당신 뒤에 있게 된다.
D 나는 부모의 돈으로 나의 작은 세상을 경영하고 있고, 만약 내일 돈이 없어진다면 내가 어떤 상황에 처할지를 생각해 본 적이 없다.

4 [정답] C

[풀이]
전치사가 나왔을 때는 전치사가 이끌어내는 명사가 무엇인지 먼저 봐야 한다. C에서 从은 동작이나 시간의 시작 기점을 이끌어낼 수 있지만 처해 있는 위치를 나타낼 수는 없다. 阶段은 위치를 나타내는 명사이므로, 이 문장은 장소를 이끌어내는 전치사 在를 써서 从这个人类想象力衰竭前最丰富的阶段을 在这个人类想象力衰竭前最丰富的阶段으로 바꿔야 한다.

[해석]
A 내가 그들이 내는 어떤 소리도 듣지 못할 때까지, 그들은 얘기하면서 멀리 걸어갔다.
B 그는 테이블 옆에 앉아 등을 문에 기댄 채, 여유롭게 창 밖을 바라보고 있다.
C 인류의 무한한 상상력이 쇠퇴하기 전 가장 풍부한 단계에서, 우리는 희망을 가득 품고서 노래 부르고 춤을 춘다.
D 절대 잊어서도 안 되고, 남에게 알려서도 안 된다는 한 마디 말이 사람들의 머릿속에 암암리에 감추어져 있다.

5 [정답] A

[풀이]
앞 절 전체가 전치사구일 경우에는 뒤 절의 내용과 어떤 관계인가를 먼저 파악해야 한다. A에서 即将结婚的人은 뒤 절의 사건으로 인해 영향을 받는 대상이다. 그런데, 拿…来说는 '~을 예로 들면'이라는 뜻으로, 어떠한 예를 이끌어낼 때 쓰는 전치사구이지 동작 행위의 영향을 받는 대상을 이끌어내지 않는다. 따라서 拿…来说를 对…来说, 对于…来说로 바꿔야 하는데, 即将结婚的人은 사람이므로 拿即将结婚的人来说를 对即将结婚的人来说로 바꿔야 한다.

[해석]
A 곧 결혼할 사람들의 입장에서 혼전재산공증이란 절차는 반감을 일으킨다.
B 병실에 들어간 후, 샤오 류는 병상에 편안하게 누워있지 않고 전화기를 들고 다이얼을 돌리기 시작했다.
C 오늘 저녁 그녀의 기분이 안 좋은 것은 사소한 일로 말다툼을 했기 때문이다.
D 그는 연이어 국제전화를 열한 번이나 걸어 11개국의 원수

들과 일일이 전화 통화를 했다.

6 [정답] B

[풀이]
上看을 보고 바로 从을 떠올려야 한다. B의 在…上看은 잘못된 전치사구이며, 관점이나 문제점을 이끌어낼 때는 '~의 각도에서 보면, ~에서 볼 때'라는 뜻의 从…上看을 써야 한다. 즉, 在目前投入北京的外资流向上看을 从目前投入北京的外资流向上看으로 바꿔야 한다.

[해석]
A 요즘 젊은이들은 큰 집을 사고, 좋은 차를 몰고, 예쁜 아내를 얻고 싶어하는데, 이것은 욕망이지 이상이 아니다.
B 현재 베이징에 투입되는 외국자본의 흐름을 보면, 3차산업과 첨단산업이 주요 방향이 되고 있다.
C 졸업을 했고, 내가 해야 할 일들이 있기에 나는 기다릴 수 없다, 한시도 기다릴 수 없다!
D 인구수가 우리와 대등한 인도는 기차표 실명제를 실시한 지 100여 년이 되었고, 장점이 뚜렷하게 드러나고 있다.

7 [정답] A

[풀이]
A에서 在…而言은 잘못된 호응 관계다. 而言은 주로 就와 호응하여 就…而言의 형식으로 쓰여 관련된 대상이나 범위를 나타낸다. 따라서 在全国而言을 就全国而言으로 바꿔야 한다.

[해석]
A 전국적으로 보면, 베이징은 항상 우수한 인재가 많다는 이점을 누려왔다.
B 그는 마치 잘못을 저지른 아이처럼 수줍은 얼굴로 맞이하러 나갔다.
C 한 선생은 일을 시작하면 그 누구에게도 뒤쳐지지 않으며, 머리 회전이 빠르고 입담도 좋다.
D 그가 62세가 되던 해에 기존 학교로 다시 복귀하여 내무관리 업무를 주로 담당했다.

8 [정답] B

[풀이]
B에서 从…话说는 잘못된 어휘 호응이다. 근거를 나타내는 고정격식은 按…话说이므로, 从他的话说를 按他的话说로 바꿔야 한다.

[해석]
A 그는 장래에 작가가 되겠다는 생각은 없고, 다만 무슨 책이든 다 볼 뿐이다.
B 그의 말에 따르면, 결혼하여 가정을 이룬 사람이 되었을 때 조금 살찐 것은 오히려 부유해 보인다고 한다.
C 란저우대학은 중점대학으로서, 조국의 서부에 우뚝 서 있다.
D 나는 인생의 첫 황금을 벌어들였으며, 업계 인사의 찬사를 받았다.

9 [정답] D

[풀이]
'向 + 명사 + 동사' 형태는 동작의 방향이나 동작의 대상을 나타내지만, 向이 이끌어내는 대상은 반드시 사람이어야 한다(ex. 向你学习 / 向你感谢). D에서 来访은 사건이지 사람이 아니다. 그러므로 向을 对로 바꿔야 한다.

[해석]
A 중국에서 가장 큰 박사 집단은 고등교육기관에 있지 않고 관료사회에 있다.
B 살면서 다른 사람이 너에게 준 잣대로 시시때때로 항상 자신을 잴 필요는 없다.
C 독서는 우리 자신을 완벽하게 만들 뿐 아니라 타인의 감정에 더 관심을 가지게 되고, 자신을 더 잘 표현하게 한다.
D 개인적으로 귀 대표단의 방문에 열렬한 환영과 친절한 안부를 표합니다.

10 [정답] C

[풀이]
纵波和横波以同等速度从所有方向外传의 의미는 종파와 횡파가 동등한 속도로 모든 방향으로 퍼져나간다는 의미이다. '~방향으로(을 향해) 퍼져나가다'라는 뜻을 나타낼 때는 전치사 从이 아니라 向을 써야 한다.

[해석]
A 인재 양성은 졸업 시기에만 쓸모가 있는지를 살펴서는 안 되고, 졸업한 지 40년, 50년 이후에도 쓸모가 있어야만 유용하다고 한다.
B 나는 현재 졸업을 했다. 이것은 내가 학교를 벗어나고, 부모의 울타리에서 멀리 떨어져 정식으로 싸움이 시작되었음을 의미한다.
C 지진 발생시에는 종파와 횡파가 동등한 속도로 모든 방향으로 퍼져나가는데, 그것들은 꿰뚫고 지나간 암석을 번갈아가면서 누르고 잡아당긴다.
D 우리가 도망칠 수 있다고 여기지 마라. 우리의 발걸음 하나하나는 모두 최종 결말을 결정한다. 우리의 발걸음은 우리가 선택한 종점을 향해 나아가고 있다.

4 접속사의 혼용과 위치

바로 확인 EXERCISE

POINT 1 P 55　　　　　[정답] D

[풀이]
D에서 既然은 '~된 바에야 ~하다'라는 뜻이다. 그러나 앞 절과 뒤 절의 내용이 상반되는 내용이므로, 역접이나 전환을 나타내는 虽然…但是…를 써야 한다. 따라서 既然을 虽然으로 바꿔야 한다.

[해석]
A 어제 저녁 몇 분 더 쓴 준비시간이 오늘 몇 시간의 번거로움을 줄인다.
B 미리 앞서서 근심하는 것을 사전의 생각과 계획으로 바꾸어라!
C 세계에서 가장 쉬운 일들 중에 시간을 질질 끄는 것이 가장 힘들지 않다.
D 그들은 결혼 전에 자유롭게 연애를 하지만 결혼은 부모가 독단적으로 처리한다.

POINT 1 ❷ P 55　　　　　[정답] D

[풀이]
D는 앞 절과 뒤 절의 내용이 모두 긍정이므로 병렬로 연결되는 것이 적합하다. 그런데 既然은 就 / 也 / 还 등과 호응하여 '~된 바에야 ~하다'라는 뜻의 인과 관계를 나타내므로 적합하지 않다. 또한 뒤 절에 又가 있는 것으로 보아 '~하기도 하고 ~하기도 하다'라는 뜻의 既…又…로 고쳐야 한다.

[해석]
A 사람에게 있어서 가장 큰 파산은 절망이며, 가장 큰 자산은 희망이다.
B 무엇을 즐거움이라고 하는가? 자신의 슬픔을 숨긴 채 모든 이에게 미소를 짓는 것이다.
C 신념을 가진 한 사람이 흥미만 가진 99명보다 더 큰 에너지를 발휘한다.
D 가정은 인생의 따뜻함을 더해주기도 하고 근심과 어려움을 해결하는 희망과 힘을 주기도 한다.

POINT 2 P 57　　　　　[정답] D

[풀이]
D에서 以致는 '~을 초래하다'라는 뜻으로, 그 뒤에는 모종의 결과가 나와야 하는데, 이 문장은 열거를 하고 있으므로 '~에 이르기까지'라는 뜻을 지닌 접속사 以至를 사용하는 것이 적합하다. 따라서 以致를 以至로 바꿔야 한다.

[해석]
A 즐거울 때는 그 즐거움이 영원하지 않을 것임을 생각해야 한다. 괴로울 때는 이 괴로움이 영원히 계속되지는 않을 것임을 생각해야 한다.
B 그녀가 이렇게 그와 함께 영원히 서로 의지하며 살아가기를 그 얼마나 바래왔던가. 하지만 그녀는 그의 마음이 언제나 조국을 향해 있다는 것을 모른다.
C 우리는 전 국민에게 창조 교육을 보급하는 것을 하루 빨리 관련 국가 정책 의사 일정에 포함시켜 전 국민의 소양을 높여야 한다.
D 중앙에서 지방까지, 각 지역, 부처에서 기업, 향촌, 거리, 학교 등의 기층 단위에 이르기까지 모두 정신 문명 건설에 힘써야 한다.

POINT 2 ❷ P 57　　　　　[정답] C

[풀이]
접속사 연결이 틀렸다. 因而은 '그러므로, 따라서'라는 뜻으로, 인과의 의미를 지닌 접속사다. 그런데 C에서 앞 절과 뒤 절의 관계를 원인과 결과로 보기는 어렵다. 또한 앞 절에 있는 不但不…로 보아 因而이 아닌 反而이 필요한 문장임을 알 수 있어야 한다. 反而은 앞 문장과 의미가 반대됨을 나타내거나, 예상외의 일 또는 평소와 다른 상황이 나타남을 의미하는 어기부사로 '오히려' 정도의 뜻으로 해석할 수 있으며, 不但不… 또는 不但没(有)… 등과 호응을 이룬다.

[해석]
A 한 사람을 이해하려고 할 때 그의 출발점과 목적지가 서로 같은지를 살펴보기만 하면 바로 그의 진심 여부를 알 수 있다.
B 만약 다른 사람의 단점을 꼬집어내는 것처럼 정확하게 자신의 단점을 발견할 수 있다면 당신의 생명이 평범하지 않을 것이다.
C 문제는 민족의 전통문화를 손상시키는 것을 대가로 삼으려 하지 않는다는 것뿐만 아니라, 오히려 순수한 문화적 가치로 세상 사람들의 민족문화를 존중하고 소중히 하는 마음을 얻으려고 한다는 것이다.
D 우리를 칭찬하고 찬탄하는 이는 모두 훌륭한 스승이 아니다. 우리를 꾸짖고 지적하는 이가 비로소 좋은 스승이며, 그들이 있어야 우리가 발전할 수 있다.

POINT 3 ❶ P58 [정답] C

[풀이]
접속사와 주어의 위치가 잘못되었다. 주어가 같을 때 不但은 반드시 주어 뒤에 위치해야 하므로 不但黄河를 黄河不但으로 바꿔야 한다.

[해석]
A 그의 마음은 이미 바뀌었지만, 당신은 여전히 그가 승낙했던 그 날에 서 있다.
B 아무리 먼 길이라도 한걸음씩 나아가면 끝까지 갈 수 있고, 아무리 짧은 길이라도 두 발을 내딛지 않으면 도착할 수 없다.
C 황허 강은 '지상현하(강바닥이 양쪽 기슭보다 높은 강)'로 유명할 뿐만 아니라 모래 운반량이 가장 많은 하류이다.
D 성공은 미래에만 있는 것이 아니라 실행하기로 결정한 그 순간부터 지속적으로 쌓여 이루어지는 것이다.

POINT 4 ❶ P59 [정답] C

[풀이]
只有가 있으면 반드시 뒤의 부사는 才가 되어야 한다. 只有…才…의 고정격식을 반드시 기억해두자. 따라서 只有在显微镜下就能看清을 只有在显微镜下才能看清으로 바꿔야 한다.

[해석]
A 얼굴에 드러나는 기쁨은 다른 사람이 알아볼 수 있지만, 마음속 괴로움은 또 누가 알아주겠는가.
B 가장 좋은 것과 가장 나쁜 것이 역사를 창조하고, 평범한 사람들이 종족을 번성시킨다.
C 가장 작은 씨앗은 사철란의 씨앗으로, 먼지처럼 가벼워서 현미경 아래 있어야만 분명하게 볼 수 있다.
D 난 정말 널 사랑해, 눈을 감으면 너를 잊을 수 있을 거라 생각했지만, 흐르는 눈물은 오히려 내 자신을 속이지 못해.

POINT 5 ❶ P61 [정답] C

[풀이]
C의 为了全球化的推进而遭受冲击的行业에서 而 뒤의 내용이 앞 내용과 목적이 아니라 인과 관계로 연결되는 문장이다. 따라서 목적을 표시하는 为了가 아닌 원인을 표시하는 因为를 써서, 为了全球化的推进을 因为全球化的推进으로 바꿔야 한다.

[해석]
A 겁쟁이는 위험 전에 놀라 경직되고, 용기 없고 나약한 사람은 위험 속에서 놀라 경직되고, 용감한 사람은 위험이 다 지나간 후에 놀라 경직된다.
B 사람의 마음 씀씀이를 보려면 그의 눈을 보고, 사람의 가치를 보려면 그의 라이벌을 보고, 사람의 속사정을 보려면 그의 친구를 봐라.
C 일부 글로벌화로 인해 타격을 받을 수 있는 업종이나 영향을 받을 수 있는 이익집단은 극렬히 반대하기도 했다.
D 행운의 신이 내려오는 것은 종종 당신이 한 번 더 보았고, 한 번 더 생각했고, 한 번 더 다가갔기 때문이다. 실패는 완전히 포기하고 난 후에 일어난다.

POINT 5 ❷ P61 [정답] A

[풀이]
只有…才…는 '단지 ~해야만 (비로소) ~하다'라는 제한적 의미의 조건 복문이고, 只要…就…는 '~하면 ~하다'라는 뜻의 조건 복문이다. A에서 앞 절에는 只有가 있고, 뒤 절에는 就가 있다. 只有는 부사 才와 호응하고, 就는 앞에 只要가 나와야 하므로, 잘못된 접속사 복문임을 알 수 있다. 문맥상 只有日本一天不反省战争을 只要日本一天不反省战争으로 바꾸는 것이 더 적합하다.

[해석]
A 일본이 전쟁을 반성하지 않고 책임을 지려하지 않는다면 피해자들로부터 용서를 받지 못할 것이다.
B 부모란 강한 프로 정신이 필요한 직업이다. 그러나 부모들 대부분은 어떤 훈련도 거치지 않고 바로 부모가 된다.
C 당신이 하고 싶지 않다면 하나 혹은 여러 개의 구실을 만들어내겠지만, 만약 하고 싶어지면 하나 혹은 무수한 방법들을 강구해낼 것이다.
D 비즈니스를 하는 과정은 끊임없이 다른 사람의 경계심을 이완시키도록 부추기면서, 자신은 고도의 경계심을 유지하는 것이다.

POINT 5 ❸ P61 [정답] C

[풀이]
以免은 '~을 면하다, 피하다'라는 뜻인데, 以免 뒤에 나오는 내용은 피해야 할 내용이 아니라 앞으로 장려하고자 하는 일이므로 '~할 수 있도록, ~하기 쉽게'라는 뜻의 以便으로 고치는 것이 좋다.

[해석]
A 구제불능인 두 종류의 사람이 있는데, 하나는 명령에 복종하지 않는 사람이고, 다른 하나는 시키는 대로만 하는 사람이다.
B 야근하고 일에만 매달리는 것은 때로는 업무 효율과 업무 능력이 없음을 보이는 것이기도 하다.
C 학교 측은 학부모들이 제때에 자녀의 학습 상황을 파악할

수 있도록 인터넷에 시험 성적을 공개할 것이다.
D 총명한 사람은 사물이 앞으로 발전해나가는 추세를 통찰할 수 있다. 그들은 홍수가 나기 전에 오리를 기르고 닭을 기르지 않는다.

실전 문제 EXERCISE

1   [정답] A
[풀이]
이 문장은 예상과 반대되어 의외라는 것을 나타내므로, 어떠한 의미가 없는 일반적인 전환 관계일 뿐이다. 따라서 反而이 아닌 可是나 但是를 써야 한다.
[해석]
A 방 두 칸짜리 집은 비록 면적은 작지만, 먼지 하나 없이 깨끗하게 정리정돈이 잘 되어 있다.
B 말은 공격성이 있어서는 안 되고 살상력을 지녀서도 안 된다. 자신의 능력을 자랑하지 않고 남의 악함을 드러내지 않으면 자연스럽게 적이 친구가 될 수 있다.
C 양심은 모든 이의 가장 공정한 판사이다. 다른 사람을 속일 수 있다 하더라도 자신의 양심은 영원히 속일 수 없다.
D 수용하는 것이 원망하는 것보다 낫다. 변할 수 없는 사실에 대해, 당신이 받아들이는 것 외에 더 좋은 방법은 없다.

2   [정답] B
[풀이]
B에서 앞 절에는 既然이 있고, 문장 맨 뒤에는 …呢가 나와 있는 의문사구로 되어 있는데, 뒤 절 맨 앞에 접속사로 所以가 나와 있으므로, 잘못된 접속사 복문임을 알 수 있다. 既然…那么…의 고정격식의 형태를 반드시 기억하자. 고정격식 既然…那么…를 쓸 때 那么 뒤에는 술어구나 의문사구가 올 수 있다는 점도 함께 기억해두자.
[해석]
A 위인이 위대한 건 그와 다른 사람이 모두 역경에 처했을 때 다른 이들은 자신감을 잃어도 위인은 오히려 자신의 목표를 이루고자 결심하기 때문이다.
B 경매를 통해서 그가 명인들의 글과 그림을 소장하는 꿈을 이룰 수 있다면, 쑤저우의 자수와 전지 등 민속공예품도 경매할 수 있을까?
C 최근 들어 한국 정부는 한식이 세계적인 음식이 되어 전 세계 사람들에게 환영을 받을 수 있도록 '한식세계화' 운동을 적극 추진하고 있다.
D 형식적으로 인사한다면 원숭이의 울부짖음과 무슨 차이가 있겠는가? 사실, 정확한 인사는 짧은 말 한 마디 속에 상대방에 대한 관심이 분명하게 드러나야 한다.

3   [정답] A
[풀이]
不仅仅의 뒤에 나오는 접속사는 还나 而且가 적당하다. A는 점진 관계인데, 而是는 전환 관계를 나타내는 접속사이므로 어울리지 않는다. 不仅仅…还 / 而且…가 정확한 어휘 호응이다.
[해석]
A 모든 독립적 자영업자는 앞으로 유행 흐름의 추종자이면서 개성적 유행의 창조자 역할도 하게 될 것이다.
B 산 정상에 서 있는 사람과 산기슭에 서 있는 사람은 비록 위치는 달라도 상대방의 눈엔 똑같이 작게 보인다.
C 소위 큰 재난에 죽지 않는다는 것은 재난 후에 얻는 것이 동정이 아니라 알 수 없는 축하라는 것이다.
D 연어는 얼마 남지 않은 힘을 써서, 필사적으로 물 밑의 모래와 자갈을 쳐내어 자신이 산란할 장소를 판다.

4   [정답] A
[풀이]
谁遇到什么困难이라고 표현한 것은 의문사의 임의적 용법으로, 불특정한 것을 지칭하여 '누구나 겪을 수 있는 모든 어려움'을 뜻한다. 凡是는 '일정한 범위 안의 모든 것'을 나타낼 뿐 무조건적인 관계를 나타내지는 않기 때문에 凡是를 不管으로 바꿔야 한다.
[해석]
A 누구든지 어떠한 어려움을 겪는 사람이 있으면 그녀는 자발적으로 도우러 간다.
B 수출은 노동자들을 먹여 살려야 할 뿐 아니라, 돈도 벌어야 한다.
C 그녀의 유머는 상대방에게 그녀만의 독특한 사고를 느끼게 한다.
D 그녀는 그의 사랑과 보호를 받으며 행복하게 15년을 보냈다.

5   [정답] B
[풀이]
B에서 只要가 나오면 그 뒤의 절에는 반드시 就가 나와야 한다. 따라서 只要稍微休息，疼痛就会停止라고 고쳐야 한다.
[해석]
A 연구원에 따르면, 줄기세포는 문제가 생긴 환자의 심장혈관을 복구할 수 있도록 돕는다고 한다.
B 어떤 사람들은 걷거나 뛸 때 옆구리에 갑자기 극심한 통증을 느낀다. 하지만 조금 휴식을 취하면 통증이 바로 멎을

것이다.
C 상당수의 청소년들은 쑥스러워 머뭇거리게 되는 심리적 장애를 약간씩 지니고 있는데, 이 때문에 타인과의 소통과 교류에 영향을 받는다.
D 스페인 민족은 학습과 본받기를 잘 하는데, 다른 민족의 특징과 장점을 흡수하여 자랑스러운 스페인의 문화로 전환한다.

6 [정답] D

[풀이]
D에서 反而을 중심으로 앞뒤의 절은 전환 관계이기는 하지만, 앞뒤 문맥상 예상 밖의 어떤 상황을 표현하는 것은 아니다. 따라서 D에서 反而을 然而로 바꿔야 한다.

[해석]
A 동물 애호의식의 부족과 생명 비존중 현상이 결국에는 대인관계에 영향을 미치게 될 것이다.
B 이번 주 내내 난 '자질이 부족한 학생은 없고, 자질이 부족한 선생은 있다'는 관점이 옳다는 생각이 들었다.
C 89세의 전 국제올림픽위원장 사마란치는 20일 정오에 심장병으로 스페인 바르셀로나 시의 한 병원에 입원했다.
D 많은 일들이 얼마 지나지 않아 잊혀지는 반면, 평생 동안 잊지 못하는 새롭고 재미있는 일들도 있다.

7 [정답] A

[풀이]
A에서 因为는 접속사이므로 주어가 될 수 없다. 이 자리는 주어 자리이고, 因为가 원인 또는 이유를 나타내는 접속사이므로, 因为를 명사인 原因으로 바꾸는 것이 가장 적합하다.

[해석]
A 작가가 하나 또는 여러 개의 필명을 사용하는 이유는 분명하다. 필명을 사용하면 본명을 사용할 때 일어날 수 있는 여러 가지 골치 아픈 일들을 피할 수 있다.
B 아침저녁으로 마주치면 누구든지 갈등이 생길 수 없지만, 일단 갈등이 생겼을 때 서로 자신의 생각만 고집하고 끊임없이 언쟁하면서 상대방을 수용하지 않는다면 사실 이것이야말로 가장 어리석은 생각이다.
C 이 그룹은 자금 대부분을 외부에서 조달하기 때문에 상상할 수 없을 만큼 이자가 높다. 그러나 높은 이자로 인해 이 기업이 자금 운용에서 감당해야 할 부담이 점점 커지고 있다.
D 대기오염이란 공기 속 오염물질의 농도가 생태계와 인류의 정상적인 생존조건을 망가뜨려 사람과 생물에 피해를 줄 정도에 이른 현상을 가리킨다.

8 [정답] A

[풀이]
가장 기본적인 사항에 소홀하지 말자. 접속사 和는 열거되는 여러 대상들 중에 맨 마지막 대상의 앞에 위치한다. 그러므로 A를 经营业务包括图书、报刊杂志、电台、电视台和娱乐节目로 바꿔야 한다.

[해석]
A KORTIS는 도서 및 신문·잡지 등의 출판과 라디오 및 TV 방송국, 엔터테인먼트 등을 경영한다.
B 그 해 겨울, 그가 자신의 무명옷으로 그 여자 아기를 싸서 집으로 돌아왔을 때, 전에 들어본 적 없는 심한 욕을 먹었다.
C 모든 잡지는 나름대로의 성격과 의미가 있으며, 은연 중에 그것의 영향을 받게 되는데, 오랫동안 읽으면 드러나게 된다.
D 최근 우리나라의 각 사업 단위는 몸집은 방대해졌으나, 일자리는 부족하며, 효율이 떨어지고, 서비스 품질이 저하되는 등의 문제가 여전히 존재한다.

9 [정답] A

[풀이]
A에서 不但…, 而且…가 쓰인 복문의 주어는 앞 문장의 汽车流水装备线를 받는 此举이다. 복문의 주어가 같을 때 접속사는 주어 뒤에 와야 하므로, A의 올바른 순서는 此举不但实现了汽车的大批量生产이다.

[해석]
A 그의 회사는 세계에서 처음으로 자동차 컨베이어 벨트 라인을 구축했다. 이 설비는 자동차의 대량 생산을 가능케 했을 뿐만 아니라, 비용을 크게 줄였다.
B 아이를 진정으로 사랑한다면, 아이의 방학 때 오색찬란했던 어린 시절과 같은 자유로운 시간을 주어라. 아이가 어린 시절의 기억을 상실하고 꿈을 잃도록 해서는 안 된다.
C 일생에 찾아오는 기회는 많지 않다. 어떤 일들은 당신이 신경 쓰지 않았을 수도 있지만, 당신이 분명히 알아야 할 것은 지금 눈 앞에 있는 가능성은 바로 오기 힘든 기회이므로 꽉 잡아야 한다는 것이다.
D 개인과 개인 사이의 정서는 서로 교류하고 서로 감염되면서 심리적 공감대가 형성되며, 정서적 공감과 개인의 정서적 취향이 일치하게 되면서 어느 순간 단체적 심리 분위기가 형성된다.

10 [정답] A

[풀이]
A에서 부사인 也가 명사 앞에 나왔다. 用人单位의 用을 한 글자

동사로 잘못 보면 틀린 문장이라는 것을 모르고 지나칠 수 있다. 用人单位라는 한 단어로 봐야 실수하지 않는다. 그러므로 也를 주어 用人单位 뒤, 조동사 要의 앞에 써서 用人单位也要参考라고 해야 한다.

[해석]
A 새로운 사원을 채용할 때는 전공지식과 기술을 고려해야 할 뿐만 아니라, 인사부에서 과거의 업무경력도 참고해야 한다.
B 당신이 지금 소유한 모든 것은 당신이 죽으면 다른 사람의 것이 될 텐데, 왜 지금 필요한 사람에게 기꺼이 베풀지 않는가?
C 어떠한 강연이든 이론과 관점을 논의할 수 밖에 없다. 그러나 이론과 관점에 대한 논의를 맹목적으로 진행해서는 안 된다. 청중이 받아들이고, 공감대가 형성되어야 성공할 수 있다.
D 조사 결과를 보면, 이 학교 학생들의 과외 활동은 주로 반별 야외 취사 활동, 학년별 글짓기 대회, 학교별 친목회 등 내용이 풍부하고 형식이 다양하다.

5 부적절한 어휘의 배열

바로 확인 EXERCISE

POINT 1 **P 68**　　　　　　　　　　[정답] B

[풀이]
B에서는 是…的 구문이 아니라 주어를 설명하는 일반적인 是자구다. 따라서 的를 人类生存基地 사이에 써서 수식관계를 분명하게 해주어야 한다. 즉, 地球是人类生存基地的를 地球是人类的生存基地로 바꿔야 한다.

[해석]
A 안전 거리 내에서 용감함을 이야기하는 것은 쉬운 일이다.
B 지구는 인류의 생존기지이며, 인류는 오직 하나의 지구를 갖고 있다.
C 성공한 사람이란 무엇인가? 그것은 바로 어제보다 오늘 더 지혜로운 사람이다.
D 시내 중심지의 집 값이 너무 비싸서 어떤 이들은 어쩔 수 없이 교외로 나가 집을 산다.

POINT 1 ② **P 68**　　　　　　　　　　[정답] C

[풀이]
'2000여 년 전에 새로 출토된 문물'이 아니라 '새로 출토된 2000여 년 전의 문물'이라는 뜻이 되어야 한다. 따라서 两千多年前新出土的文物를 新出土的两千多年前的文物로 바꿔야 한다.

[해석]
A 만약에 기회가 없다면 능력은 푼돈에 불과하다.
B 책이 없는 방은 영혼 없는 육체와 같다.
C 고궁박물관에서 최근 새로 출토된 2000여 년 전의 문물을 전시했다.
D 곤경을 벗어나는 가장 좋은 방법은 위축되는 것이 아니라 곤경을 넘는 것이다.

POINT 2 ① **P 70**　　　　　　　　　　[정답] D

[풀이]
수량사를 포함한 제한성 관형어는 묘사성 관형어 앞에 위치해야 하므로 红色的那件中式棉袍를 那件红色的中式棉袍로 바꿔야 한다.

[해석]
A 뛰어난 기교에 확고한 신념을 더하면 강인한 군대가 된다.
B 많은 이들이 영원을 동경하지만, 비 내리는 일요일 오후에 무엇을 해야 할지조차 모르고 있다.
C 안락과 편안함을 추구하던 시대는 가고, 이 시대는 용기와 인내를 요구하고 있다.
D 집이 가난해서 그녀는 지난 해에 언니가 입었던 붉은 색의 중국식 전통 솜두루마기를 입었다.

POINT 2 **P 70**　　　　　　　　　　[정답] B

[풀이]
수량사를 포함한 제한성 관형어는 묘사성 관형에 앞에 위치해야 하므로 已死去的一个人을 一个已死去的人으로 바꿔야 한다.

[해석]
A 지금 중국 제품에 대해 무역장벽을 쌓고 있는 것은 선진국에만 국한되지 않고, 개발도상국들도 속속 중국 제품에 대해 제한 조치를 마련하고 있다.
B 그의 손이 항상 네 시선이 가는 곳에 계속 모습을 드러내기 때문에, 너는 죽은 사람이 항상 너와 함께 생활하고, 먹고, 일을 한다는 느낌을 받게 되는 것이다.
C 인류가 자연림에서 첫 번째 나무를 찍어 넘길 때 문명은 시작을 알렸고, 인류가 마지막 나무 한 그루를 찍어 넘길 때 문명은 종결을 알릴 것이다!
D 세상에 영원히 우리 것인 게 없다고 나는 줄곧 굳게 믿어왔

다. 여행 중에 어떤 물건들을 소유하게 된다고 하더라도 결국에는 그것을 가져갈 수 없는 것처럼, 생명도 여행과 마찬가지다.

POINT 3 ❶ P 72　　　　　　　　　　[정답] A

[풀이]
'一点儿也 + 没 / 不…'는 '조금도 ~하지 않다'는 의미의 고정격식으로, 술어를 수식하는 부사어구다. 그러므로 没有发现一点儿也를 一点儿也没有发现으로 바꿔야 한다.

[해석]
A 그의 얼굴 표정으로 봐서 내가 훔쳐보고 있다는 것을 전혀 눈치채지 못한 것 같아 뿌듯했다.
B 인생이란 너무 긴장되고 짧기만 한 것은 아니기 때문에, 예의를 지킬 만한 충분한 시간이 있다.
C 여자는 귀로 연애하지만, 남자는 만약 애정이 생긴다면 오히려 눈으로 연애를 한다.
D 모든 화가는 자신의 영혼에 있는 붓을 물감에 찍어 그의 천성을 그림에 담는다.

POINT 3 ❷ P 72　　　　　　　　　　[정답] C

[풀이]
给는 전치사로 쓰일 경우 부사어와 보어 두 가지로 모두 쓰일 수 있지만, 동사에 따라 다른 문장성분으로 쓰인다. 동사 教는 给가 있는 전치사구를 부사어가 아닌 보어로 취하는 동사이므로, 给学生教를 教给学生으로 바꿔야 한다.

[해석]
A 이 세상에는 자신의 노력을 의지하거나 다른 사람의 결점에 의지하는 두 가지 성공 방법이 있다.
B 일본이 지난 1950~60년대에 공업화하면서 고속 성장할 때, 도시의 환경문제가 심각하게 드러났다.
C 현재 많은 대학들은 학교를 운영할 때 사회와 시장을 겨냥하지 않고 학생들에게 전문 지식만을 가르치고 있다.
D 잘 배우고 잘 사고하여, 새로운 지식을 기업의 발전에 빨리 적용하는 것은 이미 기업 성공의 핵심이 되었다.

POINT 4 ❶ P 73　　　　　　　　　　[정답] D

[풀이]
连一顿饭都没吃의 어순을 상기하자. 목적어가 都没 앞에 나와야 한다. 连一次都没去过长城을 连一次长城都没去过로 바꿔야 한다.

[해석]
A 아빠는 아들을 잘 돌볼 책임이 있으니, 할아버지에게 떠넘기지 마라.
B 만약 모든 사람이 한쪽에만 몰려 있다면 반드시 좋은 일만은 아니다.
C 나의 태도에 문제가 있는 게 아니라, 너의 감각에 문제가 있는 것이다.
D 베이징에서 4년 동안 대학을 다니면서 만리장성에 한 번도 못 가봤다.

실전 문제 EXERCISE

1　　　　　　　　　　　　　　　　　　[정답] B

[풀이]
지역은 범위가 큰 순서로 배열한다. B에서 西北部는 중국 대륙을 나눈 것의 한 부분이므로 中国 뒤에 위치해야 한다. 즉 位于中国西北部的戈壁沙漠로 바꿔야 한다.

[해석]
A 그 어떤 동물도 사람의 술주정보다 더 나쁘고 사람의 음주보다 더 좋은 것을 만들어내지 못했다.
B 중국 서북부의 고비 사막에 세워진 지우취엔 위성발사센터는 중국이 최초로 세운 최대 규모의 위성발사기지다.
C 학생의 머리에 지식을 집어 넣으려 하지 말고, 점화되어지는 불씨로 여겨라, 선생님의 역할은 불씨에 불을 붙이는 것이다.
D 헤프게 돈을 쓰는 것은 부유함의 상징이 아닌 저속한 것이 밖으로 드러난 것이다. 낭비는 가득 찬 주머니가 아닌 머리가 비었음을 의미한다.

2　　　　　　　　　　　　　　　　　　[정답] B

[풀이]
B에서 军大衣를 수식하는 관형어 가운데 대사 他는 大衣의 귀속을 나타내는 제한적 관형어다. 그리고 색깔은 묘사성 관형어이므로 绿色은 양사 뒤에 위치해야 한다. 따라서 看到他那件绿色的军大衣로 바꿔야 한다.

[해석]
A 네가 필요로 하는 것이 무엇인지 알려주면 내가 그것 없이 어떻게 살아가는지 알려 줄게.
B 그의 녹색군복을 보고, 우리 모두 마음이 쓰려오는 것을 참을 수 없었다.
C 당신은 봄날에 핀 한 송이 꽃을 꺾지 않았을 뿐, 모든 봄은 당신 것이다.
D 만약 당신이 10분에 끝낼 일을 2분만에 완성한다면, 당신은 다른 사람보다 5배의 인생을 영유한 것이다.

3
[정답] B

[풀이]
B의 许多는 형용사이고 专门은 부사인데, 여기서 许多가 앞의 호텔을 받은 어휘라는데 주의해야 한다. 즉 형용사 许多가 주어 역할을 하고 있으며, 부사 专门은 뒤의 술어를 수식한다. 따라서 许多专门是为普通家庭度假而开设的나 许多是专门为普通家庭度假而开设的로 바꿔야 한다.

[해석]
A 사장이 어쩌다 네 책상 옆으로 가면, 넌 늘 별로 상관 없는 일들을 하고 있어.
B 오아시스 지역에 새로운 호텔들이 촘촘하게 우뚝 솟아 있는데, 대부분은 일반 가족들의 휴가 전용으로 세워진 것이다.
C 살수록 손해를 보게 만들지만, 손해를 볼수록 더 사게 만드는 게 복권의 가장 큰 매력이다.
D 대체될 수 없는 사람이 되지 마라. 당신을 대체할 사람이 없다면 당신은 발전할 수 없게 된다.

4
[정답] A

[풀이]
A의 习惯은 목적어이고, 人类는 귀속, 一种은 수량을 나타내는 제한적 관형어이고, 最可怕는 묘사성 관형어이므로 人类一种最可怕的不良习惯으로 바꿔야 한다.

[해석]
A 우리는 운동을 좋아하지 않는 것이 인류의 가장 무섭고 나쁜 습관이라고 정의를 내릴 수 있다.
B 있어도 되고 없어도 되는 물건을 잘 사는 사람은 오래지 않아 자신이 꼭 필요로 하는 물건을 못 사게 된다.
C 당신이 자주 맞아서 쓰러진 것이 중요한 게 아니라, 매번 어떻게 다시 일어서느냐가 중요한 것이다.
D 감정은 천둥번개와 같아서 떨어지기 전까지는 그 어느 쪽일지 명중시킬 장담할 수 없다.

5
[정답] B

[풀이]
동량보어는 일반적으로 부정문에 사용하지 않지만, '주어 + 수량사 + 也没 + 동사' 형식의 부정문에서 술어 앞의 부사어로 쓰여 정도를 강조한다. 따라서 B는 我一次也没去过故宫呢로 바꿔야 한다.

[해석]
A 돈으로 살 수 있는 것은 결국 모두 가치가 없어진다.
B 베이징에 온 지 이렇게 오래되었는데, 아직도 고궁에 한 번도 안 가봤다.
C 낭만적인 레스토랑에서 키워온 사랑은 늘 가정의 식탁에서 무너진다.
D 가장 비싼 평화 재건이 가장 싼 전쟁보다 싸다.

6
[정답] C

[풀이]
C는 목적어 부분이 상당히 길다. 规矩는 목적어의 중심어이고, 수량사 一个는 规矩의 제한적 관형어이며, 不成文은 성질을 묘사하는 묘사성 관형어이기 때문에 이들의 순서를 一直是大多数家庭的一个不成文的规矩로 바꿔야 한다.

[해석]
A 제3차 전국 영양 조사에서 중국인은 비타민과 미네랄의 섭취 부족 및 불균형 현상이 보편적으로 존재한다고 지적했다.
B 일부 국가들은 낮은 노동력 원가와 세수 혜택으로 투자를 유치하고 있지만, 부패 행위는 이런 장점을 상쇄시킬 수 있다.
C 음력 섣달 그믐날 저녁에는 온 가족이 다 함께 모여 풍성한 세찬을 즐기는 것은 줄곧 대다수 가정의 불문율이었다.
D 누군가를 필요로 하는 건 낙하산을 필요로 하는 것과 같다. 만약 그들이 처음부터 현장에 없다면, 당신도 다시는 그들을 필요로 할 기회가 없을 것이다.

7
[정답] C

[풀이]
C에서 普遍은 人们을 수식하는 관형어가 아니라 동사 关注를 수식하는 부사어로 쓰인 것이다. 따라서 人们普遍关注主持人으로 바꿔야 한다.

[해석]
A 나는 저능, 편견과 고집, 사고 결핍이 가장 큰 악이라고 생각한다.
B 부패한 자본과 낮은 리스크가 사람들을 떼지어 몰려들게 했다.
C 일반사람들은 사회자에게 관심을 가지며, 많은 젊은이들도 사회자가 되는 꿈을 꾼다.
D 우리 마음속에는 '불신'이 너무 깊어서 많은 호의들을 저버렸다.

8
[정답] A

[풀이]
A에서 목적어의 뒤에 나온 것이 별도의 절이 아니라 목적어인 理由를 수식하는 표현이다. 따라서 A에서 我的理由为什么我想提拔他를 我为什么想提拔他的理由로 바꿔야 한다. '주어 + 为什么 + …的理由(~가 왜 ~하는 이유이다)'의 어순을 기억하자.

[해석]
A 그것이 바로 내가 그를 발탁하고 싶은 이유이다.
B 가족의 도움으로 이렇게 여러 해 동안 버틸 수 있었다.
C 다른 사람에게 미소를 보내면, 다른 사람도 당신에게 미소로 답한다.
D 경제의 글로벌화는 세계 경제에 막대한 영향을 끼쳤다.

9　　　　　　　　　　　　　　　　　　[정답] B
[풀이]
B에서 명사 平均은 气温을 수식하는 제한적 관형어로 쓰였고, 最低는 형용사성 어휘로 气温의 묘사성 관형어로 쓰였다. 관형어의 어순 규칙에 따라 平均은 最低 앞에 와야 한다. 즉 여기서 这里冬季最低平均气温을 这里冬季平均最低气温으로 고쳐야 한다.

[해석]
A 한국에서 노령화와 저출산율은 이미 점점 더 다급한 사회 문제가 되었다.
B 기상청은 이 지역의 겨울 평균 최저 기온이 영하 28℃라고 했다.
C 환경보호, 오염된 수질의 정화는 애매모호한 지대가 없으며, 흥정할 여지도 없다.
D 의심이 많으면 두뇌에 번잡함을 가져와 승리를 쟁취하기 위한 과정에 집중할 수 없게 된다.

10　　　　　　　　　　　　　　　　　　[정답] A
[풀이]
一位와 绿色食品公司는 모두 职员의 관형어다. 绿色食品公司는 귀속을 나타내며, 一位는 수량을 나타내므로 绿色食品公司의 뒤에 써야 한다.

[해석]
A 베이징에서 출장 중인 자오씨는 허난의 한 친환경식품회사의 직원이다.
B 다른 것은 다 잊어도 사람은 자신과 자신의 본질만은 잊지 못한다.
C 100여 년 동안 사람들은 경제 위기 문제를 해결하기 위해 여러 가지를 시도해왔다.
D 전국 민간주택의 평균 상승폭을 볼 때 중국의 부동산은 아직 거품이라고 말할 수 없다.

6　술어 是와 是…的 구문

바로 확인 EXERCISE

POINT 1　❶　P 79　　　　　　　　　　[정답] C
[풀이]
C의 主要原因很多英国人都认为美国出师无名에 술어가 없다. 主要原因과 很多英国人都认为美国出师无名을 연결해줄 동사 是를 넣어 主要原因是로 바꿔야 한다.

[해석]
A 내가 갈지자 걸음으로 집으로 돌아오자, 그녀는 내가 이상하다는 것을 한눈에 알아채고는 초조해하며 무슨 일인지 물었다.
B 사실상 우리 모두는 지구를 떠받칠 능력이 있지만, 그 지렛목을 찾기가 비교적 어려울 뿐이다!
C 영국인들은 미국이 함부로 전쟁을 일으키는 것을 반대하며 주요 원인은 많은 영국인들은 미국이 군대를 동원할 명분이 없다는 것이다.
D 어제 시 문물국은 39명으로 구성된 전문가들을 재건된 궁탄구 진으로 파견해서 이미 완성된 공사의 검수를 통과시켰다.

POINT 1　❷　P 79　　　　　　　　　　[정답] A
[풀이]
他们最早见面在1986年을 보면 주어, 부사, 이합동사, 보어로 구성되어 있는 완전한 문장 같지만, 在1986年이 보어라면 面과 나란히 연결될 수 없다. 따라서 A에서 他们最早见面과 在1986年을 자연스럽게 연결해줄 것이 필요한데, 술어 是가 가장 적합하다. 즉, 他们最早见面在1986年을 他们最早见面是在1986年으로 바꿔야 한다.

[해석]
A 우 교장 소개에 따르면 그들이 맨 처음 만난 것은 1986년이었다고 한다.
B 자신의 위치를 찾기만 한다면 생명은 의미를 가진다.
C 사람은 밥 하루 안 먹고, 잠 하루 안 잘 수는 있지만, 돈을 하루 안 쓸 수는 없다.
D 당신이 어떤 금전 관념을 가졌는가에 따라 금전상황이 나타난다.

POINT 1 ③ P 79   [정답] D

[풀이]
명사인 太平天国起义와 广西最大规模的农民起义가 그냥 나열되어 있다. 이 둘을 연결할 요소가 빠져 있으며, 也是를 통해 서로 동격임을 알 수 있다. 따라서 동격임을 알려주는 是를 써서 太平天国起义是广西最大规模的农民起义로 바꿔야 한다.

[해석]
A 상황은 끊임없이 변하기 때문에, 자신의 생각을 새로운 상황에 맞추려면 학습을 해야 한다.
B 매일 4천 3백 개의 글자를 말하고, 일생에 대략 1억 2천만 개의 글자를 말하지만, 대부분은 모두 별 의미가 없다.
C 여성은 남자 측에 일정한 경제 실권을 요구하는 것이 합리적이며, 결코 과분한 것이 아니라고 여긴다.
D 태평천국 봉기는 광시 지역 최대의 농민 봉기이며, 또 중국 근대에서 규모가 가장 큰 농민 봉기다.

POINT 2 ① P 81   [정답] D

[풀이]
D에서 문장 맨 끝에 的가 있는데 그 앞에 是가 없다. 是…的 강조구문에서 是를 생략할 수도 있지만, 이 문장에서는 有关人员玩忽职守、违反工艺规程造成的를 주어인 切尔诺贝利事故와 연결하는 고리가 없기 때문에 그 앞에 동사 是를 생략해서는 안 된다. 그러므로 是有关人员玩忽职守、违反工艺规程造成的라고 고쳐야 한다.

[해석]
A 하나님은 공평하다. 운명을 장악하는 이는 저울의 양 끝에 영원히 서게 되고, 운명에 장악되는 이는 단지 하나님이 그에게 준 운명만 알게 된다!
B 〈허펑녠다이〉에는 환상과 현실이 마주할 때 늘 괴롭기 마련이다. 고통에 시달려 죽거나, 고통을 밟아버려야 한다는 말이 있다.
C 한국 정부는 1960년대부터 성장 위주의 경제정책을 성공적으로 추진하기 시작했고, 70년대 이후에는 경제발전이 고속화 단계에 진입하면서 전 세계적으로 유명한 '한강의 기적'을 이루어냈다.
D 1979년 3월 28일에 세상을 놀라게 한 미국의 쓰리마일 아일랜드 핵발전소 사고가 발생했는데, 주요 원인은 사람의 조작 실수였다. 체르노빌 사고도 예외가 아니었으며, 관계자의 직무 소홀과 기술 규정 위반으로 발생한 것이었다.

POINT 2 ② P 81   [정답] D

[풀이]
D에서 其他各方面的保障이 주어이고, 是가 술어, 그 뒤가 목적어가 되는 셈인데, 营利性医院所不具备는 주어인 其他各方面的保障과 동격이 되지 못하므로 문장이 성립되지 못한다. 그러나 문장 끝에 的를 추가하여 是…的 구문이 되도록 만들면 是营利性医院所不具备的가 되어서 문장이 성립된다.

[해석]
A 마을 사람들이 깨끗한 물을 마시도록 그가 5만 위앤을 기부하여 정화설비를 설치하자, 마을 사람들 얼굴에는 웃음이 가득해졌고 행복해했다.
B 현지 시간으로 12일 저녁, 오바마는 힐러리를 절대적인 우세로 이겼으며, 미국 버지니아 주 민주당 당내 선거에서 승리를 거두었다.
C 에너지 소비가 높은 낡고 노화된 설비를 철거하고, 에너지 소모가 적은 전기 에너지 절약형 설비로 바꾸는 것은 기업이 전기 에너지를 절약하고 효익을 증가시키는 효과적인 방법 중 하나다.
D 만약 나더러 선택하라고 하면 비영리 병원에서 일을 할 것이다. 비록 업무 여건은 합자병원만 못하지만, 다른 측면에서 보장되는 것은 영리 병원이 갖추지 못한 것이다.

POINT 3 ① P 82   [정답] C

[풀이]
C에서 天空万里无云是碧蓝碧蓝的는 是…的 구문인 것 같지만 형용사 중첩의 강조구문이다. 형용사를 중첩하면 자체적으로 의미가 강조되며, 중첩 형용사가 술어로 쓰이면 끝에 的가 붙는다. 따라서 天空万里无云是碧蓝碧蓝的에서 是를 빼서 天空万里无云碧蓝碧蓝的로 바꿔야 한다.

[해석]
A 그들은 그녀와 마찬가지로, 내가 그들에게 가져간 결과에 대해서 조금도 의심하지 않았다.
B 두 개의 구인광고는 마치 매우 무거운 대리석 덩어리 두 개처럼 우리들 모두의 마음을 짓누르는 것 같았다.
C 푸른 하늘에 구름 한 점 없고, 평원은 온통 녹색이며, 서하는 구불구불 산을 돌아 흘러간다.
D 빌리거나 사는 것은 두 가지 다른 생활방식이다. 더욱이 두 가지 다른 가치관이 지금 부딪힐 때 더욱더 그렇다.

실전 문제 EXERCISE

1   [정답] C

[풀이]
C에서 명사인 孩子们과 명사구인 一样的情况을 연결해주는 술어가 없다. 그러므로, 둘을 연결해주는 동사 술어 是를 넣어주어

야 한다.

[해석]

A 당신이 현혹되었음을 알았다면 결코 불쌍하지 않으나, 당신이 현혹되었음을 몰랐다면 그것이야말로 가장 불쌍한 것이다.

B 자동차는 매우 많은 장점을 가지고 있는데, 가장 좋은 점은 비싸다는 것이다. 비싸기 때문에 비로소 성공의 정도를 나타내는 상징이 될 수 있다.

C 부모들은 바쁘게 일하느라 아이와 소통할 기회가 점점 줄어들고 있고, 아이들도 역시 같은 상황이다.

D 현명한 사람은 병을 미연에 예방하려 하지 발생한 다음에 치료하려 하지 않는다. 고통을 극복하라고 독려하지 고통을 피하기 위해서 위안을 찾지는 않는다.

2 [정답] C

[풀이]

C에서 它와 我最喜欢的动物를 연결해줄 술어가 없다. 따라서 술어 동사 是를 넣어야 한다.

[해석]

A 돼지고기는 기본적으로 공급을 충당할 수 있지만, 여전히 높은 가격으로 팔리고 있다.

B 그녀의 마음속에는 깊은 연못이 있어 큰 돌을 던져도 소리가 나지 않는다.

C 나는 어릴 적부터 동물을 좋아했는데, 특히 고양이를 좋아한다. 고양이는 내가 제일 좋아하는 동물이다.

D 군자는 도량이 넓어서 낙관적이면서 너그럽지만, 소인은 도량이 좁아서 늘 근심한다.

3 [정답] B

[풀이]

B에서 只要功夫深, 铁杆也能磨成针이라는 속담을 하나 소개하고 나서 바로 등장한 言外之意는 '말의 숨은 뜻, 암시하는 말'이라는 의미의 명사성 고정격식이다. 그 뒤에는 只要有毅力, 肯下功夫라는 술어가 나와 있지만, '말의 숨은 뜻은 끈기를 가지고 노력을 하다'라는 식이 되어 주어와 술어로 연결되기에는 무리가 있다. 그러므로 이 사이에 판단을 나타내는 동사 是가 빠진 것이다. 따라서 B를 言外之意是只要有毅力로 바꿔서 '말 속에 숨은 뜻은 ~이다'라는 식의 문장을 만들어야 한다.

[해석]

A 풍부한 교육, 교학 경험은 1~2년 만에 축적될 수 있는 것이 아니라, 장기간 축적되어야 한다.

B 중국 옛말에 열심히 노력하면 무쇠도 바늘로 만들 수 있다는 말이 있다. 이는 즉 끈기를 가지고 노력하기만 하면 어떤 일이라도 해낼 수 있다는 뜻이다.

C 자신을 잘 다스려서 자신을 위해 지식을 늘리고, 자신을 위해 용기를 내고, 자신을 위해 인격을 가꾸어야 한다.

D 외국인이 비행기에 탑승해서 미국에 도착하면 착륙한 공항에서 반드시 입국수속을 밟는데, 이것이 바로 이민관 및 세관관원의 검사이다.

4 [정답] A

[풀이]

이 문제의 핵심은 주어를 찾는 것이다. 当务之急은 '급선무'라는 뜻의 명사성 어휘로, 문장 전체의 목적어 역할을 하므로, 부사 已의 수식을 직접 받을 수 없다. 즉, 문미에서 已의 수식을 받을 수 있으면서 앞의 긴 주어를 받을 수 있는 술어 동사 是를 넣어야 한다.

[해석]

A 대도시와 중소도시에서는 채소, 과일, 닭, 생선, 달걀, 우유 등의 약품 검사 기관을 설립하여, 독이 입으로 들어가지 않도록 최대한 막는 것을 급선무로 삼았다.

B 안후이는 5천만 농민이 있는 농업도시로, '삼농(농촌, 농업, 농민)' 문제를 가장 중요한 위치에 놓아야 한다.

C 그는 조국의 조선사에 찬란한 한 페이지를 썼고, 우리나라의 해운산업 발전을 위해 공헌을 했다.

D 예측할 수 없는 자연재해 앞에서 인류는 그처럼 보잘 것 없고, 일격에도 견디지 못한다. 바로 생명의 미약함 때문에 생명의 귀중함을 알게 되었고, 생명을 소중히 여기는 것도 모든 이의 본능이 되었다.

5 [정답] A

[풀이]

A는 말하는 사람의 관점을 강조하고 있으며, 可怕는 형용사이기 때문에 是의 목적어가 될 수 없다. 따라서 이는 강조구문으로 고쳐서 不是最可怕的라고 해야 한다.

[해석]

A 가난은 고통스러운 일이지만 부끄러운 일도 아니고 가장 두려운 일도 아니다.

B 진심을 털어놓듯 의견을 발표해서 자신의 진정한 생각이 충분히 반영되도록 해야 한다.

C 그들은 일치하는 점은 취하고 의견이 서로 다른 점은 잠시 보류해두려는 것이지, 의견 불일치를 편견 혹은 논쟁의 이유로 삼으려는 것은 아니다.

D 중국 서북부에 위치한 간쑤 성은 관광자원이 아주 풍부하고 개발 잠재력도 크다.

6 [정답] D

[풀이]
D는 말하는 사람의 관점을 강조하므로 是…的 강조구문을 사용해야 한다. 따라서 是建国以来从未遇到过를 是建国以来从未遇到过的로 바꿔야 한다.

[해석]
A 우리가 붉은 꽃과 푸른 나무를 사랑하는 것이 사실상 자신의 생명을 사랑하는 것임을 나는 알았다.
B 지식이 넘쳐나는 오늘날, 지식의 보고는 얼마만큼의 크기일까? 아마 그 누구도 분명히 말할 수 없을 것이다.
C 편의점 안에는 두 사람이 있었다. 계산대 뒤의 그 여자는 명찰을 달고 있었는데, 그녀의 이름은 로버타였다.
D 1995년부터 1999년까지 당면했던 중국의 샤오캉(먹고 살 만한 사회) 발걸음은 건국 이래 한 번도 없었던 일이다.

7 [정답] D

[풀이]
D의 有损消费者利益는 작가의 관점을 강조하는 것이므로, D의 끝에 的를 붙여주어야 한다. 따라서 不顾品质地降价是有损消费者利益를 不顾品质地降价是有损消费者利益的로 바꿔야 한다.

[해석]
A 도덕적 제약을 벗어난 폭력적인 서술은 심각한 사회문화적 나쁜 결과를 초래할 수 있다.
B 비록 세상에 사람은 많지만, 비가 내리는 깊은 밤 당신을 데리고 집으로 가는 것은 사실상 단 한 명뿐이다.
C 현재 미국의 교과서는 자동차처럼 2~3년이면 새 디자인이 나온다.
D 원자재의 품질을 낮추어 원가를 줄이고, 품질을 고려하지 않은 채 가격을 내리는 것은 소비자의 이익을 해치는 일이다.

8 [정답] D

[풀이]
D는 말하는 사람의 판단을 강조하는 문장으로, 是…的 구문을 사용해야 하는데 동사 是가 빠졌다. 즉 他的生活一定黯淡无光, 缺乏尊严的를 他的生活是一定黯淡无光, 缺乏尊严的로 바꿔야 한다.

[해석]
A 매일 저녁 아버지가 퇴근해서 돌아오시면, 그의 몸에 배인 짙은 비린내를 맡을 수 있었다.
B 사랑은 쉽게 의심되는 환각이다. 일단 환각에서 깨어나면 자동적으로 사라져버린다.
C 어렸을 때 하늘에 가득한 별을 바라보다가, 유성이 지나갈 때 소원을 빌기에 종종 늦었다.
D 남에게 빌붙기만을 원하는 사람의 삶은 암담하고 스스로에 대한 존엄성이 결여되어 있다.

9 [정답] D

[풀이]
D는 말하는 사람의 관점을 강조하는 문장으로 是…的 구문을 써야 한다. 따라서 문장 끝에 的를 써서 是와 조화를 이뤄야 한다. 따라서 严格管理是格格不入를 严格管理是格格不入的로 바꿔야 한다.

[해석]
A 어머니께서 이미 연로하시지만, 과거에 나에게 해주신 이야기는 지금까지도 여전히 마음속에 남아 있다.
B 이 마을의 본래 생태와 생활을 기록하기 위해 헤이밍은 8년간 노력했다.
C 당신의 지위가 높던 낮던, 부유하든 가난하든 상관없이 생활과의 협상은 당신 생활의 모든 것과 연계된다.
D 가족형의 민간 기업과 현대사회가 요구하는 과학적 정책결정, 엄격한 관리는 서로 맞지 않는다.

10 [정답] A

[풀이]
A의 原因은 명사이며, 주어이다. 这些高楼大厦外围装饰的玻璃幕墙大面积强烈反光은 술주구이므로, 原因과 这些는 바로 연결될 수 없으며, 이 두 글자 사이에 다른 성분이 필요하다. 原因과는 설명하는 관계이므로 동사 술어 是를 추가해야 한다.

[해석]
A 작년 상하이 시에서 주민 10세대가 주거지 근처의 고층빌딩에 사는 주민들을 고소한 이유는, 이런 고층빌딩 외부에 장식된 유리벽이 광범위한 빛을 강하게 반사했기 때문이다.
B 학교가 양호하고, 추진 기능이 있는 캠퍼스 문화를 가질 수 있는가의 여부와 학습자가 거기에 적응하고 융합될 수 있는가의 여부는 효과적인 교학 활동을 하는 데 중요한 작용을 하고 있다.
C 백신의 연구 및 개발은 공정이 큰 사업으로, 오랜 시간의 집중연구가 필수적이며, 절대 한 사람의 싸움이 아닌 모든 전 인류를 향한 싸움이다.
D 식물영양학이란 비료 공급 등의 조치를 통해 어떻게 작물의 생산량을 높이고, 농산품의 품질을 개선하는가를 연구하는 것이다. 따라서 식물영양은 식량 품질의 안전뿐 아니라, 식량 수량의 확보도 매우 중요하다.

7 단어의 중첩

바로 확인 EXERCISE

POINT 1 ❶ P 88 [정답] **C**

[풀이]
중첩된 동사 뒤에는 보어가 올 수 없으므로 介绍介绍一下에서 一下를 삭제해야 한다.

[해석]
A 침묵은 말보다 더 본질에 가깝고, 아름다움은 권력보다 더 가치 있다.
B 최근 중미 관계는 점점 더 세계의 형세 변화를 좌우하는 주축이 되었다.
C 나는 아직 그의 이름조차 모르니, 나에게 그에 대해 소개해줘.
D 과학기술의 발전은 세계 경제 발전과 인류 역사 발전의 중요한 원동력이다.

POINT 1 ❷ P 88 [정답] **C**

[풀이]
人人은 '모든 사람'이라는 뜻으로 부사 都와 종종 함께 쓰인다. 이 문장에서는 都도 없고, 문맥상 '모든 사람'을 가리키는 것이 아니므로 人人을 人们으로 바꿔야 한다.

[해석]
A 외적 아름다움의 결점은 내적인 아름다움으로 메꿀 수 있지만, 마음의 비열함은 외적 아름다움으로 상쇄할 수 없다.
B 지혜로운 사람은 겸손하고, 선한 사람은 너그러운 법이다. 조금 지혜로운 사람이 거만하고, 조금 선한 사람이 시시콜콜 따지는 법이다.
C 오늘날 도시는 각종 유혹이 넘쳐나고, 그중 가장 큰 유혹은 돈과 애정에서 비롯되는 유혹이다. 사람들은 종종 동시에 두 가지를 갖기를 갈망한다.
D 10여 년간 각지의 베이징 주재 사무처는 베이징에서 부동산을 구입했다. 부동산 가격의 급등으로 베이징 주재 사무처의 고정자산도 모두 불어났다.

POINT 2 ❶ P 89 [정답] **C**

[풀이]
문맥상 '모든 사람들' 보다 '사람들'이 어울린다. 따라서 人人을 人们으로 바꿔야 한다.

[해석]
A 이번 회의는 국제 경제가 점점 위기에서 회복으로 가는 배경에서 열린 것이다.
B 엄청난 우월감을 가진 사람은 반드시 만물을 포용하고 중생에 대한 관대한 마음 역시 가져야 한다.
C 사상성, 예술성, 감상성을 지닌 좋은 영화는 사람들에게 진정한 환영을 받는다.
D 어떤 사람은 먼저 생각하고 그 다음에 말이나 행동을 하는데, 어떤 사람은 먼저 말하거나 행동한 뒤에야 생각한다.

POINT 3 ❶ P 91 [정답] **B**

[풀이]
조동사는 중첩할 수 없으므로 应该应该를 应该로 고쳐야 한다.

[해석]
A 비타민과 미네랄 등의 영양소는 서로 밀접한 관계가 있다.
B 나는 사회가 반드시 기업가의 실직 문제를 중시해야 한다고 생각한다.
C 경제가 나날이 빠르게 회복되면서 전 세계 금융 안정이 직면한 위험도 줄었다.
D 인생은 바둑을 두는 것과 같아서, 한 수를 잘못 두면 한 판을 질 수 있는데, 이것은 정말 슬픈 일이다.

POINT 3 ❷ P 91 [정답] **B**

[풀이]
동사 뒤에 보어가 있는 경우 동사를 중첩할 수 없다. 그러므로 等等一会를 等一会로 고쳐야 한다.

[해석]
A 패기와 인간미 두 가지를 겸비하기란 어려운 일이다.
B 살면서 어떠한 일들은 정말 스스로를 잠시 기다리게 한다.
C 정부는 돌발적인 사건에 대한 정보 공개를 더욱 규범화해야 한다.
D 예절은 후천적으로 만들어지는 좋은 성격으로, 선천적인 부족함을 채워준다.

POINT 4 ❶ P 93 [정답] **D**

[풀이]
형용사의 중첩 형태는 자체적으로 강조의 의미를 갖기 때문에 정도부사의 수식을 받을 수 없다. 그러므로 真雪白雪白的를 雪白雪白的로 고쳐야 한다.

[해석]
A 그러한 이별과 실망의 상처는 이미 소리조차 낼 수 없을 정도가 되었다.

B 칼슘은 중국 국민들에게 가장 심각하게 부족한 영양소이다.
C 설령 사소한 자신만의 기념이라 하더라도 언제나 따뜻함은 필요하다.
D 아침에 일어나보니, 길게 늘어선 차들 위에 온통 새하얀 눈이 덮여 있어 너무 아름다웠다.

POINT 4 ② P 93 [정답] D

[풀이]
형용사의 중첩 형태는 정도보어와 함께 쓰지 않는다. 그러므로 打扫得干干净净极了를 打扫得干干净净의로 고쳐야 한다.

[해석]
A 만약 행복했던 적이 있다면, 행복은 단지 작은 부분부분의 순간적인 기억의 단편에 불과하다.
B 다른 사람과 자신에게 쉽게 상처 주는 사람은 언제나 거리의 경계에 대해 제대로 모르는 사람이다.
C 자기자신만 잘되려고 하고 심지어 유아독존식의 낡은 사고는 미래가 없다.
D 4년 동안 노인은 매일같이 학교 구석구석을 깨끗이 청소했다.

실전 문제 EXERCISE

1 [정답] C

[풀이]
天天은 단음절 명사의 중첩이다. 주어와 부사어로는 쓸 수 있지만 관형어로는 쓸 수 없으므로, 같은 의미이면서 관형어로 쓸 수 있는 每天으로 바꿔야 한다.

[해석]
A 사람마다 모두 각자의 개성과 매력이 있다. 가장 중요한 것은 자신의 개성을 알고 발전시키는 것이다.
B 국무원은 4월 21일 전국 애도행사를 거행하고, 전국과 외국에 있는 대사관, 영사관도 조기를 걸어 애도를 표하기로 결정했다.
C 비록 지금 내 자신이 창작할 상태에 있지는 않지만, 매일 발생하는 일들이 여전히 내 마음을 흔든다.
D 사람의 일생은 일이든 생활이든 순조롭기만 할 수는 없다. 언제나 각종 좌절과 어려움에 부딪히게 된다.

2 [정답] C

[풀이]
人人은 단음절 명사의 중첩으로, 주어와 부사어로는 쓸 수 있지만 관형어로는 쓸 수 없다. 따라서 같은 의미의 每个人으로 바꿔야 한다.

[해석]
A 전국시대에 다른 나라를 빼앗기 위한 전쟁은 춘추시대보다 더욱 격렬하면서 빈번했고, 규모도 훨씬 컸다.
B 금으로 시간을 살 수 없다. 좋은 시절에 우리는 1분 1초도 낭비해선 안 된다.
C 취재 중 진즈귀는 우리 모두의 임무는 바로 '올림픽 국민'이 되는 것이라고 밝혔다.
D 죽은 후의 명성에 대해 얘기하자면, 유일한 방패는 (생전의) 청렴결백한 행동과 진솔한 감정뿐이다.

3 [정답] C

[풀이]
심리적인 활동이나 존재, 판단, 소유를 나타내는 동사는 중첩해선 안 된다. 따라서 羡慕羡慕的职业를 羡慕的职业로 고쳐야 한다.

[해석]
A 우리는 타인의 재능을 부러워 할 필요가 없고, 자신의 평범함을 슬퍼할 필요도 없다.
B 성숙하지 않은 남자는 고상한 일을 위해 용감히 몸을 던진다.
C 교사라는 직업은 진정으로 사람들이 부러워하는 직업이 되기에는 매우 거리가 있다.
D 영양은 한 국가의 경제 수준과 국민 생활의 질을 반영하는 중요한 지표이다.

4 [정답] B

[풀이]
이합동사는 일반적으로 동사 부분만 중첩하므로 散步散步를 散散步로 바꿔야 한다.

[해석]
A 회의는 어떻게 경제 회복을 공고히 하고 추진할 것인가, 그리고 국제통화기금(IMF)의 직무 개혁 등의 문제를 토론할 것이다.
B 겨울 햇살이 반짝이는 오후에 창 밖의 푸른 하늘과 하얀 구름을 보고 있노라면, 카메라를 메고 밖에 나가 산책을 하고 싶은 유혹을 견딜 수 없다.
C 발전 문제는 당연히 절박하지만, '발전' 앞에는 반드시 '과학'과 '지속 가능'이라는 두 단어가 붙어야 한다.
D 버릇없이 자란 아이는 왕이나 개처럼 슬픔을 느낄 줄 모르고 단지 싫증만 느낀다.

5 [정답] C
[풀이]
조동사는 중첩할 수 없으므로 可以可以试试를 可以试试로 바꿔야 한다.
[해석]
A 쓰레기를 줄이고 쓰레기를 분류하는 업무는 사회 각계의 폭넓은 관심을 받았다.
B 이러한 겸손의 뒤에는 80%는 강렬한 허영심과 공명심이 숨어 있다.
C 만일 모두들 정말 사기를 당한 것이라고 생각한다면, 인민일보 인터넷 사이트의 강국논단에 글을 올리면 된다.
D 엄청난 자부심은 겸손함과 평화로움을 보여주곤 한다. 오직 별 볼 일 없는 자만이 오만방자한 모습을 드러내는 법이다.

6 [정답] B
[풀이]
중첩된 동사의 뒤에는 동태조사 着가 올 수 없다. 따라서 이 문장은 哭一哭着를 哭着로 바꾸는 것이 문맥에 어울린다.
[해석]
A 각 지역 정부는 돌발사건 대응법을 관철하는 것을 계기로, 다양한 형식의 응급 조치 훈련을 전개한다.
B 모두가 샤오 장의 집안 상황을 관심 있게 물었고, 샤오 장은 고향에 안 좋은 일이 생겼다고 울면서 말했다.
C 인생에서 여러 가지 피할 수 없는 재난과 변화시킬 수 없는 어려움에 대해 참는 것 말고는 다른 방법이 없다.
D 돌발사건에 대해서는 당연히 예방 위주가 되어야 하지만 현실은 종종 그 반대이다. 사회는 전반적으로 우환의식이 부족하다(안전 불감증이다).

7 [정답] C
[풀이]
보어와 연결되는 동사는 중첩할 수 없다. 따라서 躺躺一下를 躺躺으로 고쳐야 한다.
[해석]
A 인생은 등산을 하는 것과 같아서 산과 길을 찾아다니는 것도 배움의 한 과정이다.
B 나는 아마 새일 것이다. 경계심이 가득하고 쉽게 머무르지 않는다. 그래서 줄곧 날고 있다.
C 나는 요즘 가끔 갑자기 머리가 어지러워지고, 순간 머리가 빙빙 도는데, 잠시 누우면 괜찮아진다.
D 그것들 사이의 균형을 이루어야 그 작용이 비로소 충분히 발휘되고 몸도 건강해진다.

8 [정답] D
[풀이]
的가 뒤에 붙어서 관형어로 쓰인 동사는 중첩할 수 없으므로, 准备准备的를 准备的로 바꿔야 한다.
[해석]
A 자신의 삶을 더욱 알차게 보내라.
B 오늘날의 사랑은 순수하진 않지만 감동적이다.
C 나는 오만이 재능과 정비례한다고 믿는다.
D 그녀가 지금 준비하고 있는 것은 대입시험이다.

9 [정답] B
[풀이]
B에서 轻轻松松은 형용사의 중첩형으로 술어가 아닌 관형어로 쓰인 것이다. 따라서 부정부사 不는 동사 술어인 是 앞에 놓여야 한다. 부사의 어순에 따라 是는 也의 뒤에 나오므로, 也是不轻轻松松的事를 也不是轻轻松松的事로 바꿔야 한다.
[해석]
A 나의 세계는 고요하고 적막해서 다른 사람을 받아들일 수 없다.
B 다이어트에는 묘약이 없으며, 역시 쉬운 일이 아니다.
C 인성으로 말하자면, 유일한 안내자는 사람의 양심이다.
D 사람들은 지금까지 지구의 물, 공기가 무궁무진하다고 여겨왔다.

10 [정답] B
[풀이]
중첩된 형용사는 정도부사 很의 수식을 받을 수 없다. 따라서 河水很清清을 河水很清으로 바꿔야 한다.
[해석]
A 우리는 이런 과정 속에서 차분함과 침착함, 그리고 혼란 속에서 생존기회 찾는 법을 배워야 한다.
B 이른 아침, 만일 당신이 루거우 교 위를 천천히 걸으면, 강물이 맑아서 자신이 마치 천상의 인간 같은 느낌을 받게 될 것이다.
C 지나치게 겸손한 사람을 절대로 쉽게 믿지 말아야 한다. 특히 상대가 자기 자신을 꼬집는 태도를 보일 경우 더욱 성급히 믿어선 안 된다.
D 중국 국무원 부총리 리커창의 특별 축사는 중국이 세계 경제 발전에 책임지는 태도를 취했다는 점을 재표명했다.

8　在 전치사구의 다양한 용법

바로 확인 EXERCISE

POINT 1　① P 99　　[정답] B

[풀이]
방위사 中은 장소명사와 함께 쓰이거나 전치사 在와 구를 이루어 쓰여야 한다. 有限的生存环境条件은 장소명사가 아니므로 在와 구를 이루어야 옳은 문장이 성립된다. 따라서 有限的生存环境条件中을 在有限的生存环境条件中으로 바꿔야 한다.

[해석]
A 세심한 고객 서비스를 갖추고, 성숙한 시장 경쟁 경험을 지닌 외국 은행들과 비교해볼 때, 국내 은행은 아직 완비되기를 기다려야 한다.
B '산 하나는 두 마리의 호랑이를 용납하지 않는다'라는 말은, 제한된 생존환경에서 에너지 피라미드 꼭대기에 있는 호랑이를 많이 먹여 살릴 수 없다는 뜻이다.
C 근래, 일본 전문가들은 연구를 통해서 잔소리, 응석부리기, 훌쩍이며 울기, 군것질하기 등 이 네 가지 여성들의 독특한 '습관'이 여성의 건강 유지에 생각지도 못한 작용을 한다고 여긴다.
D 고등학교를 다녔던 사람들은 중점학교든 일반학교든 상관없이 한 수업에서 두세 명의 학생이 조는 것은 극히 드문 상황임을 모두들 분명히 안다.

POINT 1　② P 99　　[정답] B

[풀이]
장소를 이끌어내는 전치사 在가 있는데 攻克乙肝、肝硬化는 장소명사가 아니므로 범위를 표시하는 방위사 上을 써주어야 한다. 따라서 在攻克乙肝、肝硬化를 在攻克乙肝、肝硬化上으로 바꿔야 한다.

[해석]
A 상하이 사람들은 잠옷을 입고 거리에 나갈 수 있을까? 엑스포가 가까워지면서 이 화제가 갈수록 논쟁을 불러일으키고 있다.
B 김 교수는 20여 년 동안 해독 방법을 독자적으로 개발해내어 B형 간염, 간경화 분야에서 획기적인 진전을 거두었다.
C 한국의 '80년 이후 출생 세대'는 많은 힘을 기울여 자신의 자질을 높였지만, 한국의 노동시장은 이 시대의 사람들에게 오히려 '인색'했다.
D 〈아바타〉는 분명 나비족을 존중하는 사람으로 보인다. 주인공은 시종일관 그들을 도와서 존엄, 자유와 권익을 위해서 싸웠다.

POINT 2　① P 101　　[정답] D

[풀이]
상태가 존재하는 범위에는 在…中을 사용한다. 그러므로 心目上을 心目中으로 바꿔야 한다. 心目中은 고정격식으로 외워두자.

[해석]
A 그녀가 입고 있던 몸에 딱 맞는 수트는 마치 어느 잡지에서 본 것 같다.
B 적군이 그의 앞을 지나가려 할 찰나에, 그는 놀라운 일을 해냈다.
C 돼지기름은 가능한 적게 섭취해야 한다. 돼지기름은 열량 함량이 매우 높아서 살이 찌고, 살찌면 여러 가지 병이 생긴다.
D 안정환은 한국인들의 마음속 우상이다. 그러나 그는 축구할 곳이 없어지면서 곤경에 처했다.

POINT 2　② P 101　　[정답] A

[풀이]
전제조건, 상황, 장소를 나타낼 때는 在…下를 사용한다. 그런데 한국어 습관상 '~한 상황 속에서'라는 표현이 자연스러워 在…情况中이라는 표현이 옳게 느껴질 수도 있다. 하지만 중국어에서는 반드시 在…情况下라고 표현한다는 것을 잊지 말자. 그러므로 在什么情况中을 在什么情况下로 바꿔야 한다.

[해석]
A 어떤 상황에서 회사가 즉시 노동계약을 해지할 수 있는가?
B 나는 중국에서 1년 동안 체류한 후에 미국으로 돌아와서 다시 강단에 섰다.
C 점심 식사 이후는 낮잠이다. 이것은 중국인의 생활 가운데 바꾸기 힘든 일이다.
D 막판에 목표에서 약간 뒤처질지라도 자신감은 잃지 마라.

POINT 2　③ P 101　　[정답] A

[풀이]
전제조건, 상황, 장소를 나타낼 때는 在…下를 사용한다. '햇빛 속에서'라는 한국어 표현이 매우 자연스럽기는 하지만, 중국어에서는 태양이 항상 위에 있으므로 '햇빛 아래서'라고 표현한다는 것에 유의하자. 따라서 在阳光中을 在阳光下로 바꿔야 한다.

[해석]
A 마스크는 어떻게 청결을 유지할 수 있을까? 이에 대해 전문가들은 사용한 마스크는 반드시 매일 세탁하고, 가능하

면 햇빛에 말릴 것을 권한다.
B 빈곤한 나라와 부유한 나라 아이들의 체육 활동 시간은 큰 차이가 없다. 빈곤한 나라에서 자란 아이들이 훨씬 더 많은 체육 활동에 참가하는 것은 아니다.
C 일본에서는 일부 주부들이 인터넷 오락에 빠져서 매일 밥도 하지 않고, 음식을 배달시키며, 등교하는 아이들조차 패스트푸드 가게로 보내 해결하게 한다.
D 전 세계에 나타나는 청소년 건강문제는 아이들의 건강에 대한 지식 부족 및 자아 통제 부족과 관련 있을 뿐만 아니라, 가정과 사회환경과도 큰 연관이 있다.

POINT 3 ① P 102 [정답] C

[풀이]
'머릿속'을 뜻하는 고정격식은 在脑里이므로 在脑上을 在脑里로 바꿔야 한다.

[해석]
A 중국 아이들은 종종 웅대한 이상을 지니고 있다. 그렇지 않으면 어른이나 선생님에게 혼나게 된다.
B 오늘날, 아이들에게 고혈압, 비만, 당뇨병과 혈액지질 이상 등의 성인병이 갈수록 많이 나타나고 있다.
C 맹렬하고 빠른 일렉트릭 댄스곡 가운데 무겁고 강렬한 리듬이 뇌 속에서 울려야만 사람들의 기분을 계속 들뜨게 할 수 있다.
D 건강한 생활방식을 기르고, 아이들이 '카우치 포테이토'가 되지 않게 하기 위해서는 학부모, 학교, 사회의 공동 노력이 필요하다.

POINT 4 ① P 103 [정답] A

[풀이]
面前은 주로 사람과 어울리는 어휘이므로 坐在电视机面前을 坐在电视机前으로 바꿔야 한다.

[해석]
A 그는 매일 퇴근 후 늘 TV 앞에서 외국어를 공부한다.
B 나는 40여 년을 살았지만 사람으로서 못할 짓을 해본 적이 없다.
C 우리의 출생은 대단한 게 아니었지만 죽음은 일찍감치 시작되었다.
D 새하얀 병상 위로 햇살이 비추고, 나는 그녀의 희끗희끗한 머리카락을 가볍게 빗겨주고 있었다.

POINT 4 ② P 103 [정답] D

[풀이]
동사 뒤에 보어로 쓰인 正南地平线上은 장소를 나타내는데, 앞에 장소를 이끌어내는 전치사 在가 빠졌다. 즉, 水委星出现正南地平线上을 水委星出现在正南地平线上으로 바꿔야 한다.

[해석]
A 시내에 가장 호화스러운 식당이 있는데, 거기에 가서 밥 먹는 데 단지 300위앤이면 된다.
B 더 이상 참지 못한 나의 눈물이 어머니의 머리 위로 한 방울 한 방울씩 떨어졌다.
C 내가 휠체어에 앉은 지 33년째 되었고, 사용했던 휠체어만도 두 자리 수에 가깝다.
D 매년 12월 저녁 8시 반 전후에 아케르나르별이 정남쪽 지평선상의 높지 않은 밤 하늘에 나타난다.

POINT 4 ③ P 103 [정답] D

[풀이]
处在…阶段은 '~단계에 있다'는 뜻으로, 보어로 쓰인 在 전치사구의 고정 격식이다. 그러므로 尚处起步阶段을 尚处在起步阶段으로 고쳐야 한다.

[해석]
A 아버지의 언행을 통한 가르침 아래, 그와 6명의 형들은 모두 공부를 잘했다.
B 우리는 지식지상주의 사회와 광고가 판을 치는 시대에서 살고 있다.
C 중국 학생들은 이런 것들을 너무나 갈망하고, 아름다운 모든 것들을 분명 가지고 싶어한다.
D 물류업은 최근 우리나라에서 발전이 가장 빠른 분야 중의 하나이지만, 물류정보화는 아직 걸음마 단계에 있다.

POINT 5 ① P 104 [정답] B

[풀이]
방위사 下와 함께 쓰이는 전치사는 从이 아닌 在다. 그러므로 从一男青年掩护下를 在一男青年掩护下로 바꿔야 한다.

[해석]
A 오늘날, 각국의 많은 초·중·고 학생들은 스트레스가 많기 때문에 건강에도 비교적 큰 스트레스가 생긴다.
B 선양 시 공안국장은 한 소년이 젊은 남성의 엄호 아래, 한 여성의 호주머니를 소매치기하는 장면을 포착했다.
C '카우치 포테이토'라는 단어는 미국에서 제일 먼저 나왔으며, 장시간 소파에서 TV만 보는 사람을 가리킨다.
D 최근 영국 청소년의 반 이상이 가정에서 대부분의 시간을

TV를 보는 데 쓴다고 인정했다.

POINT 5 ❷ P 104　　　　　　　　　　[정답] D

[풀이]
동작의 발생 및 진행 과정, 존재하는 범위, 시간 등을 나타낼 때는 在…中을 사용한다. 그러므로 从假定性的艺术世界中을 在假定性的艺术世界中으로 바꿔야 한다.

[해석]
A 그들이 인생에서 난생 처음 이런 감정을 느꼈을 때, 쉽게 터무니없는 생각을 하게 되었다.
B 아직까지 이름을 떨치지 못한 40세의 사람이라면 영예를 얻고자 하는 환상을 버려야 한다.
C 모친이 병원에 입원하시던 그 순간부터, 나는 애초에 선택했던 직업에 대해 바로 후회했다.
D 재난영화는 사람들이 미지의 세계에 대해 느끼는 욕망을 가상예술세계에서 실현하도록 한다.

실전 문제 EXERCISE

1　　　　　　　　　　　　　　　　　[정답] A

[풀이]
장소를 이끌어내는 전치사 在의 뒤에 나온 腰带는 사물명사로 장소를 나타낼 수 없으므로, 방위사 上을 뒤에 붙여서 장소나 범위를 표현해야 한다. 따라서 挂在腰带를 挂在腰带上으로 바꿔야 한다.

[해석]
A 몇몇 태족 마을에서 기혼여성들은 모두 집안의 열쇠를 허리띠에 걸어놓는다. 열쇠를 걸지 않은 사람들은 대부분 소녀이다.
B 필리핀 속담 중에 '역사 속에서 배우지 않으면 새로운 것을 뛰어넘을 수 없다'란 말이 있다. 이것은 중국의 성어 '옛 것을 배우고 익혀 새로운 것을 알다'와 약간은 다르지만 비슷한 뜻이 숨어 있다.
C 전 세계 대부분의 부가 북미, 유럽 그리고 일본과 호주 같은 일부 부유한 아시아 태평양 국가에 집중되어 있다. 이들 국가는 전세계 부의 90%를 점유하고 있다.
D 콜롬비아는 라틴아메리카에서 비교적 경제가 발달한 국가이며, 비교적 빠른 경제 성장 속도는 콜롬비아 교육 사업의 발전을 보장하는데 큰 도움이 되었다.

2　　　　　　　　　　　　　　　　　[정답] B

[풀이]
B에서 在市场和资本方面은 범위를 나타내는 부사어이며, 보어로는 쓰이지 않는다. 부사어는 술어 동사 앞에 와야 하므로 企业必须更多地高瞻远瞩在市场和资本方面을 企业必须在市场和资本方面更多地高瞻远瞩로 바꿔야 한다.

[해석]
A 문 밖의 열차 승무원 두 명도 한참을 바삐 일하다가 비로소 문을 열었다.
B 기업은 반드시 시장과 자본 측면에 있어서 멀리 내다보는 안목을 갖추어야 한다.
C 그는 늙더니 검은 핸드백 하나를 가슴 쪽으로 바짝 끌어 안았다.
D 그는 빨간 사과 한 개를 꺼내 매우 정갈하게 깎아 나에게 건네 주었다.

3　　　　　　　　　　　　　　　　　[정답] C

[풀이]
이 문제에서는 두 가지 사항을 동시에 보여주고 있다. 먼저 동사 发生의 뒤에는 장소명사가 바로 올 수 없고 전치사 在를 이용하여 보어로 장소를 이끌어낼 수 있다. 따라서 发生 뒤에 바로 北京이 올 수 없다. 그리고 C의 중간 절의 쉼표 앞에 中이 있는데, 동사의 뒤에 있는 것으로 보아 동작의 진행 과정이나 범위를 표시하는 고정격식 在…中을 쓴 문장임을 알 수 있다. 그러므로 이 둘을 모두 해결하기 위해서는 发生 뒤에 전치사 在를 써서 发生北京的房地产法律纠纷中을 发生在北京的房地产法律纠纷中으로 바꿔야 한다.

[해석]
A 여자들이 다이어트를 하는 목적 중 60% 이상은 아름다움을 위해서이고, 10%만이 건강을 위해서이다.
B 최근 들어 이집트 등의 국가들은 유실된 문물을 되찾는 데 많은 힘을 쏟았고, 눈에 띄는 성과를 거두었다.
C 알려진 바에 따르면 최근 베이징에서 발생한 부동산 법률 분쟁에서 많은 업주들이 패소했다.
D 몇몇 미국의 사회학자들이 보기에 총기 문제는 심지어 미국의 문화적 폐단까지도 반영한다.

4　　　　　　　　　　　　　　　　　[정답] B

[풀이]
B에서 车祸는 장소명사가 아니므로 뒤에 방위사가 있어야 전치사 在 뒤에 쓰일 수 있다. 따라서 어떤 상황에 처함을 뜻하는 고정격식 在…中을 사용하여, 在一次车祸를 在一次车祸中으로

바꿔야 한다.
[해석]
A 그가 몸을 돌리자 눈가에서 눈물이 조금씩 흘러내렸다.
B 한 번의 교통사고로 다리 부상을 입은 후, 스스로 생활할 수 없게 되었다.
C 절식 다이어트는 평상시 채식위주의 식사를 하는 것인데, 어떤 사람들은 심지어 야채나 과일만 먹는다.
D 대학 시절 나는 학교에서 조금 유명했었고, 종종 TV방송국의 초청을 받았다.

5 [정답] C
[풀이]
情况이 있으므로 무조건 在…情况下를 떠올려야 한다. 따라서 在身体不舒服的情况을 在身体不舒服的情况下로 바꿔야 한다.
[해석]
A 그가 세어보니 기숙사에서 교실까지 524 걸음, 교실에서 도서관까지는 303 걸음이었다.
B 내가 작은 방에서 연극에 필요한 소품들을 다 준비하고 난 후, 사람들이 연극을 보러 들어왔다.
C 예 선생님은 몸이 편치 않은 상황에서도 위 선생님의 서문을 끝까지 써주었다.
D 그는 고등학교에 다닌 적이 없는 시골 사람인데, 학식에 대한 열등감이 그가 모든 사람을 경외하게 했다.

6 [정답] A
[풀이]
门把手는 '문 손잡이'라는 뜻이며, 사물이므로 전치사 在의 뒤에 쓰려면 뒤에 방위사를 써야 한다. 따라서 장소를 표시하는 방위사 上을 써서 当我们将手放在门把手를 当我们将手放在门把手上으로 바꿔야 한다.
[해석]
A 21세기 주택은 우리가 문 손잡이에 손을 올려놓으면 위쪽의 모니터가 바로 우리의 지문 정보를 기록한다.
B 인생의 사거리 입구인 사춘기에 접어든 많은 아이들은 전환기에 처한 경제, 사회 환경과 예기치 못하게 맞닥뜨려 갈팡질팡하게 되고, 유혹이 증가하게 된다.
C 연구에 따르면 어리광을 좋아하는 여성의 혈액 속에는 어리광을 좋아하지 않는 사람보다 호르몬 함량이 훨씬 높은 것으로 나타났다. 그녀들의 성격은 온유하고, 다른 사람을 상냥하게 대하고, 심신의 질병이 비교적 적게 발생한다.
D 일본에서 5,700명에 이르는 24세 이상의 여성들을 관찰한 결과, 반 이상의 여성들이 남편 혹은 좋은 친구에게 마음속에 있는 괴로움을 털어놓기를 좋아하며, 그녀들이 모두 건강하다는 것을 발견했다.

7 [정답] B
[풀이]
在 전치사구에서 在 뒤의 명사가 장소명사일 경우에는 뒤에 방위사를 쓰지 않아도 되지만, 보어로 쓰일 경우에는 장소명사라 할지라도 방위사를 반드시 써서 분명하게 표시를 해주어야 한다. B에서 在停车场이 보어로 쓰였으므로 뒤에 장소를 나타내는 里를 써서 把汽车停在停车场을 把汽车停在停车场里로 바꿔야 한다.
[해석]
A 잠시 후에 그가 검표를 마치고 돌아왔고, 나는 오히려 복잡한 마음으로 나갔다.
B 한 운전기사가 차를 주차장 안에 세워놓지 않았는데, 경찰에게 곧 발견되었다.
C 적은 자본으로 장사를 시작해서 후에 커튼을 취급하게 되었고, 지금은 장사를 크게 한다.
D 나는 방을 바꾸려는 계획을 어렵게 중단하고, 마치 아무 일도 없었던 것처럼 원래의 잠자리로 돌아왔다.

8 [정답] C
[풀이]
추상명사와 함께 쓰여 영역이나 측면을 나타내는 전치사구는 在…上이므로 在"味"字下功夫를 在"味"字上下功夫로 바꿔야 한다.
[해석]
A 한 친구가 처음으로 다른 주에서부터 운전을 해서 뉴욕으로 왔는데, 도시에 들어서자마자 바로 손발을 떨기 시작했다.
B 사망기준이 높아짐에 따라 그에 상응하는 사망진단의 유효한 방법이 필연적으로 요구된다.
C 쓰촨요리는 색, 향, 맛, 형태를 중시하며, '맛'이라는 글자에 공을 들이기 때문에, 맛의 종류가 다양하고 광범위하며 맛이 깊기로 유명하다.
D 어떤 이는 한 국가의 국민이 학습단계에서 1/3 이상의 시간을 영어에 쏟아 부어야 한다고 생각하는데, 완전히 쓸데없는 낭비다.

9

[정답] C

[풀이]

在의 뒤에 추상명사가 나와 있으므로 방위사가 필요함을 알 수 있다. 상태를 나타내는 전치사구는 在…中이며, 특히 气氛이 이와 호응을 한다. 在友好和睦的气氛을 在友好和睦的气氛中으로 바꿔야 한다.

[해석]

A 신용교육이 거의 평생 동안 이루어지는 일본에서는 가정에서 부모가 항상 아이에게 '거짓말을 하지 마라'라고 가르친다.

B 일본의 전철과 맥도날드 패스트푸드 점에서 교과서를 끼고 영어 공부에 몰두하는 현상은 더욱 일상생활이 되었다.

C 어떤 사람은 중국인의 성격이 차와 같아서, 사람과 사람 사이에 서로 돕고 의존하는 것을 강조하며, 우호적이고 화목한 분위기 속에서 함께 발전한다고 한다.

D 절식 다이어트를 하면 체력이 떨어지고, 운동량이 줄어들며, 영양소가 줄어들 수 있다. 장시간 하게 되면 뇌세포가 죽고 머리가 빠질 것이다.

10

[정답] C

[풀이]

在 뒤에 일반 사물명사가 나와 있으므로 뒤에 방위사가 필요하다. 상태를 나타내는 전치사구는 在…中이며, 각종 날씨와 관련된 표현이 在…中과 호응한다는 점을 기억하자. 따라서 当人们在这种大雾呼吸时를 当人们在这种大雾中呼吸时로 바꿔야 한다.

[해석]

A 그녀의 생명은 초읽기 단계에 들어갔고, 암세포는 이미 흉부 전체에 퍼졌다.

B 어머니가 언제 내 사무실 입구에 나타나실지 나는 정말 전혀 모르겠다.

C 사람들이 이러한 짙은 안개에서 호흡할 때 기관지염이나 폐렴 심지어는 암이 쉽게 유발된다.

D 한 여자아이가 급히 각막이 필요했는데, 공교롭게도 병원에 생명이 위급한 한 청년이 들어왔다.

9 품사의 오용

바로 확인 EXERCISE

POINT 1 ① P 110   **[정답] A**

[풀이]

동사 合作 뒤에는 목적어가 바로 올 수 없고, 전치사 与 / 跟 / 和 등을 이용하여 목적어를 전치사구로 이끌어낸다. 따라서 合作他를 与他合作로 바꿔야 한다.

[해석]

A 성격이 좋아서 사람들과 친하게 지내고, 다른 사람들도 그와 쉽게 협력을 한다면 이것은 그의 능력을 높인 것에 해당한다.

B 오염된 바다가 원래의 모습을 회복하려면 얼마나 걸릴까? 더 이상 폐기물을 버리지 않는다 해도 적어도 100년 이상 걸린다.

C 이곳의 어업 자원이 물을 퍼내고 고기를 잡아야 할 지경에 이르렀기 때문에, 환경 전문가들은 물고기를 방사하여 오염된 호수를 복원하려고 시도하고 있다.

D 유채씨전 혹은 목화씨전을 이용한 돼지사육을 전면적으로 확대 보급하고, 돼지사육사업 발전을 가속화하기 위해서 이 현에서는 3기 사육사기술양성반을 열었다.

POINT 1 ② P 110   **[정답] D**

[풀이]

回는 방향보어나 양사, 동사로 쓰이는 등 용법이 매우 많아서 주의해야 한다. 단음절 동사 回는 장소명사가 나올 경우 주로 목적지를 표시하는 결과보어 到와 함께 쓰이므로, 立刻回祖国를 立刻回到祖国로 바꿔야 한다.

[해석]

A 사람의 일생은 짧지만, 이 짧은 일생을 비열하게 보내기에는 너무 길다.

B 사람은 사회에 헌신해야 그 짧고 위태로운 삶의 의의를 찾을 수 있다.

C 뉴욕은 교통 정체가 심할 뿐만 아니라, 운전자도 거칠고 예의 없기로 이름 나 있다.

D 난 네가 다른 길로 멀리 가지 말고 바로 조국으로 돌아오길 진심으로 바란다.

POINT 1 ③ P 110 　　　　　　　　[정답] C

[풀이]
동사 뒤에 반드시 결과를 나타내는 보어 到가 붙어야 하는 특정 동사가 있다. 예를 들어, 认识 / 感觉 / 意识 / 预感 등이 대표적인 예이다. 그러므로 我预感这家伙를 我预感到这家伙로 바꿔야 한다.

[해석]
A 그 옷을 두손으로 움켜쥐고서, 그녀는 줄곧 눈물을 떨구지 않았지만, 결국 눈물을 왈칵 터뜨렸다.
B 이것은 운전하는 것과 같아서, 차에 앉아서 다른 사람이 운전하는 것을 보기만 해서는 영원히 배울 수 없다.
C 나는 백미러에 비친 중옌을 보고서 이 사람이 무슨 수작을 벌이려고 한다는 것을 예감했다.
D 미국의 외주(外洲)지역에는 운전자들 간에 거리를 유지하는 상호 양보가 이미 상례가 되었다.

POINT 2 ① P 113 　　　　　　　　[정답] A

[풀이]
이합동사는 자체적으로 '동사 + 명사(목적어)' 구조를 갖고 있기 때문에 다른 목적어가 또 와야 할 경우 그 뒤에 목적어가 올 수 없고 전치사구를 이용하여 동사의 앞으로 이끌어낸다. A에서 见面은 이합동사이므로 목적어를 가질 수 없으며, 전치사 跟을 써서 대상을 이끌어낸다. 따라서 见面他家人을 跟他家人见面으로 바꿔야 한다.

[해석]
A 우리는 창업에 어려움을 겪어 한 번도 귀국 기회를 갖지 못했다. 햇수를 세어보니, 올해까지 5년 동안이나 그의 가족들을 만나지 못했다.
B 미국의 이미지는 이라크 전쟁과 전 세계 금융위기로 인해 크게 훼손되어서, 오바마 역시 '미국 이미지 재건'을 기치로 내세우고 출범했다.
C 비닐 쇼핑백 사용에 대한 국가 강제 규제는 비닐봉지의 생산부터 원천적으로 규제하였으나, 완전하게 비닐봉지의 오염을 막으려면 소비자 자신부터 실천에 옮겨야 한다.
D 에이즈는 일종의 전염병으로, 그 바이러스는 성접촉 혹은 혈액, 산모와 태아 등의 경로로 전염되는데, 인체에 침투하여 병원체에 대한 면역력을 잃게 한다.

POINT 2 ② P 113 　　　　　　　　[정답] D

[풀이]
辞职는 이합동사다. 이합동사는 또 다시 목적어를 취하지 못하므로 목적어 工作를 제거하여 她辞职了工作를 她辞职了로 바꿔야 한다.

[해석]
A 눈물을 흘리고서야 이별도 또 다른 종류의 이해라는 것을 비로소 알게 된다.
B 자신을 알고, 자신을 길들이고, 자신을 변화시켜야만이 다른 사람도 변화시킬 수 있다.
C 많은 사람들은 사다리의 꼭대기까지 올라가서야 사다리가 벽에 잘못 걸쳐졌음을 발견한다.
D 그녀는 집안일을 혼자서 도맡아 한다. 어쩔 수 없이 그녀는 사직했다.

POINT 3 ① P 117 　　　　　　　　[정답] D

[풀이]
문장의 전체 술어가 없다. 愿望은 명사이기 때문에 술어가 될 수 없으므로, 비슷한 의미의 동사인 希望으로 바꿔야 한다.

[해석]
A 나는 동생의 이런 애정에 매우 감격했지만, 마음속으로 단호하게 거절했다.
B 중국에서는 많은 사람들이 자전거 문화의 소중함을 의식하지 못하고 있는 것 같다.
C 당신이 내 몸에서 가장 가치 있는 것이 무엇이냐고 묻는다면, 나는 나의 개성이라 대답할 것이다.
D 우리는 양측이 특히 전자상거래 분야에서 계속 협력을 강화할 수 있기를 희망합니다.

POINT 3 ② P 117 　　　　　　　　[정답] D

[풀이]
充足는 물질적이고 구체적인 사항을 충족시키는 것을 뜻하고, 充分은 추상적인 것이 충분함을 나타내므로, 充分으로 바꿔야 한다.

[해석]
A 이미 정해진 사실을 배척하느니, 그것을 받아들이는 것이 낫다.
B 무슨 일이든 마음속 깊이 간절하게 원한다면 결국 간단하게 변할 수 있다.
C 나 같은 여자는 항상 난제의 형식으로 감정 속에 나타난다.
D 연구 과정에서 역사 연구의 실질적 성과를 충분히 접목해야 함을 강조할 필요가 있다.

POINT 4 ① P 119 　　　　　　　　[정답] B

[풀이]
充分은 형용사이기도 하지만 명사를 수식하는 관형어로 쓰이지 않고, 술어 앞에서 부사어로 쓰이는 경우가 훨씬 많다. 특히 '충분히 역할을 발휘하다'라는 뜻의 고정격식인 充分发挥…作用을

기억해두자. 따라서 发挥其充分优势和作用을 充分发挥其优势和作用으로 고쳐야 한다.

[해석]
A 산이 높지는 않으나 매우 험준했고, 절은 산세를 따라 지어져서, 계단은 더욱 가파랐다.
B 이 문제를 해결하기 위해서는 의학회의 기능을 강화하여 장점과 역할을 충분히 발휘할 수 있도록 해야 한다.
C 내가 그녀의 방에 갔을 때, 그녀는 창백한 얼굴로 허리를 굽힌 채 배를 잡고 기침을 하면서 밤새 토했다고 말했다.
D 베이징으로 돌아와 회사의 사무를 급히 처리하고, 38세의 생일을 분주하게 보내고서는, 여행용품을 서둘러 구매했다.

POINT 4 ❷ P 119 [정답] D

[풀이]
强烈는 관형어로 명사를 수식하는 역할을 하며, 부사어로는 잘 쓰이지 않는다. 따라서 强烈地引起了反响을 引起了强烈的反响으로 바꿔야 한다.

[해석]
A 그녀는 손을 뻗었다가 또 접고, 손을 접었다가 다시 뻗었다.
B 예전에는 역사를 믿었는데, 알고 보니 역사의 반은 날조된 것이다.
C 나는 촬영기사도 아니고, 심지어 촬영 매니아도 아니라는 것을 우선 분명하게 짚고 넘어가야겠다.
D 이번 전시회에 참가한 광시족이 무대에 모습을 드러내자 열렬한 호응이 일었다.

실전 문제 EXERCISE

1 [정답] C

[풀이]
见面은 이합동사다. 뒤에 목적어가 올 수 없으므로 和나 与, 跟으로 대상을 이끌어내야 한다. 즉 初次见面老张을 初次和老张见面이라고 해야 한다.

[해석]
A 이 두 사람은 스물 예닐곱 살인데, 방금 이혼 수속을 마쳤다.
B 그는 죽기 전에 그의 가게를 한 고아에게 물려주었다.
C 라오 장을 처음 만나면, 그가 좀 무섭고 가까이 하기 어렵다고 느낄지도 모른다.
D 아내가 그와 이혼하고 아들을 데리고 가면서, 완전했던 한 가정이 순식간에 깨졌다.

2 [정답] C

[풀이]
앞 절에서 '아이들도 안다'라고 했으므로 문맥상 뒤 절에는 明白와 반대되는 糊涂가 와야 한다.

[해석]
A 다른 이가 당신을 어떤 식으로 대하길 바란다면, 당신이 다른 사람을 그렇게 대해야 한다.
B 아이는 침실에서 잠을 자고 있고, 엄마는 소파에 앉아서 야채를 고르고 있다.
C 이런 이치는 아이들도 아는데, 넌 어째 이런 것을 왜 이렇게 모르니.
D 결혼 전에는 두 눈을 부릅뜨고 보고, 결혼 후에는 한 쪽 눈을 감아라.

3 [정답] A

[풀이]
恰到好处는 일반적으로 보어로는 사용하지만 부사어로는 사용하지 않는다. 부사어로 쓸 수 있는 恰如其分으로 바꿔야 한다.

[해석]
A 외교 업무를 적절히 처리하기란 말처럼 그렇게 쉬운 일이 아니다.
B 어떠한 유혹이든 일정한 방식으로 자제가 가능하다.
C 자신의 일을 잘하면 큰 돈은 자연히 생기기 마련이다.
D 그들은 스스로 움직이는 걸 싫어하고, 돈 내고 서비스 받는 것을 더 좋아한다.

4 [정답] C

[풀이]
强은 단음절 형용사이므로 관형어로 쓰일 때 정도부사 很 / 非常 / 特别 / 较 등이 와야 하고, 强과 중심어 사이에 的를 넣어야 한다. 따라서 强的可规性을 很强的可规性으로 고쳐야 한다.

[해석]
A 메이즈는 술기운을 빌어 자신의 뜻대로 되지 않은 일들을 재잘거리며 쉴 새 없이 이야기했다.
B 스무 살 전에 믿었던 많은 것들이, 나중에는 하나 하나 믿지 않는 것으로 변해간다.
C 이 작품은 예술적 수준이 높을 뿐 아니라, 상당한 규칙성과 인식적 가치를 지니고 있다.
D 타이완 정부는 출범한 지 겨우 2년밖에 되지 않았지만, 내부에서 벌써 암투가 벌어지고 있다.

5
[정답] A

[풀이]
之间은 두 사물 사이의 간격을 나타내고 시간명사 뒤에는 쓸 수 없으므로, 시간명사 뒤에 쓸 수 있는 期间으로 바꿔야 한다.

[해석]
A 설 기간에 베이징의 시청자들이 시청할 수 있는 각종 저녁 시간대의 프로그램이 10여 개나 된다.
B 그녀의 묘비에는 건축가이자 시인이며 어머니인 린후이인이 여기에 잠들어 있다고 쓰여 있다.
C 이 결혼은 사람들에게 결혼이 얼마나 느슨한 것이며, 동시에 얼마나 견고한 것인지를 분명히 보여주었다.
D 쓰청은 굼벵이라서 한 번에 한 가지 일만 하기를 원하고, 뒤죽박죽인 집안일을 가장 못한다.

6
[정답] B

[풀이]
意识는 명사와 동사 두 가지 품사가 있는데, 동사로 쓰일 때는 직접 목적어가 따라올 수 없으며 뒤에 보어 到가 와야 한다. 따라서 编辑们意识를 编辑们意识到로 고쳐야 한다.

[해석]
A 언제부터인지는 모르겠지만, 그녀는 그들 사이의 거리를 감지했다.
B 편집자들은 이것이 사회의 보편적인 관심거리이면서 중요한 의미를 지닌 문제임을 의식했다.
C 취업 연령이 되어도 일자리를 찾지 못해서 온종일 하릴없이 돌아다닌다.
D 순식간에 나도 엄마가 되어, 엄마로서의 갖은 어려움을 직접 체험하게 되었다.

7
[정답] C

[풀이]
了不得와 不得了는 둘 다 형용사이지만, 전자는 보어로 쓸 수 없고 후자는 보어로 쓸 수 있다. 따라서 强大得了不得를 强大得不得了로 고쳐야 한다.

[해석]
A 그는 다시 빈털터리가 되어, 온종일 집에 박혀서 술로 시름을 달랬다.
B 어머니는 며칠만에 표준적인 도시 아줌마로 빠르게 변해 있었다.
C 이 사실이 보여주듯이, 사람의 생존력은 상상할 수 없고, 때로는 대단히 강하다.
D 우리는 직접 그녀의 집에 가서, 가장 완곡한 방식으로 그녀에게 유감을 표하길 바랐다.

8
[정답] A

[풀이]
略는 문어적인 표현으로 단독으로 쓰이지 않고, 一点儿 / 一些 등의 수량보어와 어울려 '略 + 형용사 + 一点儿 / 一些'의 형태나 略有로 쓰인다. 그러므로 比我略高를 比我略高一点儿로 바꿔야 한다.

[해석]
A 우리는 함께 중국에 유학을 왔고, 그의 중국어 수준은 나보다 조금 높다.
B 그날 저녁 나는 아빠에게 맞았지만, 그녀는 침실에 숨어서 아무 소리도 내지 않았다.
C 그녀는 어찌할 바를 몰라하다가, 잠시 후 나를 품에 안고는 오랫동안 아무 말도 하지 않았다.
D 최근 고고학계는 고대 로마 시대 의학이 사람들의 상상을 뛰어넘을 정도로 발달했던 것을 발견했다.

9
[정답] D

[풀이]
동사 뒤에 동태조사, 목적어와 동량보어가 모두 올 경우 '동사 + 동태조사 + 목적어 + 동량보어'의 순서가 된다. 따라서 D의 提醒了三次他를 提醒了他三次로 바꿔야 한다.

[해석]
A 당신이 친구 때문에 화가 났다면, 그와의 우정을 여전히 신경 쓰고 있다는 의미다.
B 모두들 라오 리가 남존여비 사상을 갖고 있다고 비난하자, 그는 온 힘을 다해 부인했다.
C 접수실의 자오 할아버지는 말할 때 늘 진지하면서도 끝도 없이 말한다.
D 장 비서가 세 번이나 그에게 알려주었지만, 그는 결국 참가하는 것을 잊어버렸다.

10
[정답] B

[풀이]
B에서 부사 究竟은 의문문에 쓰인다. 따라서 最终이나 终于로 바꿔야 한다.

[해석]
A 마치 가장 열악한 인품이 행운 속에서 드러나는 것처럼, 가장 아름다운 인품은 액운 속에서 드러난다.
B 어머니는 어떤 일들은 묻지 말아야 한다는 것을 아셔서, 내 마음속의 고민을 알고 계셨지만, 몇 번이나 묻기를 망설이시다가 결국 묻지 못하셨다.

C 미국에서 유구한 역사를 지닌 웨스트포인트 사관학교는 '미국 장성의 요람'이라 불리며, 규칙과 기율이 엄격하기로 세계적으로 유명하다.
D 대학 졸업 후 농촌으로 가서 마을 관리에 응시한 사람들 중 대다수는 새 농촌 환경을 구축하는 과정에서 재능을 발휘할 수 있고, 창업할 수 있고, 이상을 실현시킬 만한 효과적인 방법을 찾기를 희망하고 있다.

10 把字구

바로 확인 EXERCISE

POINT 1 **P 125**   [정답] B

[풀이]
把자구 뒤에 나오는 동사는 동태조사나 보어와 함께 쓰여야 하는데, 把路上所花的时间忘에서 동사 忘이 다른 성분 없이 단독으로 나와 있으므로 이를 把路上所花的时间忘了로 바꿔야 한다.

[해석]
A 졸업을 하고 나니, 나는 갑자기 아무것도 가진 게 없는 것 같은 느낌이 들었다.
B 우리가 포탈라 궁에 도착했을 때는 이미 해질 무렵이었고, 길에서 쓴 시간을 모두 잊어버렸다.
C 나는 옷으로 그 유리조각들을 감싸고 잘게 깨뜨려 더욱 날카롭게 만들었다.
D 그들이 격앙된 어조로 말을 마치자, 관중인 나조차도 흥분되었다.

POINT 1 **P 125**   [정답] D

[풀이]
동사 뒤에 목적어와 보어가 동시에 올 수 없으므로, 把를 써서 목적어를 동사 앞으로 끌어내고, 동사 放 뒤에 在 전치사구를 보어로 사용해야 한다. 즉, 我就放皮箱在卧室床上을 我就把皮箱放在卧室床上으로 바꿔야 한다.

[해석]
A 중국에서 박사집단이 가장 큰 곳은 고등교육기관이 아니라 관료사회다.
B 권력의 정당한 용도는 오직 하나, 바로 국민을 위해 봉사하는 것이다.
C 인생은 꼭 곳곳마다 다른 사람의 기준으로 시시때때로 자신을 평가할 필요는 없다.
D 집에 도착하자마자 나는 트렁크 가방을 침실 침대 위에 올려놓고 샤워를 했다.

POINT 2 **P 126**   [정답] D

[풀이]
让 사역문과 把자구가 함께 쓰인 D의 맨 마지막 절은 '나로 하여금 머리를 염색하게 하다'라는 뜻을 나타낸다. 그런데 이 절에는 구체적으로 머리를 염색해서 '어떻게 되었는지', 다시 말해 목적어를 구체적으로 어떻게 처치했는지를 뜻하는 문장성분이 없다. 따라서 동사를 중첩하거나, 동태조사 또는 보어를 써서 바꿔야 한다. 즉, 让我把头发染을 让我把头发染(一)染이나 让我把头发染了 또는 让我把头发染黑로 고쳐야 한다.

[해석]
A 나는 다 이겨내고 회복되었지만, 정신적인 고통이 시작되었다.
B 중국에서는 많은 사람들이 자전거 문화의 소중함을 모르고 있는 것 같다.
C 나는 비록 겉으로는 매우 겸손한 얼굴을 했지만, 속으로는 매우 의기양양했다.
D 마흔이 되기도 전에 흰머리가 여기저기 나기 시작했다. 아내가 염색약을 사오더니, 나에게 머리를 염색하라고 했다.

POINT 2 ② **P 126**   [정답] A

[풀이]
把자구 뒤의 동사 挥霍가 보어나 기타 성분 없이 단독으로 쓰였으므로 把자구를 쓸 수 없는 상황이다. 挥霍 뒤에 결과보어 掉를 붙여 挥霍掉(날려버리다)라고 해야 한다. 즉, 把钱挥霍를 把钱挥霍掉로 고쳐야 한다.

[해석]
A 돈을 헤프게 쓰느니, 난 친구에게 쓰겠다!
B 가끔 단추를 잘못 채울 때가 있는데, 반 정도를 채우고 나서야 발견하게 된다.
C 내 친구는 결혼 준비를 위해 호화 주택 한 채를 구입했다.
D 그 당시 바닷물이 턱까지 차 올랐지만, 다행히 마지막에 위험에서 벗어났다.

POINT 3 ① **P 127**   [정답] B

[풀이]
조동사 应该는 把자구 앞에 위치해야 하므로 把中国民族的代表语言应该加以发扬을 应该把中国民族的代表语言加以发

扬으로 고쳐야 한다.

[해석]
A 설령 중대한 의미를 내포하고 있지 않더라도, 매우 중요한 것이다.
B 국가의 미래를 대표하는 학생은 중국 민족의 대표 언어를 반드시 드높여야 한다.
C 인생은 10,000m 장거리 달리기다. 만일 누군가 당신을 비난한다면, 당신은 더욱 빨리 달려야 한다.
D 충칭에서 '조직폭력배 소탕' 과정 중 과로로 사망한 경찰의 가족들은 100만 위앤의 위로금을 받았다.

POINT 3 ❷ P 127 [정답] C

[풀이]
부정부사 不는 把자구의 앞에 위치해야 하므로 我一定把获得的奖状不放在办公室里를 我一定不把获得的奖状放在办公室里로 바꿔야 한다.

[해석]
A 어머니가 잠이 들고 나서야, 나는 비로소 가까운 거리에서 어머니를 자세히 볼 수 있었다.
B 최근에 열쇠를 잃어버려서 일어났던 시끄러운 사건은 다시는 일어나지 않을 것이다.
C 나는 (상장을) 오래 바라보다가 교만함이 생기지 않도록 내가 받은 상장을 결코 사무실에 두지 않을 것이다.
D 나는 의자에 멍하니 앉아, 손을 어머니의 한 손에 잡힌 채, 어머니의 침대 앞에 고개를 숙이고 있었다.

POINT 4 ❶ P 128 [정답] B

[풀이]
B의 让铁路改造高铁에서 让은 사역동사이므로 '铁路가 高铁를 改造하게 하다'라는 뜻이 되는데, 이는 문장으로 성립되지 않는다. 따라서 让을 把로 바꾸어 '铁路를 高铁로 改造하다'라는 뜻으로 만들 수 있다. 즉, 让铁路改造高铁를 把铁路改造为高铁로 바꿔야 한다.

[해석]
A 응급조치 후 아이는 생명의 위험에서 벗어났지만, 여전히 의식을 잃은 채 깨어나지 못했다.
B 왜 철도를 고속철도로 개조하지 않는 걸까? 정말 이해하기 힘들다.
C 차를 세울 때, 그는 조명을 비추어 보고는 오른쪽 앞부분 타이어에 이상한 물체가 묻어 있는 것을 발견했다.
D 도로변에서 거의 도로 절반에 걸쳐 사람이 쓰러져 있는 것을 보고 그는 급히 차를 멈춰 세웠다.

POINT 4 ❷ P 128 [정답] B

[풀이]
B의 被自己看作是地球的主人에서 看作는 주로 전치사 把와 호응하는 동사구다. 把…看作(做)…는 자주 사용되는 고정격식으로 '～을 ～로 여기다'라는 뜻이며, 看作의 作는 결과보어로 쓰인 것이다.

[해석]
A 상대방의 말을 진지하게 경청하는 것은 이야기를 나눌 때 가장 기본적인 예의다.
B 인류는 언제나 너무나 당연하게 자신을 지구의 주인으로 여기곤 한다.
C 인간이 앓을 수 있는 각종 질병 가운데 감기보다 더 흔히 볼 수 있는 것은 없다.
D 언어의 사용은 인간의 사고를 촉진시켜 대뇌를 더욱 발달시킨다.

POINT 5 ❶ P 129 [정답] C

[풀이]
作为는 把와 고정격식을 이루어 把…作为…의 형식으로 사용되는 어휘다. 그러므로 使北京作为新中国的首都를 把北京作为新中国的首都로 고쳐야 한다.

[해석]
A 해양자원에 의존하는 해양산업은 거대한 시장 전망을 가지고 있다.
B 여러 해 동안 베이징 교외관광은 줄곧 베이징 관광업에서 중요한 위치를 차지하고 있다.
C 마오쩌둥 동지는 전 국민의 의지를 대표하여, 베이징을 신중국의 수도로 결정하였다.
D 급하게 서두르는 교육방식은 반드시 어린이들의 몸과 마음에 이중의 해를 입힐 것이다.

POINT 5 ❷ P 129 [정답] A

[풀이]
作为가 힌트다. 把…作为… 고정격식을 기억하면 他用最美好目标的追求作为生命的支柱를 他把最美好目标的追求作为生命的支柱로 고쳐야 함을 바로 알 수 있다.

[해석]
A 그는 최고의 목표를 추구하는 것을 삶의 기둥으로 삼았다.
B 새벽의 적막함 속에, 어머니는 조용히 눈을 감으셨다.
C 그녀는 먼저 나를 축하해주고, 내가 채용되었다는 사실을 알려주었다.
D 마치 갑자기 한 대 맞은 것처럼 나는 전혀 반응하지 않았다.

POINT 6 ❶ P 130 [정답] C

[풀이]
C는 일반적으로 把자구를 쓰지 않는 문장이다. 따라서 여기에서는 不但可以把环境美化在家庭을 不但可以美化家庭环境으로 바꿔야 한다. '환경미화하다'라는 표현은 美化…(的)环境임을 기억해두자.

[해석]
A 어문학습은 하루 아침에 되는 것이 아니라, 많이 읽고 많이 써야 정말로 어문을 잘 배울 수 있다.
B 첫인상은 최초의 느낌이기 때문에, 신선하고 사람의 주목을 끌며 쉽게 기억된다.
C 과일나무를 심으면 집을 예쁘게 꾸밀 수 있을 뿐만 아니라, 자신의 노력으로 이룬 열매를 누릴 수 있다.
D 생명은 경주가 아니라 여행이다. 시합은 종점을 신경 쓰지만, 여행은 길가의 경치를 신경 쓴다.

POINT 6 ❷ P 130 [정답] B

[풀이]
B에서 喝는 단일 동사이면서 뒤에 기타 성분이 없으므로 把자구를 사용할 수 없다. 따라서 大家一起举杯把酒喝를 大家一起举杯喝酒로 바꿔야 한다.

[해석]
A 이때 계약을 기다리는 파트너가 전화를 걸어와, 그에게 좀 서두르라고 재촉했다.
B 연말에 함께 식사할 때는 모두 함께 잔을 들고 술을 마시며, 가족의 행복과 안녕을 기원한다.
C 군인의 아내로서 그녀는 여러 해 동안 계속 묵묵히 그의 일을 뒷바라지했다.
D 책에 대한 평론가 열 명의 칭찬은 서점 주인 한 명의 감상만 못하다.

실전 문제 EXERCISE

1 [정답] A

[풀이]
他와 整个人은 동격으로 같은 사람을 지칭하는 한 단어처럼 봐야 하므로, 差点他把整个人拖倒에서 把를 他의 앞으로 옮겨 差点把他整个人拖倒로 바꿔야 한다.

[해석]
A 갑자기 남자아이의 낚싯대가 물 속으로 무섭게 빨려들어가 하마터면 그 자신까지 끌려들어갈 뻔했다.
B 난 결코 여러분을 이끌려고 하는 것이 아닙니다. 그저 여러분과 함께 임무를 완수하려고 하는 것 뿐이죠.
C 만약 당신의 지도가 없었다면, 우리는 임무를 완수하기 어려웠을 것이고, 시기를 앞당겨 완수하는 건 더 말할 것도 없었겠죠.
D 내가 사람들을 그들이 원하는 목표를 이루도록 도울 때, 나는 좋은 지도자이다.

2 [정답] C

[풀이]
부사 然后는 把 앞에 위치해야 하므로 把它然后介绍给朋友를 然后把它介绍给朋友로 바꿔야 한다.

[해석]
A 성공은 일종의 관념이고, 부는 일종의 의무이며, 즐거움은 일종의 권력이다.
B 최근 사업에 성공한 사람들이 다시 학교로 돌아오는 경우가 적지 않지만, 대다수는 '간판을 따기' 위해서이다.
C 독서하는 이들의 즐거움 중 하나는 바로 좋은 책을 한 권 다 읽고 난 뒤 친구에게 소개해주는 데 있다.
D 그는 태어날 때부터 굶주렸고, 대다수의 중국인이 굶주린 시대를 만났다.

3 [정답] D

[풀이]
'把 + 목적어 + 동사 + 보어(기타 성분)'의 공식에 따라 동사 改造 뒤에 결과보어 成을 추가해서 我国人民把北大荒改造"北大仓"을 我国人民把北大荒改造成"北大仓"으로 바꿔야 한다.

[해석]
A 내가 아내에 대응하는 묘수는 말을 하지 않고 아랑곳하지 않는 것이다.
B 그녀는 남편이 이곳으로 와서 자신을 만나기로 한 약속을 반드시 지킬 거라 굳게 믿고 있다.
C 그의 여자친구가 베이징으로 그를 보러오기로 했기 때문에 그는 계속 이번 주말을 기다리고 있다.
D 이외에 국가의 호소에 호응하기 위해 우리 국민은 북쪽의 황무지를 '북쪽의 곡창지대'로 바꿨다.

4 [정답] B

[풀이]
把 뒤의 목적어는 임의의 것이 아닌 특정한 것이어야 한다. 따라서 把一个工厂을 把这(那)个工厂으로 바꿔야 한다.

[해석]
A 나는 음악창작의 슬럼프에 빠져서, 내가 만든 노래를 듣고

싶지도 않고, 만족스러운 작품을 만들 수도 없다.
B 우리나라가 실시하는 무폐기물 기술은 그 공장의 각종 생산기술을 과학적이고 합리적으로 배치하여 폐쇄기술을 형성했다.
C 가장 두려운 것은 하루하루 마음이 닫히고 있다는 것이다. 내 마음이 마치 달빛 아래의 외딴 섬처럼 느껴지고, 아무도 들어갈 수가 없다.
D 특히 연로하신 부모님과 함께 자신의 우울증을 극복한 이야기를 할 때, 여러 차례 그의 눈시울이 촉촉히 젖었고, 진실된 마음은 사람들을 감동시켰다.

5 [정답] C

[풀이]
문맥상 C는 처치를 나타내는 把자구가 아니라 사역문이므로 把他不同于以往的를 使他不同于以往的로 바꿔야 한다.

[해석]
A 비록 망설이기는 했지만 그녀는 수화기를 들었고, 수화기에서는 낯선 남자의 목소리가 들려왔다.
B 인터넷 중독은 한 번에 생긴 것이 아니라, 일상생활 가운데 약간의 '습관'과, '대수롭지 않게 여기는 생각'들이 쌓여서 나타난다.
C 우수한 생활 환경과 순조로운 성장 배경, 개방된 문화 환경은 그를 이전의 우상과 다르게 만들었다.
D 곧 퇴직하실 이 분은 서부지역에서 오신 대체교사로, 가난한 산골 마을에서 22년간 학생들을 가르치셨으며 30명의 대학생을 길러냈다.

6 [정답] C

[풀이]
부정부사 不와 没有는 把자 앞에 위치해야 하므로 把专利费没有를 没有把专利费로 바꿔야 한다.

[해석]
A 1976년 그는 군인이 되었고 그때부터 굶주림과 작별했다.
B 머지않아 매우 힘들고 오랜 과정이 될 테니 너는 눈물을 참아야만 한다.
C 국내에서 권리를 침해한 기업은 보통 특허비용을 전체 비용에 포함시키지 않는다.
D 남이 어떻게 말하는지 주의 깊게 들어라. 급하게 자신의 생각을 표현하려 해선 안 된다.

7 [정답] D

[풀이]
D의 앞부분이 아니라 뒷부분이 잘못되었다. '把 + 목적어 + 동사 + 보어(기타 성분)'의 공식에 따라 把东西全部拿를 把东西全部拿出来로 바꿔야 한다.

[해석]
A 나는 거의 매일 그들에게 전화를 했고, 인터넷으로 채팅도 하며, 자주 선물을 보내주기도 했다.
B 아버지께서는 여기저기 좋은 의사와 약을 찾아 다니셨고, 어디에서 우울증 치료에 관한 강의가 있다고 하면 날씨에 상관없이 몇 번이나 차를 갈아타면서 참석하셨다.
C 어머니께서는 매일 내가 어렸을 적 좋아했던 음식을 하나하나 말씀하셨고, 내가 조금이라도 반응을 보이면 바로 만들어주셨다.
D 여기자인 리우제는 그중 한 빈방으로 불려갔는데, 지배인 같아 보이는 사람이 명령투로 "가방 열고 물건 다 꺼내!"하고 말했다.

8 [정답] C

[풀이]
C에서 문맥상 '생명력이 이 도시에 주입되는 것'이며, 생명력을 불어넣는 주체는 청더우 시이므로, 생명력은 注入의 목적어가 되어야 한다. 따라서 목적어를 앞으로 처치하는 把를 사용하여 生命力注入这个地方을 把生命力注入这个地方으로 바꿔야 한다.

[해석]
A 새 집으로 이사한 지 얼마 되지 않은 어느 날, 나는 커다란 유리창을 마주한 채 컴퓨터 앞에 단정히 앉아서 열심히 타자를 치고 있었다.
B 갑자기 시끄럽게 문을 두드리는 소리가 울려 퍼졌고, 고요한 호수에 돌을 던진 것처럼 고요함과 편암함이 사라져버렸다.
C 청더우 시는 교차로 밑의 환경을 미화하기 위해 예술가들을 초청하여 심혈을 기울여 개조하도록 했고, 그곳에 생명력을 불어넣었다.
D 그는 부들부들 떨며 주머니 속에서 구겨진 담배를 꺼내 한 가치를 건네주고는, 얼굴에 진실된 웃음을 띄었다.

9 [정답] B

[풀이]
동사 分成이 힌트다. C에서 它们이 가리키는 것은 星인데, 星은 '여섯 개의 등급으로 나뉨을 당하는 대상'이므로, 문맥상 처치를 나타내는 把를 사용하여 它们分成六个等级를 把它们分成六

个等级로 바꿔야 한다.
[해석]
A 나는 부모님이 항상 참지 못하고 그들에게 통장은 어디에 두었고, 비밀번호는 몇 번이라며 후사를 당부하는 것을 보았다.
B 하늘에 별은 밝은 것도 있고 어두운 것도 있어, 고대 그리스의 천문학자는 별을 육안상 명암에 따라 6개 등급으로 나누었다.
C 어느 날 새벽에 나는 어렴풋하게 내게 말하는 소리를 들었다. "뛰어내려, 안 뛰어내리면 널 업신여길 거야."
D 나는 죽음을 생각하기 시작했고, 또한 만약 창작의 생명이 이미 끝난 것이라면 이 세상을 살아가는 것이 아무 가치가 없다고 고집스레 생각하기에 이르렀다.

10   [정답] B
[풀이]
B는 문맥상 '본인의 손에 의해 데었다'라고 하기보다는 목적어로 만들어서 '자신의 손을 데었다'라고 하는 것이 훨씬 자연스럽다. 따라서 '把 + 목적어 + 동사 + 보어(기타 성분)'의 공식에 맞춰 被自己的手烫伤了를 把自己的手烫伤了로 바꿔야 한다.
[해석]
A 만약 우리가 자신의 문제를 한 쪽에 버려놓고 다른 사람들 것을 본다면, 자신의 것을 다시 찾아오게 될 것이다.
B 그날 저녁 나는 유독 커피가 마시고 싶어 직접 물을 끓였고, 물이 너무 뜨거워 실수로 손에 화상을 입었다.
C 아이의 부모는 자신들이 도시에서 열심히 일했던 경험을 아이에게 정성껏 설명해주어서, 도시에서 일했던 모습을 아이에게 느끼게 해주려 한다는 것을 알 수 있다.
D 의무교육법의 반포는 취학 연령 아동의 수를 늘어나게 했고, 이로 인해 교사가 부족함이 드러나, 대체교사가 기본 교육을 살려내는 힘이 되었다.

11 비교문

바로 확인 EXERCISE

POINT 1 ① P 137   [정답] C
[풀이]
比자구에서는 술어로 쓰이는 형용사가 特别 / 很 / 非常 등 정도부사의 수식을 받을 수 없다. 따라서 很을 更으로 바꾸어 比阳光、蓝天、森林、溪流、温情很贵重的를 比阳光、蓝天、森林、溪流、温情更贵重的로 바꿔야 한다.
[해석]
A 귤, 사과, 바나나 등의 과일은 풍부한 비타민을 함유하고 있다.
B 오늘날에 와서도 인간은 아직 공룡이 멸종된 이유를 완전히 알지 못한다.
C 햇빛과 푸른 하늘, 숲과 계곡, 따뜻한 정보다 더 중요한 것이 있겠는가?
D 현대 사회의 교통은 한 도시 심지어 한 국가의 발전 정도를 가늠할 수 있는 중요한 기준이다.

POINT 1 ② P 137   [정답] A
[풀이]
比자구에서 정도보어를 사용할 때 得 뒤에 太를 쓸 수 없다. 따라서 低得太多를 低得多로 고쳐야 한다.
[해석]
A 관리의 품위 유지 비용은 분명 일반인보다 훨씬 적다.
B 그는 직접 요리를 해서, 사람들과 함께 자신이 하루 아침에 부자가 된 것을 축하했다.
C 내게 즐거움을 가져다 주지 않을 뿐더러, 다른 사람의 즐거움마저 빼앗아 갈 수도 있다.
D 경제 위기 속에서, 그는 마을에서 최고의 운이 좋은 사람이 되었다.

POINT 1 ③ P 137   [정답] C
[풀이]
시제와 상관없이 比자구의 부정형식은 무조건 不比다. 따라서 没有比姐姐漂亮을 不比姐姐漂亮이라고 고쳐야 한다.
[해석]
A 어느 일요일 저녁, 그들은 그의 집에서 맥주를 마셨다.
B 비오는 날, 나는 우산을 들고 좁은 길을 걷고 있었다.

C 비록 그녀는 언니보다 예쁘지는 않지만, 어렸을 때부터 똑똑하고 재주가 많았다.
D '10분의 시간'이 조금씩 모여, 한 사람의 운명의 궤적이 된다.

POINT 2 ① P 139 [정답] B

[풀이]
B에서 不会他高는 성립되지 않는 문장이다. 高를 보아 挪威人과 他의 키를 비교하고 있음을 알 수 있다. 따라서 有나 没有를 사용한 비교문을 사용하여 挪威人也不会他高를 挪威人也没有他高로 고쳐야 한다.

[해석]
A 당신은 안에 양심 없는 사람이 앉아 있다는 것을 확신하며 단정해도 된다.
B 지금 아무리 키가 큰 노르웨이인이라도 그보다 크지는 않다. 그의 조각상은 족히 10여 m나 된다.
C 진정한 교육은 항상 장거리 달리기와 같은 훈련이었지 단거리 달리기와 같은 경기는 아니었다.
D 너는 집에 가만히 앉아 전화만 기다리면서 영화 속에 나오는 이야기가 너에게도 일어날 거라고 생각해서는 안 된다.

POINT 2 ② P 139 [정답] D

[풀이]
有를 이용한 비교문은 'A + 有 + B + 这么 / 那么 / 这样 / 那样 + 비교한 결과'의 형식으로 나타냄을 기억하자! 그러므로 不会有他的反应을 不会有他那样的反应으로 고쳐야 한다.

[해석]
A 만약 오늘이 내 생의 마지막 날이라면, 나는 오늘을 가장 아름다운 날로 삼을 것이다.
B 동계올림픽 경기에서 김연아 선수의 일거수일투족은 대한민국 국민의 마음을 사로잡았다.
C 재미있는 한국 드라마 속에서 우리는 가정이 화목하고, 가족끼리 즐겁고 우애 있게 살아가는 모습을 종종 볼 수 있다.
D 너의 지금 성격으로 비춰봤을 때, 만약 어느 날 똑같은 일을 당하게 된다면 넌 아마도 그와 같은 반응을 보이지 않을 것이다.

POINT 2 ③ P 139 [정답] D

[풀이]
'A가 B만큼 ~하지 못하다'라는 표현은 'A + 不如 + B + (这么 / 那么 / 这样 / 那样) + 비교한 결과(형용사)'의 형식이라는 사실을 기억하자! 그러므로 不如人们预想的理想을 不如人们预想的那么理想으로 고쳐야 한다.

[해석]
A 한국 가정주부들 사이에는 심지어 '동서지간이 남보다 못하다'라는 말이 떠돈다.
B 여성들의 우뇌와 좌뇌의 연결관계는 남성보다 훨씬 더 긴밀하다.
C 실크로드의 개척은 동서양의 경제, 문화 등 각 분야의 교류와 협력을 대대적으로 촉진시켰다.
D 전체 3G 시장의 개열은 사람들이 생각했던 것보다 느려서, 3G 발전은 예상했던 만큼 이상적이지 못했다.

POINT 3 ① P 141 [정답] C

[풀이]
跟을 비교문에 사용하려면 뒤에 一样 / 差不多 / 相同 등 비교의 의미를 갖는 어휘를 함께 써야 하는데, 이 문장에서는 주어와 비교 대상 뒤에 그런 어휘가 나오지 않았으므로 跟을 比로 고쳐야 한다. 즉 跟任何减肥药都를 比任何减肥药都로 바꿔야 한다.

[해석]
A 라틴아메리카 지역의 여성들은 종종 마약범죄와 가정폭력의 희생자가 되곤 한다.
B 현재 중국어는 미국에서 스페인어 다음으로 많이 사용하는 제2외국어가 되었다.
C 단순 비만인 사람에게는 소식하고 운동을 많이 하는 것이 어떠한 다이어트 약보다 안전하며 훨씬 효과적이다.
D 최근 중국 젊은이들은 스타벅스에 앉아 커피를 마시고, 친구에게 문자를 보내며, 인터넷 게임을 즐긴다.

POINT 3 ② P 141 [정답] B

[풀이]
비교문의 전치사가 잘못 쓰였다. 승리 2호를 승리 1호에 비교하는데 전치사 跟으로 연결이 되어 있으나 뒤에 一样 / 相同 등의 어휘가 없으므로 比를 써야 한다. 즉 跟…复杂得多를 比…复杂得多로 바꿔야 한다.

[해석]
A TV 시청은 인간이 쉬면서 긴장을 풀고, 정보를 얻는 주요 방식이다.
B 승리 2호 시추선의 선체구조가 승리 1호보다 훨씬 더 복잡하다.
C 지난 100년간 여성 해방은 장족의 발전을 거두었다.
D 현재 전 세계 100개가 넘는 국가의 2,500여 개 학교에서 중국어 교과과정을 개설하고 있다.

POINT 4 P 142 [정답] C

[풀이]
相似가 힌트다. 相似는 전치사 跟과 함께 쓰거나 相似于의 형태로 써야 한다. 즉, 其式样比普通农舍相似를 其式样跟普通农舍相似 혹은 其式样相似于普通农舍로 바꿔야 한다.

[해석]
A 무엇이 돈을 잘 쓸줄 아는 것인지는 물론 사람마다 생각이 다르지만, 돈을 잘 쓸줄 아는 것은 사실 하나의 지혜다.
B 샤오 양은 부모와 고향을 떠난 후, 매일 저녁 몸을 뒤척이며 잠을 이루지 못했다.
C 공원의 산비탈에는 초가집이 일렬로 있는데, 그 모양은 보통 농가와 비슷하다.
D 평생학습은 개인의 노력을 강조하며, 단순히 교육 체제의 틀 아래에서 피동적으로 교육 받는 것이 아니다.

C 인류는 현대화된 생활을 시작하면서, 천연 자기장보다 훨씬 더 강한 인조 자기장을 인위적으로 많이 만들어냈다.
D 징타이란은 옌징의 8대 명물 가운데 하나로, 그 유약은 주로 남색인데다가 최초로 명대(明代) 징타이 연간에 흥성했기 때문에 징타이란이라 불린다.

실전 문제 EXERCISE

1 [정답] D

[풀이]
D에서 比较 뒤에는 비교 대상이 올 수 없다. 또 이 문장에서는 비교 대상 뒤에 来가 있으므로, 比较를 比起로 바꿔야 한다. 즉, 比较同时代的中国平民住宅来를 比起同时代的中国平民住宅来로 바꿔야 한다.

[해석]
A 농촌 인구가 도시로 이주해 가는 것은 거스를 수 없는 추세이다.
B 오로지 중국만이 모국어보다 영어를 훨씬 중시하는 나라다.
C 한국의 모든 대학교는 일반적으로 12월 하순부터 두 달간의 겨울방학이 시작된다.
D 사합원은 동시대의 중국 평민들이 살던 주택과 비교해봤을 때 훨씬 더 넓고 편안하다.

POINT 5 P 144 [정답] C

[풀이]
비교문에서 来와 호응을 하는 것은 比起밖에 없다. 따라서 比较其他的人类活动来를 比起其他的人类活动来로 고쳐야 한다.

[해석]
A 최근, '최고가 유치원' 등에 관련된 보도가 자주 나타나면서, 사람들이 한 아이를 기르는데 들어가는 경제 통장을 계산하기 시작했다.
B 한국에서 '선배'가 되는 것도 쉽지 않다. 후배들과 함께 식사할 때 보통 '선배'들은 비용을 대고 대접한다.
C 과학 활동, 특히 자연과학 활동은 다른 인류 활동과 비교해서, 그것의 가장 기본이 되는 특징이 끊임없이 발전한다는 것이다.
D 동지는 중국 음력에서 가장 중요한 절기며, 중화민족의 전통명절이기도 하다. 이 날은 북반구의 1년 중 낮이 가장 짧고, 밤이 가장 긴 하루이다.

2 [정답] B

[풀이]
比자구에서는 술어로 쓰인 형용사가 特别 / 很 / 非常 등 정도부사의 수식을 받을 수 없다. 比 대신 较가 쓰여도 마찬가지다. 따라서 价值也较白色钻石很高를 价值也较白色钻石要高로 바꿔야 한다.

[해석]
A '오타쿠'의 출현은 일본 애니메이션과 전자게임 산업의 성장과 밀접한 관계가 있다.
B 수많은 빛깔을 가진 다이아몬드에 중에 분홍색, 파란색, 붉은색은 보기 드물며, 일반 하얀색 다이아몬드보다 그 가치가 높다.
C 소위 '캥거루 족'이란 이미 성장하여 삶을 꾸려나갈 능력이 있지만 여전히 부모의 품에 안겨 살아가는 젊은이를 가리킨다.
D 소위 '자녀의 노예'란 부부가 자녀를 낳은 후 평생을 아이를 위해 희생하느라 자신의 가치를 잃어버린 삶의 상태를 가리킨다.

POINT 5 ❷ P 144 [정답] C

[풀이]
相比는 与…相比의 고정격식으로 사용된다. 하지만 C 문장에서는 与가 없고 뒤에 정도보어가 있으므로, 相比天然磁场을 比天然磁场으로 바꿔야 한다.

[해석]
A 상하이 엑스포는 엑스포 역사상 참가 규모가 가장 큰 박람회다.
B 신세대 농민들로 말하자면, 그들은 농촌으로 다시 돌아가고 싶어하지 않고, 도시의 신이민자가 되기를 갈망한다.

3   [정답] A
[풀이]
比자구에서는 술어로 쓰인 형용사가 特别 / 很 / 非常 등의 수식을 받을 수 없으므로 前面的挫折比我想象的还很多를 前面的挫折比我想象的还要多로 바꿔야 한다.
[해석]
A 앞으로 올 좌절은 내가 상상하는 것보다 훨씬 많을 거라고 나는 감히 단언한다.
B 언어의 배후는 문화이고, 문화의 배후는 힘이다.
C 훗날 나는 작가가 되었고, 내 일상생활 속 이야기들을 손수 써내려갔다.
D 감정을 억누르지 못해 눈물이 흘러내렸고, 마치 황허 강의 물결이 용솟음치는 듯한 소리가 귓가에 맴돌았다.

4   [정답] D
[풀이]
比자구에서는 술어로 쓰인 형용사가 特别 / 很 / 非常 등의 수식을 받을 수 없으므로 比别人能完成很多的工作를 比别人能完成更多的工作로 바꿔야 한다.
[해석]
A 무덥고 우중충한 오후, 나는 평소처럼 컴퓨터 전원을 켰다.
B 삶에는 수많은 뜻밖의 일들이 있는데, 나는 늘 이런 일들을 만난다. 이건 하느님의 계획이다.
C 조국의 역사는 황허 강, 창 강처럼 유구한 역사를 가지고 있으며, 오랜 시간 동안 어려움을 겪어왔다.
D 나는 네가 더 짧은 시간 내에 다른 사람보다 더 많은 일을 해낼 수 있는 능력이 있다고 생각한다.

5   [정답] C
[풀이]
落后 뒤에 반드시 于가 나와서 비교 대상을 이끌어내야 한다. 따라서 落后于国民经济的增长으로 고쳐야 한다.
[해석]
A 그녀는 그의 과거와 빚까지 포함한 그의 모든 것을 받아들였다.
B 비록 내가 이 일들을 하지 않았지만, 내가 이 일들을 책임지고 관리한다.
C 최근 중국의 주민소득 성장은 국민경제의 성장보다 훨씬 뒤떨어진다.
D 그 사람 같은 보통 화이트칼라에게 있어서, 그 돈은 적어도 그가 몇 년간 모아야 하는 수입이다.

6   [정답] C
[풀이]
与…相比의 고정격식을 기억하자. 住房、通信、电脑等相比를 与住房、通信、电脑等相比로 바꿔야 한다.
[해석]
A 이런 지난 일들을 돌이켜보면 책임을 다한 것이기도 하고, 희망을 전한 것이기도 하다.
B 겨울날, 그의 이불이 너무 얇아서 긴긴 밤 그의 무릎 밑은 항상 차가웠다.
C 주택, 통신, 컴퓨터 등과 비교했을 때, 승용차 소비라는 핫이슈에 대해 의견이 분분하다.
D 그는 조용히 열람실 한 구석에 앉아, 한 손가락으로 책상 위를 두드렸다.

7   [정답] D
[풀이]
D에서 过去任何一个历史时期는 문맥상 앞에서 다룬 5·4운동 이후의 시기에 대한 비교 대상으로 등장한 것으로, 更을 보고 앞에 比가 나와야 함을 알아야 한다. 跟은 뒤에 相似, 一样 등이 호응해야 하므로 比…更…으로 고쳐야 한다. 즉, 跟过去任何一个历史时期都更为深刻的变革를 比过去任何一个历史时期都更为深刻的变革로 바꿔야 한다.
[해석]
A 여성이 뜻밖에도 답장을 보냈는데, 편지에는 그와 친구가 되고 싶다고 했고, 게다가 편지도 참 잘 썼다.
B 나는 열차가 흔들리는 사이 언제인지도 모르게 문이 닫혔다는 것을 그제서야 발견했다.
C 퀴리 부인이 두 번째로 노벨상을 받았을 때, 노벨상위원회의 반응은 오히려 냉담했다.
D 5·4운동 전후로 중국은 과거의 어떤 역사 시기보다 더 깊은 변혁을 겪었다.

8   [정답] D
[풀이]
比자구에서는 술어로 쓰인 형용사가 特别 / 很 / 非常 등의 수식을 받을 수 없다. 그러므로 今年比往年特别盛大를 今年比往年更盛大로 고쳐야 한다.
[해석]
A 남자아이가 고등학교 3학년에 다니던 그 해 겨울, 학교에서는 갑자기 모든 3학년 학생들에게 학교에서 거주할 것을 요구했다.
B 그는 교장을 찾아가 학교 청소원이나 경비라도 좋으니 일자리를 마련해줄 것을 부탁했다.

C 이전에 내 양쪽 눈의 시력은 모두 1.5였는데, 졸업할 때는 한쪽 시력이 이미 0.6까지 떨어졌다.
D 매년 국경절이되면, 천안문 광장에서 성대한 축하행사가 열린다. 올해는 작년보다 훨씬 더 성대하다.

9 [정답] A

[풀이]
比자구는 정도부사의 수식을 받을 수 없다. 그러므로 我很不比别人差를 我不比别人差로 고쳐야 한다.

[해석]
A 나는 이 일이 매우 재미있다고 생각하며, 다른 사람보다 모자라지 않다는 걸 증명할 수 있다.
B 남성 몇 명이 듣더니, 그들의 부인도 그렇다고 쉬지 않고 말했다.
C 그들은 남자는 경청하고 싶지 않아서 그런 것이 아니라, 다만 듣기만 하면 머리에 쥐가 난다고 했다.
D 내가 열 몇 살 때, 길을 넓히기 위해 이곳의 나무를 모두 베었다.

10 [정답] C

[풀이]
比자구는 전치사구로서 술어의 앞에서 부사어 역할을 하는데, C에서 比자구가 단독으로 구를 형성하고 있고, 전체적으로 보면 이것이 뒤에 나오는 명사 电视를 수식하는 잘못된 형태를 띠고 있다. 比자구는 단독으로 구를 형성할 수 없기 때문에 이럴 경우 동사인 比起를 이용하여 비교 대상을 목적어로 이끌어내야 한다. 즉, '比起＋B(来), A…'의 형태로 바꿔야 한다.

[해석]
A 그가 태어난 후 1, 2년 간 미국에서는 '슈퍼 영웅의 대폭발' 현상이 일어났다.
B 요즘 에어컨, 냉장고 등이 심각하게 과잉생산되고 있어, 공급이 수요보다 많은 문제가 이전보다 훨씬 더 심각해졌다.
C 한 장에 수백, 수천 위앤에 달하는 음악회 티켓이나, 수십 위앤짜리 해외 대작에 비해 TV는 저렴한 문화 소비다.
D 만약 컴퓨터를 활용하여 정보를 확충하지 못하고 자신의 난제를 해결하지 못하면, 자신이 시대의 발달에 뒤쳐졌음을 머지 않아 깨닫게 될 것이다.

12 被자구

바로 확인 EXERCISE

POINT 1 ❶ P 149 [정답] A

[풀이]
A에는 명사인 乌鸦와 人们이 연결되어 있는데, 이 둘은 수식관계로 볼 수 없다. 따라서 이 둘 사이에 다른 성분이 필요한데, 뒤에 동사 认为가 있으므로 동사를 수식하는 전치사구의 부사어 용법이 필요함을 알 수 있다. 게다가 认为라는 동작은 사람만 할 수 있는 행동이므로, 乌鸦는 认为라는 동작을 당하는 대상이 된다. 따라서 전치사 被가 필요함을 알 수 있다. 즉 乌鸦人们认为를 乌鸦被人们认为로 바꿔야 한다.

[해석]
A 왜 사람들은 까마귀를 불길한 징조라고 여길까?
B 효율을 중시하는 도시에서, 인류는 종이 없는 생활을 실현했다.
C 한 달 뒤에 그는 한 학교에서 5학년 학생을 가르치는 일자리를 찾았다.
D 현재 많은 기념관들이 모두 인터넷에 홈페이지를 개설했으며, 발달된 홈페이지에는 3D 버전도 있다.

POINT 2 ❶ P 150 [정답] B

[풀이]
你的安全感과 谁가 병렬되어 있는데, 문맥상 你的安全感이 谁偷走了呢의 대상이 됨을 알 수 있다. 따라서 피동을 표시하는 '주어＋被/给＋술어＋기타 성분'의 공식에 따라 你的安全感谁偷走了呢를 你的安全感被谁偷走了呢나 你的安全感被谁给偷走了呢, 또는 你的安全感被谁给偷走了呢로 바꿔야 한다.

[해석]
A 중국에서 인터넷 채팅은 정상적인 일로 간주된다.
B 너의 안전을 누가 빼앗아 갔는지 너도 알고 싶지 않니?
C 마치 아무 일도 일어나지 않은 것처럼 라오장은 이 일을 다시는 언급하지 않았다.
D 그 후, 음력 섣달 그믐날 야간경비를 설 때, 어머니가 문 앞에 서서 별을 보고 계시는 걸 보았다.

POINT 3 ❶ P 151 [정답] D

[풀이]
D에서 '～라고 불리다'라는 표현은 称为가 아니라 被称为라고

해야 한다. 이는 고정격식이므로 평소에 암기해두자.

[해석]
A 휴대전화가 나오기 전에 사람들은 통상 약속 시간에 늦지 않았다.
B 인터넷 시대에 '나쁜 일은 천리까지 소문이 퍼진다'라는 말은 더욱 사실이 되었다.
C 이와 동시에, 인터넷 중독에 빠진 사람들이 갈수록 급증하고 있다.
D 가장 오른쪽에 있는 그림은 '하느님의 눈'이라고 불리는 3D 애니메이션이다.

POINT 4 ❶ P 152 [정답] D

[풀이]
组成은 전치사 由와 함께 고정격식 由…组成으로 많이 쓰이는 표현인데, 被와 혼용하여 출제했다. 즉 被8个字符组成的密码를 由8个字符组成的密码로 고쳐야 한다.

[해석]
A 실패감이 점점 더 무겁게 나를 뒤덮었고, 마치 씨앗처럼 내 머릿속에서 싹트기 시작했다.
B 나는 예전에 한 기술회사의 파트너였고, 일은 내 인생에서 중요한 부분이었다.
C 말을 잘 알아듣지 못하는 사람은, 종종 자신의 의견을 다른 사람에게 강요해서 어처구니 없게 만든다.
D 사용자가 쉽게 기억할 수 있기 때문에 대부분 8개 문자부호로 이루어진 비밀번호를 사용하기를 권한다.

POINT 5 ❶ P 153 [정답] B

[풀이]
欢迎은 동사를 被가 아닌 受를 쓰기 때문에 被欢迎을 受欢迎으로 바꿔야 한다.

[해석]
A 설령 그저 예약된 한 번의 면접시험일지라도, 내 미래를 좀 더 낙관적으로 생각할 수 있게 한다.
B 그녀의 여동생 왕이이는 기적처럼 수면 위로 떠올라, 광고업계가 가장 환영하는 스타가 되었다.
C 현대 과학 기술이 생활을 변화시키는 동시에 점점 더 많은 '유행성 질환'을 일으키고 있다.
D 말을 배우기 시작할 때부터, 서로 다른 국가의 아이들은 학습능력에 차이가 나타나기 시작한다.

POINT 5 ❷ P 153 [정답] D

[풀이]
D에서 '관심을 받다'라는 표현은 被关注가 아니라 受到关注, 备受关注, 被人们所关注라고 쓴다. 그러므로 被关注를 受到关注로 고쳐야 한다.

[해석]
A 어렸을 때부터 청년이 되기까지 내가 아버지와 이야기를 나눈 것은 손에 꼽는다.
B 예언의 대가들이 예언에 대한 적중률이 높은 이유는 사물의 발달 규칙을 연구하는데 뛰어나기 때문이다.
C 실험을 시작한지 이미 20년이 되었고, 〈사이언스〉 잡지에 이 실험의 초보적인 결과를 발표했다.
D 심리 전문가는 아이들이 인격이 형성되는 가장 중요한 시기에 놓여 있으며, 그들의 심리 상태는 특별히 관심 받아야 한다고 말했다.

실전 문제 EXERCISE

1 [정답] A

[풀이]
A는 문맥상 '10대 난제로 포함되었다'는 피동문으로 바꾸는 것이 더 적합하다. 따라서 让을 被로 바꿔야 한다.

[해석]
A 사막화를 막는 것은 세계 10대 난제 중 하나가 되었다.
B 따분하며 무미건조한 삶이 인간의 수명을 단축시킨다는 것은 의심할 바 없다.
C 내 아버지는 의사이며 평생 환자와 함께 하셨다.
D 나는 시계를 보았는데 또 아이를 데리러 학교에 갈 시간이 되었다.

2 [정답] D

[풀이]
为에 주의한다. D의 문맥상 任何忽视国际交流的人이 '도태될 대상'이 되어야 하며, 任何忽视国际交流的人을 도태시키려는 것은 经济大潮이므로, 피동을 나타내는 고정격식 '为(被) + (대)명사 + 所 + 두 글자 동사'의 형식에 따라 都为经济大潮淘汰를 都为经济大潮所淘汰로 바꿔야 한다.

[해석]
A 직장을 잃은 것에 대해 나는 후회와 자책을 했었다.
B 그외에도 중문 디지털시스템은 영문 디지털시스템보다 더 규칙적이다.
C 졸고 있는 퇴직한 노인들 무리 가운데서 나는 그렇게 어울

리지는 못한다.
D 이러한 조건 속에서 국제교류를 소홀히 여긴 사람들은 모두 경제라는 큰 흐름에 의해 도태된다.

3 [정답] C
[풀이]
认为라는 동작을 할 수 있는 것은 사람이고, 腊月는 认为 당하는 입장이므로, 문맥상 腊月와 동사 认为는 피동관계가 되어야 한다. 그런데, '일반적으로 사람들이 그렇게 여긴다'는 보편적인 사실을 말하고 있으므로 被 뒤에 나와야 할 동작을 행하는 주체는 생략할 수 있다. 그러므로 因为腊月认为是个吉祥的月份을 因为腊月被认为是个吉祥的月份으로 고쳐야 한다.
[해석]
A 아버지는 항상 나와 동행하셨고, 다만 아버지의 사랑은 직접적이지 않아서 드러나지 않았을 뿐, 애를 많이 쓰셨다.
B 어렸을 때 다른 아버지와 아들이 친구처럼 지내는 것을 보면 나는 부러우면서도 슬프기도 했다.
C 섣달을 상서로운 달로 여기기 때문에, 토족은 결혼식을 보통 음력 섣달에 한다.
D 장기간 한 가지 일을 하면 무료해지고, 무료함은 피곤함을 느끼게 한다.

4 [정답] A
[풀이]
문장을 읽자마자 所에 표시를 해놓는 습관을 들이자. 所가 나오면 그 앞에 被나 为가 있는지 먼저 확인한다. 문맥상 道家思想과 所注目는 피동관계이다. 道家思想은 '주목을 받는' 대상이지 '주목하는' 주체는 될 수 없기 때문이다. 그러므로 道家思想将会当代人所注目를 道家思想将会被(为)当代人所注目로 바꿔야 한다.
[해석]
A 만약 인류의 정신적 현상에 대해 말하자면, 앞으로 도가사상이 현대인의 주목을 받게 될 것이다.
B 훗날 그의 간절한 부탁에, 결국 그는 자신이 아끼고 사랑하는 일자리로 돌아왔다.
C 사람들이 그가 여전히 여기서 일하는 것을 보았을 때, 모두 놀라서 그를 향해 손을 흔들며 인사했다.
D 나는 어려서부터 요리하는 것을 배웠고, 부모님의 반대 속에서 꿋꿋하게 요리사가 되었다.

5 [정답] B
[풀이]
사역문과 피동문을 혼용했다. 感到는 동작의 주체에만 영향을 미치는 동사이다. 즉, '그에 의해서 괴로움을 느끼게 되다'가 아니라 '그가 괴로움을 느끼게 하다'라고 해야 옳은 문장이 되므로, 被他感到痛苦的를 使他感到痛苦的로 바꿔야 한다.
[해석]
A 즈징화는 따뜻한 것을 좋아하고 번식하기 쉬운 성질을 갖고 있어서, 홍콩 사람들은 '번영, 장관, 분진'의 상징으로 여긴다.
B 그는 신체적인 장애에 대해서는 아픔을 느끼지 않았다. 진정 그를 힘들게 했던 것은 고등학교를 졸업한 후 어느 회사에서도 그를 원하지 않는다는 사실이었다.
C 미모사는 조금이라도 건드리면 잎이 바로 자연스럽게 오그라든다. 잠시 바람이 불어도 이런 현상이 나타나는 것이 마치 부끄럼 타는 소녀 같다.
D 근본적으로 과학 기술의 발전, 경제의 번영, 내지는 전체 사회의 발전은 모두 노동자의 자질 향상과 대량의 적합한 인재의 배양에 의해 결정된다.

6 [정답] C
[풀이]
被자구의 수식을 받는 동사는 단독으로 쓰이지 못하고, 뒤에 반드시 보어 등의 기타 성분이 있어야 한다. 그러므로 '被 + (대)명사 + 동사 + 기타 성분(보어)'의 공식에 따라 当天就被家里的白猫吃를 当天就被家里的白猫吃掉了로 바꿔야 한다.
[해석]
A 바로 이 특별한 용기가 그것이 이렇게 오랜 시간 동안 생존하도록 했다.
B 바닷물이 물방울의 고향이듯이, 조국은 국민들의 집합체이다.
C 백두산에서 데려온 작고 하얀 쥐는 그날 바로 집에 있는 흰 고양이에게 잡아먹혔다.
D 만약 이렇게 120살까지 산다는 것에 대해 나는 전혀 매력을 느끼지 못한다.

7 [정답] D
[풀이]
D에서 被称을 被称为 또는 被称作(做)로 바꿔야 한다. 이 표현은 고정격식이므로 외워두자. D는 函授被称没有围墙的大学를 函授被称为没有围墙的大学로 바꿔야 한다.

[해석]
A 세수와 양치를 마치고, 그는 커피를 마시며 전기 프라이팬의 전원을 켜고 아침 식사를 준비했다.
B 오전 6시 30분에 그의 알람 시계는 정확하게 울렸고, 새로운 하루의 생활이 시작되었다.
C 길에 물이 고여 있으니 옆쪽으로 붙어서 조심해라, 차가 지나가면서 물이 네게 튈 수도 있으니까.
D 벽이 없는 학교라 불리는 통신대학의 교육 방식은 국가와 국민에 유익한 일이라고 말해야 한다.

8 [정답] C

[풀이]
고정격식 由…组成을 반드시 기억하자. 由…组成은 '~으로 구성하다, 구성되다'라는 뜻으로, 由는 동작의 주체를 이끌어내는 전치사다. 문장 속에 组成이 있다면 반드시 앞쪽에 由가 있는지 확인해야 한다. 위 문제는 被11个半圆形的石拱组成을 由11个半圆形的石拱组成으로 바꿔야 한다.

[해석]
A 아침 식사를 한 후, 그는 옷장 앞으로 와서 오늘의 옷차림을 계획하기 시작했다.
B 많은 사람들은 세심하지 못해서 자기 주변의 즐거움을 보아도 알지 못할 뿐이다.
C 융딩 강 위쪽의 루거우 교는, 다리의 총 길이는 265m이며, 11개의 반원 아치형 돌로 이루어져 있다.
D 생선을 구울 때 식초를 약간 넣으면 비린내를 없앨 수 있다. 어떤 요리는 식초를 넣으면 훨씬 맛이 좋아지며, 식욕을 증진시킨다.

9 [정답] D

[풀이]
고정격식 被评为를 기억하자. 그러므로 正式被评世界地质公园을 正式被评为世界地质公园으로 바꿔야 한다.

[해석]
A 맥주를 몇 잔 마신 뒤 그들은 화제를 그녀로 돌렸다.
B 미국에는 매우 유명한 예언가가 있는데, 그의 적지 않은 예언들이 적중했던 것으로 기억한다.
C 우리가 일의 목적을 돈 버는 수단으로 여기기 때문에 일이 저속한 노동으로 변질되는 것이다.
D 룽후 산은 정식으로 세계 지질공원으로 평가되어, 2007년 중국에서 유일하게 이 칭호를 얻은 명승지가 되었다.

10 [정답] A

[풀이]
被…之托는 잘못된 어휘 호응이다. '부탁을 받다'라고 할 때는 동사 受를 써서 受…之托라고 표현한다. 즉, 她被公安部门之托를 她受公安部门之托로 바꿔야 한다.

[해석]
A 미스 퍄오는 고고학을 깊이 연구하여 작은 성과를 거두었을 뿐아니라, 공안부의 부탁으로 문화재 밀수사건을 해결하는 작전에 참여했다.
B 1987년 겨울, 오랜 가난과 영양실조 그리고 다리 부상으로, 고향에서 강사로 일하던 큰형이 갑자기 위급한 병에 걸리고 말았다.
C 농노제도와 차르의 독재에 반대하기 위해, 러시아의 혁명가는 무장봉기를 일으켰는데, 이 혁명가들은 '12월 당원'이라고 불린다.
D 만약 2년 전에 이 새 학교 건물로 옮기지 않았다면, 창산초등학교는 여전히 줄넘기 하나와 고무공 하나가 살림살이의 전부인 초라한 학교였을 것이다.

新HSK
6급 독해
제2부분
키워드 해설

1 유의어

실전 문제 EXERCISE

1 [정답] D

[풀이]
첫 번째 빈칸에는 도시가 영화에 도움 주는 내용이 들어가야 하는데, 支撑과 병렬을 이룰 수 있는 의미와 품사를 가진 어휘가 들어가야 한다. 场地는 도시가 영화에 제공하는 것이므로, 도시는 场地가 나오는 출처, 원천인 셈이다. 여기서 根源과 来源의 쓰임이 다르다는 것에 주의하자. 두 번째 빈칸은 영화가 도시에 주는 도움으로, 영화의 작용으로 볼 수 있는 어휘를 찾아야 하며, 세 번째 빈칸에 적당한 어휘는 城市文化氛围와 어울릴 수 있는 和谐가 적합하다. 네 번째 빈칸에 적당한 어휘는 竞争力와 호응하는 增强이다.

[해석]
영화와 도시는 밀접한 의존관계를 갖고 있다. 도시는 영화의 경제적인 뒷받침과 장소 공급원이 되고, 영화는 도시 관광, 도시 문화 및 도시와 기업의 홍보를 촉진하는 데 아주 중요한 의미를 갖는다. 영화로 도시를 이끌면 도시의 문화기능을 강화할 수 있고, 조화로운 도시 문화 분위기를 조성하여, 도시의 지명도와 명성을 높여 도시의 종합적인 경쟁력을 강화할 수 있다.

A 근원 / 선포하다 / 평온하다 / 늘이다
B 근거 / 전달하다 / 상냥하다 / 제련하다
C 기초 / 소개하다 / 화목하다 / 보급하다
D 원천 / 홍보하다 / 조화롭다 / 증강하다

2 [정답] B

[풀이]
이 문제는 첫 번째, 두 번째 빈칸 중 하나만 맞춰도 정답을 찾을 수 있다. 첫 번째 빈칸에 적당한 어휘는 条件과 어울려야 하므로 改革, 改良, 改进은 쓸 수 없다. 두 번째 빈칸에는 '利用'과 어울리는 명사화 어휘를 찾아야 하며, 세 번째 빈칸에는 扩大를 수식하는 부사가 들어가야 하므로 持续, 不断, 逐渐을 쓸 수 있다. 마지막으로 네 번째 빈칸에는 作用과 어울리는 发挥를 쓸 수 있다.

[해석]
과학기술의 발달에 따라, 사람들은 현대과학기술을 응용하여 생산 조건을 개선하고, 자원 이용률을 높였으며, 자원의 이용 범위를 끊임없이 확대하여, 자원이 더 큰 역할을 할 수 있도록 했다.

A 개혁하다 / ~화 / 지속하다 / 발생하다
B 개선하다 / ~율 / 끊임없다 / 발휘하다
C 개량하다 / ~성 / 반복하다 / 행동하게 하다
D 개선하다 / ~도 / 점점 / 발양하다

3 [정답] A

[풀이]
이 문제는 첫 번째 빈칸만 잘 생각해도 답이 나온다. 첫 번째 빈칸에는 '과학자'들과 '모든 사람이 꿈을 꾼다'라는 것을 이어줄 술어를 찾아야 하는데, 가장 잘 어울리는 어휘가 相信임을 알 수 있다. 두 번째 빈칸에는 梦中과 어울리는 情形, 情节, 情景을 쓸 수 있으며, 네 번째 빈칸에는 大脑受到와 어울려야 하므로 损害와 伤害를 쓸 수 있다.

[해석]
꿈을 꾸지 않는 사람이 있을까? 대부분의 과학자들은 모든 사람들이 반드시 꿈을 꾼다고 믿는다. 만약 어떤 사람이 자기는 꿈을 꾸지 않거나 혹은 거의 꿈을 꾸지 않는다고 생각한다면 그것은 그들이 깨어난 후 꿈 속의 상황을 전부 잊어버렸기 때문이다. 연구에 따르면, 꿈을 꾸지 않는 수면은 질이 좋지 않을 뿐만 아니라 대뇌가 손상을 입었거나 병이 있다는 징조이기도 하다.

A 믿다 / 정황 / (품)질 / 손실을 입다
B 이해하다 / 상황 / 효율 / 해를 끼치다
C 확정하다 / 줄거리 / 효과 / 박해하다
D 반영하다 / 정경 / 품질 / 상하게 하다

4 [정답] D

[풀이]
첫 번째 빈칸에 적당한 어휘는 画工과 어울리며 '정교하다'라는 의미야 하므로 精美와 精致를 쓸 수 있다. 두 번째 빈칸에 적당한 어휘는 生动地와 어울리며 '묘사하다'라는 의미여야 하므로 描绘를 쓸 수 있다. 마지막으로 세 번째 빈칸에 적당한 어휘는 城市生活와 어울리며 '번화하다'라는 의미로 繁华를 쓸 수 있다.

[해석]
세상에 전해지는 10대 명화 중 하나인 청명상하도는 북송의 화법이 섬세한 풍속화 작품이다. 넓이는 24.8cm이고, 길이는 528.7cm로, 비단에 그린 그림이다. 이 두루마리 그림은 북송 화가 장택단이 세상에 남긴 보기 드문 우수한 작품으로 국보급 문화재이며, 현재 베이징 고궁박물관에 보존되어 있다. 작품은 긴 두루마리 형식으로, 산포투시의 구도법을 사용했으며, 생동

감 있게 12세기 중국의 변화한 도시 생활을 묘사했다.

A 정교하다 / 서술하다 / 번역하다
B 아름답다 / 묘사하다 / 단순하다
C 정교하다 / 새기거나 그리다 / 복잡하다
D 정교하고 세밀하다 / 묘사하다 / 변화하다

5 [정답] D

[풀이]
첫 번째 빈칸에는 天津剪纸가 일종의 문화이므로 兴建과 成立를 쓸 수 없다. 두 번째 빈칸에는 汲取와 병렬 가능하면서 목적어 中国传统剪纸工艺를 취할 수 있는 동사를 찾아야 한다. 传统이 나오면 동사 发扬을 꼭 기억하자. 세 번째 빈칸에는 복수의 주어가 모점(、)으로 병렬되어 있으므로 부사 都나 均이 나와야 한다. 네 번째 빈칸에 적당한 어휘는 设计와 어울리면서, '참고하다'라는 뜻이어야 하므로 借鉴이 적합하다.

[해석]
청나라 광서제 말기에 시작된 톈진의 전지공예는 그 역사가 매우 오래되었다 할 수 있으며, 그 후 중국의 전통적인 전지공예를 기반으로 발전을 거듭하여 오늘날에 이르렀다. 톈진 전지공예의 예술적 풍격과 제작방법은 무척 독특하다. 이것은 세화, 도자기, 목조 등의 디자인을 참고해 외형에 새겨진 모양을 중시하여 높은 예술적 가치를 지니고 있다.

A 공사를 시작하다 / 발휘하다 / 모두 / 도움을 청하다
B 설립하다 / 발굴하다 / 곧 / 반영하다
C 기원하다 / 발행하다 / 그밖에 / 흡수하다
D 세차게 일어나다 / 발전시키다 / 모두 / 참고로 하다

6 [정답] A

[풀이]
첫 번째 빈칸에는 주어인 喜马拉雅山脉와 中国领土의 관계를 설명해주면서, 바로 앞 절의 位于와 병렬로 연결될 수 있는 술어가 필요하다. 두 번째 빈칸에는 世界와 最高의 수식을 받을 수 있는 어휘이면서 산과 관련된 어휘를 찾아야 한다. 세 번째 빈칸에는 부사인 也와 동사인 称의 사이에 올 수 있는 어휘를 찾아야 하는데, 부사와 동사 사이에 올 수 있는 것은 부사어 밖에 없다는 것이 함정이다. 문맥상 주어인 히말라야 산맥은 称이라는 동작을 당하는 대상이므로 피동을 뜻하는 被만 올 수 있다.

[해석]
히말라야 산맥은 세계에서 해발이 가장 높다. 아시아의 중국과 네팔 사이에 위치하고, 중국 영토에 속한다. 그중 주봉인 에베레스트(초모랑마) 봉은 세계에서 해발이 가장 높은 산봉우리이며, 고도는 8844.43m이다. 동시에 히말라야 산맥은 '세계의 지붕'이라고 불린다. 현재 히말라야 산맥은 전 세계 등산가들에게 제일 매력적인 곳으로 꼽히며, 또한 가장 큰 도전이 된다.

A ~에 속하다 / 해발 / ~에 의해 ~당하다
B ~의 사이에 있다 / 고도 / ~라 할만하다
C ~에 위치하다 / 키 / (~라고) 하다, 부르다
D ~에 속하다 / 해면 / ~라 할만하다

2 어휘 호응

실전 문제 EXERCISE

1 [정답] B

[풀이]
마지막 문장을 통해 '즐거운 마음을 유지하기'에 대한 내용임을 알 수 있다. 첫 번째 빈칸에는 뒤 절에서 '다른 사람이 당신의 마음을 결정하게 하지 말라'고 한 것으로 보아 '자신이 다스리다'라는 의미가 되는 어휘가 들어가야 하며, 두 번째 빈칸에는 免疫力와 어울리면서 문맥상 '강화해야 한다'는 의미가 되어야 하므로 加强과 增强을 선택할 수 있다. 세 번째 빈칸에는 心情과 짝을 이룰 수 있는 拥有가 적합하다.

[해석]
우리는 자신의 감정을 그 누구에 의해서도 아닌 스스로 통제할 줄 알아야 한다. 또한 다른 사람의 불쾌한 기분을 감당할 수 있는 '면역력'을 길러야만 매일 즐거운 마음을 가질 수 있다.

A 지배하다 / 감소하다 / 얻다
B 통제하다 / 강화하다 / 보유하다
C 제한하다 / 증강하다 / 누리다
D 숙달하다 / 약해지다 / 충만하다

2 [정답] C

[풀이]
첫 번째 빈칸에는 渴望을 목적어로 취할 수 있는 동사가 필요하므로, 推动, 导致, 传播는 쓸 수 없고, '감정을 일으키다'는 의미의 激发을 쓸 수 있다. 두 번째 빈칸에는 부정적 의미를 나타내면서 害怕와 병렬할 수 있는 어휘가 필요하다. 세 번째 빈칸에 적당한 어휘는 承受와 어울려 부정적인 의미를 나타내어야 하므로

奇迹, 刺激는 쓸 수 없다.

[해석]
완벽주의는 좋은 점도 있고 나쁜 점도 있다. 이는 성공에 대한 우리의 갈망을 일으켜 더욱 완벽하게 해내도록 하기도 하지만, 우리를 더욱 초조하게 만들고, 실패를 두려워하게 하여, 작은 실수마저도 우리가 받아들일 수 없는 좌절이 되게 하기도 한다.

A 추진하다 / 만족하다 / 기적
B 야기하다 / 겁먹다 / 고통
C 불러일으키다 / 초조하다 / 좌절
D 전파하다 / 의심하다 / 자극

3 [정답] C

[풀이]
첫 번째 빈칸에는 劳动을 수식하는 어휘가 필요하므로, 감정을 표현하는 痛苦를 제외하고 모두 가능하다. 두 번째 빈칸에는 来不得로 과학에 있어서는 안되는 내용이 필요하다는 것을 알 수 있다. 즉 앞의 과학이 老老实实하다는 내용을 힌트로 삼아 이와 반대되는 뜻을 나타내는 虚伪, 虚假를 쓸 수 있다. 마지막으로 세 번째 빈칸에는 打破와 호응하는 约束, 拘束, 束缚를 쓸 수 있다.

[해석]
과학은 성실한 학문이다. 힘든 노동을 대가로 지불해야 하며, 거짓이 조금이라도 있어서는 안 된다. 동시에 과학은 창조와 상상을 필요로 하는데, 이래야만 전통의 구속을 타파할 수 있으며 발전할 수 있다.

A 부지런하다 / 겸손하다 / 단속하다
B 괴롭다 / 허위의 / 제한하다
C 고생스럽다 / 거짓의 / 구속하다
D 곤란하다 / 허영 / 착실하다

4 [정답] D

[풀이]
첫 번째 빈칸에는 竞争과 어울리는 술어가 필요하므로 热烈, 激化, 强烈는 쓸 수 없다. 激烈만 竞争을 수식할 수 있음을 기억해두자. 두 번째 빈칸에서는 地位와 位置의 차이를 다시 한 번 체크해보자. 세 번째 빈칸에는 在工作上长江职业学院决策者们前面을 보어로 취하는 동사를 찾아야 하는데, 앞에 언급한 상황은 누군가에 의해 물리적으로 놓인 것이 아니라 추상적으로 '그들 앞에 놓여 있는' 문제인 것이기 때문에 '놓다'라는 동작을 표하는 放이나 搁는 쓸 수 없다. 搁는 또한 '방치하다'라는 뜻이므로 의

미상 어울리지 않는다. 네 번째 빈칸에는 课题를 수식하는 어휘가 들어가야 하므로 重要, 重大가 어울린다.

[해석]
우한에는 대학교와 전문대학이 즐비하고, 경쟁이 아주 치열하다. 업무에서 어떻게 자기의 위치를 찾는 것이 창쟝직업대학의 정책결정자들 앞에 놓여 있는 중대한 과제이다.

A 열렬하다 / 지위 / 놓다 / 아주 크다
B 격화되다 / 위치 / 놓다 / 중요하다
C 강렬하다 / 위치 / 놓다 / 위대하다
D 치열하다 / 위치 / 놓다 / 중대하다

5 [정답] C

[풀이]
첫 번째 빈칸은 보기에 제시된 단어의 뜻만 정확히 안다면 쉽게 풀 수 있다. 첫 번째 빈칸의 뒤에 사람이 나타나 있으므로 목적을 도출하는 为了나 결과를 도출하는 作出는 어울리지 않고, 当作는 把…当作…의 형식으로 쓰이는 표현이므로 답이 될 수 없다. 두 번째 빈칸에는 주어 他的乐趣之一와 목적어로 쓰인 성어 置琴饮酒를 연결할 수 있는 동사가 필요한데, 의미상 둘이 동격이므로 便是가 적합하다. 便이 就와 같은 의미를 갖고 있는 부사임을 기억하자. 세 번째 빈칸에는 心境과 어울리는 동사를 찾아야 하므로 抒发가 어울린다.

[해석]
은둔시인으로서 그의 즐거움 가운데 하나는 바로 가야금을 연주하며 술을 마시는 것으로, 음악의 선율 속에서 자기가 자연으로 귀의한 심경을 토로한다.

A ~(으)로 여기다 / ~하기에 편리하다 / 일깨우다
B ~을(를) 하기 위하여 / 마음대로 / 발전하다
C ~로 삼다 / 바로 ~이다 / 토로하다
D ~을(를) 하다 / 편리하다 / 토로하다

6 [정답] D

[풀이]
첫 번째 빈칸에는 以…为…라는 고정격식을 먼저 알아봐야 한다. 따라서 以要解决的问题为…(해결해야 할 문제를 ~로 삼는)를 받을 수 있는 어휘를 찾아야 한다. 두 번째 빈칸에는 동사 调动과 호응하는 목적어를 찾아야 한다. 세 번째 빈칸에는 부사어 多多의 수식을 받으면서 讨论을 목적어로 받을 수 있는 동사를 찾아야 하는데, '토론에 참여(참가)하다'라는 뜻이 가장 어울린다. 네 번째 빈칸에는 流通과 어울리는 명사를 찾아야 한다.

[해석]
어떻게 하면 회의를 원만하게 개최할 수 있는지는 현재 많은

지도자들이 풀어야 할 과제이다. 먼저 전체 회의는 해결할 문제를 중심으로 해야 한다. 다음으로 회의를 개최할 때 지도자들은 또한 회의장의 분위기를 수시로 조절하여, 회의참가자들이 적극적으로 문제 토론에 참여하고, 정보가 잘 흐르게 해야만 문제를 잘 해결할 수 있다. 흔히 말하는 것처럼 '사람이 많으면 역량이 커진다'고 할 수 있다.

A 주제 / 분위기 / 상의하다 / 정보
B 핵심 / 일 / 협의하다 / 소식
C 중점 / 인원 / 참가하다 / 결론
D 중심 / 분위기 / 참여하다 / 정보

3 성어 成语

실전 문제 EXERCISE

1
[정답] **D**

[풀이]
첫 번째 빈칸에 주어진 보기들은 뜻이 유사해서 헷갈리기 쉽다. '부모에게 혼날 것'을 걱정하는 것이므로 목적어를 취하지 않는 担忧, 忧虑는 쓸 수 없다. 두 번째 빈칸에는 문맥에 어울리는 뜻을 가진 성어를 골라야 한다. 세 번째 빈칸에 주어진 보기들은 모두 '유지하다'라는 유사한 뜻을 가진 동사인데, 沉默와 호응하는 동사는 保持가 적합하다. 네 번째 빈칸은 접속사 反而로 보아 앞 내용과 상반된 내용의 어휘를 써야 함을 알 수 있으므로 紧张을 써야 한다.

[해석]
아이들은 잘못을 저지르면 늘 부모님께 혼날 것을 걱정하는데, 만일 자신이 생각했던 것처럼 부모가 자신을 혼내면, 아이는 오히려 '무거운 짐을 내려놓은 듯'한 느낌이 생기고, 자신이 저지른 잘못과 꾸중에 대해 아무렇지도 않게 여긴다. 반대로 부모가 침묵하면 아이는 긴장하게 되고, '마음이 편치 않아'지는 데다가, 더 나아가 자신의 잘못을 반성하기 시작한다.

A 걱정하다 / 전혀 관심이 없다 / 유지하다 / 조용하다
B 우려하다 / 성적이 변변찮다 / 견지하다 / 당황하다
C 겁내다 / 말하지 않아도 알다 / 지지하다 / 신중하다
D 염려하다 / 그렇게 여기지 않다 / 유지하다 / 긴장하다

2
[정답] **B**

[풀이]
첫 번째 빈칸에는 신체와 관련되면서 促进할 수 있는 것이 들어가야 하므로 新陈代谢가 적합하다는 것을 알 수 있다. 두 번째 빈칸에는 身体各라는 표현을 통해 신체의 각 '부분'을 가리키는 어휘가 들어가야 함을 알 수 있다. 세 번째 빈칸은 앞뒤 문맥을 살펴봐야 한다. 폐활량이 증가할 경우에 대해 얘기하고 있으므로 긍정적 효과에 대한 얘기가 나올 것임을 예상할 수 있는데, 不容易가 있으므로 원래 하고자 하는 얘기를 반대로 표현한 것임을 알 수 있다.

[해석]
가슴을 쭉 펴면 폐활량이 20% 정도 늘어나 신진대사를 촉진하는데 도움이 된다. 폐활량이 늘어나면 신체의 각 부위에 공급되는 산소량도 증가해 피로를 훨씬 덜 느끼게 된다.

A 번창하다 / 부문 / 피곤하다
B 신진대사 / 부위 / 피로하다
C 순차적으로 진행하다 / 위치 / 진정하다
D 안정된 생활을 하며 즐겁게 일하다 / 부분 / 답답하다

3
[정답] **C**

[풀이]
첫 번째 빈칸에 적합한 성어는 '누구나 다 알고 있다'는 의미의 성어가 나와야 하므로 妇孺皆知, 尽人皆知, 家喻户晓를 쓸 수 있다. 众所周知는 주로 문두에 쓴다. 두 번째 빈칸에 적합한 성어는 却를 보고 앞의 내용과 상반되는 의미가 필요함을 짐작할 수 있으므로 '의견이 분분하다'라는 뜻의 성어 众说纷纭을 쓸 수 있고, 세 번째 빈칸에 적합한 어휘는 문맥상 '~와 관련된'이라는 의미가 나와야 하므로 有关(与…有关)을 써야 한다. 마지막 네 번째 빈칸에 적합한 어휘는 '입증하다'라는 의미의 证实를 쓸 수 있다.

[해석]
여와가 돌을 녹여 하늘을 메운 신화는 누구나 다 알지만, 여와의 활동영역에 대해서는 오히려 의견이 분분하다. 산시 성 문화재 담당자는 여와 사당유적에서 문화재를 조사할 때 여와와 관련된 비석 세 개를 발견했는데, 이 비석들은 고대 서적과 서로 맞아떨어지며 여와 문화의 발원지가 산시 성 핑리 현이라는 것을 입증했다.

A 모든 사람이 알고 있다 / 의견이 일치하다 / 관련 되다 / 논증하다
B 모든 사람들이 다 알다 / 많은 사람들의 구미를 다 맞추기가 어렵다 / 상관있다 / 정정하다
C 사람마다 모두 알다 / 의론이 분분하다 / 관계있다 / 입증

하다
D 모든 사람이 다 알고 있다 / 남이 말하는 대로 따라 말하다 / 서로 연결되어 있다 / 보증하다

4 [정답] D

[풀이]
첫 번째 빈칸에는 水만 고려하면 清洁, 清晰, 透明, 清澈를 다 쓸 수 있으나 계곡의 물이 맑다고 할 때는 통상 清澈를 쓴다. 두 번째 빈칸에 적합한 성어는 '놀이에 빠져 돌아가는 것을 잊다'라는 의미여야 하므로 流连忘返을 쓸 수 있다. 세 번째 빈칸에는 九寨沟를 묘사할 수 있는 대상으로 灵魂이 가장 잘 어울린다.

[해석]
지우자이거우는 물의 천지이다. 지우자이거우의 물은 세상에서 가장 맑고 투명하다. 조용한 호수는 물론이고 쏟아져 내리는 폭포는 그 신비함이 사람을 매료시켜 돌아갈 줄 모르게 한다. 수이거우는 지우자이거우 중 가장 매력 있는 풍경이며 지우자이거우의 영혼이다.

A 깨끗하다 / 왕래가 빈번해 끊이지 않다 / 정신
B 또렷하다 / 냇물처럼 끊임없이 오가다 / 영감
C 투명하다 / 나태해지지 않고 끈기 있게 끝까지 해내다 / 심령
D 맑고 투명하다 / 놀이에 푹 빠져 돌아가는 것을 잊다 / 영혼

5 [정답] B

[풀이]
첫 번째 빈칸에는 문맥을 파악하여 적합한 성어를 넣어야 한다. 두 번째 빈칸에는 收获를 수식할 수 있는 관형어가 필요한데, 可观의 의미를 제대로 알고 있으면 바로 선택할 수 있다. 세 번째 빈칸은 앞 문장도 살펴야 한다. 앞 문장에서 다른 이들은 수확을 거두었다고 얘기를 했는데, 뒤에서 자신의 상태에 회의적인 시각을 드러내는 才, 还是 등의 부사가 있으므로 '가진 게 없다'는 것을 얘기하고 있음을 알아야 한다. 네 번째 빈칸에 적합한 어휘는 丰收로부터 파종과 관련된 어휘임을 유추할 수 있으므로 播种을 쓸 수 있다.

[해석]
포부가 큰 사람들은 티끌 모아 태산이 되는 이치를 경시하고, 그저 사람을 놀래키려고만 할 뿐, 전심전력으로 노력하지 않는다. 어느 날 자기보다 늦게 시작하고 자기보다 재능이 없는 사람이 대단한 수확을 얻는 것을 보고는 비로소 자신이 아무것도 가진 게 없다는 것을 발견한다. 그제야 하나님이 그에게 이상을 주지 않은 것이 아니라 그가 오로지 풍성한 수확을 바라고 파종은 잊고 있었다는 것을 알게 된다.

A 순풍에 돛을 달다 / 장관이다 / 일을 중도에 그만두다 / 술을 빚다
B 뜻밖에 사람을 놀라게 하다 / 대단하다 / 가진 게 아무것도 없다 / 파종하다
C 지난날과 다름없다 / 거시적 / 조리 있고 질서정연하다 / 돌보다
D 조금도 소홀히 하지 않다 / 보기 좋다 / 모든 사람이 다 알고 있다 / 기르다

6 [정답] A

[풀이]
첫 번째 빈칸에 들어갈 말로 격려를 받아야 할 사람은 어떤 사람인지 생각해봤을 때 开心은 안 된다는 것을 알 수 있다. 두 번째 빈칸에 적당한 어휘는 自信이 필요한 사람이다. 따라서 우수하거나 교만한 사람은 아닐 것이므로 优秀, 骄傲는 답에서 제거된다. 세 번째 빈칸에는 실의에 빠진 사람이 필요로 하는 어휘이면서 동정과 함께 쓸 수 있는 표현이어야 한다. 네 번째 빈칸에는 雪中送炭과 의미가 비교될 수 있는 성어가 필요하다.

[해석]
곤경에 처한 사람을 위해 힘이 되어주는 말 한마디를 하고, 실의에 빠진 사람을 위해 격려의 말 한마디를 해주고, 의혹을 가진 사람에게 일깨워주는 말 한마디를 하고, 자기비하를 하는 사람에게 자신감을 주는 말 한마디를 하고, 고통과 실의에 빠진 사람을 위해 위로와 동정의 말 한마디를 해줘야 한다. 설중송탄이 금상첨화보다 낫다.

A 풀이 죽다 / 스스로 열등하다 / 위로하다 / 금상첨화
B 슬프다 / 우수하다 / 격려하다 / 설상가상
C 즐겁다 / 거만하다 / 공격하다 / 남의 어려움을 틈타 해를 가하다
D 괴롭다 / 고민하다 / 격려하다 / 남의 좋은 일을 도와 성사시켜 주다

4 접속사 连词

실전 문제 EXERCISE

1 [정답] C

[풀이]
첫 번째 빈칸에는 工作를 목적어로 받을 수 있는 동사여야 하므

로 모두 가능하다. 두 번째 빈칸에는 동사가 필요하며, 주어인 工作에 호응할 수 있는 동사여야 하므로 명사인 需求와 주로 사람이 주어로 와야 하는 希望은 제외된다. 세 번째 빈칸은 앞 문장과 연결되어 의미를 전할 수 있는 접속사가 필요하며, 变换住处와 变换生活的城市를 보아 정도가 심화되었음을 알 수 있다. 따라서 甚至가 가장 적합하다. 마지막 네 번째 빈칸에는 앞에서 이사를 자주 한다는 설명을 했으므로 '이사하는 데 익숙하다'라는 표현이 어울린다.

[해석]
세상에는 일을 너무 좋아한 나머지 일 때문이라면 거주지나 사는 도시까지 바꾸며 아예 옮겨 다니는 것에 익숙해진 사람들이 있다.

A 원하다 / 희망하다 / 게다가 / 기다리다
B 좋아하다 / 요구하다 / 차라리 ~할지언정 / 자주
C 아주 좋아하다 / 필요하다 / 심지어 / 익숙해지다
D 추구하다 / 수요 / 게다가 / 잦다

2　　　　　　　　　　　　　　　　　　[정답] D

[풀이]
첫 번째 빈칸에 들어갈 어휘는 一方面과 另一方面으로 보아 뒤 문장과의 관계를 고려해야 한다. '선대의 화려한 업적에 탄복하다'와 '관찰 및 이론에서 착오를 발견하다'는 병렬되어 있기는 하지만 서로 배치되는 이야기이므로 그런 의미를 나타내는 어휘를 찾아야 한다. 두 번째 빈칸에는 '잘못'을 처리할 수 있는 동사가 필요하며, 加는 동사를 목적어로 취하는 동사다. 세 번째 빈칸에는 责任과 어울리면서 방향보어 起来를 취할 수 있는 동사를 골라야 한다. 네 번째 빈칸에는 编书와 병렬할 수 있는 어휘를 골라야 한다. '책을 편집하다'와 가장 많이 연결되는 어휘를 고르면 된다.

[해석]
이시진은 많은 의약책을 읽고 '본초'를 연구한 후, 한편으로는 선대 의사들의 빛나는 업적에 물론 탄복했지만, 또 한편으로는 그들이 관찰 및 이론에서 착오를 범한 게 있어서, 정리와 인증이 필요하다는 것을 발견했다. 그래서 그는 이 책임을 맡기 시작했다. 1552년부터 1578년까지 27년에 걸친 탐방과 편집하는 삶을 통해 마침내 〈본초강목〉이라는 위대한 저서를 완성했다.

A 의연히 / 파(내)다 / 책임지다 / 자문하다
B 과연 / 해석하다 / 받아들이다 / 방문하다
C 자연히 / 정비하다 / 맡다 / 여행하다
D 물론 ~하지만 / 정리하다 / 맡다 / 취재하다

3　　　　　　　　　　　　　　　　　　[정답] D

[풀이]
첫 번째 빈칸에는 뒤 절의 但과 호응하는 접속사가 필요하다. 无论은 也 / 都와, 不仅은 还(是)와, 即使는 也 / 还와, 尽管은 也 / 还是 / 但(是) / 却 등과 호응한다. 두 번째 빈칸에는 문맥에 맞는 성어를 찾아야 한다. 세 번째 빈칸에는 동사 闯入와 호응하면서 世袭의 수식을 받을 수 있는 명사가 필요하다. 보기 가운데 세습할 수 있는 것은 领地밖에 없다. 네 번째 빈칸에는 동사 有를 수식할 수 있는 부사를 찾아야 하는데, 颇有는 거의 고정적으로 쓰이는 어휘조합이므로 외워두자.

[해석]
비록 여성이 이미 여러 경기 종목에서 솜씨를 제대로 보여주었으나, 남성들의 영지로 세습되어온 잔디구장에 들어선 것은 겨우 10여 년 전이다. 다분히 마치 고대 중국의 화목란이 종군한 것처럼 아직은 대다수가 열광적으로 남자 축구를 추구하는 것처럼 뜨거운 피가 솟아오르고 스스로 자제하지 못할 정도는 아니다.

A ~을(를) 막론하고 / 전력투구하다 / 영토 / 크다
B ~뿐만 아니라 / 천지개벽 / 변방 / 극히
C 설령 ~하더라도 / 매우 침착하다 / 토양 / 최고의
D 비록(설령) ~라 하더라도 / 충분히 기량을(솜씨를) 드러내다 / 영지 / 꽤

4　　　　　　　　　　　　　　　　　　[정답] A

[풀이]
첫 번째 빈칸에는 목적어인 路途와 호응하는 동사가 와야 하므로 사물을 목적어로 취하는 丢失와 遗失는 쓸 수 없다. 두 번째 빈칸은 주어진 보기들이 접속사이므로, 그 가운데 문맥상 어울릴 만한 어휘를 찾아야 한다. 내용상으로 '어디에 갈지 모르고' 뒤에는 '무엇을 해야 할지 모른다'고 했으므로 둘 다 포괄할 수 있는 의미의 접속사를 찾아본다. 또 보기에 주어진 접속사들에 호응하는 어휘가 뒤 절에 나오는가를 찾아보는 것도 방법이다. 虽然은 但(是)이 나와야 하기 때문에 제외된다. 세 번째 빈칸에는 做什么가 연속으로 나오면서 정도가 심화되고 있는 것으로 보이지만, 같은 내용을 심층적으로 고민하는 것이기 보다는 이런저런 고민을 하고 있으므로 고민하고 있음을 강조하는 부사가 어울린다. 네 번째 빈칸에는 병렬, 나열된 마지막 사항의 앞이므로 나열을 마무리 짓는 어휘가 필요하다.

[해석]
숭고한 이상이 없는 사람은 그의 삶이 마치 길을 잃어버린 것처럼, 내일 어디로 가야 하는지 모를 뿐만 아니라 무엇을 해야 할지, 오늘 무엇을 해야 할지 조차도, 그리고 왜 이렇게 해야 하

는지 조차 분명하게 알지 못한다.

A 잃어버리다 / ~뿐만 아니라 / 설령(설사) ~하더라도 / 그리고
B 분실(상실, 유실)하다 / 비록 ~하지만(일지라도) / 더욱이 / 게다가
C 유실하다 / 왜냐하면 / 그래서 / ~과(와) 함께
D 행방불명 되다 / 만약, 만일 / 그러므로 / 게다가

D 번번히 / 구차하게 / 분명하다

5 [정답] B

[풀이]
첫 번째 빈칸은 전체 문형을 파악하면 쉽다. 是, 还是, 都 이 어휘들을 봤을 때 무조건 无论과 不管을 떠올려야 한다. 두 번째 빈칸에 적당한 어휘는 注意力不集中、头昏 등의 어휘들과 유사한 느낌의 어휘를 골라야 하므로 失眠밖에 쓸 수 없다. 세 번째 빈칸에는 앞에 나온 어휘들로 보아 病症, 症状을 쓸 수 있다. 마지막 네 번째 빈칸은 性을 붙일 수 있는 어휘를 선택해야 한다.

[해석]
심한 감정 기복, 고독감을 막론하고 이로 인해 생겨난 주의집중력 부족, 어지럼증, 불면증 등의 신경쇠약증세는 모두 대학생이 새로운 환경에 잘 적응하지 못할 때 보이는 일종의 보편적인 반응이다.

A 설령 ~라 하더라도 / 수면 / 질병 / 보급되다
B ~을(를) 막론하고 / 불면증 / 증상 / 보편적인
C ~을 막론하고 / 자다 / 특징 / 보통이다
D 설령 ~하더라도 / 잠들다 / 특징 / 보편적인

6 [정답] A

[풀이]
첫 번째 빈칸에는 出行과 호응하는 어휘를 찾아야 하므로 频率를 쓸 수 있다. 두 번째 빈칸에는 보기 가운데 빈칸의 앞뒤 내용을 병렬로 연결할 수 있는 어휘를 선택해야 하므로 加之, 而且를 쓸 수 있다. 세 번째 빈칸에는 上升과 함께 쓸 수 있는 어휘를 골라야 하므로 明显을 쓸 수 있다.

[해석]
도시교통지휘센터의 멍셴룽 주임은 두 명절이 다가오면 시민의 외출 빈도가 증가하고, 게다가 상점의 판촉 활동 및 사고 증가 등 원인들의 영향으로, 베이징의 교통량이 현저하게 늘고, 저녁 퇴근 시간 때 집중적으로 정체현상이 발생한다고 소개했다.

A 빈도 / 게다가 / 뚜렷하다
B 빈번하다 / 게다가 / 분명하다
C 효율 / 게다가 / 현저하다

5 품사

실전 문제 EXERCISE

1 [정답] A

[풀이]
첫 번째 빈칸 뒤에 나온 良药苦口利于病, 忠言逆耳利于行이 속담이라는 걸 모르는 사람은 없으므로 보기 중에서 闲话, 寓言은 해당하지 않는다. 두 번째 빈칸에는 병을 다루는 방법을 고르면 되는데, 예방이냐 치료냐가 문제가 된다. 그런데 약은 치료를 목적으로 먹으니 治疗가 더 적합하다. 세 번째 빈칸은 듣기는 싫지만 도움이 되는 말이 뭔지 생각해보면 된다. 네 번째 빈칸에는 문맥상 '다른 사람의 의견을 받아들이는 것을' '잘해야 한다'라는 의미가 가장 적합하다.

[해석]
중국에 '좋은 약은 입에는 쓰지만 병에는 이롭고, 충언은 귀에 거슬리지만 나라를 다스리는 데는 이롭다'라는 속담이 있는데, 약은 매우 쓰지만 사람의 병을 치료하는 데에는 매우 도움이 되고, 같은 뜻으로 다른 사람이 타이르는 것은 듣기 싫지만 매우 크게 도움이 된다는 뜻이다. 그래서 우리는 다른 사람의 의견을 잘 받아들일 줄 알아야 한다.

A 속담 / 치료하다 / 권하다 / ~를 잘하다
B 속담 / 예방하다 / 제시하다 / 용감하다
C 험담 / 진단하다 / 꾸짖다 / ~의 점에서 보아
D 우언 / 서둘러 구호하다 / 의심하다 / (~하기에) 쉽다

2 [정답] C

[풀이]
첫 번째 빈칸에는 行走에 어울리는 수식어를 고르면 된다. 두 번째 빈칸에는 行走하는 것을 돕는 것이므로 搀扶를 쓸 수 있다. 세 번째 빈칸에는 拐杖을 목적어로 받을 수 있는 동사를 골라야 하므로 拄만 가능하다. 네 번째 빈칸에는 '스스로 일어설 수 없다'를 수식할 수 있는 부정적 의미의 부사가 필요하다. 앞에서 이미 답이 결정되었기 때문에 편안하게 답이 문맥에 어울리는지만 확인하고 넘어가자.

[해석]
자립은 우리의 신체를 지탱해주는 골격과도 같아서, 우리가 설 수 있고 자유롭게 걸을 수 있게 해주며, 다른 사람의 부축이 필요 없게 한다. 의존하는 것은 정상인이 지팡이를 짚는 것과 같다. 비록 지팡이의 힘을 빌려 스스로를 편안하게 할 수는 있지만, 시간이 지나면 골격은 퇴화되고 우리는 영원히 혼자 일어설 수 없게 될 것이다.

A 임의의 / 동무가 되다 / 메다 / 결국
B 주동적인 / 도와주다 / ~가 ~하게 시키다 / 점차
C 자유롭다 / 부축하다 / (몸을) 지탱하다 / 영원히
D 독립하다 / 인도하다 / 두 손으로 받쳐 들다 / 시종

3 [정답] D

[풀이]
보기에 주어진 첫 번째와 마지막 빈칸은 성어다. 먼저 확인하여 옳은 의미를 찾아놓으면 문제를 풀기가 좀 쉽다. 첫 번째 빈칸에는 의미상 '힘을 내다'라는 뜻이 필요하므로 奋发图强이 가장 적합하다. 두 번째 빈칸에는 事业를 세는 양사가 필요하므로 番이 가장 적합하다. 세 번째 빈칸에는 意志力와 어울리는 어휘를 찾아야 하므로 薄弱가 적합하며, 마지막 네 번째 빈칸에는 앞 빈칸을 채워 읽어보면 의미상 一事无成이 가장 적합하다.

[해석]
의지가 강한 사람은 어려운 환경 속에서 분발하여 일을 이루어낸다. 의지가 약한 사람은 어려움에 부딪혔을 때 위축되어 앞으로 나가지 못해 결국 한 가지의 일도 이루지 못한다.

A 개과천선하다 / 회 / 취약하다 / 일을 중도에 그만두다
B 더욱더 발전시키다 / 번 / 연약하다 / 성적이 별로다
C 온갖 방법을 다 생각하다 / 벌 / 허약하다 / 옥에도 티가 있다
D 분발(열심히 노력)하다 / 회 / 박약하다 / 한 가지 일도 이루지 못하다

4 [정답] A

[풀이]
첫 번째 빈칸에는 在…条件을 보고 바로 下를 선택해야 한다. 두 번째 빈칸에는 问题를 수식할 수 있으면서 의미상 어울리는 어휘를 찾아야 하는데, 前所未有가 가장 적합하다. 여기까지만 풀어도 답은 나왔다. 세 번째 빈칸에는 矛盾과 어울리는 어휘를 찾아야 한다. 네 번째 빈칸에는 机遇와 병렬을 이루며 병존해야 하므로 상관되는 의미를 찾으면 된다.

[해석]
지금 세상이 변화무쌍하게 변화하는 조건 아래서, 현대 중국의 개혁개방과 현대화 건설의 위대한 변화 속에서 고·중급 국가 공무원은 많은 중요한 과제와 맞닥뜨렸고, 수많은 미증유의 문제들과 복잡한 갈등을 해결해야 한다. 압력과 동력이 함께하며 도전과 기회가 병존한다.

A 아래 / 이전에 있었던 적이 없다 / 해결하다 / 도전하다
B 가운데 / 근원 없는 물 / 해석하다 / 전투하다
C 속에 / 아무것도 가진 게 없다 / 해제하다 / 전쟁하다
D 위에 / 끝없이 나타나다 / 극복하다 / 전력을 다해 분투하다

5 [정답] B

[풀이]
첫 번째 빈칸에는 주어진 보기들이 모두 장소를 이끌어내는 전치사와 동사들이지만, 뒤의 내용 가운데 '카이로 국립극장에서'라는 표현이 있으므로 '도착하다'라는 의미를 가진 동사가 필요하다는 것을 알 수 있다. 보기에서 到와 赴를 쓸 수 있으나 빈도는 赴가 더 높다. 두 번째 빈칸에는 音乐会에 어울리는 술어를 찾아야 하는데, 공연에는 举行이 적합하다. 세 번째 빈칸에는 동사 属를 수식하는 부사가 필요하다.

[해석]
저장민악단이 유럽 4개국에서의 8회 공연을 원만하게 마친 뒤 곧 북아프리카의 고대문명국 이집트로 가서 2월 9일 저녁 카이로 국립극장에서 중국신년민족음악회를 개최하는데, 중국민악이 아프리카국가의 무대에 오른 것은 아직 처음이다.

A 도달하다 / 진행하다 / 아직
B 가다 / 개최하다 / 아직
C 가다 / 진행하다 / ~도
D ~로부터 / 개최하다 / 또

6 [정답] A

[풀이]
첫 번째 빈칸에는 走에 쓸 수 있는 방향보어를 찾아야 하는데, 전치사 从이 앞에 있으므로 동작의 방향이 밖으로 향해야 함을 알 수 있다. 따라서 방향보어는 出来가 적합하다. 두 번째 빈칸에는 兴趣를 목적어로 취할 수 있는 동사가 필요하며, '취미를 갖다, 기르다'라고 할 때는 培养을 쓴다. 세 번째 빈칸에는 앞쪽에 나온 어휘들로 인해 자칫 B나 D로 생각할 수도 있다. 그러나 내용을 잘 생각해보면 마지막에는 '아이들의 건강'을 생각하고 있음을 알 수 있으며, 增强과 어울리는 목적어는 보기 가운데 体质가 가장 적합하다.

[해석]
현대 가정의 젊은 부모는 TV 문화에서 벗어나고, 전자게임기로부터 아이들을 해방시켜야 한다. 조건이 허락하면 아이들을 방

과 후 체육학과가 진행하는 만능훈련 혹은 전문훈련에 참가시킬 수 있다. 또한 아이들을 데리고 헬스클럽에 가서 몸을 단련하는 것도 괜찮다. 휴일엔 반드시 시간을 내어 아이들과 함께 집을 나와 자연 속에서 돌아다니면서 감상하며, 아이들의 취미를 길러주고 아이들의 의지력을 단련시키고 아이들의 체력을 증강시켜야 한다.

A 나오다 / 기르다 / 체력
B 들어가다 / 교육하다 / 소질
C 나가다 / 양육하다 / 건강
D 나오다 / 양성하다 / 소양

6 어의 语义

실전 문제 EXERCISE

1 [정답] B

[풀이]
첫 번째 빈칸에는 各种事实和可能性을 목적어로 취할 수 있는 동사를 찾아야 하며, 考察, 考验, 思考는 적절하지 않다. 두 번째 빈칸의 어휘는 后果를 미리 예측할 수 있다는 의미의 동사가 필요하므로 네 가지를 다 쓸 수 있다. 세 번째 빈칸의 어휘는 见诸行动(행동하다)을 수식할 수 있는 어휘를 써야 한다.

[해석]
중학생과 비교하면 고등학생은 어떤 일을 판단하거나 결정하기 전에 사실이나 가능성을 고려하는 경우가 더 많고, 일어날 수 있는 여러 가지 가능한 결과를 예측하려 하며, 또 일단 결정을 내린 후에는 신속하게 행동으로 옮긴다.

A 고찰하다 / 예측하다 / 분명하다
B 고려하다 / 예측하다 / 빠르다
C 시험하다 / 예견하다 / 충분하다
D 사고하다 / 예측하다 / 현저하다

2 [정답] A

[풀이]
첫 번째 빈칸에는 独具의 수식을 받을 수 있고, 光影世界를 수식할 수 있는 어휘가 들어가야 한다. 문맥상 力量, 特色, 见解는 쓸 수 없다. 두 번째 빈칸에는 娱乐와 함께 得到의 목적어가 되어야 하며 문맥상 '사람을 느슨하게 한다'라는 의미가 되어야 하므로 趣味와 休息는 쓸 수가 없다. 마지막 세 번째 빈칸에는 목적어 特点의 술어가 필요하며, 문맥상 '깨닫다' 또는 '체험하다'라는 의미가 어울린다.

[해석]
영화의 가장 큰 재미는 무엇보다 빛과 그림자의 독특한 매력이 있는 세계를 만들어낸다는 데 있다. 이를 통해 사람들은 편안함과 즐거움을 얻게 되고 더욱이 깨닫고 돌이켜 볼 수 있으며, '영화는 인생의 축소판'이라는 특징을 충분히 체험하게 된다.

A 매력 / 느슨하게 하다 / 체득(하다)
B 역량 / 홀가분하다 / 이해하다
C 특색 / 취미 / 의식(하다)
D 견해 / 휴식하다 / 반응(하다)

3 [정답] C

[풀이]
첫 번째 빈칸에는 그림과 관련된 용어 가운데 喜鹊登梅와 동격이 될 수 있는 어휘를 골라야 한다. 두 번째 빈칸에 들어갈 어휘는 뒤에 나오는 것이 오작교에 관한 이야기이므로, 故事나 传说가 적합하다. 세 번째 빈칸에는 방향보어 起와 목적어 鹊桥를 취할 수 있는 동사를 찾아야 한다. 네 번째 빈칸에는 빈칸의 앞뒤 문장을 적당한 관계로 연결해줄 수 있는 접속사가 필요한데, 견우와 직녀의 이야기가 남녀 간의 사랑 이야기의 상징이 되었다고 했으니 인과 관계가 적합하다.

[해석]
예로부터 까치는 사람들에게 많은 사랑을 받고 있는 새로서, 행운과 복을 상징한다. 매화나무에 앉은 까치는 중국 그림에서 무척 흔히 볼 수 있는 소재로, 중국 전통 시가나 대련(對聯)에 자주 등장하곤 한다. 또 중국의 민간전설에는 매년 칠월칠석 인간 세상의 모든 까치가 은하수로 날아가 오작교를 만들어 헤어진 견우와 직녀를 재회하게 했다고 전해지는데, 이 때문에 중국 문화에서는 오작교가 남녀간의 인연을 상징하는 경우가 많다.

A 작품 / 프로그램 / (다리를) 놓다 / 그래서
B 주제 / 이야기 / 연결하다 / 결론적으로
C 소재 / 전설 / (다리를) 놓다 / 그렇기 때문에
D 재료 / 풍속 / 조직하다 / 그래서

4 [정답] A

[풀이]
첫 번째 빈칸에는 주어 品种을 취할 수 있는 술어가 필요하므로 丰满은 쓸 수 없다. 두 번째 빈칸에는 목적어 美誉를 취할 수 있

는 술어가 필요하므로 形成과 达到는 쓸 수 없다. 세 번째 빈칸에는 목적어 青睐의 술어가 필요하므로 赢得만 가능하다. 네 번째 빈칸에는 发出의 목적어가 되어야 하므로 네 가지를 다 쓸 수 있으나, 문맥상 赞叹이 가장 어울린다.

[해석]
쓰촨 음식은 그 맛과 종류가 다양해 '100가지 음식 맛이 모두 다르다'는 명성을 갖고 있다. 쓰촨 음식의 이러한 독특한 특징은 국내외에서도 많은 사랑을 받아 사람들이 '요리는 중국에서, 맛은 쓰촨에서'라고 감탄하게끔 한다.

A 풍부하다 / 향유하다 / 얻다 / 찬탄하다
B 다양하다 / 갖추고 있다 / 모집하다 / 찬상하다
C 아주 많다 / 형성되다 / 끌어들이다 / 찬양하다
D 풍만하다 / 달성하다 / 조성하다 / 찬미하다

5 [정답] A

[풀이]
첫 번째 빈칸에는 自学와 어울려야 하므로 学历, 阶段, 课程은 쓸 수 없다. 두 번째 빈칸과 세 번째 빈칸에 들어갈 어휘는 앞뒤 문맥으로 파악해야 하기 때문에 고르기 쉽지 않다. 두 번째 빈칸은 분석의 내용이라고 볼 수 없으니 分析이 될 수 없고, 思考도 적합하지 않다. 세 번째 빈칸이 있는 문장은 只要… 구문으로, 조건을 제시하는 부분이다. 즉 '~하기만 하면 위로 올라간다'고 했으니, 문맥상으로 '노력하다'라는 어휘가 가장 적합하다. 네 번째 빈칸은 전치사 朝를 감안할 때 方向이 가장 적합하다.

[해석]
군대에서의 독학 경험이 없었더라면 훗날 세상에 이름을 떨친 얼위에허도 존재하지 않았을 것이다. 그는 스무 살에 인생의 밑바닥까지 떨어졌다가 불혹의 나이에 다시 인생의 정점에 올랐다. 공부할 때를 훌쩍 넘긴 유급생에서 유명한 작가가 되기까지 마치 조금은 우연인 듯한 우여곡절이 있었다. 그러나 얼위에허는 그렇게 생각하지 않았다. 그는 "인생은 큰 솥과 같아서 솥의 밑바닥까지 떨어졌다 해도 노력만 하면 어떤 방향으로든 위로 떠오를 수 있게 된다."라고 말했다.

A 경험 / 이해하다 / 노력하다 / 방향
B 학력 / 분석하다 / 응원하다 / 분야
C 단계 / 생각하다 / 지불하다 / 목표
D 교과목 / 사고하다 / 등반하다 / 범위

6 [정답] B

[풀이]
앞 문장에서 喜悦的时候에 관해서 물었으니, 첫 번째 빈칸에는 喜悦와 반대되는 어휘가 적합하다. 두 번째 빈칸에는 与朋友와 어울리는 어휘를 찾아야 한다. 친구 사이를 설명하는데 가장 좋은 어휘는 相处. 세 번째 빈칸은 距离와 어울리는 어휘여야 하므로 保持를 쓸 수 있다.

[해석]
집에서는 부모에 의지하고, 밖에서는 친구에 의지한다는 중국 속담이 있다. 밖에서 떠돌며 경험을 쌓는 동안, 당신이 기쁠 때 누가 생각나겠는가? 당신이 슬플 때 누가 생각나겠는가? 당연히 친구일 것이다. 그러나 친구와 어떻게 어울릴 것인지는 일종의 학문이다. 만약 친구 사이에 관계가 너무 가까우면 종종 마찰이 생기고, 너무 멀면 서로 소원해지곤 한다. 따라서 친구 사이에 적절한 거리를 유지하는 것이야말로 현명한 사람의 처세 방식이다.

A 유쾌하다 / 교류하다 / 견지하다
B 근심으로 비통해하다 / 함께 살다 / 유지하다
C 몹시 슬퍼하다 / 함께 살다 / 포기하다
D 즐겁다 / 교제하다 / 보존하다

新HSK
6급 독해
모의고사

해설

모의고사(독해) 제1회

제1부분

51 [정답] D

[풀이]
D에서 独到, 深刻는 병렬을 나타내는 접속사를 사용해야 하므로 他的见解独到而深刻로 바꿔야 한다.

[해석]
A 그날, 운전기사는 대로에서 자동차 사고가 난 것을 보았고, 시간을 지체할까봐 다른 길로 돌아갔다.
B 갈 수 있는 길이 있다는 것은 내가 가는 길이 옳고, 마땅히 이 길을 따라가야 한다는 것을 나타낸다.
C 잘 못 알아듣는 사람은 항상 자기의 의견을 굳이 다른 사람의 머릿속에 집어넣으려고 해서 이러지도 저러지도 못하게 한다.
D 그의 견해는 독창적이고 강력하며, 항상 많은 대학교에 초대를 받아 강연을 해서 학생들에게 인기가 많다.

52 [정답] B

[풀이]
相比는 전치사 与와 함께 써야 한다. 美国的其他城市相比를 与美国的其他城市相比로 고쳐야 한다.

[해석]
A 다른 사람이 말하는 것을 경청하는 것은 내 입장에서는 지식, 경험을 얻는 것이고, 사상을 깨우치는 기회이다.
B 미국의 다른 도시들과 비교할 때, 수도인 워싱턴은 면적이 크다고 볼 수 없고 인구도 많은 편이 아니다.
C 이 때문에 그는 오락 프로그램에서 비범한 재능을 가진 아이들을 보고는 두 눈에서 빛이 날 정도로 부러워했다.
D 사실 내가 성년이 된 이후 근무한 날 가운데 사무실에 나가지 않은 날이 하루도 없다.

53 [정답] C

[풀이]
방향보어가 잘못 쓰였다. 走进来를 走过去로 바꿔야 한다.

[해석]
A 한 은행은 광고회사에 너무 독특하고 독창적인 광고를 해달라고 요구했다.
B 예전에는 토요일 아침에 나는 항상 그들을 데리고 공원에 가는 것을 좋아했다. 그것은 우리가 함께 할 수 있는 특별한 시간이었다.
C 중국의 대다수 사람들의 인생은 갈림길을 만났을 때 선택의 여지없이 그저 계속 걸어갈 뿐이다.
D 우리가 함께 그 눈길 위를 헤매고 있을 때 아무도 자신이 없었으며, 오로지 희미하게 희망을 품고 있었다.

54 [정답] D

[풀이]
丝毫는 주로 부정문에 쓰이며, 不는 丝毫의 앞이 아니라 동사의 앞에 써야 하는데, 也와 나란히 나올 경우 그 뒤에 써야 한다. 따라서 我们不丝毫也介意를 我们丝毫也不介意로 바꿔야 한다.

[해석]
A 사회는 마치 배와 같아서, 사람들은 모두 배의 키를 잡을 준비를 해야 한다.
B 인간은 정신의 성장이라는 한 가지 일을 부여받았다.
C 공명정대는 반드시 거짓말을 하고 거짓 증언을 하는 사람들을 쓰러뜨릴 것이다.
D 그들은 축구를 정말 잘한다. 우리는 다시 그들과 같은 조가 되어도 전혀 개의치 않는다.

55 [정답] A

[풀이]
农业生产은 장소가 아니므로 在 전치사구를 쓸 때 분야를 뜻하는 在…方面을 써야 한다. 따라서 在农业生产을 在农业生产方面으로 바꿔야 한다.

[해석]
A 농업생산분야에서, 화학비료, 농약, 제초제, 성장호르몬과 인공 사료첨가제를 적게 쓰거나 혹은 사용하지 않는다.
B 현실 상황은 대다수 사람들이 자기가 정말 좋아하고 그렇게 노력할 만한 일을 하지 못한다.
C 서화 감정은 하나의 종합과학으로, 감정사에게는 매우 전반적인 학식과 높은 예술적 조예가 요구된다.
D 나는 비록 그와 단 한 번 만난 인연이지만, 그로부터 그의 학식과 인품을 포함해 많은 것을 배웠다.

56 [정답] D

[풀이]
부사는 일반적으로 명사 앞에 쓰이지 못한다. D에서 부사 更이 명사 亲和力 앞에 쓰였으므로 그 사이에 동사를 넣어야 한다. 따라서 会使你显得更亲和力를 会使你显得更有亲和力로 바꿔야 한다.

[해석]
A 여러 번 물어보면 도착할 수 있다는 것은, 앞으로 비교적 복잡한 갈림길이 몇 차례 더 나타날 것이라는 뜻이다.
B 한 번은 신문기자 한 사람이 노점상인을 취재했는데, 대화

가 텔레비전으로 현장 생중계되었다.
C 이 두 문장은 정말 어느 곳에 놓아도 꼭 들어맞는 이야기다. 다시 말해 5천 년이 지났어도 틀리지 않는다.
D 진실하고 선량한 미소는 당신을 더욱 매력적으로 만들어 친화력이 있어 보이게 한다.

57 [정답] B

[풀이]
B에서는 '~에게 있어서'라는 뜻으로 입장을 설명하는 표현인 对于…来说가 어울린다. 따라서 对于学生을 对于学生来说로 고쳐야 한다.

[해석]
A 이 보고서는 많은 사실을 열거하여, 인간이 자연을 파괴하고, 동물을 학살하는 내용을 폭로했다.
B 학생에게 휴대전화는 소통 도구일 뿐만 아니라 여름방학을 풍요롭게 해줄 중요한 수단 가운데 하나다.
C 한 사람의 도덕 수준은 인격의 형성, 완전함, 완성에 아주 중요한 작용을 한다.
D 어린아이가 정확한 금전관을 세우도록 도울 수 있는가는 그들이 올바른 인생관을 형성할 수 있는지 여부의 관건이 된다.

58 [정답] B

[풀이]
B는 말하는 사람의 관점을 강조하는 是…的 구문이 되어야 하므로, 是困难的로 고쳐야 한다.

[해석]
A 나는 그네의 흔들리는 리듬에 빠져서 아이들이 태양을 향해 올랐다가 다시 내 쪽으로 날아오는 것을 바라보고 있다.
B 대부분의 아이들에게 시간과 양을 엄격히 지키라는 것은 어려운 일이며, 때로는 불가능하다고 할 수 있다.
C 주말에는 여러 직장동료들이 한데 어울려 야외소풍을 갔다. 모두 각자 자신 있는 요리를 만들어 남편과 아이들을 데리고 가서 야외 식사를 했다.
D 열두 살이 된 여자아이는 곁에 있는 남동생과 여동생을 위해 게살을 바르고 새우 껍질을 벗기고, 국을 뜨고 입을 닦는 등 즐겁게 분주했다.

59 [정답] C

[풀이]
见解와 어울리는 술어는 发表다. 따라서 发出를 发表로 바꿔야 한다.

[해석]
A 아이도 너무 철이 들어서 만화책도 보지 않고, 전지반도 탈퇴하고, 주말 늦잠도 버려서, 마치 지친 새처럼 되었다.
B 많은 사람들도 어떻게 하면 더욱 많은 시간을 얻을 수 있는지 안다. 그것은 업무량을 줄이는 것이다. 그러나 이것은 시간만 얻는 것일 뿐, 돈은 벌지 못한다.
C 자오쉬는 〈홍루몽〉에 대해 깊은 견해를 보여주었고 문학비평과 창작에 종사하는 그 문학가를 이에 크게 감탄하고, 스스로 부끄러워하게 했다.
D 남자아이 둘 중 한 명은 수학 천재이고, 한 명은 영어의 고수인데, 동시에 접시 안에 있는 찹쌀과자 한 덩이를 집고서 누구도 손을 놓으려 하지 않았고, 더욱이 나누려고 하지도 않았다.

60 [정답] B

[풀이]
全新的态度、面貌는 去迎接의 주어가 될 수 없다. 따라서 전치사 以를 넣어서 全新的态度、面貌去迎接를 以全新的态度、面貌去迎接로 고쳐야 한다.

[해석]
A 그녀의 반에는 총 50명이 있는데, 시험을 볼 때마다 내 딸은 항상 석차가 23등이다.
B 새해가 곧 다가온다. 새로운 태도와 모습으로 새로운 1년을 맞이하기를 희망한다.
C 결혼에 실패하는 대부분의 이유는 상대방의 수고를 알지 못하고, 상대방이 치른 댓가를 체험하지 못하기 때문이다.
D 〈삼자경〉은 남송으로부터 이미 700년의 역사를 갖고 있어, 모든 사람이 알고 있으며 사람들에 의해 널리 회자되고 있다고 할 수 있다.

제 2 부분

61 [정답] B

[풀이]
첫 번째 빈칸에는 才智平庸과 也不是因为를 보고 运气가 가장 적합함을 알 수 있다. 두 번째 빈칸에는 心态를 수식할 수 있는 어휘가 필요한데, 문맥상 健康을 써야 한다. 세 번째 빈칸에는 终点线과 문맥을 고려하면 成功을 써야 한다. 네 번째 빈칸에는 접속사 与其와 호응하는 접속사를 골라야 하므로 不如를 써야 한다.

[해석]
사람들이 실패하는 것은 재능이 평범하거나 운이 나빠서가 아니라, 건강한 마음가짐을 유지하지 못해서 성공의 종착점에 다다르지 못하는 경우가 대부분이다. 이것은 다른 사람과의 경쟁

에서 패배했다기보다는 성숙하지 못한 자신의 마음가짐에 진 것이라고 말하는 것이 낫다.

A 능력 / 좋다 / 권력 / 그렇다면
B 운 / 건강하다 / 성공 / ~만 못하다
C 감정 / 유쾌하다 / 승리 / 하지만
D 배경 / 자연스럽다 / 운명 / 혹은

62   [정답] C

[풀이]
첫 번째 빈칸은 就가 힌트다. 就와 함께 쓸 수 있는 것은 无疑이고, 문맥상으로도 '의심할 여지가 없다'는 의미가 적합하다. 두 번째 빈칸에는 大师로 보아 수양하여 경지에 이르렀다는 의미가 되어야 하므로 修养을 쓸 수 있다. 세 번째 빈칸에는 菜 및 文化와 함께 쓰일 수 있는 어휘여야 하므로 内涵을 쓸 수 있다.

[해석]
중국 음식은 색·향·맛을 중시하는데, 여기에 좋은 이름까지 있으면 분명히 더욱 완벽해질 것이다. 그래서 수준 있는 요리 대가는 자신이 창조한 새 요리에 이름을 붙여 문화적인 의미를 특히 강조한다.

A 아마도 / 개성 / 소양
B 어쩐지 / 장래성 / 의의
C 의심할 여지 없다 / 교양 / 의미
D 예측하다 / 교양 / 내용

63   [정답] A

[풀이]
첫 번째 빈칸에는 室内环境的净化와 植物的表面 사이에 있을 만한 관계를 유추해야 한다. 두 번째 빈칸에는 影响의 목적어이면서 净化와 어울리는 어휘여야 하므로 效果가 가장 적합하다. 세 번째 빈칸에는 '적합하다, 적당하다'라는 뜻을 가진 어휘가 필요하므로 合适를 쓸 수 있다.

[해석]
식물의 실내환경 정화작용은 식물의 표면적과 직접적인 관련이 있기 때문에 그 식물체의 키나 관의 크기, 잎의 크기는 모두 정화효과에 영향을 미친다. 보통 10m² 정도 크기의 방에는 1.5m 높이의 식물 화분 두 개를 놓는 것이 적당하다.

A 직접적이다 / 효과 / 적당하다
B 민감하다 / 성과 / 합리적이다
C 좋다 / 결과 / 이상적이다
D 복잡하다 / 결과 / 정상적이다

64   [정답] A

[풀이]
첫 번째 빈칸에는 不是很好의 앞에 쓸 수 있는 부사어가 필요하다. 빈칸 앞쪽의 내용으로 미루어 보아 通常이 적합하다. 두 번째 빈칸에는 严谨과 어울리는 어휘로 放松밖에 없다. 세 번째 빈칸에는 작품이라는 의미여야 하므로 作品과 著作를 쓸 수 있다. 네 번째 빈칸에는 뒤의 내용을 고려했을 때 '모호하다'라는 의미여야 하므로 含糊를 쓸 수 있다.

[해석]
'교문작자(咬文嚼字)'는 때로는 나쁜 버릇을 가리키기 때문에, 이 성어의 속뜻은 보통 부정적이다. 하지만 우리가 글을 읽거나 쓸 때 결코 글자 하나 소홀히 할 수 없을 만큼 엄격해질 필요가 있다. 문학작품은 글의 힘을 빌려 생각과 감정을 표현하기 때문에, 글이 모호하면 생각이나 감정 역시 불확실하고 쓸데없어 보이기 때문이다.

A 보통의 / 느슨하게 하다 / 작품 / 모호하다
B 특히 / 용서하다 / 저작 / 불일치하다
C 우연히 / 포기하다 / 이론 / 모순되다
D 항상 / 간과하다 / 제재 / 잘못되다

65   [정답] A

[풀이]
첫 번째 빈칸에는 传统节日를 참고하면 풍습이라는 의미여야 하므로 习俗와 风俗를 쓸 수 있다. 두 번째 빈칸에는 机会를 목적어로 취할 수 있는 동사가 필요하므로 提供를 쓸 수 있다. 세 번째 빈칸에는 活动과 어울리는 어휘여야 하므로 自由를 써야 한다. 네 번째 빈칸에는 期间으로부터 时机라는 것을 유추할 수 있다.

[해석]
정월 대보름은 중국의 전통명절로 대부분 지역의 풍속이 비슷하다. 고대 '정월 대보름 연등회'는 미혼남녀가 서로 알 수 있는 기회를 제공했다. 당시에는 젊은 여자가 자유롭게 밖에서 활동할 수 없었지만 명절을 지낼 때는 함께 나와 놀 수 있었다. 정월 대보름에 화등을 감상하는 시간이 바로 청춘남녀가 사랑하는 사람과 만날 수 있는 기회였다.

A 습속 / 제공하다 / 자유롭다 / 기회
B 풍속 / 제조하다 / 스스로 원하다 / 핑계
C 법칙 / 창조하다 / 통쾌하다 / 기회
D 흥미 / 만회하다 / 홀로 / 거리

66
[정답] B

[풀이]
첫 번째 빈칸에는 项目를 수식할 수 있는 어휘여야 하므로 表演을 쓸 수 있다. 두 번째 빈칸에는 完美의 수식을 받고, 앞의 游泳、舞蹈和音乐가 모두 싱크로나이즈드스위밍의 요소들이므로 이것들이 结合되어야 한다는 것을 유추할 수 있다. 세 번째 빈칸에서 运动을 수식할 수 있는 것은 优美, 优雅, 华丽 등이 있지만 '수중발레'라는 이름에는 优雅가 가장 적합하다. 네 번째 빈칸에는 力量과 병렬할 수 있는 운동의 요소가 들어가야 한다. 모든 스포츠가 바로 힘과 '기술'의 조화를 필요로 하기 때문에 技巧를 쉽게 떠올릴 수 있을 것이다. 마지막 다섯 번째 빈칸에는 운동과 관련해서 '훈련'이라는 어휘가 되어야 하므로 训练이 답이 된다.

[해석]
여자 스포츠 종목인 싱크로나이즈드스위밍은 원래는 수영 경기 도중 쉬는 시간에 공연하던 항목이었다. 수영, 무용, 음악을 완벽히 결합한 종목으로 '수중발레'라고도 한다. 싱크로나이즈드스위밍은 예술성이 강하고 우아한 스포츠이지만, 힘과 기술 그리고 오랜 기간의 훈련을 필요로 한다.

A 경기하다 / 협동하다 / 아름답다 / 속도 / 배양
B 공연하다 / 결합하다 / 우아하다 / 기교 / 훈련
C 공연하다 / 연합하다 / 정교하다 / 기능 / 양성
D 즐겁게 하다 / 조합하다 / 화려하다 / 재주 / 단련

67
[정답] A

[풀이]
첫 번째 빈칸에는 打哈欠是人类的一种本能行为라는 표현과 빈칸 앞의 非에 주의해서 의미를 생각해야 한다. 본능적인 행위는 자기 의지적인 행위가 아니므로 主观이 가장 적합하다. 두 번째 빈칸에는 因素와 뒤 절의 引起와 호응을 이룰 수 있는 어휘를 선택해야 한다. 세 번째 빈칸에는 引起와 哈欠中枢로부터 兴奋을 써야 함을 알 수 있다. 네 번째 빈칸에는 指令과 호응하는 동사를 골라야 한다. 다섯 번째 빈칸에는 앞에 제시된 과정을 통해 하품이 생겨난다는 의미이므로 诞生을 써야 한다.

[해석]
하품은 인류의 본능적인 행위로서 주관적 의지로는 통제할 수 없다. 피로, 졸음 등 요소에 자극을 받아 관련 호르몬이 대량으로 분비되면 '하품 중추'가 흥분되어 인체 근육에 '명령'을 하고, 이와 관련된 근육이 '명령'에 따라 움직이면서 하품이 생기게 된다.

A 주관적이다 / 자극 / 흥분하다 / 따르다 / 탄생하다
B 객관적이다 / 습격 / 이상하다 / 채택하다 / 생기다
C 자신 / 방해하다 / 즐겁다 / 관철하다 / 발생하다
D 자아 / 귀찮다 / 흥분하다 / 복종하다 / 출생하다

68
[정답] C

[풀이]
첫 번째 빈칸에는 专心致志와 어울리는 어휘여야 하므로 精益求精을 쓸 수 있다. 두 번째 빈칸에는 时代精神과 어울리는 어휘를 골라야 하므로 表现을 쓸 수 있다. 세 번째 빈칸에는 목적어 文艺事业가 술어 带 앞에 있는 것을 참고하여 把를 쓸 수 있다.

[해석]
전국작가협회의 주석은 중국작가협회 전국위원회 연설에서 많은 문화예술 종사자들이 자신의 역사적 책임과 숭고한 사명을 확실히 인식하고, 전심전력하고, 완벽을 추구하며, 수많은 인민이 일군 공적에 대한 장려한 시를 쓰고, 시대정신을 표현한 길이 남을 작품을 다듬어, 생기와 활력이 가득하고 건전하게 발전하는 예술사업을 가지고 21세기로 들어갈 진심으로 바란다고 말했다.

A 정교하고 세밀하게 만들다 / 표현하다 / ~하게 하다
B 분수에 맞다 / 표명하다 / ~하게 하다
C 더 뛰어나게 하려고 공을 들이다 / 표현하다 / ~을
D 부지런하고 성실하다 / 나타내다 / ~에게 ~당하다

69
[정답] A

[풀이]
첫 번째 빈칸은 我가 주어이고, 一切都变了가 목적어가 된다. 一切都变了를 목적어로 취할 수 있으면서 의미가 어울리는 것은 发觉다. 두 번째 빈칸에는 宽阔와 병렬할 수 있으면서 街道를 묘사할 수 있는 어휘가 필요하며, 이 조건에 부합하는 어휘로 笔直가 있다. 세 번째 빈칸에는 人群을 수식할 수 있는 표현을 골라야 하므로 五彩缤纷을 쓸 수 있다. 네 번째 빈칸은 보기로 보아 '사라지다'라는 뜻이어야 하며, 사물이 사라졌을 때는 消失를 쓸 수 있다. 消灭는 '소멸되다'라는 의미로 消失와는 좀 다르다.

[해석]
첫 겨울방학에 베이징에서 고향 구이저우로 돌아왔을 때, 어릴 적 기억을 더듬어보고는 모든 것이 변했다는 사실을 깨달았다. 넓은 길이 쭉 뻗어 있고, 높은 빌딩이 숲을 이루고 있으며, 사람들은 다채로웠다. '평평한 길이 3리를 넘지 않고, 사람은 돈 세 푼이 없다'는 말과 함께 장씨 할아버지의 등롱도 사라졌다.

A 깨닫다 / 곧다 / 색깔이 다채롭다 / 사라지다
B 발견하다 / 수직이다 / 각양각색이다 / 소멸하다
C 깨닫다 / 가늘고 길다 / 아름답고 다채롭다 / 제거하다
D 발생하다 / 솔직하다 / 색채가 다양하다 / 소모하다

70 [정답] B

[풀이]
첫 번째 빈칸에서 在此와 호응할 수 있는 어휘는 期间이다. 두 번째 빈칸에는 적당한 접속사를 넣어야 하는데, 앞 절 统治者相继施行一系列缓和民族矛盾、阶级矛盾이 뒤 절 维护统一的多民族国家的政治、经济措施의 원인이 되므로 由于를 쓸 수 있다. 세 번째 빈칸에는 安心生产을 목적어로 받을 수 있는 동사를 찾아야 한다. 네 번째 빈칸에는 앞의 원인들로 인해 뒤 절의 결과를 얻었으므로 순접의 접속사가 필요하며, 从而가 가장 적합하다. 다섯 번째 빈칸에는 恢复에 붙을 수 있는 방향보어를 찾아야 한다. 원상태로 돌아온다는 의미를 나타내는 방향보어로 过来를 쓸 수 있다.

[해석]
이 기간 동안 통치자는 일련의 민족갈등, 계급갈등을 완화하고 통일된 다민족국가의 정치와 경제를 보호하는 조치를 연이어 실시하고, 장기간의 사회안정을 보장하여 노동인민이 안심하고 생산에 참여할 수 있었기 때문에, 사회경제는 명말 청초 전쟁의 상처로부터 빠르게 회복되었다.

A 중간 / 왜냐하면 / 얻다 / 지금까지 / 나오다
B 기간 / ~때문에 / ~할 수 있다 / 따라서 / 돌아오다
C 시기 / 따라서 / ~을 가하다 / 이로부터 / 시작하다
D 단계 / 그래서 / ~하게 하다 / 하지만 / 올라가다

모의고사(독해) 제 2 회

제 1 부분

51 [정답] B

[풀이]
B에서 동사 产生은 전치사 由를 이용하여 동작행위를 하는 주체를 표시한다. 그러므로 被36个国内外建筑设计单位产生的를 由36个国内外建筑设计单位产生的로 바꿔야 한다.

[해석]
A 기업에서의 경쟁상 분투는 40년 혹은 50년 동안 지속되어 당신이 퇴직되었을 때 당신은 이미 늙었고, 그때는 당신이 이미 평생의 시간을 바친 것이다.
B 혁명박물관 내에 진열되어 있는 36개 국내외 건축설계회사가 만든 44개의 설계 경쟁방안은 사람들에게 그것이 탄생한 서광을 보게 했다.
C 그들은 이렇게 막대한 대가를 치렀기에 더욱 많은 수확을 얻을 수 있기를 꿈꾸지만, 결과적으로 오히려 계속해서 치르는 대가가 자기가 바라는 보답을 받을 수 없다는 것을 알게 된다.
D 아마도 그들 앞쪽의 자리로 밀치고 갈 수 있겠지만, 그들은 일생의 시간 동안 전부 죽을 힘을 다해 노력하여 자기의 스케줄을 다른 사람의 손 안에서 장악하게 할 것이다.

52 [정답] B

[풀이]
B에서 把자구가 쓰였는데, 구의 맨 끝에 동사가 기타 성분 없이 단독으로 쓰였으므로 틀렸다. 의미상 방향보어 起来가 가장 어울리므로 把机械、化工、生态、生物技术结合를 把机械、化工、生态、生物技术结合起来로 바꿔야 한다.

[해석]
A 베이징 올림픽위원회는 기자회견을 열어 제1회 올림픽 가요 모집 이벤트 개최를 선포했다.
B 기계, 화학공업, 생태, 생물기술을 결합하여 개발과 생산이 지속 가능하도록 표준과 법규를 제정했다.
C 나는 이 답변과 이 문제에 대한 조사 처리가 모두 일종의 무책임한 태도를 보였다고 생각한다.
D 오직 대항적인 훈련을 강화해야만 중국 축구가 비로소 세계를 향해 나아갈 수 있다. 그렇지 않으면 아시아조차도 벗어나지 못할 것이다.

53 [정답] D

[풀이]
努力도 부사어의 수식을 받을 수는 있으나 真切地와 호응하는 관계는 아니다. 真切地는 感受到와 호응하는 어휘이므로 그 앞으로 옮겨야 한다.

[해석]
A 현재 어민 스스로 어민의 생활과 생산의 관리를 책임질 행정조장을 선출했다.
B 많은 사람들이 모두 동의했다고 해서 올바른 것이라고 볼 수 없고, 진리는 종종 소수인의 손안에 쥐어져 있다.
C 단성위원회의 일련의 관심과 사랑의 활동으로 남아 있는 아이들은 대가족의 따스함을 느꼈다.
D 졸업장을 받기 위해서 대학생들은 노력하는 와중에 분명히 어려움을 겪을 것이다.

54 [정답] D

[풀이]
이합동사는 '목적어 + 也 + 동사 + 不好(~도 잘 못하다)'라는 뜻의 강조문을 만들 수 있다. 따라서 也睡不好觉를 觉也睡不好로 바꿔야 한다.

[해석]
A 국가대표팀에 20여 년의 교육 경험이 있는 우수한 농구 코치가 왔다.
B 신중국 건설사업에 있어서 그들은 숨어 있는 무궁한 역량을 발휘하고 있다.
C '인터넷 중독 증후군'은 현재 새로운 정신병으로 떠올랐고 사회의 관심을 받고 있다.
D 그런 불행한 일이 일어났다는 소식을 듣고, 그는 상심에 빠진 나머지 밥도 못 먹고, 잠도 제대로 못 잤다.

55 [정답] D

[풀이]
시간을 나타내는 전치사구는 在…中이므로 在北京上大学的四年上을 在北京上大学的四年中으로 바꿔야 한다.

[해석]
A 담배 밀수는 대단히 창궐하여 우리나라 세관은 이미 담배 밀수 퇴치를 주요 업무로 삼았다.
B 인터넷의 유혹은 현대인들이 거절하지 못하게 하지만, 비싼 인터넷 소비는 인터넷 매니아들을 아주 가슴 아프게 한다.
C '당시 삼백 수를 숙독하면 시를 짓지는 못해도 시를 읊을 수는 있다'이 말은 시를 쓰는 데 적용되고, 문장을 만드는 데도 적용된다.
D 그는 천성적으로 똑똑하고 게다가 아주 열심히 공부해 베이징에서 대학교를 다니던 4년 동안 한 번도 만리장성에 가본 적이 없다.

56 [정답] A

[풀이]
A에서 丝毫는 부정문에 쓰이는 부사이며, 문맥상 과거시제가 어울리므로 술어 影响 앞에 没有를 써야 한다.

[해석]
A 그녀는 음악, 미술, 철학, 인류학에 관심이 많고, 락밴드에게 가사를 써주기도 하는데 이렇게 취미가 다양하지만 공부에 털끝만큼도 영향을 미치지 않았다.
B 중국 인민이 마르크스주의를 받아들이고 난 후부터 중국의 혁명은 마오쩌둥 동지의 지도 아래 오직 승리를 향해 나아갔다.
C 선생이 차분하게 말하는 데, 비록 그의 음성과 웃음 띤 얼굴은 변화가 없지만, 눈가의 주름이 최근 몇 년 동안의 어려움과 유쾌하지 않았음을 암시하는 듯했다.
D 최근에 또 전면적인 품질검사운동이 시작되었다. 이 운동을 하는 도중에 기술관리제도를 구축하고 개선하는 등 일련의 업무를 완성해야 한다.

57 [정답] D

[풀이]
D에서 经济的发展은 문맥상 이 문장의 주어이므로 전치사 随着를 빼야 한다.

[해석]
A 그들은 가이드 아가씨의 안내에 따라 병마용 사이를 걸으니 감개무량했다.
B 회원 가족은 입장권 외에 가족 배지가 있어야 하며, 둘 중 하나가 없으면 입장할 수 없다.
C 나토가 유고연방에 대해 무차별 폭격을 감행한 것은 국제 관계사상 스스로 무덤 파는 선례를 보여준 것이다.
D 경제 발전 및 생활 수준의 향상은 사람들이 미래 생활에 대해 희망을 갖도록 했다.

58 [정답] A

[풀이]
A의 造成了很大的损失严重에서 严重이 불필요하게 추가 되었으므로 严重을 삭제하면 된다.

[해석]
A 태풍은 연해 주민의 생활에 큰 손실을 입혔다.
B 우리나라 대학생 규모가 매우 빠르게 증가하면서, 취업난 문제도 점점 더 두드러지고 있다.
C 정돈하고 나서 장내외의 질서가 확실히 좋아졌으며, 관중이 출입할 때 더는 혼잡하지 않았다.
D 중국화는 기본적으로 인물화, 산수화, 화조화 등의 세 종류로 분류할 수 있다.

59 [정답] D

[풀이]
문맥에 어울리지 않는 부사를 썼다. 공식적인 자리에서 양국의 관계 발전을 기원하는데 확신 없다는 의미가 있는 也许를 사용하는 건 문맥에 어울리지 않는다. 따라서 也许会得到更大的发展을 확신에 차보이도록 一定会得到更大的发展으로 바꿔야 한다.

[해석]
A 영웅의 자질은 매일 열심히 공부하는 가운데 점점 배양되는 것이라는 것을 누가 또 부정할 수 있을까?
B 만약 어떤 문장 속의 사상에 문제가 있다면, 설령 글이 매우 훌륭하다고 해도 동의할 수 없는 것이다.
C 본 방송국은 오늘 정오에 국가안전생산위원회의 주임이 안전생산 문제에 대한 TV연설을 방송할 것이다.
D 나는 평화공존 5개 원칙의 토대 위에 중국과 이란의 우호

협력관계가 아마 더욱 발전될 것으로 믿는다.

60 [정답] A

[풀이]
'숨을 들이마시다'라고 할 때는 提上来를 쓴다. 따라서 气总是提不进来를 气总是提不上来로 바꿔야 한다.

[해석]
A (이런 느낌이 든 지가) 벌써 한두 달 되었다. 좀처럼 숨을 들이마실 수가 없고, 산소가 충분하지 않은 느낌이다. 특히 식사시간에 그렇다.
B 역경에 직면했을 때 물 흐르는 데로 놓아둘 것인가, 아니면 힘차게 투쟁해야 할까? 강자는 환경을 지배할 줄 알지만, 약자는 종종 환경에 통제를 받는다.
C 어떤 꽃은 봄에 무성하게 피고 어떤 꽃은 여름에 만발한다. 오직 매화는 추운 겨울에 피어나 서리와 눈을 견디고 향기를 내뿜는다.
D 통계에 따르면 일찍이 2007년부터 한국의 이혼율은 매우 높은 수준으로, 세계에서 미국에 버금가는 나라가 되었다.

제 2 부분

61 [정답] D

[풀이]
첫 번째 빈칸에는 外와 어울려야 하므로 除와 除了를 쓸 수 있다. 두 번째 빈칸에는 '포함한다'는 의미여야 하므로 包括를 쓸 수 있다. 세 번째 빈칸에는 '신비롭다'라는 의미의 성어여야 하므로 神秘莫测를 쓸 수 있다. 네 번째 빈칸에는 수량이 아주 많다는 의미가 필요하므로 数以千计를 쓸 수 있다.

[해석]
태양계의 구성원에는 태양 외에 지구를 포함한 9개의 행성, 달 같은 수십 개의 위성, 신비로운 혜성, 수천 개의 소행성, 셀 수 없는 유성과 다양한 행성간 물질 등이 있다.

A ~제외하고 / 포함하다 / 변화무쌍하다 / 번영하다
B ~은 말할 것도 없고 / 함유하다 / 끝없이 나오다 / 끊임없이 계속해서 잇따라 오다
C 제외하다 / 보유하다 / 맞지 않아서 어울리지 못하다 / 엉망진창이다
D ~은 외에 / 포함하다 / 신비롭다 / 수천을 헤아리다

62 [정답] B

[풀이]
첫 번째 빈칸에는 标准과 어울리면서 发生의 목적어로 쓸 수 있는 어휘가 필요하므로 变化가 적합하다. 두 번째 빈칸에는 주어진 보기로 보아 '선택하다'라는 뜻의 어휘를 고르는 것인데, 女性을 선택할 때는 选择를 사용한다. 세 번째 빈칸에는 人生을 수식할 수 있는 어휘가 필요한데, 人生의 어려움을 표현할 때 风雨를 자주 쓴다.

[해석]
조사 결과에 따르면 요즘 남자들의 배우자를 선택하는 기준이 크게 변한 것으로 나타났다. 그들은 대부분 두뇌회전이 빠르고 마음이 넓은 여성을 선택하여 험난한 인생을 함께 하고 싶어하는 것으로 나타났다.

A 개혁하다 / 고르다 / 고난
B 변화하다 / 선택하다 / 고난
C 변하다 / 채택하다 / 가혹한 시련
D 변혁시키다 / 선발하다 / 가혹한 시련

63 [정답] C

[풀이]
첫 번째 빈칸에는 协议와 情况을 동시에 만족시킬 수 있는 어휘가 필요하다. 协议는 执行과 자주 함께 쓰이는 어휘이다. 두 번째 빈칸에는 削减과 减少와 어울리는 어휘여야 하므로 문맥상 保证을 써야 한다. 세 번째 빈칸에는 목적을 나타내는 접속사여야 하므로 以를 써야 한다.

[해석]
WTO는 우루과이라운드 다자간 무역협정의 집행 상황을 책임 감독하고, 각 회원국이 협상에서 합의한 내용에 따라 관세를 대폭 삭감하고 비관세 조치를 줄이는 것을 보장할 것이다. 또한 정기적으로 각 회원국의 무역제도를 심사하여 무역 조치가 WTO의 규정에 부합하는지 확인할 것이다.

A 유지하다 / 보호하다 / ~에 따라
B 받아들여 시행하다 / 견지하다 / ~(으)로써
C 집행하다 / 보증하다 / ~하기 위하여
D 실행하다 / 유지하다 / ~이래

64 [정답] A

[풀이]
첫 번째 빈칸에는 在와 호응하는 시간사가 필요하므로 同时와 时候가 가능하다. 두 번째 빈칸에는 뒤에 나오는 내용을 참고하여 적당한 어휘를 찾아야 한다. 鉴于는 동사, 因为와 由于는 인과의 접속사, 本着는 전치사인데 어휘를 직접 문장에 대입시켜 의미를 살펴보면 本着는 제외된다. 세 번째 빈칸에는 술어인 发挥를 수식할 수 있는 부사를 찾아야 한다. 充分은 부사, 형용사 두 가지로 활용된다.

[해석]

중년 및 노년 교사를 중시하고 관심을 가지는 동시에, 많은 젊은 교사가 고등교육 교사단체의 주력과 중심이 될 것을 고려하여, 그들에게 관심을 갖고 정치적으로 그들을 믿고 조직적으로 그들을 양성하고 발전시키는 것을 중시하며 교육연구 업무에서 그들이 역할을 충분히 발휘할 수 있게 해야 한다.

A 동시에 / ~을 고려하여 / 충분히
B 때 / 왜냐하면 / 충분하다
C 시기 / 왜냐하면 / 왕성하다
D 시대 / ~근거하여 / 풍부하다

65 [정답] B

[풀이]
첫 번째 빈칸에는 校对工作를 수식할 수 있는 어휘가 필요하다. 교정작업이 세계가 주목한다거나 전 세계적으로 유명하다거나 누구나 다 안다거나 하는 수식어를 붙이기는 좀 애매하므로 가장 잘 어울리는 것은 '중요하다'라는 뜻의 举足轻重이다. 두 번째 빈칸에는 교정과 창작의 관계를 표현하는 술어가 필요하다. 언뜻 생각해도 창작이 교정작업보다 중요하지 않은가? 그러므로 교정작업은 창작보다 한 단계 아래라는 의미가 필요하다. 세 번째 빈칸에는 是非的能力를 목적어로 취할 수 있는 동사가 필요하므로 辨別이 적합하다.

[해석]
루쉰의 언사와 교정 인생에 대해 다음과 같은 결론을 내릴 수 있다. 첫째, 교정작업은 매우 중요한 작업으로 창작 다음으로 중요하다. 둘째, 교정자는 고도의 책임감과 어려움을 견디는 정신이 필요하고, '남 좋은 일 하고'도 후회하지 않을 넓은 마음이 있어야 하며, 높은 문화적 소양, 이론적 교양과 시비를 가리는 능력이 있어야 한다.

A 전 세계가 주목하다 / ~보다 낮다 / 판별하다
B 중요하다 / ~에 다음가다 / 판별하다
C 전 세계에 이름나다 / ~보다 떨어지다 / 식별하다
D 누구나 다 알다 / ~보다 적다 / 감별하다

66 [정답] C

[풀이]
첫 번째 빈칸에는 许多와 어울리면서 在와 함께 전치사구를 이룰 수 있는 어휘여야 하므로 领域를 쓸 수 있다. 두 번째 빈칸에는 取得와 어울리는 목적어여야 하므로 成果를 쓸 수 있다. 세 번째 빈칸에는 成为와 어울리며 근거라는 의미가 필요하므로 依据와 根据를 쓸 수 있다.

[해석]
첸쉐썬은 역학의 여러 영역에서 큰 성과를 거두었다. 그중 가장 뛰어난 것은 그가 카르멘과 함께 초음속유체역학에서 성과를 거두어, 초음속 비행기가 열장애 및 음벽을 극복하는 근거가 되었으며, 유명한 카르멘·첸쉐썬 공식은 비행기 설계에서 주도적인 역할을 했다.

A 영지 / 결과 / 말을 근거하다
B 범위 / 성적 / 의지하다
C 영역 / 성과 / 근거
D 영토 / 결과 / 근거

67 [정답] A

[풀이]
첫 번째 빈칸에는 来说와 전치사구를 이룰 수 있는 就拿가 가능하다. 두 번째 빈칸에는 有와 호응하면서 自己独具的라는 말에 주의해서 어휘를 골라야 한다. 세 번째 빈칸에는 단독으로 절을 이룰 수 있는 표현을 골라야 하므로 除了는 쓸 수 없다. 네 번째 빈칸에는 价值를 목적어로 취할 수 있는 具有를 써야 한다.

[해석]
베이징에서 인구가 밀집되고 주택이 허름한 쉬엔우 구는 그곳만이 독자적으로 가지고 있는 우세가 있다. 따자란 상업거리와 리우리창 문화거리, 채소시장, 명인주택 단지와 니우제종교 단지가 있으며, 이외에 회관건축과 8대 골목건축도 극히 높이 연구하고 여행할 가치를 가지고 있다.

A ~에 대해 얘기하면 / 우세 / 이외에 / 가지다
B ~을 사용해서 / 우수하다 / ~이외에 / 보유하다
C ~에 대해 얘기하면 / 우선하다 / 제외하다 / 점유하다
D ~을 사용해서 / 우월하다 / 이외에 / 소유하다

68 [정답] C

[풀이]
첫 번째 빈칸에는 广泛과 어울리는 표현이 필요하므로 传播를 쓸 수 있다. 두 번째 빈칸에는 〈삼국연의〉가 '누구나 다 아는' 소설이므로 家喻户晓를 쓸 수 있다. 众所周知는 문두에 써야 하며, 举世闻名은 세계적으로 유명하다는 뜻이다. 세 번째 빈칸은 주어인 小说《三国演义》와 中华民族的精神生活和民族性格의 사이에 적합한 어휘를 골라야 하는데, '영향을 끼쳤다'라고 하고 있으므로 영향을 끼친 대상을 이끌어내는 전치사인 对와 对于가 적합하다. 네 번째 빈칸에는 深刻와 병렬될 수 있으면서 影响을 수식할 수 있는 巨大가 적합하다.

[해석]
소설 〈삼국연의〉는 600여 년 동안 널리 전파되었고, 일찍감치

모든 이들에게 알려졌으며, 사람들의 마음속 깊이 파고들었고, 뛰어난 고대 역사 연의소설의 본보기로 인정받는다. 이 소설은 점점 사상 및 예술적 성과를 뛰어넘는 숭고한 지위로 이루어졌고, 중화민족의 정신생활과 민족성향에 크고 깊은 영향을 가져왔다.

A 전달하다 / 사람들의 주의를 끌다 / ~에 대하여 / 방대하다
B 전달하다 / 모든 사람들이 다 알다 / ~때문에 / 위대하다
C 전파하다 / 누구나 다 알다 / ~에 대해 / 거대하다
D 전송하다 / 전세계에 이름나다 / ~에 대해 / 웅대하다

69　　　　　　　　　　　　　　　　[정답] C

[풀이]
첫 번째 빈칸에는 관형어가 될 수 있는 어휘가 필요하므로 일반적으로 부사로 쓰이는 非常은 제외된다. 두 번째 빈칸에는 앞뒤 문맥을 연결하는 접속사가 필요한데, 反正은 의미가 어울리지 않으므로 남아 있는 전환관계의 접속사 反而과 反倒가 가능하다. 세 번째 빈칸은 最多也가 힌트다. '가장 많다고 해도'라는 뜻이며 부정의 어휘가 필요하므로 '넘지 않다'는 뜻의 超不过가 적합하다. 네 번째 빈칸에는 忘得를 보충해주는 정도보어가 필요하므로 一干二净이 가장 적합하다.

[해석]
사실상 대다수의 사람들에게는 이런 비범한 기억력이 나타나지 않을 뿐더러 오히려 항상 이것저것 잃어버린다. 알고 지내던 사람 중에서 기억할 수 있는 이름은 아무리 많아도 10%를 넘지 않고, 또한 자신이 연락하는 전화번호도 99%는 깨끗하게 잊어버릴 것이다.

A 이상하다 / 어쨌든 / 초과하다 / 끊임없이 잇따라 오다
B 매우 / 다시 말해 / 넘지 못하다 / 각양각색이다
C 비범하다 / 오히려 / 넘지 못하다 / 깨끗이
D 평범하다 / 오히려 / 초월하다 / 우유부단하다

70　　　　　　　　　　　　　　　　[정답] A

[풀이]
첫 번째 빈칸에는 전치사구 보어가 될 수 있는 전치사를 선택해야 하는데, 于와 给, 在는 모두 보어로 쓸 수 있는 전치사다. 여기에서는 이합동사 让利의 뒤에서 대상을 이끌어내는 전치사를 넣어야 하므로 于와 给를 쓸 수 있다. 在는 장소를 이끌어내므로 쓸 수 없다. 두 번째 빈칸에는 '우수하다'라는 어휘를 찾아야 하는데, 电影을 수식할 수 있는 것은 优秀다. 优异는 '성적이 우수하다'라는 의미이며, 优良은 传统, 品种 등과 어울린다. 세 번째 빈칸에서 服务와도 호응할 수 있는 동사는 享受다. 네 번째 빈칸에는 享受와 어울리며 '효과'라는 의미여야 하므로 效果를 쓸 수

있다.
[해석]
소위 공익영화는 저렴한 비용으로 관객에게 이익을 주는 영화로 사상성, 예술성, 감상성이 강한 우수한 영화를 선별 상영하여, 샐러리맨과 학생들이 적은 비용으로 일류 영화관, 일류 서비스와 일류 음향효과를 누릴 수 있게 해준다.

A ~에 / 우수하다 / 누리다 / 효과
B ~에게 / 우수하다 / 느끼다 / 효익
C ~에게 / 뛰어나다 / 감상하다 / 효율
D ~에서 / 훌륭하다 / 체득하다 / 효능

모의고사(독해) 제3회

제1부분

51　　　　　　　　　　　　　　　　[정답] C

[풀이]
被 앞의 두 문장을 살펴보았을 때 피동의 의미가 아닌 '~하도록 시키다'라는 사역의 의미가 되어야 하므로 被를 让으로 바꿔야 한다.

[해석]
A 시장경제의 치열한 경쟁은 일부 제품을 난처한 상황에 놓이게 하고, 기업의 지출과다를 초래할 것이다.
B 높이뛰기 테스트에서 샤오 천은 앞으로 달려가 한 발을 디디고 뛰어올랐다……. 아, 안타깝다. 잘하면 뛰어넘을 수 있었는데.
C 어떤 심리학자가 이런 실험을 한 적이 있다. 이야기 하나를 종이에 쓰고, 한 학우에게 보라고 했다.
D 아시안게임에 참가한 중국 수영선수단은 단체훈련을 받은 선수 20명 중에서 선발한 우수 선수 12명으로 구성되어 있다.

52　　　　　　　　　　　　　　　　[정답] A

[풀이]
A의 到现在已有快1400多年的历史了에서 到现在가 있으므로 미래를 나타내는 快를 생략해야 한다.

[해석]
A 이 교량은 서기 612년부터 618년에 걸쳐 건설된 것으로, 지금까지 1400년의 역사를 가지고 있다.
B 인생이란 무대의 막은 언제든지 열 수 있다. 중요한 건 당신이 연기하기를 원하느냐 아니면 회피를 선택하느냐.
C 지구상의 생명은 30여 억 년의 발전사를 갖고 있다. 그중

85% 이상의 시간은 바다에서 보냈다.
D 어떤 사람은 그의 낙선이 개인적 원한과 관련이 있다고 말한다. 그러나 그는 반박할 때 개인적 원한과 관련이 없다고 아주 강하게 부인했다.

53 [정답] D
[풀이]
빈도를 나타내는 부사는 시간을 나타내는 부사 앞에 위치해야 하므로 将又强调海洋水色的主题를 又将强调海洋水色的主题로 바꿔야 한다.
[해석]
A 성공은 확률분포를 보이는데, 중요한 점은 당신이 성공이 보이기 시작하는 그 시점까지 견뎌낼 수 있는가다.
B 성공은 미래에 가서야 비로소 생기는 것이 아니라, 하기로 결정한 그 순간부터 지속적으로 축적되어서 얻게 되는 것이다.
C 그곳은 레저와 휴양에 좋은 곳이다. 더구나 매우 뛰어난 천연 해수욕장이 있어서 많은 관광객을 끌어들이고 있다.
D 작년에 삼림색의 유행에 이어 올해의 추동 패션은 바다색이 또 주류를 이룰 것이다.

54 [정답] A
[풀이]
'~에서 ~까지'라는 뜻의 由…到… 고정격식을 기억하자. 业务已传到上海由浙江을 业务已由浙江传到上海로 바꿔야 한다.
[해석]
A 꽃이나 나무를 임대해주는 서비스가 저장에서 상하이까지 퍼졌다.
B 영원히 뒤돌아보지 마라. 어떤 사람들이 한순간에 당신을 뛰어넘을 수 있다.
C 많은 사람들은 일단 헤어지면 영원히 다시 만나지 않을 수도 있다.
D 나의 세계는 적막하고 소리가 없으며 다른 사람들을 받아들이지 않는다.

55 [정답] B
[풀이]
뒤 절의 주어는 老年人이므로 전치사가 잘못 쓰였다. 将老年人摆脱了孤独的烦恼를 使老年人摆脱了孤独的烦恼로 고쳐야 한다.
[해석]
A 아무리 먼 길이라도 한 걸음씩 가면 완주할 수 있다. 아무리 짧은 길이라도 두 발을 내딛지 않으면 도달할 수 없다.
B 외로운 노인들은 로봇을 구입할 수 있게 되었고, 노인들이 외로움에 대한 고민을 벗어날 수 있게 했다.
C 세상에서 가장 중요한 일은 우리가 어디에 있느냐가 아니라, 우리가 어떤 방향을 향해서 가느냐다.
D 어떠한 것도 열정만큼 전염성이 강한 것은 없다. 그것은 완고한 나쁜 사람도 감동시킬 수 있는, 진정으로 중요한 것이다.

56 [정답] A
[풀이]
A에서 我国와 "一山不容二虎"的说法는 명사구로 부사 一向이 수식할 술어가 없다. 따라서 술어 有를 넣어 我国一向有"一山不容二虎"的说法로 바꿔야 한다.
[해석]
A 우리나라에는 '한 산에서 두 마리의 호랑이를 받아들이지 않는다'는 옛말이 있는데, 이는 분명 이치에 맞는 말이다.
B 세계 역사에서 모든 위대하고 고귀한 순간은 어떠한 열정의 승리였다.
C 세계 각국의 인구 수명 통계에 따르면 여성의 평균수명이 남성보다 7년이 길다고 한다.
D 만약 우리가 우리의 능력으로 할 수 있는 일을 한다면 진정 스스로 크게 놀라게 될 것이다.

57 [정답] C
[풀이]
C에서 增强 뒤의 목적어 가운데 增强과 호응하는 명사가 없다. 动手操作는 핵심 목적어를 수식하는 역할을 한다. 따라서 문맥상 增强과 호응하는 적합한 목적어를 넣어 增强动手操作能力로 고쳐야 한다.
[해석]
A 믿음은 강대하고, 의심은 능력을 짓누른다. 그러나 신앙은 힘이다.
B 나는 한 기술회사의 협력자였다. 일은 일찍이 내 삶의 중요한 일부분이었다.
C 교사들의 과제 참여를 통해, 과학연구의 전 과정에 대해 이해하고, 일을 시작하는 능력을 강화할 수 있다.
D 진실한 생명 속에서 모든 위대한 업적은 자신감에서 시작되었고, 자신감에서 첫 발을 내디뎠다.

58　　　　　　　　　　　　　　　　　　[정답] C
[풀이]

卓而不群的气质，渊博的学识，扑朔迷离的人生经历는 모두 '관형어 + 명사'로 이루어진 명사구인데, 陆羽와 이 명사구들을 연결할 술어가 빠졌다. 그러므로 陆羽卓而不群的气质를 陆羽有卓而不群的气质로 바꿔야 한다.

[해석]

A 기울어진 도시락을 바로잡고, 느슨해진 뚜껑을 꽉 잠그고 흘러나온 국물을 깨끗이 닦았다.
B 수액을 흘려 보내면서 병상에서 그녀는 계속 숙제를 했고, 결국 폐렴이 생겼다.
C 육우는 탁월한 기질과 해박한 학식 그리고 복잡하게 뒤엉킨 인생경험을 가지고 있다.
D 한 달 후에 튀야는 한 학교에서 5학년 학생들을 가르치는 일을 하게 되었다.

59　　　　　　　　　　　　　　　　　　[정답] C
[풀이]

복수 인칭을 표현하는 们이 있으면 뒤에 반드시 都가 나와야 한다. 따라서 球迷们就会를 球迷们都会로 바꿔야 한다.

[해석]

A 경험이 많다는 것은 물론 좋은 일이다. 그러나 만약 경험에만 의지하여 일을 하는 건 안 되는 일이다.
B 돈을 잃은 사람의 손실은 매우 적다. 건강을 잃은 사람의 손실은 매우 많다. 용기를 잃은 사람은 모든 것을 잃은 것이다.
C 불만한 경기라면 날이 얼마나 춥건, 경기장이 얼마나 외진 곳에 있건, 팬들은 모두 몰려와서 응원한다.
D 중국인은 비슷한 말을 하기를 매우 좋아해서, 사람들을 매우 이치에 맞다고 느끼게 하는 동시에 갈피를 못 잡게 만들기도 한다.

60　　　　　　　　　　　　　　　　　　[정답] D
[풀이]

문맥상 전치사가 잘못 쓰였다. D에서 마지막 절은 '나에게 특별히 깊은 인상을 주었다'고 해야 하므로, 对我的印象特别深刻를 给我的印象特别深刻로 바꿔야 한다.

[해석]

A 라싸의 하늘은 항상 짙푸르고 투명하여 마치 맑은 물에 씻은 사파이어 같다.
B 위험한 상황 속에서 사람의 후각은 매우 민감해지며 대뇌에 위험을 회피하라는 '경보'를 보낸다.
C 다른 사람이 견딜 수 없는 고통을 견디고, 다른 사람이 참을 수 없는 고생을 하는 것은 다른 사람이 얻지 못한 소득을 얻기 위해서이다.
D 그곳의 직원들은 정말 열심히 일했고, 특히 한 저장 출신의 근로자는 나에게 특별히 깊은 인상을 주었다.

제 2 부분

61　　　　　　　　　　　　　　　　　　[정답] A
[풀이]

첫 번째 빈칸에는 寒假와 함께 쓸 수 있는 시간 표현을 골라야 하며, 时候가 적합하다. 두 번째 빈칸에는 假期와 어울리며 '이용하다'라는 의미여야 하므로 利用을 쓸 수 있다. 세 번째 빈칸에 11个州를 '지나간다'는 의미로 쓸 수 있는 것은 穿越다. 穿过는 터널, 문 등을 '지나간다'는 의미다.

[해석]

겨울방학 때 아들이 이번 방학을 이용하여 지금 있는 북부에서 출발하여 남부로 차를 운전해서 여행할 것이라는 소식과 함께 11개 주를 지나는 노선도를 그려 미국에서 이메일을 보냈다.

A 때 / 이용하다 / 지나가다
B 시기 / 운용하다 / 겪다
C 시대 / 작용하다 / 관통하다
D 시절 / 사용하기 시작하다 / 가로질러 가다

62　　　　　　　　　　　　　　　　　　[정답] A
[풀이]

첫 번째 빈칸에는 결과보어를 到로 쓸 수 있으면서 목적어 动态过程을 취할 수 있는 동사를 찾아야 하므로 感受를 쓸 수 있다. 두 번째 빈칸에는 狂喜와 상반되는 '절망하다'라는 의미여야 하므로 绝望이 적합하다. 세 번째 빈칸에는 摆动을 수식할 수 있는 어휘여야 하므로 持续를 쓸 수 있다.

[해석]

추이젠의 록큰롤에서 우리가 느끼는 생명 자체의 변화 과정은 상반된 양극의 기쁨과 슬픔, 희망과 공포, 환희와 절망 사이의 지속적인 흔들림이다.

A 느끼하다 / 절망 / 지속하다
B 느끼다 / 희망 / 계속하다
C 깨닫다 / 실망 / 계속하다
D 감동받다 / 소망 / 끊임없이 하다

63　　　　　　　　　　　　　　　　　　[정답] A
[풀이]

첫 번째 빈칸에는 数学의 수식을 받는 중심어로 쓰일 수 있는 명사를 골라야 하는데, 수학에 관련된 책은 著作라는 표현을 쓴다.

두 번째 빈칸에는 与 앞뒤의 내용이 결합된다는 의미이므로 结合를 쓸 수 있다. 세 번째 빈칸에는 为를 보어로 취할 수 있는 동사를 찾아야 하는데, 表现만 가능하다. 네 번째 빈칸에는 人과 결합하여 한 단어를 만들 수 있는 어휘를 찾아야 하며, 앞에서 第一次라는 수식어를 붙인 것을 놓치지 않았다면 创始가 적합한 것을 알 수 있다.

[해석]
〈기하학〉은 데카르트가 공개적으로 발표한 유일한 수학 저서로 117페이지밖에 되지 않지만, 최초로 대수학과 기하학을 완벽히 결합하여 대수방정식을 다르게 기하학적 도형으로 표현했고, 매우 많은 난해한 기하학 문제를 대수학 문제로 전환하여 쉽게 답을 찾아냈다. 그래서 데카르트를 해석기하학의 창시자라고 말한다.

A 저서 / 결합하다 / 표현하다 / 창시
B 작품 / 연합하다 / 나타내다 / 창조
C 과제 / 단결하다 / 나타내다 / 발명
D 창작 / 결탁하다 / 표명하다 / 발견

64 [정답] D

[풀이]
첫 번째 빈칸은 뒤의 결과보어 成을 쓸 수 있는 동사여야 한다. 두 번째 빈칸에는 '상대방'이란 의미여야 하므로 对方이 적합하다. 세 번째 빈칸에는 相反이라는 어휘로 미루어 짐작해볼 때 앞의 문장과 반대가 되는 것임을 알 수 있다. 따라서 反而이나 反倒를 쓸 수 있다. 네 번째 빈칸에는 단독으로 절을 구성할 수 있으면서, 문맥상 앞의 상황을 정리하는 느낌을 줄 수 있는 看来를 쓸 수 있다.

[해석]
현재 많은 국가와 지역에서 비싼 선물을 하지 않는 것이 관습이 되었다. 선물이 약소하다고 해서 선물을 주는 사람이 인색하고 상대방을 우습게 보는 것이라고 생각하지 않는다. 이와 반대로 너무 과한 선물을 하는 것이 오히려 남을 우습게 보고 이익추구의 목적이나 뇌물의 의미가 있는 것으로 생각한다. 결국 돈으로 곤란해지고 성가신 일을 만드는 것이다. 보아하니 '예는 가볍게 하고 정은 두텁게 하라'는 말은 중국이건 외국에서건 모두 통하는 이치이며, 선물을 보내는 핵심적 의미다.

A 깨닫다 / 양측 / 이와 반대로 / 이로서
B 이해하다 / 대립 / 도리어 / ~을 알 수 있다
C 이해하다 / 상대 / 상반되다 / 말하자면
D 이해하다 / 상대방 / 도리어 / 보아하니

65 [정답] B

[풀이]
첫 번째 빈칸에는 다른 이의 작품을 다시 새롭게 연출한 것이므로 演出와도 어울리는 重新을 쓸 수 있다. 두 번째 빈칸에 들어갈 어휘는 作品을 수식할 수 있는 형용사 丰富다. 세 번째 빈칸에는 문장 맨 앞의 直到를 염두에 두어야 한다. 그리고 문맥상 출판하고, 연구한 뒤에야 바흐에 대해 알게 되었다는 의미이므로 才를 쓸 수 있다. 네 번째 빈칸에는 音乐之父, 平均律之父와 어울리며 호칭이라는 의미여야 하므로 称号를 쓸 수 있다.

[해석]
독일 음악가 멘델스존은 1829년에 바흐의 〈마태수난곡〉을 찾아내어 새롭게 공연했고, 사람들의 큰 관심을 불러일으켰다. 사람들이 그의 풍부한 작품을 연구, 출판, 공연하기 시작하면서 폴리포니, 피아노 표현력 향상 등의 영역에서 그의 위대한 창조를 인식하게 되었고, 그에게 유럽 '음악의 아버지', '평균율의 아버지' 등이라는 칭호를 붙여주었다.

A 중복하다 / 부유하다 / 바로 / 부르다
B 새롭게 / 풍부하다 / 그제서야 / 칭호
C 중첩하다 / 남아돌다 / 막 / 호칭
D 반복하다 / 풍족하다 / ~도 / 호칭

66 [정답] C

[풀이]
첫 번째 빈칸에는 论文을 목적어로 취할 수 있는 동사가 필요하며, 发表를 쓸 수 있다. 두 번째 빈칸의 목적어 可能은 '가능성'이라는 의미로 동사로는 预示가 적합하다. 세 번째 빈칸에는 诞生과 어울리는 동사를 골라야 하는데, 宣告를 주로 사용한다.

[해석]
1905년 아인슈타인은 스위스 특허국 직원으로 있을 때 연속으로 5편의 논문을 발표했다. 그중 질량과 에너지에 관한 논문은 원자핵의 거대한 에너지를 이용할 수 있는 가능성을 예시했다. 가장 중요한 것은 시공간이 운동상태에 따라 변화한다는 내용의 논문으로, 뉴턴시대 이후 형성된 시공간 절대불변의 관념을 타파하였으며, 과학의 새로운 시대를 상징하는 협의의 상대성이론이 탄생했음을 알렸다.

A 발견하다 / 예측하다 / 선포하다
B 선포하다 / 예상하다 / 널리 알리다
C 발표하다 / 예시하다 / 선고하다
D 발행하다 / 예보하다 / 선전하다

67 [정답] D

[풀이]
첫 번째 빈칸에는 神奇를 목적어로 받을 수 있는 充满을 쓸 수 있다. 두 번째 빈칸에는 更의 수식을 받을 수 있는 어휘를 찾아야 하므로 何况을 쓸 수 있다. 세 번째 빈칸에는 의미상 时而이 가장 적합하다.

[해석]
이렇게 신비로움이 가득한 옛날 이야기는 그 자체로도 사람을 끄는 매력이 있으며, 게다가 무대에서 때로는 안개가 피어오르고 때로는 샘물이 솟아올라 희곡의 신화적인 색채가 더욱 농후해지고, 연기자가 연기까지 잘하니 〈소백귀〉는 인기를 끌 수밖에 없다.

A 충실하다 / 게다가 / 잠시
B 충분하다 / 또한 / 하지만
C 자욱하다 / 상황 / 이따금
D 가득하다 / 하물며 / 때로는

68 [정답] B

[풀이]
첫 번째 빈칸에는 有效와 어울리는 어휘여야 하므로 手段을 쓸 수 있다. 두 번째 빈칸에는 失败和挫折를 목적어로 받을 수 있는 동사가 필요하므로 承受를 쓸 수 있다. 忍受는 辱骂 등을 목적어로 갖는다. 세 번째 빈칸에는 组织性을 수식할 수 있는 严密를 쓸 수 있다. 네 번째 빈칸에는 不可와 어울리면서 의미상 '소홀하다'라는 뜻의 忽视가 적합하다.

[해석]
스포츠는 강인한 의지를 기르는데 효과적인 수단으로, 학생들에게 경쟁의식, 협동정신, 실패와 좌절을 받아들이는 능력을 키워줄 수 있다. 또한 치밀한 조직성, 규율성, 명예심, 창조정신도 길러줄 수 있다. 이러한 덕목은 인성교육의 중요한 요소로 21세기형 인재를 양성하는데 간과해서는 안 되는 부분이다.

A 방식 / 부담하다 / 주도면밀하다 / 중시하다
B 수단 / 감당하다 / 치밀하다 / 간과하다
C 방법 / 참다 / 심하다 / 경시하다
D 기법 / 받아들이다 / 세밀하다 / 멸시하다

69 [정답] A

[풀이]
첫 번째 빈칸에는 消费行为를 수식할 수 있으면서 '다양하다'라는 의미를 가진 千差万别을 쓸 수 있다. 두 번째 빈칸에는 앞뒤 절의 내용을 미루어 보아 情感과 반대되는 의미를 가진 어휘가 필요하므로 冲动을 쓸 수 있다. 세 번째 빈칸에는 超前과 반대 의미이면서 消费를 수식할 수 있어야 하므로 滞后를 쓸 수 있다. 네 번째 빈칸에는 存在의 목적어가 될 수 있는 어휘가 필요하므로 差异를 쓸 수 있다.

[해석]
실제 생활에서 사람들의 소비행위는 천차만별이다. 이성적인 소비도 있고 군중심리에 따른 소비도 있다. 감정적인 소비도 있고 충동적인 소비도 있다. 과소비도 있고 저소비도 있다……. 게다가 성별, 연령, 교육수준, 심미관에 따른 차이도 있다.

A 천차만별이다 / 충동적이다 / 뒤처지다 / 차이
B 대동소이하다 / 냉정하다 / 뒤처지다 / 차별
C 끊임없이 변화하다 / 충돌하다 / 적체되다 / 차이
D 매우 명백하다 / 흥분하다 / 떨어지다 / 차이

70 [정답] C

[풀이]
첫 번째 빈칸에는 消息를 목적어로 취할 수 있는 동사가 필요하므로 获悉가 적합하다. 두 번째 빈칸에는 알맞은 부사를 찾아야 하는데, 소식을 들은 뒤 행동을 취했으므로 문맥상 '바로'의 뜻을 가진 便이나 就를 쓸 수 있다. 세 번째 빈칸에는 书店을 수식하는 어휘여야 하므로 小型을 쓸 수 있다. 네 번째 빈칸은 뒤에 仅仅恭候了5位读者라는 말이 힌트다. 问津者가 별로 없다는 의미를 찾아야 하므로 寥寥无几가 적합하다.

[해석]
그는 상하이에서는 사인하여 책을 판매하는 붐이 일었다는 소식을 들은 후에 바로 출판업체를 찾아 작은 서점 안에 판매대를 대여하고 서점 밖에는 눈에 띄는 광고판을 세워 자화자찬을 했다. 오는 사람이 거의 없을 줄 누가 알았겠는가. 이 작가는 하루종일 서서 겨우 독자 다섯 명을 맞았다. 그는 저녁에 자조적으로 말했다. "그래도 완전히 망한 것은 아니야……."

A 얻다 / 그제야 / 모델 / 매우 적다
B 익숙하다 / 바로 / 대형 / 손꼽히다
C 알게 되다 / 바로 / 소형 / 매우 드물다
D 수확하다 / 마침 / 소형 / 안하무인이다

모의고사(독해) 제4회

제1부분

51 [정답] A

[풀이]
A는 사역을 나타내는 문장이 아니므로 전치사를 잘못 사용했다. 使

他的儿子非常失望을 对他的儿子非常失望으로 바꿔야 한다.

[해석]
A 화가인 한 친구는 그의 아들에게 매우 실망했다.
B 나는 이 세상 모든 이들이 성공할 수 있다고 믿는다.
C 일은 우리가 미래로 달려가기 위해 꼭 필요한 부분이다.
D 비록 특별히 큰 장애는 없지만 침대에 누워 상처를 치료해야 한다.

52 [정답] B
[풀이]
동사 认과 호응하는 방향보어를 잘못 썼다. 认不过来我是外国人을 认不出来我是外国人으로 바꿔야 한다.

[해석]
A 재능이나 지식이 아무리 탁월하다고 해도, 만약 열정이 부족하다면 그림의 떡과 다를 바 없어서 아무런 소용이 없다.
B 내 옆에 있던 중국인들은 내가 외국인지 몰랐다. 시간이 많이 지난 후, 내가 그들과 이야기를 할 때서야 알아챘다.
C 매일 아침 일어났을 때 당신 호주머니 안의 가장 큰 자산은 24시간이다. 당신 생명의 우주 속에서 아직 만들어지지 않은 재료이다.
D 오직 선택해서는 안 될 한 가지 길은 바로 포기의 길이다. 오직 거절해서는 안 될 한 가지 길은 바로 성장의 길이다.

53 [정답] B
[풀이]
好不容易는 是…的 강조구문에 쓸 수 없다. 따라서 即使能过上和平、安定的生活也是不容易的로 바꿔야 한다.

[해석]
A 좋은 생각은 한 번에 10푼의 가치가 있다. 진정 무한한 값어치가 있는 것은 이러한 생각을 실현해낼 수 있는 사람이다.
B 어르신들은 당신들이 젊었을 때 평화롭고 안정적인 생활을 하는 것조차 쉽지 않았다.
C 빈곤은 계획이 필요하지 않다. 부유해지는 것이야말로 매우 치밀한 계획이 필요하며 이를 실천에 옮겨야 한다.
D 환경은 영원히 완전무결할 수 없다. 소극적인 사람은 환경의 지배를 받지만, 적극적인 사람은 환경을 지배한다.

54 [정답] A
[풀이]
心目와 어울리는 방위사는 中이므로 崔钟珉突然发现心目上的小女孩를 崔钟珉突然发现心目中的小女孩로 바꿔야 한다.

[해석]
A 추이중민은 문득 마음에 드는 여자아이를 발견했는데, 바로 프로그램 MC를 맡고 있는 리징이다.
B 그녀는 이 반에서 저 반으로 서둘러 뛰어갔으며, 시험지, 연습장 등 많은 분량의 공부를 했다.
C 나와 남편은 조용히 기세 드높게 성급히 몰아 붙이기를 포기했다.
D 병원은 작은 언덕 위에 있으며, 전형적인 중국 고대 원림식 건축물이다.

55 [정답] A
[풀이]
A에서 문장 전체의 주어는 散步이며, 并且로 연결된 문장의 전후 관계는 점층의 의미가 아니고 사역의 의미이므로, 并且를 使로 바꿔야 한다.

[해석]
A 경관이 아름다운 정원을 산보하면 장시간 일을 할 때 오는 긴장과 피로를 해소하는 데 도움이 되어 사고력과 체력을 회복할 수 있다.
B 그녀가 정상적으로 일하고 쉴 시간을 회복시켰고, 그녀에게 만화를 그릴 권한을 돌려주었다. 또한 그녀가 〈어린이 유머〉 류의 서적을 계속 구독하는 것을 허락했으며, 집에서 오랫동안 안정을 찾게 해주었다.
C 나는 엄마가 되어서 포코냥이 그려진 앞치마를 입고 주방에서 저녁식사 준비를 한 다음에 아이에게 이야기를 들려주고 아이를 데리고 베란다로 가서 별을 바라보고 싶다.
D 피아니스트, 스타, 정계요인 등을 아이들은 조금도 겁내지 않는다. 4살배기 여자아이조차 장래에 CCTV의 앵커가 되겠다고 하여 감탄했다.

56 [정답] D
[풀이]
D에서 他们和它们과 共同点의 사이를 설명해줄 술어가 빠졌다. 소유를 나타내는 술어 有가 어울린다.

[해석]
A 학원 안전을 보장하는 것은 학교, 유치원만의 일이 아니라 각계의 노력을 필요로 한다.
B 마지막에 우리의 손을 꼭 잡으세요. 손에는 사랑이 있고, 손바닥에는 수천 수만 마디의 말이 있습니다.
C 과거를 회상해보면 우리의 우정이 얼마나 많은 웃음소리를 불러왔으며, 우리의 우정이 얼마나 많은 눈물을 훔치게 했던가.
D 내가 알기에 제갈량은 닭을 길렀고, 서태후와 카이사르는 개를 길렀다고 한다. 그들과 이 동물들 사이에 공통점이 있을까?

57 [정답] D
[풀이]
D에서 培养自己는 동사와 목적어의 호응이 맞지 않는다. 문맥상 능력을 기른다는 의미가 있으므로 培养…能力의 고정격식을 사용하여 培养自己的能力로 고쳐야 한다.
[해석]
A 우정은 말로 표현할 수 있는 것이 아니라 삶 전체로 증명하는 것이다.
B 허 교수의 조사는 언론보도를 거쳐 사회의 광범위한 관심을 끌었다.
C 크게 소리 내어 울자. 눈물은 가장 훌륭한 치료약이며, 약해질 용기가 있다는 것이 진정한 강함이다.
D 세계 500대 기업들은 모두 인턴들에게 구체적인 임무를 주어, 자신들의 능력을 개발할 수 있도록 하고 있다.

58 [정답] D
[풀이]
备受와 需要는 서로 호응하지 않으므로, 문맥상 需要를 关注로 바꿔야 한다.
[해석]
A 부모들에게 아이는 보배이다. 국가에게 아이는 미래다.
B 〈서유기〉는 민간에 전해오는 당나라 승려가 불경을 얻으러 간다는 스토리의 기반 위에 쓴 것이다.
C 우리가 소개하려는 사람은 샹쯔이지 낙타가 아니다. 왜냐하면 '낙타'는 그의 별명일 뿐이니까.
D 다가오는 21세기에는 농업, 임업, 목축업, 부업, 어업 전문 인재들이 관심 받을 것이므로 공급이 수요를 따라가지 못할 것이다.

59 [정답] D
[풀이]
只有…才…를 기억하자. 就能着火를 才能着火로 바꿔야 한다.
[해석]
A 업무 시간이 길어질수록 낭비되는 시간은 점점 많아진다.
B 이 연구는 사회가 EQ교육을 중요시하는 결과를 가져왔다.
C 지혜는 감성보다 한 차원 높고, 생각은 감정보다 믿을 만하다.
D 성냥 머리부분과 성냥종이를 마찰시켜야만 불을 붙일 수 있다.

60 [정답] D
[풀이]
D에서 外来冲击는 起到缓冲作用의 대상이므로 把를 对로 바꿔야 한다.
[해석]
A 예전에 퉈야와 나는 둘 중 한 명이 집에 남자아이를 돌보는 문제를 상의했었다. 다만 그 한 사람이 내가 되리라고는 생각한 적이 없을 뿐이다.
B 철학적 의미를 갖는 말은 대부분 귀로만 듣지 말고 마음으로 이해해야 한다. 그래야 비로소 '말 속의 말', '말 밖의 말'의 의미를 이해할 수 있다.
C 이처럼 많은 시간을 일에 투자하는 이유는, 그들은 언젠가 은퇴할 것이고 또 자신이 원하는 온전한 시간을 갖게 될 것이라고 믿기 때문이다.
D 몇몇 업종에 대한 특별 보호 정책은 비록 외부 충격에 대해 일정 정도 완충작용을 했지만, 그 충격력은 앞으로 3~5년 동안 여전히 클 것이다.

제2부분

61 [정답] A
[풀이]
첫 번째 빈칸에는 预期를 쓸 수 있다. 두 번째 빈칸은 看起来가 힌트다. '~게 보이는 결과'를 정확한 결과로 여긴다고 했으니, '그럴듯해 보이는 결과'라는 표현이 와야 함을 알 수 있다. 따라서 '옳은 것 같지만 아니다'라는 뜻의 似是而非가 와야 한다. 세 번째 빈칸은 의미로 찾자. '원래, 본래'라는 의미의 어휘는 本来와 原来다.
[해석]
이와 반대로 사전에 무엇이 기대하는 결과인지 모른다면, 맞는 것 같지만 사실 틀리게 보이는 결과를 정확한 결과라고 생각하여 실험한 결과에 대해 잘못된 판단을 내리고, 원래 발견되어야 하는 문제를 놓칠 수 있다.
A 기대하다 / 맞는 것 같지만 실제로는 틀리다 / 원래
B 사전에 / 실사구시 / 원래
C 예보하다 / 겉과 속이 다르다 / 지금까지
D 사전에 경고하다 / 명실상부하다 / 이래

62 [정답] B
[풀이]
첫 번째 빈칸에는 表演을 수식할 수 있는 형용사로 精彩가 적합하다. 두 번째 빈칸에는 飞镖와 어울리는 양사여야 하므로 枚를 쓸 수 있다. 세 번째 빈칸에는 飞镖에 적합한 동사를 써야 하므로

掷를 써야 한다. 네 번째 빈칸에는 빈칸 앞뒤 어휘로 보아 서커스를 보는 관중석을 뜻하고 있음을 알 수 있다. 서커스를 보는 '관중'은 观众이라고 한다.

[해석]
서커스 공연의 곡예 프로그램에서 이러한 훌륭한 공연을 볼 수 있다. 한 단원이 손에 약간 구부러진 표창을 몇 개 들고 무대로 올라간다. 그는 계속해서 힘껏 표창을 던지고 표창은 곡선을 그리며 꽉 찬 관중석 위에서 빠른 속도로 커브를 돌고 다시 단원의 손으로 날아 돌아간다.

A 갈채하다 / 동물, 배 등의 양사 / 던지다 / 관객
B 훌륭하다 / 형체가 작고 둥근 물건의 양사 / 던지다 / 관중
C 정밀하다 / 자루가 있는 물건의 양사 / 던지다 / 청중
D 뛰어나다 / 덩어리로 된 물건의 양사 / 던지다 / 고객

63 [정답] C

[풀이]
첫 번째 빈칸에는 外语教学法를 수식할 수 있는 어휘가 필요한데, 简便이 가장 적합하다. 易学 때문에 흔들리지 말자. '역학'이 아니라 '쉽게 배우다'라는 뜻이다. 두 번째 빈칸에는 取得가 취할 수 있는 목적어를 찾아야 하므로 突破와 成就가 적합하다. 세 번째 빈칸에는 술어가 필요한데, 추상적인 것의 명칭을 '~라고 부르다'라고 할 때는 称之为를 쓴다.

[해석]
화둥사범대학 제1부속중학교 외국어 교사인 장쓰중은 수십 년의 실천과 연구 끝에 간편하고 배우기 쉬우며 효과적인 외국어 교수법을 만들어, 외국어 교육의 돌파구를 찾아냈다. 학술계에서는 이를 '장쓰중 외국어 교수법'이라 부른다.

A 초라하다 / 돌격하다 / ~라고 부르다
B 간단하다 / 성취하다 / 부르다
C 간편하다 / 돌파하다 / 이를 ~라고 부르다
D 편하다 / 진전하다 / ~라고 부르다

64 [정답] B

[풀이]
첫 번째 빈칸에는 礼品을 수식할 수 있는 精致를 써야 한다. 두 번째 빈칸에는 역시 礼品과 어울리며 '자체'라는 의미여야 하므로 本身을 쓸 수 있다. 세 번째 빈칸에는 选出와 어울리고 '심혈을 기울이다'라는 뜻을 가진 精心이 되어야 한다. 네 번째 빈칸에는 得到의 목적어이자 惊喜와 동급으로 병렬할 수 있는 어휘인 感动을 선택해야 한다.

[해석]
하루 아침에 섬세하고 깜찍한 선물을 보내는 것이 유행이 되고, 포장을 선물 자체보다 더 중요시하는 것 같다. 몇 위앤이든, 수십, 수백 위앤이든 선물을 보내는 사람은 심혈을 기울여 자신이 좋아하는 포장지를 선택하고 상점에서 전문적으로 포장을 한 후에, 좋은 마음을 담아서 가족, 친구, 연인에게 보낸다……. 받는 사람이 작은 기쁨과 감동을 받을 수 있도록.

A 정교하고 아름답다 / 자기 / 세심하다 / ~라고 느끼다
B 정교하다 / 자체 / 세심하다 / 감동하다
C 세밀하다 / 원래 / 열중하다 / 감격하다
D 뛰어나게 아름답다 / 원래 / 심혈을 기울이다 / 흥분하다

65 [정답] B

[풀이]
첫 번째 빈칸에는 风格와 함께 쓰이면서 '독특함'이라는 의미를 가진 어휘를 써야 하는데 적합한 것은 特色다. 두 번째 빈칸에는 跃居와 호응하는 어휘를 찾아야 한다. 跃居…之首의 형식을 기억해두자. 세 번째 빈칸에는 读者와 어울리면서, 의미상 '수많은'이라는 뜻을 가져야 하므로 千千万万을 쓸 수 있다. 네 번째 빈칸에는 '진심 어린 감사'라는 뜻이 되어야 하므로 衷心을 쓸 수 있다.

[해석]
오늘날 방대한 간행물 중에서 상당한 실력과 영향력을 갖춘 것도 많은데, 귀사의 신문은 자신만의 독특한 풍격과 특색으로 독보적입니다. 창간된 지 반년 여 밖에 되지 않았지만, 이미 베이징 소매간행물 중 선두자리를 차지했습니다. 여러분의 고생어린 땀과 영민한 지혜, 그리고 독자를 생각하는 책임감이 만들어낸 결과입니다. 저는 수많은 독자들과 마찬가지로 여러분이 풍부하고 가치 있는 마음의 양식을 제공하신 데 대해 진심으로 감사합니다!

A 특징 / ~의 숲 / 매우 많다 / 열정적이다
B 특색 / ~의 선두 / 매우 많다 / 진심의
C 특징 / ~가운데 / 절대로 / 열렬한
D 특성 / ~가운데 / 매우 많다 / 진심에서 우러나오다

66 [정답] A

[풀이]
첫 번째 빈칸에는 眼对眼이 힌트다. 눈과 눈이 서로 마주보는 건 凝视를 써야 한다. 두 번째 빈칸에는 爱와 恨을 수식할 수 있는 형용사로 强烈를 쓸 수 있다. 세 번째 빈칸에는 앞에 一가 있다는 것을 놓치지 말자. 一 …就… 형식을 써야 한다. 네 번째 빈칸에는 앞 절의 이유로 뒤 절의 결과에 이르렀기 때문에 의미상 '~이 되다'라는 의미의 접속사 以致를 쓸 수 있다.

[해석]
오랜 시간 눈을 마주치고 응시하는 상황은 강렬한 사랑이나 증오에서만 발생할 수 있다. 왜냐하면 사람들은 일반적인 상황에서 누가 자신을 똑바로 바라보는 것에 익숙하지 않아서 시간이 길어지면 바로 부자연스럽게 시선을 이동한다. 연인들은 서로 간에 충분히 신뢰하기 때문에 상대방의 눈빛을 겁내지 않는다.

A 응시하다 / 강렬하다 / 바로 / ~이 되다
B 주시하다 / 격렬하다 / 막 / ~때문에
C 시각 / 세차다 / 비로소 / 따라서
D 주시하다 / 강대하다 / ~도 / 그래서

67   [정답] C

[풀이]
첫 번째 빈칸에는 令人惊奇와 합쳐져 적절한 의미를 나타낼 수 있는 어휘는 的是다. 두 번째 빈칸에는 전치사가 들어가야 하는데, 海潮摄影艺术出版社가 出版의 주체가 되므로 동작의 주체를 이끌어내는 전치사 由를 써야 한다. 세 번째 빈칸은 뒤 절 내용이 힌트다. 뒤 절에는 모방해서 쓴 것이라 설명하고 있으니 원작자는 '쓴 적이 없다'는 내용이 되어야 하므로 不曾을 써야 한다.

[해석]
이상한 건 외국문학출판사가 〈메디슨카운티의 다리〉 작가의 두 번째 소설을 아직 사지 않았는데, 시장에는 이미 '메디슨카운티의 다리 후속작'인 〈삿포로의 추억〉이 나왔다는 사실이다. 이 책은 하이차오촬영예술출판사에서 출판했는데, 책의 판형과 장정디자인이 〈메디슨카운티의 다리〉와 거의 일치한다. 하지만 번역업계 인사는 원작자는 이런 책을 쓴 적이 없고 일본과 구미 문화에 익숙한 국내 전문가가 모방해서 쓴 것이라고 말했다.

A ~한 일 / ~하게 하다 / ~한 적이 없다
B ~한 말 / ~부터 / ~한 적이 없다
C ~한 것은 / ~에서 / ~한 적이 없다
D ~이 있다 / ~에 근거하여 / 일찍이

68   [정답] B

[풀이]
첫 번째 빈칸에는 以와 함께 고정격식을 이루는 전치사 为가 적합하다. 以…为…는 '~을 ~로 삼다'라는 뜻이다. 두 번째 빈칸에는 술어가 필요한데, 주어인 海盗들이 하는 행위는 掠夺다. 세 번째 빈칸에서 装卸한 뒤에 할 수 있는 행위는 埋藏인데, 중첩형은 埋埋藏藏이다. 네 번째 빈칸에는 色彩를 수식하면서 문맥에 어울리는 어휘를 선택하면 된다.

[해석]
〈보물섬〉은 코스타리카 해안에서 300해리 떨어진 태평양 코코스 섬을 배경으로 쓰여졌다. 이 섬은 17세기 해적들의 휴식처로, 해적들이 약탈한 보물을 이곳으로 가져다 묻어서, 이 이름 없는 작은 섬은 신비로운 색채를 띠게 되었다. 최소한 여섯 곳에 보물창고가 있고, 그중 보물을 찾는 사람들에게 가장 매력적인 곳은 페루 리마의 보물창고라고 한다.

A 배경으로 삼다 / 강탈하다 / 숨기다 / 신기하다
B 배경으로 하다 / 약탈하다 / 매장하다 / 신비롭다
C 배경으로 하다 / 박탈하다 / 매장하다 / 미묘하다
D 배경이다 / 빼앗아 가다 / 은폐하다 / 신기하다

69   [정답] A

[풀이]
첫 번째 빈칸은 不只是字数多、篇幅长으로 보아 长篇과 短篇、中篇의 '다른 점'을 얘기하고 있음을 알 수 있다. 또 빈칸 뒤에 于 전치사구가 있는 것으로 보아 区别가 가장 적합하다. 두 번째 빈칸에는 不只是와 어울리는 접속사여야 하므로 而且를 쓸 수 있다. 세 번째 빈칸에는 开掘를 수식할 수 있는 어휘여야 하므로 深入를 쓸 수 있다. 네 번째 빈칸에는 뒤에 나오는 识有所见、心有所动、情有所感과 의미가 통하는 책에 관련된 표현을 찾아야 하므로 读有所得를 쓸 수 있다.

[해석]
장편이 단편, 중편과 구별되는 점은 글자 수가 많고 글이 길다는 것뿐만 아니라 더욱더 광범위한 사회생활과 전형적인 인물을 반드시 제공해야 한다는 데 있다. 이 모든 것은 전형적인 충돌의 구조에 달렸다. 작가 자신이 파악한 소재로 사람 사이의 다양한 관계와 세계에 대해 심도 깊은 연구를 하고 의미를 보여주어, 독자가 읽으면서 얻는 것이 있고 식견이 생기며 감동을 받도록 해야 한다.

A 구별하다 / 또한 / 깊이 파고들다 / 읽으면서 얻는 것이 있다
B 차이 / 그리고 / 심각하다 / 우연히 얻는 것이 있다
C 비슷하다 / 하물며 / 크고 깊다 / 보면 얻는 것이 있다
D 비슷하다 / 또한 / 원대하다 / 들으면 얻는 것이 있다

70   [정답] C

[풀이]
첫 번째 빈칸에는 '~에 대해서'라는 의미여야 하는데, 보기에 대상을 이끌어내는 전치사가 총출동했으므로, 문맥을 살펴봐야 답을 확인할 수 있다. 두 번째 빈칸과 세 번째 빈칸은 관형어와 중심어를 넣어야 하는데, 뒤의 내용을 참고하여 풀 수 있다. 쌍방이 몸싸움까지 불사할 정도면 매우 치열하다는 것을 알 수 있으므로,

'치열한 논쟁'이라는 의미여야 한다. 따라서 激烈와 辩论을 쓸 수 있다. 결정적인 힌트는 네 번째 빈칸이다. 攻击와 어울리는 어휘가 필요하며, 좋지 않은 결과가 나왔으므로 导致를 써야 한다. 다섯 번째 빈칸에는 '~하려고 하다'라는 뜻을 나타내는 동사가 필요하므로 企图가 적합하다.

[해석]
영국 에든버러에서 열린 학술회의에서 두 학파는 에든버러 근처의 화산기슭 지층구조 형성원인에 대해 치열한 논쟁을 벌였다. 두 학파 모두 한 면만 보고 판단하고, 자신만을 믿으며 각자 자기 주장만 했기 때문에 서로 공격하고 욕설을 퍼부었으며, 결국 몸싸움이 벌어지고 말았다. 싸움으로 학술문제를 해결하려고 하면서 과학자들이 서로 욕을 하는 추한 장면이 연출되었다.

A ~의 정도에 이르다 / 열렬하다 / 변호하다 / 인도하다 / 시도하다
B ~에 대해 / 격렬하다 / 논쟁하다 / 야기하다 / 의도
C ~에 대해 / 치열하다 / 논쟁하다 / 초래하다 / 의도하다
D ~에 관해 / 맹렬하다 / 토론하다 / 야기하다 / 도모하다

모의고사(독해) 제5회

제1부분

51 [정답] B

[풀이]
B에 불필요한 요소가 들어갔다. 被这里的景色震惊着了를 被这里的景色所震惊了로 고쳐야 한다.

[해석]
A 기뻐서 담력도 커졌다. 차를 사고 나서 그는 더 빨리 뛰었다.
B 남쪽의 능선을 따라가는 여정에서 당신은 이곳의 경관에 매우 놀라게 될 것이다.
C 쟈오 위원의 방법은 새 유학생들이 이러한 상가와 농가에 깊이 파고들 수 있도록 보내는 것이다.
D 6월 11일 요하네스버그 사커시티 경기장에서 남아공 월드컵의 막이 올랐다.

52 [정답] B

[풀이]
방향보어 上来는 동사 뒤에만 쓸 수 있다. 清晰는 형용사이므로 상태의 시작과 지속을 나타내는 방향보어 起来를 써서 这个梦才慢慢地清晰上来를 这个梦才慢慢地清晰起来로 바꿔야 한다.

[해석]
A 원래의 계획은 가장 완벽하고 최신식으로 마음에 드는 차를 사는 것인데, 현재는 100위앤에 맞는 결정을 할 수밖에 없다.
B 처음에 이러한 꿈은 그다지 명확하지는 않았다. 훗날 내가 점차 성장해감에 따라 이 꿈은 차츰 분명해지기 시작했다.
C 세상은 우여곡절이 아주 많으니 어찌 이별의 고통스런 순간이 없겠는가! 사업을 위해서 우리 이별의 눈물을 마음껏 흘려보자.
D 팩스 통신은 원본을 유선 또는 무선통신 회로를 통해 텍스트, 도표를 신속 정확하게 먼 곳까지 전달한다.

53 [정답] B

[풀이]
중첩 형용사 痛痛快快는 이미 강조된 상태이므로 정도보어 极了의 수식을 받을 수 없다. 痛痛快快的 또는 痛快极了로 바꿔야 한다.

[해석]
A 작가의 펜은 마치 제화공의 송곳처럼 쓰면 쓸수록 예리해져서 결국은 바느질하는 바늘처럼 뾰족해진다.
B 동동은 부랴부랴 잠옷을 갈아 입고는 팔짝팔짝 뛰면서 미끄럼틀에서 아주 재미있게 놀았다.
C 성공은 밑천이 필요하다. 시간 또한 일종의 밑천으로, 시간을 소중히 여기는 것이 바로 자본을 절약하는 것이다.
D 자석이 사방의 철가루를 흡인하는 것처럼 열정 또한 주위 사람을 끌어들여서 주위의 상황을 바꾼다.

54 [정답] C

[풀이]
印记가 동사로 쓰이면 전치사구 보어를 결과보어로 사용한다. 그러므로 在我的脑海里印记를 印记在我的脑海里로 바꿔야 한다.

[해석]
A 〈트랜스포머〉든 〈아바타〉든, 인류의 미래는 로봇과 떨어질 수 없다.
B 과거 멕시코와 칠레에서 발생했던 유행성 독감은 치명적 질병으로, 이런 병례는 다른 나라 역시 적지 않다.
C 그때 원치의 우아하고 대범하며, 매혹적인 모습이 도리어 줄곧 나의 머릿속에 박혀서 지워지지 않았다.
D 하나의 좋은 비유는 형태가 유사하거나, 정신세계가 흡사하거나, 혹은 이 두 가지 모두 갖추어 유사하다는 근본적인 특징과 떨어질 수 없다.

55 [정답] C

[풀이]
越…越…는 '~할수록 ~하다'라는 뜻으로 정도의 심화를 나타내

는데, 부사 就는 반드시 그 앞에 놓여야 한다. 그러므로 越就不能发挥出自己的水平을 就越不能发挥出自己的水平으로 바꿔야 한다.

[해석]
A 각급 간부가 청렴하고 사심 없이 공적으로 일하는지의 여부는 당과 국가의 운명과 관계되는 큰 문제이다.
B 한 국가의 과학기술의 발전은 경제, 문화교육을 기초로 한다.
C 사실, 시험에 대해 걱정할수록 자신의 실력을 발휘하기가 더 어렵다.
D 원래 중국어는 간단명료하다. 두 마디면 이 문제를 충분히 설명할 수 있다.

56 [정답] A

[풀이]
只是가 힌트다. 无非, 不过, 仅仅, 只是 등과 어울려 일이 작은 쪽과 가벼운 쪽으로 말하는 어기를 나타내는 어기조사로는 罢了나 而已가 쓰인다. 그러므로 了가 아니라 罢了를 써야 한다.

[해석]
A 이 천은 색깔만 예쁠 뿐, 내구성이 떨어지니 다른 데 가서 한번 알아봐라.
B 인생은 정말 꿈 같아서, 인간의 삶은 마치 나그네가 배를 타고 끝없는 시간의 강을 따라가는 것과 같다.
C 사실적인 교육을 통해, 전체 의료인들은 조국의 의학적 유산을 정확하게 계승하는 문제에 있어서 인식을 증진시켰다.
D 인간 스스로를 잘났다고 여길 수 있는 자들은 소수이고, 이 세상에 자신의 인생에 만족하는 이들 역시 드물다.

57 [정답] D

[풀이]
打下 뒤에 명사 목적어가 빠졌다. 문맥상 '기초를 다진다'는 뜻이므로 고정격식인 打下…基础를 넣어서 打下坚实的基础로 고쳐야 한다.

[해석]
A 금년의 〈고시설명〉이 어문학과의 고시 내용과 요구에 대해 새로이 조정했다.
B 다단계라는 이러한 유통형식을 금지한 것은 그것이 우리나라 상황에 맞지 않으니 당연한 것이다.
C 병영접수처에 면회 오셔서 앉아 있는 두 분은 2소대 전사 엔우이궈, 왕샤오리의 부친이시다.
D 본 위원회에서는 예산을 초과하여 여러 프로젝트를 완성했으며, 내년의 발전과 건설을 위한 튼튼한 기초를 다졌다.

58 [정답] B

[풀이]
문맥상 不仅…还…라는 점층을 나타내는 접속사가 필요하다. 否则不论挨饿를 否则不仅挨饿로 바꿔야 한다.

[해석]
A 그가 언급한 소나무 숲은 동문 밖에 있고 성문에서부터 대략 5리 정도 떨어져 있다.
B 아이들은 매일 1천 위앤을 소매치기하도록 규정되어 있다. 그렇지 않으면 굶어야 할 뿐만 아니라 체벌도 받는다.
C 왕옌은 졸업한 뒤 선전으로 갔다. 그녀의 말에 의하면 그녀는 지금은 단지 많은 돈을 벌어서 그녀의 가치를 증명하고 싶을 뿐이었다.
D 이공대학의 연구원은 식중독을 일으키는 미생물을 탐측하는 바이오센서를 개발하고 있는 중이다.

59 [정답] D

[풀이]
知识와 호응하는 동사는 提高가 아닌 丰富다. 그러므로 提高孩子知识를 丰富孩子知识로 고쳐야 한다.

[해석]
A 인생은 사람의 생존과 모든 삶의 경험을 가리킨다.
B 인성의 가장 심층적인 요구는 다른 사람의 칭찬을 갈망하는 것이다.
C 사실 아름다운 것을 좋아하는 사람은 단지 자신과 연애를 할 뿐이다.
D 가정교육은 반드시 아이의 지식을 넓히는 기반 위에서 신중히 고려되어야 한다.

60 [정답] D

[풀이]
D의 兼具古今文明的园林化城市에서 문장 전체의 술어인 是가 빠졌다.

[해석]
A 이 이야기로 야기된 경제손실이 심각해서, 관계자의 보수적인 예측에 따르면 직접적인 손실이 적어도 6천만 위앤에 이른다.
B 만약 네가 곤경에 빠진다면 그것은 부모의 잘못이 아니니, 날카로운 목소리로 부모를 원망하는 잘못을 하지 말고, 그 가운데서 교훈을 얻어야 한다.
C 그의 부모님은 모두 중학교 교원이다. 어머니는 그의 모교 시샹이중학교에 계시고, 이번에 학교 측 대표로 아주 먼 베이징에 오셨다.
D 난징은 고대에 진링으로 불렸으며, 이미 근 2,500년의 역사

를 지니고 있다. 난징은 자연명승지도 있고 역사문물의 우아함도 있는 고금의 문명을 두루 갖춘 원림화 도시다.

제2부분

61 [정답] A

[풀이]

첫 번째 빈칸에는 工程을 목적어로 취할 수 있는 동사가 필요하므로 实施를 쓸 수 있다. 두 번째 빈칸 역시 工程을 수식할 수 있는 형용사여야 하므로 宏伟를 쓸 수 있다. 세 번째 빈칸에는 热潮와 호응하는 동사가 필요하므로 掀起가 적합하다. 네 번째 빈칸에는 计划와 병렬할 수 있는 명사가 필요하며, 의미상 目标가 적합하다.

[해석]

미국에서 제시하고 실시한 '정보고속도로'라는 이 웅대한 사업이 시작된 이후로 전 세계 '정보고속도로' 사업에서 세계적인 경쟁 붐도 함께 일어났다. 일부 국가들이 연이어 자국 국정에 맞는 '정보고속도로' 발전계획과 목표를 제정했다.

A 실시하다 / 웅대하다 / 일게 하다 / 목표
B 실행하다 / 웅장하다 / 세차게 일어나다 / 목적
C 시행하다 / 거대하다 / 들어올리다 / 지표
D 펼치다 / 강대하다 / 솟아오르다 / 입찰하다

62 [정답] B

[풀이]

첫 번째 빈칸에는 의미상 '바로'라는 의미의 부사가 적합하므로 就와 即를 쓸 수 있지만, 就가 앞에 고정격식으로 한 번 나왔으므로 即를 쓰는 게 더 좋다. 두 번째 빈칸은 앞뒤 문맥의 의미를 살펴야 한다. 거미를 주시한 뒤 다음 단계로 넘어갔으므로 이 단계를 克服한 것임을 알 수 있다. 세 번째 빈칸에는 到와 호응하는 어휘를 찾아야 하므로 为止를 쓸 수 있다.

[해석]

거미를 무서워하는 환자가 있으면 바로 우선 거미 사진을 벽에 붙이고 환자가 용감하게 사진을 주시하도록 해야 한다. 이 단계를 극복한 후에는 환자가 만져도 무서워하지 않을 때까지 환자에게 사진을 잡고 연필로 사진의 거미를 찌르도록 요구해야 한다.

A 바로 / 정복하다 / 끝나다
B 바로 / 극복하다 / ~할 때까지
C ~도 / 해결하다 / 정지하다
D 여전히 / 구속하다 / 멈추다

63 [정답] D

[풀이]

첫 번째 빈칸에는 教室를 처리하는 동사가 필요하므로 布置가 적합하다. 安排는 계획을, 安置는 사람이나 사물을, 部署는 업무를 목적어로 취한다. 두 번째 빈칸에는 气氛과 어울리는 어휘가 필요하므로 和谐를 쓸 수 있다. 세 번째 빈칸에는 学校生活와 日常生活가 '가까워지다'라는 의미여야 하므로 接近을 쓸 수 있다.

[해석]

이렇게 교실을 배치하는 이유는 자연스럽고 조화로운 분위기를 만들어 학교생활이 어린이의 일상생활에 더욱 가까워지게 함으로써 불필요한 스트레스를 최대한 줄이고 어린이들이 주동적으로 공부하게 하기 위한 것이다.

A 안배하다 / 부드럽다 / 가까이 가다
B 배치하다 / 상냥하다 / 접근하다
C 배치하다 / 화목하다 / 근접하다
D 배치하다 / 조화롭다 / 접근하다

64 [정답] C

[풀이]

첫 번째 빈칸은 뒤에 전치사구가 있는 것으로 보아 부사가 필요하므로 始终이 적합하다. 从来는 주로 从来没有…의 부정형식으로 쓰인다. 두 번째 빈칸에는 '가치를 펼쳐보이다'라는 뜻을 나타내야 하므로 展现을 쓸 수 있다. 세 번째 빈칸에는 死亡现象에 대한 이야기를 하고 있으므로 死亡이 적합하다.

[해석]

비수민은 자신의 작품으로 항상 인간의 존엄과 가치를 보이는 우수한 작가다. 그녀가 열정이 가득한 펼치로 우리가 '호스피스' 병원의 실제 전경을 주시했을 때 임종에 가까운 장면들뿐만 아니라 죽음의 뒤에 숨겨져 있는 인간성과 인간미를 느끼게 해주었다.

A 시작하다 / 전람하다 / 사라지다
B 영원하다 / 펼쳐 보이다 / 멸망하다
C 항상 / 펼쳐 보이다 / 사망하다
D 이제껏 / 전시하다 / 희생하다

65 [정답] C

[풀이]

첫 번째 빈칸에는 律师와 어울리며 인생이라는 의미여야 하므로 生涯를 쓸 수 있다. 두 번째 빈칸에는 赢得와 어울리며 칭찬이라는 의미여야 하므로 赞誉를 쓸 수 있다. 세 번째 빈칸에는 案件과 어울리고 '진상이 밝혀지다'라는 의미여야 하므로 水落石出를 쓸 수 있다.

[해석]
당신은 의지와 근면함으로 변호사 인생의 새로운 장을 써내려 갔습니다. 당신은 자진해서 옌웨 진의 시골 여인인 리후이루의 불공평한 대우에 분개하고 불안한 결혼생활에서 그녀를 구제하여 사람들의 칭찬을 받았습니다. 법원에서 기업법정대리인 스난린이 유기징역으로 판결하자 당신이 법률 원칙을 고수하며 여기저기 수소문해 이 사건의 진상을 밝혔고, 불혹의 나이를 넘긴 스난린은 형사처분을 면할 수 있었습니다.

A 생명 / 칭찬하다 / 기초가 튼튼해야 발전한다
B 직업 / 높이 평가하다 / 대단히 아름답다
C 생애 / 칭찬하다 / 진상이 드러나다
D 사업 / 칭찬하다 / 무사하다

66 [정답] D
[풀이]
첫 번째 빈칸에는 功底와 어울리며 '탄탄하다'라는 의미여야 하므로 深厚를 쓸 수 있다. 두 번째 빈칸에는 顾问과 어울리며 '초빙하다'라는 의미여야 하므로 聘를 쓸 수 있다. 세 번째 빈칸에는 奖(상)을 만들었다는 동사를 선택해야 하는데, 시상식을 만드는 것은 주로 设立를 사용한다.
[해석]
40분의 점심 휴식시간에 모두 옛날 일을 이야기하기 시작했다. 의료 2팀 외과의사인 다이송이 넓은 부위의 화상 피부 이식수술을 성공적으로 완수한 내용은 현재에 이르러서도 미담으로 전해진다. 기본실력이 탄탄한 천젠습 교수는 텐진위생부의 고문으로 초빙되었는데, 그 후 텐진에서는 '중국의료팀 천젠습상'을 설립하여 2년에 한 번 성적이 우수한 간호학교 졸업생에게 상금을 수여한다.

A 깊고 넓다 / 임명하다 / 수립하다
B 충분하다 / 부르다 / 결성하다
C 심하다 / 요청하다 / 세우다
D 튼튼하다 / 초빙하다 / 설립하다

67 [정답] C
[풀이]
첫 번째 빈칸에는 门이 양사인 명사를 골라야 한다. 门은 학과를 셀 수 있으므로 学科를 쓸 수 있다. 두 번째 빈칸에는 学科를 수식하는 어휘이면서 '주변'이라는 뜻이어야 하므로 边缘를 쓸 수 있다. 세 번째 빈칸에는 论文数가 힌트다. 논문의 수는 '많다, 방대하다'고 하므로 庞大를 쓸 수 있다. 네 번째 빈칸에는 保持와 함께 쓰이는 어휘를 찾아야 하므로 前列가 적합하다.

[해석]
생물학은 선두적인 학문 분야로 여겨진다. 생물학은 물리, 화학, 농업, 의학, 전자학, 환경과학 등과 결합하여 여러 가지 주변 학문을 형성하였고, 환경과학에서 제련 등까지 다양한 영역에서 광범위하게 사용된다. 또한 세계 생물학 논문은 수가 방대하고 성장속도는 항상 상위를 차지한다.

A 과목 / 변경 / 거대하다 / 전망
B 과학 / 변경 / 웅장하다 / 상위권
C 학문 / 주변 / 방대하다 / 선두
D 학위 / 경계선 / 위대하다 / 최전방

68 [정답] A
[풀이]
첫 번째 빈칸에는 情을 목적어로 받을 수 있으면서 결과보어로 起를 쓸 수 있는 동사를 찾아야 하므로 激发가 적합하다. 두 번째 빈칸에는 史诗를 세는 양사인 部를 쓸 수 있다. 세 번째 빈칸에는 文学와 어울리면서 고대의 명작이라는 의미를 나타내야 하므로 杰作를 쓸 수 있다.
[해석]
그가 고대 그리스 문학에서 처음 읽은 시는 〈일리아드〉이다. 아킬레우스와 헥토르가 전쟁을 하는 이야기는 〈일리아드〉에 강렬한 흥미를 느끼게 했고, 그의 마음에 이 역사시를 존경하는 마음을 불러일으켜서, 고대 그리스 문학 걸작인 호르메스의 시를 중국어로 번역하고자 하는 바람이 생기게 만들었다.

A 불러일으키다 / 서적, 영화를 세는 양사 / 걸작
B 격려하다 / 책을 세는 양사 / 졸작
C 일으키다 / 책을 세는 양사 / 저서
D 격화되다 / 세트를 세는 양사 / 작품

69 [정답] C
[풀이]
첫 번째 빈칸에는 술어 大胆과 어울리며 '결단력 있다'라는 의미여야 하므로 果断를 쓸 수 있다. 두 번째 빈칸에는 轻巧와 어울리며 '재빠르다'라는 의미여야 하므로 灵活를 쓸 수 있다. 세 번째 빈칸에는 体贴, 关心과 어울리고 '세심하다'라는 의미여야 하므로 无微不至를 쓸 수 있다.
[해석]
직무에 적합한 의사는 매와 같은 눈으로 병을 정확히 봐야 하고, 사자와 같은 담력으로 대담하고 결단력 있게 일을 해야 한다. 또한 수 놓는 여인의 손처럼 수술할 때 재빠르고 능수능란해야 하며, 자애로운 어머니의 마음으로 세심하게 환자를 돌보

고 관심을 가져야 한다.

A 결단하다 / 민감하다 / 온 힘을 기울이다
B 독단하다 / 민첩하고 교묘하다 / 성심성의껏 하다
C 결단력이 있다 / 재빠르다 / 매우 세심하다
D 과연 / 민첩하다 / 정성을 다하다

70 [정답] B

[풀이]
첫 번째 빈칸에는 **重视**를 목적어로 가질 수 있는 **引起**가 가능하다. 두 번째 빈칸은 보기에 제시된 유의어들 가운데 **找出**의 목적어로 쓸 수 있는 어휘가 필요하며, **根源**이 어울린다. 세 번째 빈칸에는 **综合**의 수식을 받을 수 있고, **措施** 등의 어휘와 함께 쓸 수 있는 **治理**가 적합하다. 네 번째 빈칸에는 **状况**을 목적어로 받을 수 있는 **扭转**이 가능하다.

[해석]
학생들의 과중한 학업부담을 줄이는 문제는 사회 각층의 높은 관심을 일으켜야 한다. 모두 이 문제에 대해 분석하고 토론하여 근본원인을 찾아낸 후 적절한 효력이 있는 '종합처방' 조치를 취하길 원한다. 근본적으로 초·중·고 학생들의 학업부담이 과중한 상황을 바로잡아 다음 세대가 전면적으로 발전하고 수준 있는 계승자가 되도록 해야 한다.

A 이끌다 / 연원 / 바로잡다 / 왜곡하다
B 불러일으키다 / 근본원인 / 처리하다 / 바로잡다
C 유도하다 / 근본 / 정돈하다 / 변하다
D 끌어당기다 / 원천 / 다스리다 / 변화하다

6급 고득점 공략 비법서!

新 HSK 한 권이면 끝

6급 독해 제1, 2부분
어법

新 HSK 6급 독해 제1, 2부분 합격 관문 5

- **관문 ①** 핵심 어법을 집중 공략하라!
- **관문 ②** 실전 감각을 익혀라!
- **관문 ③** 어법은 따분하다? 라는 고정관념을 버려라!
- **관문 ④** 기출 유형 문제만 풀어라!

해설서 포함 값 16,000원

ISBN 978-89-8300-855-8

외국어 출판 40년의 신뢰
외국어 전문 출판 그룹
동양북스가 만드는 책은 다릅니다.

40년의 쉼 없는 노력과 도전으로 책 만들기에 최선을 다해온 동양북스는
오늘도 미래의 가치에 투자하고 있습니다.
대한민국의 내일을 생각하는 도전 정신과 믿음으로 최선을 다하겠습니다.

동양북스

📖 동양북스 추천 교재

일본어 교재의 최강자, 동양북스 추천 교재

회화 코스북

일본어뱅크 다이스키 STEP 1·2·3·4·5·6·7·8 | 일본어뱅크 좋아요 일본어 1·2·3 | 일본어뱅크 도모다찌 STEP 1·2·3

분야서

일본어뱅크 NEW 스타일 일본어 문법 | 일본어뱅크 일본어 작문 초급 | 일본어뱅크 사진과 함께하는 일본 문화 | 일본어뱅크 항공 서비스 일본어 | 가장 쉬운 독학 일본어 현지회화

수험서

  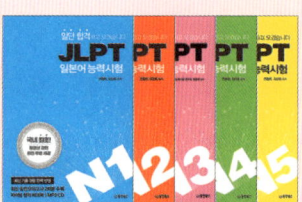 

일취월장 JPT 독해·청해 | 일취월장 JPT 실전 모의고사 500·700 | 일단 합격하고 오겠습니다 JLPT 일본어능력시험 N1·N2·N3·N4·N5 | 일단 합격하고 오겠습니다 JLPT 일본어능력시험 실전모의고사 N1·N2·N3·N4/5

단어·한자

   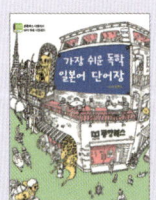 

특허받은 일본어 한자 암기박사 | 일본어 상용한자 2136 이거 하나면 끝! | 일본어뱅크 New 스타일 일본어 한자 1·2 | 가장 쉬운 독학 일본어 단어장 | 일단 합격하고 오겠습니다 JLPT 일본어능력시험 단어장 N1·N2·N3

중국어 교재의 최강자, 동양북스 추천 교재

중국어뱅크 북경대학 신한어구어
1·2·3·4·5·6

중국어뱅크 스마트중국어
STEP 1·2·3·4

중국어뱅크 집중중국어
STEP 1·2·3·4

중국어뱅크
문화중국어 1·2

중국어뱅크
관광 중국어 1·2

중국어뱅크
여행실무 중국어

중국어뱅크
호텔 중국어

중국어뱅크
판매 중국어

중국어뱅크
항공 서비스 중국어

중국어뱅크
시청각 중국어

정반합 新HSK
1급·2급·3급·4급·5급·6급

버전업! 新HSK 한 권이면 끝
3급·4급·5급·6급

버전업! 新HSK
VOCA 5급·6급

가장 쉬운 독학 중국어 단어장

중국어뱅크
중국어 간체자 1000

특허받은
중국어 한자 암기박사

동양북스 추천 교재

기타외국어 교재의 최강자, 동양북스 추천 교재

중고급 학습

| 첫걸음 끝내고 보는 프랑스어 중고급의 모든 것 | 첫걸음 끝내고 보는 스페인어 중고급의 모든 것 | 첫걸음 끝내고 보는 독일어 중고급의 모든 것 | 첫걸음 끝내고 보는 태국어 중고급의 모든 것 |

단어장

 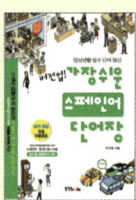 

버전업! 가장 쉬운 프랑스어 단어장
버전업! 가장 쉬운 스페인어 단어장
버전업! 가장 쉬운 독일어 단어장

여행 회화

NEW 후다닥 여행 중국어 · NEW 후다닥 여행 일본어 · NEW 후다닥 여행 영어 · NEW 후다닥 여행 독일어 · NEW 후다닥 여행 프랑스어 · NEW 후다닥 여행 스페인어 · NEW 후다닥 여행 베트남어 · NEW 후다닥 여행 태국어

수험서 · 교재

한 권으로 끝내는 DELE 어휘 · 쓰기 · 관용구편 (B2~C1)
수능 기초 베트남어 한 권이면 끝!
버전업! 스마트 프랑스어
일단 합격하고 오겠습니다 독일어능력시험 A1 · A2 · B1 · B2(근간 예정)